첩해신어의 코·소·아(カ)·도에 관한 연구

권 동 현

첩해신어의 コ·ソ·ア(カ)·ド에 관한 연구

KSI 한국학술정보㈜

머 리 말

　이번에 『捷解新語』의 「コ·ソ·ア(カ)·ド」에 관한 연구라는 제목으로 책을 내게 되었다. 이 책은 2004년 문학박사학위를 취득한 논문 『捷解新語』의 指示体系에 관한 연구와 그 후 첩해신어와 관련된 논문 세 편을 모아 만들었다.

　『捷解新語』(1676년, 이하 원간본이라 함)는 17세기 초에 당시 조선왕조 사역원에서 작성한 일본어 교과서이다. 이 책은 저자 강우성(康遇聖)이 임진왜란 때 일본에서 10년간 지낸 후 귀국해서 만든 것으로 『改修捷解新語』(1748년, 이하 개수본이라 함) 및 『重刊改修捷解新語』(1781년, 이하 중간본이라 함)의 삼본(三本)이 존재한다. 이들 삼본(三本) 모두는 주로 'ひらがな'로 표기한 일본어 문장 우측에 한글로 주음(注音)을 달고, 또 하행(下行)에 한글로 그 일본어 문장에 해당하는 한국어역(訳)을 기입하는 대역(対訳)형식을 취하고 있기 때문에 한일 양국어 대조 연구에 적합한 자료라고 할 수 있다.

　『捷解新語』의 원간본은 일본어의 역사에 있어서 고대어에서 근대어로의 과도기에 해당하는 일대전환기라고 해야 할 중세 말 무로마치(室町) 말기의 언어를 반영하고 있는 반면, 개수본은 에도(江戸) 중기의 비교적 빠른 시기의 언어를, 중간본은 그에 이어지는 시기의 언어를 각각 반영하고 있다.

　또한, 약 100년간의 시간적 차이를 두고 같은 내용이 존재하는 것은 일본어 변천자료로서 중요한 의미를 지니고 있기 때문에 자료적 가치의 중요성은 새삼 논할 필요가 없을 것 같다. 그러므로 일본어사에 있어서『捷解新語』는 언어의 사적 연구에 있어서 그 가치가 크다고 말할 수 있을 것이다.

그리고 개수본의 범례에 다음과 같은 기술(記述)이 있다.

彼語則古今廻異使彼人読之或有不知其為何語者
故就其中古今無別者略存之余悉改正所改者十之八九   (序五)

일본어는 옛말과 지금의 말이 서로 달라서 그 사람들로 하여금 읽힌다면 혹 그것이 무슨 말인지 알지 못하는 것(자)이 있다.
그런고로 그 중에서 옛것과 지금 것의 구별이 없는 것에 대해서는 대략 그대로 두고 나머지는 모두 개정하니, 고친 것이 십중팔구이다.

(저자 訳)

즉, 원간본에서 개수본, 중간본으로의 개정(改正)은 일본어 변화에 의한 것이라고 여겨지는 대목이다.

따라서 원간본을 중심으로 개수본, 중간본의 세 가지 판본을 비교·대조해 봄으로써 어형(語形)의 변화를 찾아보고 그 특징을 고찰하려는 것이 목적이라 말할 수 있다.

『捷解新語』가 17세기 초에서 18세기 말까지 약 2세기에 걸친 언어변화의 양상을 보여주는 귀중한 문헌임에도 불구하고 표기법과 음운현상, 그리고 문법현상에 대한 일본어 중심의 연구가 이루어졌을 뿐, 한국어와 일본어와의 상세한 비교연구는 몇 편에 불과하다. 이러한 점을 고려할 때 『捷解新語』 삼본(三本)의 일본어를 한국어와의 비교를 통해 고찰함으로써 새로운 언어의 변천양상이 드러날 것으로 믿는다. 특히, 『訳註捷解新語(1997)』가 출판됨으로써 한국어에 대한 상세한 분석이 이루어진 것을 계기로 보다 활발한 연구가 기대되며, 일본어와의 비교 검토를 통해 보다 전체적이고 세밀한 연구가 이루어질 것으로 생각한다.

이 책이 이만한 내용으로 체계를 갖춘 것은 대학원 석사 때부터 지금까지 뜨거운 열정으로 가르침을 주신 한미경 교수님의 학은 덕분이다. 그리고 박사학위 논문을 심사해주신 이인영 교수님, 임팔용 교수님, 박재환 교수님, 최창완 교수님, 하나에서 열까지 물심양면으로 신경써주시고 도와주신 충청대학의 김진애 교수님께도 가슴에 새겨두고 고마움을 오래 간직하고자 한다. 또한 언제나 묵묵히 지켜봐주시고 정신적인 지주가 되어주신 부모님과 형제자매, 아빠를 자랑스럽게 생각해 준 나의 사랑하는 딸 민정과 아들 기범이를 잘 키워준 사랑하는 아내 은주와 함께 이 책의 출판을 기념하고 싶다.

끝으로 본서의 출간을 쾌히 허락하여 주신 한국학술정보(주) 채종준 사장님을 비롯한 출판사업부 여러분께 고마움을 전한다.

2008년 10월

권 동 현

目 次

제1장 서 론

1. 연구목적

일본어가 걸어온 변천의 역사를 일본어사라 말한다. 일본인이 사용한 언어는 일본의 정치·사회·문화 등과 밀접한 관련을 갖고 있다. 이것은 언어가 인간의 소산이며 정치·사회·문화를 움직이게 하는 것도 인간이기 때문에 그것은 당연한 일인지도 모른다. 또한 그것들과 서로 복잡하게 뒤엉키면서 생성되고, 계승되고, 변화되어 왔다.[1]

그런데 여기에는 하나의 문제가 제기된다. 현재 일본어 교육에서 '밖에서 본 일본어' 즉 외국인이 본 일본문법이라는 견해가 그것이다. 그렇다면 일본어사에 있어서도 당연히 '밖에서 본 일본어사'라는 것이 있어야 한다. 그와 같은 입장에서 일본어사를 생각한다면 '외국인에 의한 일본어연구사' 같은 것이 될 것이다.

예를 들면 고대중국에서는 『魏志倭人伝』으로부터 시작하여 13세기의 『鶴林玉露』, 14세기의 『書史会要』, 16세기의 『日本館訳語』 등

---

1) 小林千草(1982) 「近代語の文法 ―鎌倉室町時代語 ―」 『国文法講座5』 明治書院 p.8 参照

이 있고, 한국에서는 15세기의 『海東諸国紀』, 17세기의 『捷解新語』 등을 들 수 있다.[2]

『捷解新語』(1676년, 이하 원간본이라 함)는 17C 초기에 당시 조선 왕조 사역원[3]에서 작성한 일본어 교과서로서 저자 강우성(康遇聖)이 임진왜란 때 일본에서 10년간 지낸 후 귀국해서 만든 것으로 『改修 捷解新語』(1748년, 이하 개수본이라 함) 및 『重刊改修捷解新語』 (1781년, 이하 중간본이라 함)의 삼본(三本)이 존재한다. 이들 삼본 (三本) 모두는 주로 'ひらがな'로 표기한 일본어 문장 우측에 한글로 주음(注音)을 달고, 또 하행(下行)에 한글로 그 일본어 문장에 해당 하는 한국어역(訳)을 기입하는 대역(対訳) 형식을 취하고 있기 때문 에 한·일 양국어 대조 연구에 적합한 자료라고 할 수 있다.

『捷解新語』의 원간본은 일본어의 역사에 있어서 고대어에서 근대 어로의 과도기에 해당하는 일대 전환기라고 해야 할 중세 말 무로마 치(室町) 말기의 언어를 반영하고 있는 반면, 개수본은 에도(江戸) 중기의 비교적 빠른 시기의 언어를, 중간본은 그에 이어지는 시기의 언어를 각각 반영하고 있다.[4]

또한, 약 100년간의 시간적 차이를 두고 같은 내용이 존재하는 것 은 일본어 변천자료로서 중요한 의미를 지니고 있기 때문에 자료적 가치의 중요성은 새삼 논할 필요가 없을 것 같다. 그러므로 일본어

---

2) 森田良行・他(1989)『日本語概説』桜楓社 p.281
3) 본래의 임무가 외국어 교육을 전담하는 기관으로 통신사(通信使) 일행을 수행 하고 표류(漂流)・도래인(渡来人)과 국경(国境)의 한인(漢人)・야인(野人)・왜 인(倭人)들과의 접촉에서 역어(訳語)를 담당하는 역관(訳官)의 관리기관이기도 하였지만 그보다 더 중요한 임무는 역관(訳官)을 양성하고, 기성의 역관이라도 그들의 외국어 실력을 높여주는 외국어 교육기관이었다. 사역원에서는 외국어 교육을 위하여 훈도(訓導)를 임명하고 외국어 학습서를 마련하여 중국어・몽고 어・일본어・만주어를 교육하였다. 또한, 사역원에서 외국어를 교육하기 위하여 사용한 교재를 역학서(訳学書)라고 불렀다.
   정광(1988)『司訳院 倭学 研究』太学社 p.1
4) 韓美卿(1955)『捷解新語における敬語研究Ⅰ』博而精 p.370

사에 있어서 『捷解新語』는 언어의 사적 연구에 있어서 그 가치가 크다고 말할 수 있을 것이다.5)

그리고 개수본의 범례에 다음과 같은 기술(記述)이 있다.

彼語則古今廻異使彼人読之或有不知其為何語者
故就其中古今無別者略存之余悉改正所改者十之八九　　　　　　　(序五)

일본어는 옛말과 지금의 말이 서로 달라서 그 사람들로 하여금 읽힌다면
혹 그것이 무슨 말인지 알지 못하는 것(자)이 있다.
그런고로 그중에서 옛것과 지금 것의 구별이 없는 것에 대해서는
대략 그대로 두고 나머지는 모두 개정하니, 고친 것이 십중팔구이다.
　　　　　　　　　　　　　　　　　　　　　　　　　　　(저자 訳)

즉, 원간본에서 개수본, 중간본으로의 개정(改正)은 일본어 변화에 의한 것이라고 여겨지는 대목이다.

김기민(1994)에 따르면 개수방향은 다음 세 가지로 요약된다.6)

(1) 『捷解新語』 원간본·개수본·중간본을 비교했을 때 당시의 대우 표현의 변화로 인한 어휘의 교체와 한자어휘가 증가하고 있다.
(2) 『捷解新語』 원간본과 개수본을 비교했을 때 편찬자에 의한 어휘의 교체와 의미의 변화로 인한 어휘의 교체가 눈에 띈다.
(3) 『捷解新語』 개수본과 중간본을 비교했을 때 용어의 변화와 원

5) 李康民(1996)은 원간본과 개수본 사이의 100년 동안에 진행된 일본어의 변화가 본 자료에 반영되어 있어, 일본어사 연구의 제(諸) 문제를 밝힐 수 있는 자료일 뿐 아니라 또한 근대어적인 어형(語形)들이 개수본에 반영되어 있다고 한다면 양자를 대조·검토하는 일은 현대어로 변해 가는 일본어의 모습을 파악할 수 있는 좋은 자료라고 언급한 바 있다.
李康民(1996)「捷解新語」와 日本語史」『漢陽 日本学』漢陽日本学会 第4輯 p.24
6) 池景来(1999)「『捷解新語』 일본어 어휘의 계량적 고찰」 전주대학교 대학원 국어국문학과(博) p.18

간본에서의 한국어적 표현을 정정(訂正)한 부분이 눈에 띈다.

즉 (1)의 변화는 당시의 대우표현의 변화와 그 경어적인 배려로 인한 어휘변화라고 할 수 있으며, (2) (3)의 변화는 중세에서 근세로 이르는 과정에서 어휘의 의미에 많은 변화가 일어난 결과 생긴 것이라고 할 수 있다.

浜田 敦(1981)는 『捷解新語』의 개수의 원칙과 그것이 어휘에 미치는 영향에 대해서 세 가지의 원칙을 제시하고 있다.[7]

따라서 원간본을 중심으로 개수본, 중간본의 세 가지 판본을 비교·대조해 봄으로써 어형(語形)의 변화를 찾아보고 그 특징을 고찰하려는 것이 목적이라 말할 수 있다.

2. 문제제기

『捷解新語』에 대해 처음으로 소개한 小倉進平(1914)의 「朝鮮に於

---

7) 첫째, (내용을) 변화된 일본어에 적용시킨다는 것이다. 그러나 이것은 실제적으로 그리 많지는 않은 것으로 생각된다. 원래 일본어는 변화의 속도가 느리지만 16~17세기의 100년간은 특히 많은 변화가 일어났다고 생각되기 때문에 당연히 개수작업이 필요했을 것이다. 이른바 고어(古語), 고형(古形)이 된 부분을 새로운 것과 대체(代替)시키는 작업이다.
　둘째, 보다 복고적인 표현으로 개수한다는 원칙이다. 이것은 첫 번째 원칙과는 위배되는 원칙이지만 일본어의 변화과정에서 신구(新旧) 표현이 병용(併用)되고 있을 경우에는 원간본의 새로운 표현을 배제하고 보다 오래된 표현으로 대체(代替)된 부분이 있다. 이 원칙에 따라 개수된 부분은 첫 번째 원칙에 의한 개수보다 많은 것 같다.
　셋째, 원간본의 일본어가 정확한 일본어와는 거리가 있거나 잘못된 부분을 고친다는 원칙이다. 원간본의 편자인 강우성은 10대 때부터 10년 동안 일본에 거주하면서 상당히 일본어를 능숙히 구사했던 것으로 생각되지만 역시 외국인의 한계를 극복할 수 없었다. 그러한 부분을 일본인도 참가한 개수작업을 통해 보다 정상적인 일본어로 개수한다는 작업이 이루어진 것이다. 오자(誤字) 탈자(脱字) 등 부주의로 인한 오류의 정정(訂正)도 이 세 번째 개수원칙에 포함시킨다.

ける昔時の日本語学書『捷解新語』」를 발표하면서 시작되었다.

　『捷解新語』는 일본어사뿐만 아니라 한국어사를 연구함에 있어 귀중한 자료임에도 불구하고 1950년대 이전까지만 하더라도 모든 분야에 있어 연구는 거의 이루어지지 않았다.

　이에 대해 김완진(1957)은 일찍이 「捷解新語에 있어서 일본어의 転写에 대하여」에서

　　捷解新語는 李朝中葉 言語資料의 한 白眉로서 일찍이 豪華版으로 景印에 붙여지기까지 하였으면서 그 내용에 대한 천착(穿鑿)은 意外로 皮相的인 데 그쳐 왔다. ……

　　怠慢은 日本側 学者에게서 더욱 심했다. 国語史 및 日本語史에 중요한 資料가 되는 것이라고 말한 学者가 없는 것도 아니나, 成果는 期待이하였다. 한 時代의 言語状態를 아는데 他言語로 注音 対訳된 資料가 가지는 価値는 再言할 것도 없거니와, 저들이 이런 것을 알고 있었음에도 불구하고 日本語史에서는 오로지 ‘吉利支丹’ 宣教師들의 業績만을 重視하고 捷解新語에 대하여 一言의 言及도 없는 것은 과연 怠慢인가 아니면 資料에 대한 偏見인가? ……

라고 언급하면서 첩해신어에 대한 연구의 소홀함을 지적한 바 있다. 이 発言에 대해서 安田 章은 「国語史研究のために — 捷解新語と康遇聖 —」에서[8] “日本의 国語史 研究者는 과연 항변할 수 있을까?” 라고 의문을 제기한 바 있다. 일본에서 첩해신어에 대한 연구는 1960년대 이전에도 부분적인 연구는 있었으나 본격적인 연구가 이루어지기 시작한 것은 1960년대 이후 大友信一, 森田武, 安田章, 浜田敦에 의해 다방면에 걸친 연구가 진행되었다고 말할 수 있겠다.

　日本京都大学文学部 国語学国文学研究室에서 影印하여 解題와 日本語索引을 붙여 간행함을 계기로 京都大学을 중심으로 연구가

---

8) 大阪外国語大学朝鮮語研究室編(1986)『朝鮮語大辞典上巻』角川書店 p.30

활발히 진행되었으며 이어 1990년대를 전후해서는 辻星児가 재직하던 岡山大学에서도 연구가 진행되었으며, 현재는 麗沢大学에서도 많은 연구가 이루어지고 있다.9) 임창규는 첩해신어에 있어서 조사 등을 한국어와 대조의 관점에서 여러 편의 논문을 발표한 끝에 「『捷解新語』における格助詞 'を' 及び '을/를'の研究」麗沢大学 大学院 言語教育研究科(博)를 발표하기에 이른다.

일본어 쪽에서의 연구는 서지적(書誌的)인 측면에서의 연구가 먼저 이루어졌으며, 어학적(語学的)인 부분에서는 일본인 연구자나 한국인 연구자를 중심으로 경어 전반에 관한 연구가 활발하게 이루어졌다.

국내에서 일본어의 경어 및 인칭대명사, 접두어 및 접미어 등의 어휘에 대해 처음으로 체계적으로 연구한 대표적인 학자로는 한미경(1980)을 들 수 있다. 이를 기점으로 첩해신어에 대한 연구의 발판을 마련했다고 하더라도 결코 과언이 아닐 것이다.

그 이후 첩해신어 삼본(三本)의 체재(体裁)와 간행경위에 대해서 원간본과 개수본 사이에 나타나는 일본어의 차이는 100년이라는 기간에 진행된 일본어의 변화가 반영된 것으로 일본어사의 여러 문제를 밝힐 수 있는 성질의 것이라고 기술한 이강민과 부사를 중심으로 한 어휘에 대한 고찰로서 박재환, 첩해신어의 개수과정 속에서 문법형식의 변화양상을 체언(体言)과 용언(用言)으로 분류하여 체언의 대표로서 지시어와 구조기능의 측면에서 본 문말어(文末語)에 주목하여 양적(量的) 구조의 조사에 의해서 일본어의 문법적 특성을 지시어와 문말(文末) 형식을 중심으로 살펴본 안소정을 들 수 있다. 반면 국내의 국문학자는 첩해신어가 특히 국어음운사(国語音韻史) 연구에 귀중한 가치를 지닌 책이므로 음운을 중심으로 한 연구가 1956

---

9) 이는 아마 한국어에 많은 관심과 조예(造詣)가 깊은 梅田博之가 재직(在職)하면서 『捷解新語』에 대한 연구의 계기가 되었을 것이라 여겨진다.

년 김완진에 의해 처음으로 발표되었으나, 왕문용(1981)의 「捷解新語의 国語資料에 대해서」가 발표되기까지 연구는 불행히도 거의 이루어지지 않았다고 할 수 있다. 정광은 첩해신어의 성립 시기나 구성 및 제(諸) 문제에 대해서 본격적인 연구를 거듭한 결과 『司訳院 倭学 研究』(1984)라는 결실을 갖게 된다. 이는 국내에서 첩해신어뿐만 아니라 왜학서 전반에 걸친 본격적인 연구의 출발점이라고도 할 수 있겠다. 이어 김정시(1984), 이희원(1988), 이태영(1990), 정승혜(1991), 지경래(1992) 등에 의해서 첩해신어에 대한 연구가 이루어지고 있다.

특히, 정승혜(1991)는 『捷解新語의 対訳国文研究』를 시작으로 『捷解新語 研究』高麗大学校 大学院 国語国文学科(博)에 이르기까지 8편 이상의 논문을 발표하는 등 첩해신어에 대해서 가장 많은 논문을 발표하기도 했다.

이태영(1990)은 「『捷解新語』改修1次本의 国語学的 考察」을 발표하기 시작하여, 「『첩해신어』의 한자어연구(1994)」 및 「『첩해신어』의 번역양상과 구어적 특징(1997a)」을 거쳐 『訳註捷解新語(1997b)』에 이르게 된다. 지경래(1992) 역시 「捷解新語의 형식명사 もの・こと의 고찰」을 시작으로 「『捷解新語』 일본어 어휘의 계량적 고찰(1966)」을 발표하기까지 꾸준한 연구를 계속하고 있다. 국내에서는 고려대학교를 비롯해서 전북대나 전주대에서 연구가 진행되고 있다.

그렇지만, 일본어를 연구하는 사람들은 일본어 쪽을 중심으로, 한국어를 연구하는 사람들은 한국어 쪽만을 연구해 왔던 것 또한 사실이다. 이것은 당연한 일인지도 모른다. 이는 일본어와 동시에 한국어를 해야 한다는 부담감이 있었기 때문에 기인하는 현상일 것이다.

3. 본 연구의 방향

『捷解新語』가 17C 초에서 18C 말까지 약 2세기에 걸친 언어변화의 양상을 보여주는 귀중한 문헌임에도 불구하고 표기법과 음운현상, 그리고 문법현상에 대한 일본어 중심의 연구가 이루어졌을 뿐, 한국어와 일본어와의 상세한 비교연구는 불과 몇 편에 불과하다. 이러한 점을 고려할 때『捷解新語』삼본(三本)의 일본어를 한국어와의 비교를 통해 고찰함으로써 새로운 언어의 변천양상이 드러날 것으로 믿는다. 특히,『訳註捷解新語(1997)』가 출판됨으로써 한국어에 대한 상세한 분석이 이루어진 것을 계기로 보다 활발한 연구가 기대되며, 일본어와의 비교 검토를 통해 보다 전체적이고 세밀한 연구가 이루어질 것으로 생각한다.

앞에서『捷解新語』에 대한 연구의 진행상황에 대해서 검토해 보고, 이제까지 행해졌던 연구의 동향을 파악한 결과 지시사에 관련된 연구는 지경래, 안소정 등에 의해서 부분적인 연구가 이루어졌을 뿐 전반적인 연구는 아직 미미하다고 말할 수 있다. 그것 또한 형태적인 계량적 고찰에 머물렀다고 할 수 있다. 따라서 'コ・ソ・ア(カ)・ド'의 어휘를 추출하여 교체된 어휘를 확인하고『捷解新語』삼본(三本)간의 어휘변화양상을 살펴봄으로써 국어사 및 일본어사 연구자료로서의 가치를 검증하고자 한다. 제2장에서는 사물을 나타내는 지시대명사 'これ・それ・あれ・どれ・かれこれ'를 조사와 관련하여 형태적인 분류뿐만 아니라 의미적인 분류를 시도하고자 했으며, 제3장에서는 장소를 나타내는 지시대명사 'ここ・ここもと・そこ・そこもと・そこもとさま・どこ', 제4장에서는 방향을 나타내는 지시대명사 'こち・そち・あち・あちこち・どち', 제5장에서는 인칭대명사 'こなた・こなたしゅ・そなた・そなたしゅ・どなた', 제6장에서는 지시부사 'こう・かやう・そう・さやう・どう・どうもこうも', 제7장에서는 연체사 '이の・その・あの・かの・どの'에 대해서 살펴보기로 한다.

4. 'コソアド'의 체계

'指示[10]のことば'또는 'さすことば'라고도 불린다. 대명사의 기능이 사물을 직접 지시해서 말하는 점에서 '指示のことば'란 대명사를 가리킨다고 생각할 수도 있겠지만, 오히려 'コ・ソ・ア・ド'의 말을 의미하는 경우가 많다.

동일사물이 화자와의 상대적 관계에 따라 'これ・それ・あれ', 'わたし・きみ・かれ' 등 각각 다른 말에 의해서 지시적으로 나타나는 것에 대명사의 특징이 있다. 따라서 대명사는 본래 지시사로 취급된다. 그러나 지시의 기능을 가진 말은 대명사에 한정하지 않고, 'この・その・あの・どの' 'こう・そう・ああ・どう' 등의 연체사적・부사적인 어(語)와 함께 소위 'コ・ソ・ア・ド'의 지시체계를 이루고 있어

---

10) '지시'라는 용어는 양학(洋学)의 영향에 의해서 생겼다고 여겨지며, 일찍이 大庭雪斎의 『訳和蘭文語』에 나오고 있다. 이 용어는 양학의 영향하에 있는 일본문전에는 일찍부터 나오고 있으며 주된 것을 보면 다음과 같다.

田中義廉 『小学日本文典』(明7) ホス、指示代名詞
春山弟彦 『日本文典』(明10) 指示代名詞、さして示す
藤井惟勉 『日本文法書』(明10) (上・下ヲ)指ス
物見高見 『初学日本文典』(明11) 指称スル、指示辞
阿保友一郎 『日本文法』(明15) 指ホス、指示代名詞
大槻文彦 『語法指南』(明24) 指シテイフ、指シホス、指示代名詞
高津鍬三郎 『日本文典』(明24) 指示代名詞
大槻文彦 『広日本文典』(明30) 指ホス、指示代名詞

이와 같이 지시대명사는 문법술어(述語)로서 확정되었지만, 佐久間鼎가 コソアド의 체계를 제창한 이래, 반드시 대명사에 한정할 수 없기 때문에 コソアド를 중심으로 지시하는 말이란 용어가 사용되었다.

품사론을 초월한 하나의 어군(語群)으로서도 생각할 수 있다. 인칭대
명사와 지시대명사 이하의 'コ・ソ・ア・ド'를 포괄해서 지시하는 말
의 각류(類)의 주된 것에 의한 일람표를 나타내면 다음과 같다.[11]

표1

區　分	自　称 (一人称)	對　称 (二人称)	他　称 (三　人　称)				不定称
			名称	近称	中称	遠称	
			系　コ		ソ	ア (カ)	ド
人称 代名詞	わたくし わたし 僕	あなた おまえ 君	このかた こいつ		そのかた そいつ	あのかた かれ あいつ	どのかた どなた だれ どいつ
	わ われ おのれ 予	な なれ そなた 汝	こ これ		そ それ	か かれ あ あれ	た たれ なにがし
指示 代名詞		事　物	これ		それ	あれ	どれ なに
			こ これ		そ それ	か かれ あ あれ	いづ いづれ なに
		場　所	ここ		そこ	あそこ	どこ
			ここ		そこ	かしこ あしこ	いづこ いづく
		方　向	こっち こちら		そっち そちら	あっち あちら	どっち どちら
			こち こなた		(そち) そちら	(あち) かなた あなた	いづち いづかた

※ 각 란(欄) 모두 실선을 중심으로 위는 구어(口語), 아래는 문어(文語)를 나타
낸다.

---

11) 阪倉篤義(1974)『改稿日本文法の話 第二版』教育出版 p.156

표1에서 알 수 있듯이, 대명사―특히 지시대명사에는 매우 질서정
연한 체계가 있는 것을 알 수 있다. 즉 화자의 식별을 나타내는 중심
적 부분은 'こ' 'そ' 'あ' 'ど'(文語에서는 'いづ')이고, 이것에 'れ' 'こ'
'ち(ら)'(文語에서는 '(な)た')가 붙어 각각 사물, 장소, 방향을 나타낸
다. 佐久間鼎은 이것을 'コ・ソ・ア・ド'의 체계라 불렀다. 대명사의
본질이 화자의 인정(認定)에 입각해서 사물을 지시하고 있다고 생각할
때 그 중핵(中核)은 'こ・そ・あ・ど(いづ)'에 있는 것이라고 볼 수가
있는 것이다. 또 그렇게 생각하면 'この' 'その' 'あの' 'どの' 등의 말도
―이것들은 보통 대명사라고 말하지는 않겠지만― 화자의 입장에서
생각한다면 인정(認定)의 관계는 표1과 똑같다는 것을 알 수 있다.
예를 들면

> 唯円: 今日はよく晴れて比叡山があの様にはつきりと見えます。
> 親鸞: (坐わる)あの山には今も沢山な修業者がゐるのだがな。
> 唯円: あなたも昔あの山に永くいらしたのですね。
> 親鸞: 九つの時に初めて登山して、二十九の時に法然様に遇ふまでは
>   大ていあの山で修業したのです。
> 唯円: その頃の事が思はれませうね。
> 親鸞: あの頃の事は忘れられないね。若々しい精進と憧憬との間にまじめ
>   に一すぢに煩悶したのだからな。
>
> (倉田百三『出家とその弟子』)

위 예문은 지금 저 멀리(저쪽)에 솟아 있는 比叡山을 唯円과 親
鸞이 함께 바라다보며 수업했던 지난날을 생각하며 이야기하고 있는
장면인데, 唯円은 'その頃'라 말하고 있는 반면 親鸞은 'あの頃'라고
말하고 있다. 이에 관해서 阪倉篤義는 『改稿日本文法の話』에서12)
다음과 같이 서술하고 있다.

---

12) 阪倉篤義(1974) 前揭書 p.158

여기에서 지금 화제에 올랐던 親鸞의 수업시대의 일은 唯円에게 있어서는 오직 상대(청자)에 속하는 것이기 때문에 이것을 'その頃'라고 표현했던 것이다. 이것에 대해 親鸞은 그 자신의 수업시대의 일은 이미 공통의 화제가 된 이상, 청자인 唯円도 이미 알고 있었다고 생각했기 때문에 'あの頃'라는 말로 나타내고 있는 것이라고 생각할 수가 있을 것이다. 즉 이와 같은 말도 본질적으로는 역시 대명사와 같은 계열에 속하는 것이라고 생각할 수 있는 것이다. 즉 'こ・そ・あ・ど'에 'の'라고 하는 사(辭)가 붙어 있는 것이지만, 단지 구어(口語)에서는 문어(文語)와는 달리 'こ・そ・あ・ど'가 단독으로 대명사로서 사용될 수가 없기 때문에 이것을 두 개의 어(二語)로 나누어 생각할 수 없고, 'この' 'その' 'あの' 'どの'를 각각 한 단어로 생각하지 않으면 안 된다. 그렇게 되면 이것은 '주어가 될 수 있는 것'이 아니라, 형용사적 수식어로서만 사용되는 말로서 다른 대명사와 구별하지 않으면 안 된다. 본고에서는 연체사로 취급하려고 한다.

또 대명사의 본질을 위와 같이 생각하면 'こんな' 'そんな' 'あんな' 'どんな', 'こういう' 'そういう' 'ああいう' 'どういう', 'こう' 'そう' 'ああ' 'どう', 'これほど' 'それほど' 'あれほど' 'どれほど' 등도 모두 이 계열에 속한다고 말할 수 있을 것이다. 다만 이것을 기능 면으로 보아 각각 다른 품사로 구별해서 두기로 한다. 그렇게 하는 것이 일관해서 이해하기 쉬울 것이라고 여겨진다. 이것을 대명사에 넣든, 연체사에 넣든, 부사 등으로 넣는가는 분류의 기준을 어느 쪽에 두느냐의 차이일 뿐이다. 따라서 본고에서는 편의상 'コ・ソ・ア・ド'의 체계성에 주목해서 먼저 사적(史的)인 변화를 살펴보고자 한다.

5. 통시적 개관(변천사)

본 연구가 일본어사에 있어서 어느 시점에 해당하는지를 알아보기 위해 우선 시대구분을 해 보고자 한다. 시대구분은 무엇을 기준으로 하느냐에 따라 다소 다를 수도 있겠지만 크게 고대 및 근대로 나뉘며, 이를 다시 세분하면 다음과 같이 구분할 수 있다.[13]

> A. 古代
>> 1. 上代(奈良時代およびそれ以前)
>> 2. 中古(平安時代)
>> 3. 中世(院政鎌倉室町時代)
> B. 近代
>> 4. 近世(江戸時代)
>> 5. 現代(明治以後)

이 시대구분은 정치사적 구분과도 거의 일치한다. 이것은 언어가 사회적인 것이므로 정치상의 큰 변혁에 영향받고, 그것에 수반하는 사회정세의 현저한 변화는 언어의 변화를 수반하고 있기 때문이다. 무로마치 시대와 에도 시대의 양 시대에는 음운, 어법(語法), 어휘 등 각 방면에서 변천의 흔적이 현저하기 때문에 그 현저한 상위(相違)를 비교해 고대 및 근대의 경계를 둘 수 있는 것이다.

예를 들면 山田孝雄는 언문이 일치하느냐? 일치하지 않느냐에 따라서, 또는 어법의 변천에서 고대와 근세로 나누고, 근세를 다시 무로마치, 에도, 현대로 나누고, 고대, 근세의 과도기를 요시노(吉野)

---

13) 土井忠生・森田 武(1961) 『国語史 要説』 修文館 pp.5~6
　　松村 明(1973) 『国語史 概説』 秀英出版 pp.13~14 参照

시대에 두었다. 浜田敦는 山田孝雄의 방법에 음운사적 이유를 더해 고대 및 근세(근대)로 나누고 그 경계를 무로마치, 에도로 두는 것이 온당하다고 했다. 亀井孝는 구어(口語)의 문체로서 근대 일본어의 제상(諸相)이 사회적으로 성립했던 시기를 무로마치 시대 말기부터 에도 시대 초기에 걸쳐서라고 했다. 또한 土井忠生・森田武(1961)는 에도 시대 이후를 근대라고 했다. 또한 東条操는 무로마치 시대 말기를 고대어의 시기와 근대어의 시대로 구분할 수가 있다고 하였다.

앞의 표1에서 보듯이, 인칭대명사는 자칭(1인칭), 대칭(2인칭), 타칭(3인칭), 부정칭으로 분류하며, 타칭은 다시 근칭, 중칭, 원칭으로 세분할 수 있다. 이 밖에 반조(反照)대명사 또는 반사지시(反射指示)의 대명사라고도 불리는 재귀대명사를 세울 수도 있다. 인칭대명사를 시대별로 살펴보면 다음과 같다.

上代: 인칭대명사에는 '自称―あ・あれ・わ・われ・わけ・まろ', '対称―な・なれ・なむち・みまし・いまし・まし・きみ・おれ・なびと・い', '他称―し', '不定称―た・たれ', '再帰代名詞―おの・おのれ', 지시대명사에는 '近称―こ・これ・ここ・こち・こなた', '中称―そ・それ・そこ', '遠称―か・かれ・かなた・をち', '不定称―いづれ・なに・いづく・いづち'가 있다.

中古: 인칭대명사 'あ・あれ・な・なれ'가 쇠퇴되었고, 'わ・われ(自称)', 'なんぢ・きんぢ(対称)', 'これ・それ・かれ・あれ(他称)'가 사용되었다. 지시대명사는 전대(前代)의 것들에 'かしこ・あしこ・あ・あれ・あなた'가 첨가되었다.

中世: 인칭대명사에 있어서 특히 주목되는 것은 이 시대의 계급의식을 반영해서인지 새로운 형태가 생기고 사용에 있어서도 구별이 생겼다는 것이다.

自称: 'われ・わたくし・み・おれ・このはう・こなた・こち・愚―

・拙一’, 対称: ‘なんぢ・なんだぢ・おぬし・こなた・そち・貴・わ一’, 他称은 사물대명사를 전용(転用)해 ‘これ・それ・かれ・あれ’, 卑称에 ‘こ(そ・あ)いつ’, ‘し(こ・く・き)やつ’가 사용되었으며 不定称 ‘誰’는 ‘たれ’에서 ‘だれ’로 바뀌었다. 지시대명사는 語頭濁音語 ‘どの・どれ・どこ・どち’가 쓰였으며, ‘これ・それ・あれ’에 ‘つら・やう・しき・てい’가 접속된 형태를 사용했다.

近世: 사농공상(士農工商)의 구별이라든지 유곽이라든가의 폐쇄계급사회를 반영하여, 각각의 계급이나 사회마다 인칭대명사와 경어에 현저한 특징이 있다. 오늘날 자칭대명사의 표준인 ‘わたくし’가 그 변형 ‘わたし・わし・わしら・わたい’ 등과 함께 여성어로 사용되었다. ‘おれ・おら・おいら・こちと・こちとら・みども’가 널리 사용되었다. 중세 경어명사였던 ‘まえ’가 근세에서는 손윗사람에게 대한 대명사가 되었으며, 후기에 ‘おめえ’로 변한 형은 아랫사람에게도 사용하였다. 전기에 타칭이었던 ‘あなた’는 후기에 자칭이 되었으며, 정중형으로 ‘あなたさま’, 특수사회에서 ‘あんた’로 불렸다. ‘こなた・そなた・そこ・そち’ 등도 있었으며 타칭에 ‘さま’가 변형된 어형인 ‘さん’을 붙인 ‘おまえさん・おまはん・こなさん’ 따위가 있고, 경의(敬意)가 높았던 ‘きさま’는 손아랫사람에게도 사용되어 비칭(卑称)인 ‘われ・うぬ(ら)’ 등에 가까워졌다.

이와 같이 시대를 달리하면서 어휘와 그 체계 등에 있어서 용법이 달리 쓰이고 있음을 알 수 있다. 본고에서는 이를 전제로 『捷解新語』 삼본(三本)에 있어서 ‘コ・ソ・ア・ド’가 쓰인 용례를 추출하고, 추출된 어휘의 대조를 통하여 그 특징을 밝히고자 한다.

6. 연구방법 및 조사방법

연구방법으로는 '安田 章'의 분류원칙14)을 참고하여 원간본을 중
심으로 보면15)

    A. 개수본에서 원간본에 해당하는 예가 없고 그 모습을 감춘 것

    B. 개수본에 그대로 나타나는 것

    C. 개수본에서 다른 단어로 바뀐 것

반대로, 개수본에 초점을 맞추면

    A′ 원간본에 대응하는 단어가 없고 개수본에 나타난 것

    B′ 원간본대로 나타나는 것

    C′ 원간본의 다른 단어에서 바뀐 것

또한, 원간본, 개수본에는 없고 중간본에만 나타나는 것 등으로

---

14) 安田 章(1980)「捷解新語の改訂覚書」『朝鮮資料と中世国語』笠間書院 p.168
参照

15) 森田 武(1985)는 원간본을 내용상 다음과 같은 구성으로 분류하여 고찰하였다.

  (1) 대화체로 쓰인 것

    (a) 부산에 있어서의 조선, 일본 양국 관리 간의 왕래 교섭을 내용으로 한
것: 1, 2, 3, 4권 및 9권 전반

    (b) 조선통신사가 일본에 갔다가 돌아오는 내용: 5, 6, 7, 8권

  (2) 대화체로 쓰이지 않은 것

    (c) 일본의 各道州郡: 9권 후반

    (d) 候文体書簡文: 10권

그 내용으로 보아 (a), (c), (d)는 주제별로 하나하나 별개의 단락으로 되어 있
으나, (b)의 내용은 연관된 사건의 연속으로 이루어졌다. 이러한 점을 생각한다
면 원간본은 모두 4권으로 나누어 작성한 것을 나중에 전부 10권의 책으로 편
찬한 것으로 보이고, 이들의 초고(草稿)는 서로 시간적 차이를 두고 이루어졌
다고 볼 수 있다.

森田 武(1985)『室町時代語論攻』三省堂 p.66

분류해 보기로 한다.

- 구체적인 용례는 먼저 원간본, 개수본, 중간본의 순으로 대조시켜 한조로 했고, 1권에서 10권[16]의 순으로 배열했다.
- 판본에 따라서 해당하는 지시사와 다른, 인칭대명사를 사용하고 있는 경우에도 그대로 대조시켜 표시했다.
- 원간본에 있는 부분이 개수본 혹은 중간본에서 삭제되어 있는 경우, 혹은 그 반대인 경우 각각을 '……'로 표시했다.
- 본문을 인용할 때 필요하다고 생각되는 부분은 밑줄 치고 그 옆에 한국어역을 기입했다.
- 인용할 경우에는 될 수 있는 한 원문표기 그대로 했지만 '御' '候' '中' 등은 현행한자 표기로, 그 외는 'ひらがな'로 표기했다.

조사방법으로서는 먼저 『捷解新語』 삼본(三本)의 어휘를 다음과 같은 방법으로 조사를 실시하였다.

(1) 『捷解新語』 삼본(三本)의 원문(原文)을 그대로 컴퓨터에 입력하였다.
(2) 용례조사 및 분석에 있어서는 작업의 효율성을 고려하여 三本

---

16) 소로문체(候文体)로 되어 있는 10권은 이제까지 첩해신어를 연구하는 사람들은 주로 구어(口語)만을 연구대상으로 하기 때문에 논외(論外)로 취급되어 왔던 것이 사실이나 본고에서는 구어체와 소로문체와의 문체적 특징도 고찰하고자 하는 의도에서 포함하기로 한다. 소로문체란 '候'로 문말을 끝내는 '候文'이며, 편지나 통지문에 이용되며, 일본화한 한문체로부터 파생된 서간문체를 말한다. 일본화한 한문체는 공사(公私) 간에 실용문으로 많이 쓰였는데, 서간문에는 '侍り'와 '候ふ'가 주로 사용되었다. ('侍り'는 헤이안(平安) 시대에 주로 사용되었고, '候ふ'는 가마쿠라(鎌倉) 시대 이후에 많이 쓰이게 됨). 소로문체(候文体)는 경어로 '候ふ'를 쓰는 독특한 문체로 무로마치(室町) 시대 초기 이후에 나타나 에도(江戸) 시대에 융성하였고, 명치(明治) 이후에도 남자들의 서간문에 많이 쓰였다.

対照 捷解新語 釈文・索引・解題 篇(京都大学国文学会)을 이
용하였으며, 구체적인 용례를 분석함에 있어서는 본문을 직접
확인하는 방식을 채택하였다.

조사에 있어서는 먼저『日本国語大辞典』『時代別国語大辞典』『朝
鮮語大辞典』등 현대의 사전류를 중심으로 어의(語義)를 조사한 후
필요에 따라서는 다른 사전과 비교하면서 의미를 조사해 보기로 한다.
용례분석에는『捷解新語』와 마찬가지로 무로마치(室町) 말기의 언
어를 반영하고 있는『日葡辞書』[17]『日本大文典』[18] 등의 사전류와『
天草本伊曾保物語』『天草本平家物語』에서의 용례를 이용하고, 국내
사전으로는『李朝語辞典』[19]『17세기 国語辞典』[20]『우리말 큰사전』[21]

---

17) 당시 구어(口語)를 중심으로 문서어(文書語), 시가어(詩歌語), 여성어, 불교어,
    방언, 비어(卑語) 등까지 포함해서 약 32800어를 수록, 耶蘇会式 로마자 철자
    법에 의해 일본어를 알파벳순으로 배열하고 포르투갈어(드물게는 라틴어)로 설
    명하고 있다.
18) 당시의 표준 구어 문법을 비롯해서 각종 문장어 및 그 외까지, 선교사의 일본
    어 학습에 필요한 사항을 설명한 것이며, 라틴어 문법을 기초로 하기 때문에
    나름대로 문제는 있지만 유서(類書)가 없는 중요한 자료이다.
19) 저자는 유창돈이며, 본서에 수록한 표제어는 약 3만 2천 개이며, 문헌제시어
    (文献提示語)는 약 6만 1천 개로 이조문헌에 기록된 어사(語辞)라면 무조건
    채록(採録)하였다. 또한 단순히 이조어(李朝語)의 어휘만을 모아 놓은 것이 아
    니라 필자의 주관대로 어학적 분석과 분류를 꾀하였고, 그렇게 함으로써 이조
    어 연구를 위한 하나의 자료적 사전이 될 수 있도록 노력하였다. 본서를 '編'
    이라 하지 않고, '著'라 한 소이(所以)도 여기에 있는 것이다.
20) 저자는 '홍윤표, 송기중, 송철의, 정광'이며, 내용은 17세기에 간행되어 현전하
    는 모든 국어문헌에 등장하는 국어어휘를 수집, 정리하여 27,716개의 표제어와
    202,728개의 예문을 상・하 2권으로 나누어 수록 간행하였으며, 상권에는
    'ㄱ~ㅂ'까지, 하권에는 'ㅅ~ㅎ'까지를 수록하였다. 아울러 독자로 하여금 활용
    하는 데 이해를 돕기 위하여 일러두기를 자세히 밝혀두었다.
21) 한글학회에서 발행한 한국어 대사전으로 1992년에 간행되었다. 편찬기간은 1967
    년부터 1992년까지 약 25년이 걸렸다. ≪현대말≫ 3권과 ≪옛말과 이두(吏讀)≫
    1권, 전 4권으로 이루어졌다. 편찬체제는 '올림말-발음-씨갈래-뜻풀이-보기
    글-관계말-말밑(어원)'의 차례로 구성하였다. 올림말은, 시대적으로 현대말과
    옛말 및 이두(吏讀)를 다루었다. 특히 옛말과 이두(吏讀)는 따로 한 책(제4권)

을 참고로 하였으며 다음과 같은 약호(略号)를 사용하기로 한다.

『日葡』　　　土井忠生訳(1980)『邦訳日葡辞書』岩波書店

『日本大文典』土井忠生訳(1955) ロドリゲス『日本大文典』三省堂

『伊曾保物語』京都大学文学部国語学国文学研究室編(1965)　『禄二
　　　　　　　年耶蘇会板伊曾保物語』京都大学国文学会

『平家物語』　江口正弘(1986)　『天草本平家物語対照及び総索引』
　　　　　　　明治書院

『時代別』　　室町時代語辞典編修委員会編　『時代別国語大辞典』
　　　　　　　三省堂

『朝鮮語』　　大阪外国語大学朝鮮語研究室編(1986)『朝鮮語大辞典』
　　　　　　　角川書店

『李朝語』　　유창돈(1964)『李朝語辞典』연세대학교출판부

『17세기』　　홍윤표 외(1995)『17세기 国語辞典』태학사

『우리말』　　한글학회(1992)『우리말 큰사전』어문각

일 러 두 기

1. 이 논문에서 다음과 같이, 원간본의 'ここ(제3장)', 개수본 및 중간본의 'これ(제2장)'에서 같은 설명이 중복되는 것은 학회에서 발표한(부록1 교육학회, 제2장 한국일본어학회, 제4장 일본문화연구 제6장 한국일본문화학회) 소논문(小論文)을 묶어서 하나의 학위논문

으로 만들어 앞서 발행된 ≪큰사전≫과 ≪이조어 사전≫(1964)의 내용을 새롭게 보완하였다. 또한 표준어와 비표준어로 구성하여 일반어휘와 전문용어 등을 두루 실었는데 고전문학과 현대문학작품에서 새 어휘와 사라져가는 남북한의 방언을 모두 검토하여 수록한 것이 특징이라 말할 수 있다.

형식을 취했기 때문임을 밝혀두는 바이다.

  (原) おもいのほかきんすおここまておくるとあるほとに(8-3ウ) 예지이
  (改) そんしよらすきんすお<u>これ</u>まておくらしやると御さる(8-5ウ) 예싄지
  (重) そんしよらすきんすお<u>これ</u>まておくらしやれますると御さる
   (8-5)   엔ㄱ지

 2. 이 논문에는 지면의 절약상 다음과 같은 약어를 사용하였으며
이들의 원래 의미는 다음과 같다.

  (碩) : 석사 학위 논문
  (教碩) : 교육학 석사 학위 논문
  (博) : 박사 학위 논문

 3. 품사표시의 약호는 다음과 같다.

  때 대명사 명 명사 부 부사
  관 관형사 접 접속사

제2장 사물을 나타내는 지시대명사

　일본어사에 있어서 고대에서 근대로 변화하는 과정에서 편찬·간행된 『捷解新語』는 원간본(1676년)에서 개수본(1748년), 중간개수본(1781년. 이하, 중간본이라 함)을 거쳐 다양한 측면에서 개수(改修)가 이루어져왔다. 이 개수는 단순히 언어 면뿐만 아니라 대역의 위치나 배치라고 하는 형식적인 면[22]에서도 이루어졌다. 이것은 일본어와 한국어의 통어구조의 유사성에 기초한 것이라고 말할 필요도 없지만 같은 통어구조를 가진 만주어, 몽골어의 동시대의 텍스트가 이와 같은 상대(相對)의 형식을 취하고 있지 않는 점에서 『捷解新語』의 방식은 특이하다[23]고 말할 수 있다. 따라서 본 장(章)에서 원간본을 중심으로 개수본, 중간본의 세 가지 판본을 한국어와의 대역을 통해 비교·대조해 봄으로써 어형(語形)의 변화를 찾아보고 그 특징을 고

---

22) 원간본에서는 일본어의 한 문절(一句)마다 할주(割註 : 본문 사이에 두 줄로 잘게 단 주석)로 대응하는 한국어를 붙인 것에 대해, 개수본 및 중간본에서는 일본어 문장 좌측에 해당하는 한국어를 쓰고, 더욱이 단어나 문절마다 대응하는 한국어를 바로 옆에 대응시키고 있다.
23) 辻星兒(1997) 「捷解新語に見られる文法意識」 『日本語と朝鮮語(下巻)』 国立国語研究所 p.293

찰하려는 것이 목적이라 말할 수 있다.

　종래의 문법연구에서는 'これ' 'それ' 'あれ' 등을 끄집어내어 하나의 문법범주로서 취급하는 경우는 드물었다. 田中義廉, 大槻文彦, 松下大三郎, 橋本進吉 등은 'これ' 'それ' 'あれ'를 명사의 일종으로 취급하고, 또 山田孝雄, 佐久間鼎, 安田喜代門 등은 대명사로서 취급했다. 時枝誠記은 'これ・それ・あれ'(사물), 'ここ・そこ・あそこ'(장소), 'こちら・そちら・あちら'(방향) 등을 지시대명사라고 명명했다.24)

　지시대명사(이하, 지시사라 칭함)를 포괄적으로 취급하려면 당연히 'コ・ソ・ア・ド'의 체계성에 주목해서 그것을 어떻게 취급할 것인지가 중요하지만 여기에서는 먼저 첩해신어에 있어서 사물을 나타내는 지시대명사 'これ' 'それ' 'あれ' 'どれ' 'かれこれ'의 어형(語形) 변화 및 의미를 조사(助詞)와 관련해서 한국어와 비교・검토해 보기로 한다.

1. 'これ'

　먼저 사전적 어의(語義)를 살펴보면 『日葡』에는 'Core. コレ(これ) 代名詞、また、これ'로 되어 있으며,『時代別』에는 "[대][一] 'あれ' 'かれ' 'それ'の対。近称。空間的・時間的・心理的に話し手のごく近くにある物や事を指していう語。①話し手と聞き手から直接認識できる、話し手の身近な範囲にある事物や手柄を指していう。②話し手が聞き手に対して、現在自分がいる所をいう。[三]人称代名詞として用いる。①一人称。話し手自身を指していう。②二人称。現在その場にい

---

24) 時枝誠記(1950)『日本文法 口語篇』岩波全書 p.63 参照

る相手を指していう"로 되어 있다.

1) 원간본 중심

(1) 형태적인 분류

표2-1

개수본 원간본	これ	このしな	このはう	それ	기타
これ(61)	57	1	1	1	1

　원간본에서는 형태적으로 보면 표2-1에서 알 수 있듯이 총 61例가 쓰였는데, 예1)과 같이 개수본에서 'これ'의 형태가 그대로 쓰인 용례는 57例, 예2)와 같이 'この＋명사'인 'このしな'로 바뀐 1例, 예3)과 같이 'このはう'로 바뀐 1例, 예4)와 같이 'それ'로 바뀐 1例, 기타 1例임을 알 수 있다.

　　예1) (原) またこれわさせらんものなれとも(7-5ウ)　　　　　이거슨
　　　　 (改) またこれわそまつつなものなれとも(7-8)　　　　　이거슨
　　　　 (重) ……

　　예2) (原) またこれわめつらしからんものなれともしんしまるする(8-17)
　　　　　　　　　　　　　　　　　　　　　　　　　　　　　이거슨
　　　　 (改) またこのしなわめつらしかりませねともしんしまする(8-25ウ)
　　　　　　　　　　　　　　　　　　　　　　　　　　　　　이거슨
　　　　 (重) ……

　　예3) (原) これよりたのむことわやまのことくて御さろうほとに(1-4)
　　　　　　　　　　　　　　　　　　　　　　　　　　　이러로셔

(改) このはうより御たのみ申ことわやまのことくて御さろう(1-5ウ)
이러로셔

(重) このはうより御たのみ申ことわやまのことくて御さろう(1-5ウ)
이러로셔

예4) (原) これほとたいせつかましいおしられすとも(1-6ウ)　　이대도록
　　　(改) それほとにおおくらましうおおせられすとも(1-9)　　그대도록
　　　(重) それほとにおおくらましうおおせられすとも(1-8)　　그대도록

　위의 예4)의 경우는 원간본의 'これほど'가 개수본 및 중간본에서 'それほど'로 바뀐 예로서 『日葡』에는 'Corefodo. コレホド(これ程), 副詞. これくらい'로 쓰여 있다. 원간본의 'これほど'는 한국어 대역 '이대도록'으로 되어 있는데 『李朝語』에는 '이렇게까지' 『17세기』에는 몡'이다지, 이토록'으로 되어 있다. 『朝鮮語』에서 '이대도록'은 '이다지'의 방언으로 몡'これほどまでに、こんなにまでに'로 되어 있다. 'ほど' 'くらゐ(ぐらゐ)'는 정도를 나타내는 조사로 쓰였으며 근세에 'ばかり'로 변해서 사용되었다.[25]

　다음의 예5)는 'ほど'가 'ばかり'처럼 앞말을 한정하는 역할로 쓰였음을 알 수 있다.

예5) (原) おうたけとうとこもころくまいほと(1-24ウ)
　　　(改) ふといたけとそのほかこさいもくお(1-37)
　　　(重) ふといたけとそのほかこさいもくお(1-29ウ)

　『岩波古語辞典』『日本国語大辞典』 등에 의하면 'ほど'는 처음에는 시간의 정도 혹은 경과를 나타내는 명사이고, 점차로 의미가 다양화되어 조사적 성격도 갖게 되었다.

---

25) 松村 明(1972)『国語史 概説』秀英出版 p.230

(2) 의미적인 분류

표2-2

원간본	사물	장소	방향	기	타		
				これほど	これしき	これなく	これあり
これ(61)	28	22	5	1	1	3	1

형태적으로 쓰인 61例를 다시 의미적으로 분석해 본 결과 표 2-2에서 알 수 있듯이, 예6)과 같이 사물을 나타내는 지시사의 용법(28例) 이외에도, 예7)과 같이 장소를 나타내는 용법(22例), 예9)과 같이 방향을 나타내는 용법(5例) 및 기타(これほど: 1例, これしき: 1例, これなく: 3例, これあり: 1例)로 쓰이고 있음을 알 수 있다.

예6) (原) わたくしらかこれおれいにしまるせうか(3-8ウ)　　　　　이를
　　　(改) われわれかこれおれいにしませうか(3-11)　　　　　　　이를
　　　(重) われわれかこれおれいにしませうか(3-11)　　　　　　　이를

위의 예6)의 경우는 다음의 예와 같이 화자(話者)가 그 당시 당면(当面)해 있는 사항이나 사물을 가리키는 말이라고 할 수 있다.

　○　"多治見ハ終夜ノ酒ニ飲醉テ前後モ不知臥タリケルガ、時ノ声ニ驚テ、是ハ何事ゾト周章騒ダ"(太平記一, 頼員回忠事)

예7) (原) これにけかくなことわ御さるまい(4-16ウ)　　　　　여긔셔
　　　(改) これにかくへつちかうなことわ御さるまい(4-23ウ)　　여긔셔
　　　(重) これにかくへつちかうたことわ御さるまい(4-22)　　　이예셔

예7)의 경우, 원간본의 'これに'는 개수본 및 중간본에서 그대로

'これに'의 형태로 쓰이고 있는데 한국어 대역은 '여긔셔, 이예셔'로 되어 있다. '여긔셔' 및 '이예셔'의 '셔'는 '～에서' '～에서부터'의 뜻이며, 『李朝語』에 '여긔'는 ⑲여기, '이예'는 ⑲'여기'로 되어 있다. 반면 『17세기』에는 '여긔'는 ⑭여기, '이예'는 나타나지 않는다. 삼본(三本)에 쓰인 'これ'는 형태적으로는 사물을 나타내는 지시사의 용법 같지만, 의미적으로는 '여기에서'의 뜻으로 장소를 나타내는 용법으로 사용되고 있음을 알 수 있다.

다음은 中野裕之 감독, 斎藤ひろし 각본의 사무라이픽션 『호시도루(星亭)』 대본의 일부분이다. 이를 살펴보면 다음과 같다.

隼   (忍者) "風祭蘭之介に奪われておりまた品、作とすえ、これに"
        가자마츠리 란노스케에게 빼앗겼던 물건, 가짜와 바꿔치기
        (진짜는)여기에(있습니다)
平四郎   "!"
赤影(忍者) "ご家老、犬飼勘膳様心の臓の病に倒れられましたっ"
        가로, 이누가이간젠님께서 심장병으로 쓰러지셨다고 합니다.
平四郎   "何っ、父上が……"
        뭐 아버님이 ……
隼   "平四郎さま、急ぎ長島にお戻りください!"
        헤이시로님, 서둘러 나가시마로 돌아와 주십시오.

위 예문은 '아버지 간젠은 좀처럼 돌아오지 않는 헤이시를 불러오기 위해 병으로 쓰러졌다고 거짓 전언(伝言)을 닌자에게 부탁하여 헤이시로에게 보내는 장면이다.'

밑줄 친 부분은 형태적으로는 사물을 나타내는 'これ'의 형태를 취하고 있으나, 의미적으로는 장소를 나타내는 'ここ'로 사용되었음을 알 수 있다. 즉 밑줄 친 부분 'これに'는 'ここに(あります)'라는 의미이다.

이와 같이 장소를 나타내는 지시사 'ここ·そこ·あそこ'가 'これ·それ·あれ'로 대용되어 'あれに見えるは……(あそこに見えるのは……)'로 사용되었음을 알 수 있다.

조사 'に'는 동작·작용이 발생하는 곳을 나타내는 말로서, 나라(奈良) 시대에는 이미 많은 용법이 있다. 일본어는 본래 주격·목적격의 조사를 갖지 않았다고 생각할 수 있지만, 'に'는 상당히 이른 시기부터 조사로서 기능하고 있었던 것 같고, 생략되는 경우가 매우 적은 중요한 조사로서 그 주요한 용법을 살펴보면 다음과 같다.[26]

(一) 동작·작용이 행해지고 성립하는 장소를 지정(指定)한다.
  ○ この岳に菜摘ます児(『万葉』一)
  ○ 端つ方の御座に仮なるやうに大殿籠れば(『源氏』帚木)

(二) 동작이 행해지는 때를 지정(指定)한다.
  ○ それの年のしはすのはつかあまりひとひとの日の戌のときに門出す。
    (『土左日記』十二月二十一日)
  ○ さ夜中に友呼ぶ千鳥もの思ふとわびをる時に鳴きつつものな
    (『万葉』六一八)

(三) 동작이 귀착(帰着)하는 장소·목표를 나타낸다.
  ○ 粟島に漕ぎ渡らむと思へども明石の門波いまだ騒けり
    (『万葉』一二〇七)
  ○ 行き行きて駿河の国にいたりぬ(『移勢物語』九)

(四) 동작의 목적을 나타낸다.
  ○ 朝猟に今立たすらし暮猟に今立たすらし(『万葉』三)
  ○ 雲林院親王のもとに花見に北山の辺にまかれる時によめる
    (『古今』九五題詞)

---

26) 西田直敏(1977)『岩波講座日本語7 文法Ⅱ』岩波書店 pp.213～214

(五). 동작・작용의 원인・이유를 나타낸다.
  ○ 白雲の竜田の山の露霜に色づく時にうち越えて旅行く君は
    (『万葉』九七一)
  ○ わらは病にわづらひ給ひて(『源氏』若紫)

(六). 동작・작용의 결과를 나타낸다.
  ○ なかなかに人とあらずは酒壷に成りにてしかも酒に染みなむ
    (『万葉』三四三)
  ○ 灰になり給はむを見たてまつりて、今はなき人とひたぶるに思ひな
    りなむ(『源氏』桐壷)

예8) (原) <u>これ</u>にてしこにちも御とうりう御さて(8－9ウ)   예셔
    (改) <u>これ</u>にてしこにちも御とうりうなされて(8－14)   예셔
    (重) <u>これ</u>にてしこにちも御とうりうなされて(8－11)   여긔셔

위의 예8)의 경우도 예7)의 'これに'와 마찬가지로 원간본의 'これ
にて'가 개수본 및 중간본에서도 그대로 쓰이고 있는데 이에 해당하
는 한국어 대역은 '예셔, 여긔셔'로 되어 있다. '예셔' 및 '여긔셔'의
'셔'는 '~에서' '~에서부터'의 뜻이며, 『李朝語』에 '여긔'는 囹'여
기', '예'는 囲'여기'로 되어 있다. 반면 『17세기』에는 '여긔'는 団
'여기', '예'는 団'여기'의 뜻으로 되어 있다. 이것을 볼 때 삼본(三
本)에 쓰인 'これ'는 형태적으로는 사물을 나타내는 지시사의 용법
같지만, 의미적으로는 '여기에서'의 뜻으로 장소를 나타내는 용법으
로 사용되고 있음을 알 수 있다.
  원간본의 'これにて'의 'にて'는 격조사 'に'와 접속조사 'て'가 복
합해서 하나의 조사가 된 것이다. 그러나 격조사에 접속조사가 직접
붙는 것은 특이한 예이다. 나라 시대에 많이 사용되었던 [格助詞
'に'＋サ変連用形 'し'＋接続助詞 'て']의 성립의 'にして'와 용법이

거의 같으므로 이 'にして'의 생략형이라 여기는 사람도 있다. 'にし
て'는 나라 시대의 노래에 많이 사용되고, 'にて'는 노래에는 적고,
헤이안(平安) 시대의 산문(散文)에 많이 사용되고 있는 것을 봐서,
'にて'의 사용이 새로운 구어형일 가능성이 강하다.[27)

　　주로 체언 뒤에 붙어 장소를 나타내며 나라 시대에는 'にして'의
용례가 'にて'의 용례에 비해 많이 사용되었다. 주요한 예를 보면 다
음과 같다.

　　　○ 古野なる夏実の河の川淀に鴨そ鳴くなる山陰にして(『万葉』三七五)
　　　○ 還るべく時は成りけり京師にて誰が手本をかわか枕かむ(『万葉』四三九)

　예9) (原) これよりたのむことわやまのことくて御さろうほとに(1-4)
　　　　　　　　　　　　　　　　　　　　　　　　　　　　　　　　이러로셔
　　　(改) このはうより御たのみ申ことわやまのことくて御さろう(1-5ウ)
　　　　　　　　　　　　　　　　　　　　　　　　　　　　　　　　이러로셔
　　　(重) このはうより御たのみ申ことわやまのことくて御さろう(1-5ウ)
　　　　　　　　　　　　　　　　　　　　　　　　　　　　　　　　이러로셔

　　위의 예9)의 경우는, 원간본의 'これより'의 형태가 개수본 및 중
간본에서 'このはうより'의 형태로 바뀐 예로 한국어 대역은 모두
'이러로셔'가 되어 있다. 『李朝語』에는 '이러로셔'의 형태는 보이지
않고 '이러로'(🈯 '여기로')의 형태로만 보인다. 『17세기』에는 🈯 '여
기로부터'로 되어 있어 사전적인 의미만을 본다면 장소 및 방향을
나타내는 용법으로 쓰이고 있는 듯하나 문맥상 인칭을 나타내는 용
법으로 쓰이고 있다.

　　'より'의 경우는 비교·선택의 기준뿐만 아니라 출발점을 나타내
기도 했다.

------

27) 西田直敏(1977) 前揭書 p.222

○ まづそれよりいやそなたより辞儀なし。然らば文六殿より。(堀川波皷)

출발점을 나타내는 조사에는 'から'가 있고, 그 힘이 'より'보다 강해져 갔다.[28]

'より'는 상대부터 있었고 체언에 붙어 연체수식어를 만드는 작용을 한다. 후세에도 계속해서 사용되었으며, 현대구어의 'から'에 해당한다.[29]

○ 風まじり雨降る夜の……われより[欲利]も貧しき人の父母は……(万葉集五 ／100)

'より'의 동작의 기점, 경과하는 지점을 나타내는 용법은 점차로 'から'에도 보이게 되고, 특히 중세 말의 구어에서는 'から'를 사용하고 있다. 근세 이후에는 주로 비교의 기준과 이것에서 파생했다고 보이는 일정한 범위의 한정을 나타내는 용법이 보이고, 그 외는 'から'로 옮겨갔다. 'から'는 체언에서 전성된 것으로 상대에는 체언으로서의 용법과 조사로서의 용법이 있다. 이 시기는 체언에서 조사로의 과도기라고 보인다. 상대에서는 그 용례가 적고, 동작의 기점(장소를 나타낸다), 경과하는 장소를 나타내고, 중고에는 동작의 기점을 장소뿐만 아니라 시간을 나타내는 경우에 사용되었지만, 'より'가 있는 탓인지 전체 용례는 적다. 그러나 'から'는 중세 말의 구어에 용례가 많이 보이고, 'より'를 압도하게 되었다. 근세 이후에는 'から'의 용법이 확대하고, 'より'가 비교의 기준을 나타내는 경우가 주된 용법이 되어 용법에 축소가 보이는 것에 대해, 비교의 기준을 제외한 'より'의 용법을 그대로 'から'가 대신해서 현대에 이르고 그중에서도 동작·작

---

28) 松村 明(1972)『国語史 概説』秀英出版 p.227
29) 湯沢幸吉郎(1943)『国語史 概説』八木書店 pp.133~134

용의 기점을 나타내는 경우가 가장 많이 사용되고 있다.[30]

　나라(奈良) 시대의 'から'는 체언 및 활용어의 연체형을 받을 뿐만 아니라, 연체조사 'が' 'の'에 이어지는 예도 있었기 때문에, 아직 조사가 아닌 형식체언으로 보아야 할 것이라는 설도 있다. 헤이안(平安) 시대 이후에는 완전하게 조사로서 기능하게 되지만, 문헌상으로는 'より' 쪽이 많이 사용되고 있다. 많이 보이게 되는 것은 무로마치(室町) 시대의 구어자료에서이다.

　(一) 나라 시대에 조사로 보이는 것은, 동작·작용이 경유하는 장소를 나타내는 용법이다.

　　ㅇ 月夜よみ妹に逢はむと直道からわれは来れども夜そ更けにける

　　（『万葉』二六一八）

　　ㅇ 霍公鳥鳴きて過ぎにし岡傍から秋風吹きぬ緑もあらなくに

　　（『万葉』三九四六）

　(二) 때를 나타내는 말에 붙어 동작이나 작용의 기점을 나타낸다. 헤이안(平安) 시대 이후의 용법이다.

　　ㅇ 波の音のけさからことに聞ゆるは春のしらべやあらたまるらむ

　　（『古今』四五六）

　　ㅇ 九日。心もとなさに明けぬから舟をひきつつ上れども

　　（『土左日記』二月九日）

'から'에는 'より'와 같은 비교의 기준을 나타내는 용법은 없다.[31]

　예10) (原) いつひつけいたつせしめ候これしきしやせうに御さ候(10-8)是式

　　　　(改) いつひつけいたつせしめ候これしきしやせうに御さ候(10ᵉ-14ウ)

　　　　　　　　　　　　　　　　　　　　　　　　　이만거시

---

30) 佐藤喜代治(1977)『国語学研究事典』明治書院 pp.306～307
31) 西田直敏(1977) 前掲書 p.221

(重) いつひつけいたつこれしきしやしやうに御さ候ゑとも(10^上-12) 이는

위의 예10)의 경우 'これしき(此式, 是式)'는 사물이나 사항의 성질·
내용·정도가 문제로 하기에는 부족한 정도인 것. 이까짓·이쯤. 'たか
がこのくらい。こればかり。かほど'의 뜻으로 『日葡』에는 'Corexiqino
coto(これ式の事)'로 쓰여 있다. 사물대명사 'これ' 'あれ'에 'つら' 'や
う' 'しき' 'てい' 등의 접미어가 붙은 형으로 무로마치 시대에는 일반
적으로 사용되었다.32)

예11) (原) これなく候ところに御いてなされかたしけなく(10-32ウ)　無之
　　　(改) これなく候ところに御いてなされかたしけなく(10^下-19ウ)
　　　　　　　　　　　　　　　　　　　　　　　　　　　업습는디
　　　(重) これなく候ところに御いてなされ かたしけなく(10^下-15ウ)
　　　　　　　　　　　　　　　　　　　　　　　　　　　업습는디

예12) (原) きよねんのみしんもこれあるところにこのちうのふねに
　　　　　(10-23ウ)　　　　　　　　　　　　　　　　　　有之
　　　(改) きよねんのみしゆもこれあるところにこのちうのふねに
　　　　　(10^下-1ウ)　　　　　　　　　　　　　　　　　잇는디
　　　(重) きよねんのみしゆもこれあり候ところにこのちうのふね
　　　　　(10^下-1ウ)　　　　　　　　　　　　　　　　　잇는디

위의 예11), 12)의 경우 'これなく' 'これあり'는 한문훈독(漢文訓
読)에 의해 생긴 표현으로서 'なし' 및 'あり'를 강조해서 말하는 것
으로 한문조(漢文調)의 문장에 사용된다.

한문 '無之' '有之'의 '之'는 '無' '有'의 목적어에 해당하고, 일본
어에서는 읽을 필요가 없었지만 근세에는 훈독에 의해 'これ'로 읽

---

32) 土井忠生・他(1955) 『国語史 要説』 修文館 p.107

는 습관이 고정되어 한문훈독체(漢文訓読体)나 소로문체(候文体) 등
에서는 거의 숙어처럼 'なし' 'あり' 대신에 사용되고, 'まだ 若年に
も有之'와 같은 보조용언의 용어도 생겼다. 'これあり'의 형태로 언
급할 것의 존재성에 의의(疑義)를 제기할 여지가 없는 상태를 나타
낸다.

2) 개수본 중심

(1) 형태적인 분류

표2-3

개 수 본 ＼ 중 간 본	これ	기　　타
これ(57)	36	21

개수본에서는 형태적으로 보면 표2-1에서 알 수 있듯이 원간본
에서 개수본으로 그대로 쓰인 57例와 개수본 중심의 11例를 합쳐
총 68例가 쓰이고 있음을 알 수 있다. 이를 다시 의미적으로 분류하
면 표2-4와 같다.

(2) 의미적인 분류

표2-4

개수본	사물	장소	방향	기　　타			
				これほど	これしき	これなく	これあり
これ(68)	29	28	5	1	1	3	1

형태적으로 쓰인 68例를 다시 의미적으로 분석해 본 결과 표 2-
4에서 알 수 있듯이 사물을 나타내는 지시사의 용법(29例) 외에 장
소를 나타내는 용법(28例), 방향을 나타내는 용법(5例), 기타(これほ
ど: 1例, これしき: 1例, これなく: 3例, これあり: 1例)로 쓰이고 있
음을 알 수 있다.

예13) (原) おもいのほかきんすおここまておくるとあるほとに(8-3ウ)
　　　　　　　　　　　　　　　　　　　　　　　　　　　예지이
　　　(改) そんしよらすきんすおこれまておくらしやると御さる(8-5ウ)
　　　　　　　　　　　　　　　　　　　　　　　　　　　예ᄉ지
　　　(重) そんしよらすきんすおこれまておくらしやれますると御さる
　　　　(8-5)　　　　　　　　　　　　　　　　　　　　엔ᄀ지

위의 예13)의 경우는 원간본의 장소를 나타내는 'ここまで'가 개수본
및 중간본에서 'これまで'로 바뀌어 쓰이고 이에 해당하는 한국어 대역
은 원간본에서는 '예지이' 개수본에서는 '예ᄉ지' 중간본에서는 '엔ᄀ
지'로 되어 있다. 『李朝語』및 『17세기』에 '예지이'는 囲'여기까지',
'예'는 '여기'로 되어 있다. 개수본 및 중간본에 쓰인 'これ'는 형태적으
로는 사물을 나타내는 지시사의 용법 같지만, 의미적으로는 '여기까지'
의 뜻으로 장소를 나타내는 용법으로 사용되고 있음을 알 수 있다.
　　삼본(三本)에 쓰인 'まで'는 체언 또는 활용어의 연체형에 받아서
동작이, 어느 곳에서 시작해서 진행하고, 그 귀착점(帰着点)이 극한
에 도달한 것을 나타낸다. 또 정도에 관해서 그 한도, 한계의 상태인
것을 나타낸다. 동작이 한계에 이르는 범위를 나타낸다. 나라(奈良)
시대에는 'まで'와 더불어, 거의 같은 의미의 'までに'의 형태가 사
용되었다. 『捷解新語』삼본(三本)에 쓰인 용례는 동작이나 상태가
한계에 이르는 범위・정도를 나타내는 용법으로 사용되었음을 알 수

있으며, 한국어 대역(対訳) 역시 '~까지'로 범위·정도를 나타내는
용법으로 사용되고 있었음을 알 수 있었다.[33]

예14) (原) こちよりもさきに申そうとそんしたに(7-11)　　　이러로셔
　　　(改) <u>これ</u>よりさきたつて申ませうとそんしましたに(7-16)　이러로셔
　　　(重) <u>これ</u>よりさきたつて申ませうとそんしました(7-8ウ)　이러로셔

위의 예14)의 경우는 원간본의 'こちより'가 개수본 및 중간본에
서 'これより'로 바뀐 예로 한국어 대역은 모두 '이러로셔'로 되어
있다. 『李朝語』에는 '이러로셔'의 형태는 보이지 않고 '이러로'(囹
'여기로')의 형태로만 보인다. 『17세기』에는 囹'여기로부터'로 되어
있어 의미적으로는 사물을 나타내는 지시사의 용법이 아닌 장소 및
방향을 나타내는 용법으로 쓰이고 있다.

예15) (原) つねつねこりおくやむはかりのわれお(9-20)　　　이롤
　　　(改) つねつね<u>これ</u>おくやむはかりて御さるお(9-29)　　　이롤
　　　(重) ……

위의 예15)의 경우, 개수본 중심으로 볼 때 사물을 나타내는 지시
사 'これ(이것)'에 해당하는 원간본의 경우 'こり'로 쓰인 3例를 볼
수 있는데, 이것은 기후(岐阜), 후쿠시마(福島), 이키(壱岐), 시마바라
(島原) 등의 방언이라 말할 수 있다.[34] 'こり'가 'これ'의 방언이라는
사실은 그 어느 사전에도 표제어로서는 찾아볼 수 없었으며, 또한 『
講座方言学』[35]에서조차 볼 수 없는 귀중한 사실을 발견할 수 있었

33) 西田直敏·他(1977)『岩波講座日本語7 文法Ⅱ』岩波書店 p.230
　　奥津敬一郎·他(1986) 前揭書 pp.186~189 参照
34) 日本大辞典刊行会(1981)『日本国語大辞典4』p.1134
35) 国書刊行会『講座方言学1~10』

다. 이는 표제어 'これ'에 대한 설명부분에 간략하게 한 줄 정도로 표기되어 있음을 알 수 있었다.

'を'는 감동사 'を'에서 생긴 간투(間投)조사 'を'가 강조・확인하는 것에서 동작의 대상에 대해서 강조・확인하는 의미로 사용되게 되고, 목적격을 나타내는 조사로서 고정되어 있던 것이라고 생각할 수 있다.[36]

3) 중간본 중심

(1) 형태적인 분류

중간본에서는 형태적으로 보면 표2-3에서 알 수 있듯이 원간본에서 개수본을 거쳐 중간본에서 쓰인 36例와 개수본에서 중간본으로 쓰인 6例와 중간본 중심의 4例를 합쳐 총 46例가 쓰이고 있는데 이를 다시 의미적으로 분류하면 표2-5와 같다.

(2) 의미적인 분류

표2-5

중간본	사물	장소	방향	기 타		
				これしき	これなく	これあり
これ(46)	13	22	4	1	3	3

형태적으로 쓰인 46例를 다시 의미적으로 분석해 본 결과 표 2-5에서 알 수 있듯이 사물을 나타내는 지시사의 용법(13例) 외에 장소를 나타내는 용법(22例), 방향을 나타내는 용법(4例), 기타(これしき: 1例, これなく: 3例, これあり: 3例)로 쓰이고 있음을 알 수 있다.

---

36) 西田直敏(1977) 前掲書 p.211

이상과 같이, ‘これ’의 경우 의미적인 관계는 뒤에 오는 조사와 상호 관련되어 있음을 알 수 있었다. 먼저 ‘これ’ 뒤에 조사 ‘お(を)、も、わ(は)’를 수반할 경우는 사물을 나타내는 지시사의 용법으로 사용되었으며, ‘から、まで、で、にて、に、より、ゑ(へ)’ 등을 수반할 때는 장소 내지는 방향을 나타내는 지시사의 용법으로 사용되고 있음을 알 수 있다.

2. ‘それ’

먼저 사전적 어의(語義)를 살펴보면 『日葡』에는 ‘Sore, ソレ(それ) そのこと、など’로, 『時代別』에는 “団一中称。‘あれ’‘かれ’‘これ’의 対。①話し手にも聞き手にも、それまで述べられてきた話線において既知の事物・場所・時などを、当のそのものとして指し示す。②話し手にも聞き手にもすでに諒解されていることとして、当のものを具体的に述べる代りに用いる。三二人称。そこにいる相手を指していう” 로 되어 있다.

1) 원간본 중심

(1) 형태적인 분류

표2-6

원 간 본 ＼ 개 수 본	それ	あれ	기타
それ(18)	16	1	1

원간본에서는 형태적으로 보면 표2-6에서 알 수 있듯이 총 18例가 쓰이고 있는데 이는 개수본에서 예16)과 같이 'それ'의 형태 그대로 쓰인 16例와 'あれ' 및 기타로 쓰이고 있음을 알 수 있다.

예16) (原) それわはんすしゆとたいくわんともか(3-26)   그는

(改) それわはんすしゆとたいくわんともか(3-34ウ)   그는

(重) ……

예17) (原) かたからこうあろうかとおもうてそれほと申たれとも(5-30)

그대도록

(改) かたからそうあろうとおもうてあれほと申たれとも(5-43)

그대도록

(重) ……

위의 예17)의 경우는 원간본의 'それほと'가 개수본에서 'あれほと'로 바뀌어 쓰이고 있는데, 『日葡』에 의하면 'それほど'는 'Sorefodo ソレホド(それほど)' ⇒ Itatte

Itatte イタッテ(至つて) 副詞, 深く.

例) Itatte sorefodo zonjenu '至つてそれ程 在ぜぬ(私はそんなに深く根本的に知らない)'로 쓰여 있다. 『時代別』에는 '①そのものに関わる事態の状況が、限界ともいえる並並ならぬ度合のものであると判断していう語   ②打消の言い方と呼応して、事の実態が、そのものに期待していた程度にまでは及んでいないさまを表わす'로 되어 있다.

원간본의 'それほど' 및 개수본에서 'あれほど'는 모두 한국어 대역 '그대도록'으로 되어 있는데 『李朝語』에는 보이지 않고, 『17세기』에는 ᠁'그다지'로 되어 있다. 『朝鮮語』에 의하면 '그대도록'은 '그다지'의 방언으로 "᠁ ①(않다・못하다 등과 함께 用いられ)それほど(……ではない)、そんなに、さほど。②(感歎・驚きを表して)そんなに

まで、それほどまで(그렇게까지)、そんなにも(그렇게도)"로 되어 있다. 'ほど' 'くらゐ(ぐらゐ)'는 정도를 나타내는 조사로서 근세에 'ばかり'로 변해서 사용되었다.

(2) 의미적인 분류

표2-7

원간본	사물	장소	기 타	
			それほど	それにつき
それ(18)	12	1	1	4

형태적으로 쓰인 18例를 다시 의미적으로 분석해 본 결과 표 2-7에서 알 수 있듯이 사물을 나타내는 용법(12例)과 장소를 나타내는 용법(1例) 및 기타로 쓰이고 있음을 알 수 있다.

예18) (原) さきいれてくたされそれわいまとねきゑ申やて(1-24ウ)　글란
　　　(改) さきいれてくたされいそれわいまとうらいゑ申つかわして
　　　　　 (1-37)　　　　　　　　　　　　　　　　　　　　　　글란
　　　(重) さきいれてくたされいそれわいまとうらいさまに申つかわして
　　　　　 (1-30)　　　　　　　　　　　　　　　　　　　　　　글란

위의 예18)의 경우는 사물을 나타내는 지시사 'それわ'가 개수본 및 중간본에서도 그대로 쓰이고 있는데, 이에 해당하는 대역은 모두 '글란'으로 되어 있다. 이를 『李朝語』에서 찾아보면 閔그렇게란, 『17세기』에는 '閔그란, 그것으로'로 되어 있어 의미가 다소 차이가 있음을 알 수 있다. 다음의 예20)의 경우는 장소를 나타내는 용법으로 쓰이고 있다.

예19) (原) さき御されわれもあとからそれいきまるせう(1-24)　　그리

(改) さきゑゆかしやれいわしもおつつけ<u>それゑ</u>まいりませう(1−36) 그리

(重) さきゑゆかしやれいわしもおつつけ<u>それゑ</u>まいりませう(1−29) 그리

위의 예19)의 경우 원간본의 'それ'가 개수본 및 중간본에서는 'それ ゑ'로 쓰이고 있다. 이에 해당하는 대역은 삼본(三本) 모두 '그리'로 되어 있다. 이를 『李朝語』에서 찾아보면 "囲그리, 『17세기』에는 囲그리, 그렇 게", 『우리말』에는 '그곳으로 또는 그쪽으로' 되어 있음을 알 수 있다.

개수본 및 중간본에 쓰인 격조사 'ゑ(へ)'는 나라(奈良) 시대부터 헤이안(平安) 시대 중기까지는 '行く' '帰る' 등 현재 지점에서 멀어 져 가는 이동성 동사의 목표를 나타냈지만, 가마쿠라(鎌倉) 시대에 들어서는 그 용법을 확대 발전시켰다. 'ニ'와 관련해서 'ゑ(へ)'를 파 악한 青木伶子에 의하면,37) 'ニ'의 용법은 다양한 것에 대해서, 'ゑ (へ)'도 마찬가지로 이동동작의 목표를 나타내지만, 'ニ'와 서로 다른 특성은 '언어주체의 현재 지점에서 멀리 떨어져 있는 지점으로 향해 나아간다'는 뜻을 지닌 점에 있다.

무로마치(室町) 시대에는 장소를 나타내는 용법이 보이기 시작하 는 것이다.38)

ロドリゲスと

○ ある場所に居ること、留まること、住むこと、又は、ある事柄をする事 等に就いて言ふ場合には、その在る場所とか、その動作の行はれる場 所とかを示す名詞に助辞のニ、ニテ、ニオイテ、ニイタッテの中のどれ かを添へて用ゐる

○ ある場所へ向っての移動に就いて話す場合には、向って行く方向とか行 き着く場所とかを示す語が助辞へを伴ふ対格に置かれる

---

37) 青木伶子(1956)「'へ'と'に'の 消長」『国語学24』 p.110

38) 西田直敏(1977) 前揭書 p.306

라고 우선 구별하여 설명했다.

『捷解新語』 원간본의 경우, 조사 'ゑ(へ)'가 생략되었음을 알 수 있으며, 이에 해당하는 대역문의 경우 삼본(三本) 모두 생략되었음을 알 수 있다. 이는 'に'의 경우 거의 모두가 '에'로 해석이 이루어졌음에도 불구하고, 'ゑ(へ)'의 경우와는 다른 양상을 보이고 있다. 따라서 『捷解新語』에 쓰인 언어감각으로는 장소를 나타내는 조사의 용법으로 사용되고 있었다고 판단할 수 있다.

예20) (原) それにつきとしよたははおもちまるしたに(8-23ウ)　글로ᄒ야
　　　 (改) それにつきとしよつたははおもちていまするか(8-35)　글로ᄒ야
　　　 (重) ……

위의 예20) 'それにつき'는 원간본을 중심으로 볼 때 총 4例가 나오는데, 이에 해당하는 한국어 대역은 '글로ᄒ야, 그러ᄒ오매' 등으로 되어 있다. 이를 『朝鮮語』에서 찾아보면 '글로'는 '그것으로' 『17세기』에서는 囲 '그로, 그것으로'로 되어 있다. 원간본 및 개수본의 'それにつき'는 모두 '그것으로'의 뜻으로 전술(前述)한 내용이나 사태(事態)에 대해서 어떤 결론을 이끌어내기 위한 요인이 되는 것을 나타내는 것으로 관용적 표현이라 할 수 있다.

2) 개수본 중심

(1) 형태적인 분류

표2-8

개 수 본 ＼ 중 간 본	それ	기 타
それ(16)	9	7

개수본에서는 형태적으로 보면 표2-6에서 알 수 있듯이 원간본에서 개수본으로 그대로 쓰인 16例와 개수본 중심의 5例를 합쳐 총 21例가 쓰이고 있음을 알 수 있다.

(2) 의미적인 분류

표2-9

개 수 본	사물	장소	기 타	
			それほど	それにつき
それ(21)	14	2	1	4

형태적으로 쓰인 16例를 다시 의미적으로 분석해 본 결과 표 2-9에서 알 수 있듯이 사물을 나타내는 용법(14例)과 장소를 나타내는 용법(2例) 및 기타로 쓰이고 있음을 알 수 있다.

3) 중간본 중심

(1) 형태적인 분류
중간본에서는 형태적으로 보면 표2-8에서 알 수 있듯이 원간본에서 개수본을 거쳐 중간본에서 쓰인 9例와 개수본에서 중간본으로 쓰인 5例를 합쳐 총14例가 쓰이고 있음을 알 수 있다. 또한 중간본 중심의 예는 존재하지 않는다.

(2) 의미적인 분류

표2-10

개 수 본	사 물	장 소	기 타	
			それほど	それにつき
それ(14)	9	2	1	2

형태적으로 쓰인 14例를 다시 의미적으로 분석해 본 결과 표 2-
10에서 알 수 있듯이 사물을 나타내는 지시사의 용법(9例), 장소를
나타내는 용법(2例)과 기타(それほど: 1例, それにつき: 2例)로 쓰이
고 있음을 알 수 있다.

예21) (原) 御ろんしられそうわそうちやかしよけいお(1-16ウ)   그는
      (改) 御らんなさいませいそれわさやうても御さりませうか(1-24) 그는
      (重) 御らんなされませいそれわさやうても御さりませうか(1-22) 그는

예22) (原) さうおおしらるほとにそこわゆたんあることてわおりない
         (1-9ウ)   그는
      (改) さうかまいりませうほとにそれわゆたんなき御さりません
         (1-13)   그는
      (重) さうかまいりませうほとにそれわゆたんわいたしません
         (1-11ウ)   그는

위의 예21), 22)의 경우는 개수본 및 중간본에서 모두 'それ'가 쓰
이고 있는데, 이에 해당하는 한국어 대역은 모두 '그'로 되어 있다.
이를 『李朝語』에서 찾아보면 "관그 명그것", 『17세기』에서는 "관그
(其). 자기로부터 조금 떨어진 곳에 있는 사물"로 되어 있다. 예22)
의 경우는 원간본의 'そう', 예23)의 경우는 원간본의 'そこ'가 개수
본 및 중간본에서 'それ'로 바뀌어 쓰이고 있다. 이는 모두 사물을
나타내는 '그것, 그 일'의 의미로 쓰이고 있다.

3. 'あれ'

먼저 사전적 어의(語義)를 살펴보면 『日葡』에는 'Are, アレ(あれ)

あのもの，あるいは，あのこと．Coreua areno de gozaru(これはあれの でござる)'로，『時代別』에는 "대르遠称。事物を指す。①話し手と聞き 手の両者から離れたところにある事物を、直接に指している語 ②'これ' 'それ'などと対応させて用い、話し手・聞き手の間で共通に理解され ている複数の事柄の一方を取上げていう。르遠称。場所や方向を指 す。①話し手と聞き手の両者から離れている場所や方向を、直接に指 していう語 ②話し手と聞き手の両者から離れており、共通に理解さ れている、ある場所や方向を、直接に指していう語 르三人称 ①話し 手が自分および聞き手以外の、その場に居合せる第三者を直接に指 していう語 ②話し手と聞き手の両方から共通に理解されている第三 者を指していう語。"로 되어 있다.

1) 원간본 중심

원간본에서는 형태적으로 보면 총 4例가 있는데 이를 의미적으로 살펴보면 인칭을 나타내는 용법(2例)과 방향을 나타내는 용법(1例) 및 장소를 나타내는 용법(1例)으로 쓰이고 있음을 알 수 있다.

그런데 여기에서 일본어의 'あれ'에 해당하는 한국어 대역이 '뎌' 및 '계'로 되어 있다는 사실에 주목할 필요가 있다. '뎌'는 구개음화[39]

---

39) 国語 音韻史에 있어서 口蓋音化라면 일반적으로 i, y 앞에서 'ㄷ>ㅈ'에 의해 서 대표되는 変化를 가리켜 왔다. 이것은 비교적 일찍부터 인식되어 온 현상 의 하나였다.
국어에서 본래 구개음이 아닌 /ㄷ, ㅌ/가 /i, j/ 앞에서 구개음인 /ㅈ, ㅊ/ 로 바뀌는 음운현상을 구개음화(palatalization)라고 한다. 경음화와 마찬가지로 이 구개음화는 일견 자연스러운 음운현상처럼 보이지만 실은 많은 예외를 내포하 는 복잡한 현상이다. 중부 방언권에서 '디, 티>지, 치'의 구개음화가 일어나지 만, 남부 방언권에서는 '디, 티>지, 치'뿐 아니라 '길>질, 키>치, 힘>심, 형>성' 등 'ㄱ, ㅋ, ㅎ>ㅈ, ㅊ, ㅅ'에까지 그 영역이 확대되고 있다. 구개음화 현상은 근대국어인 17세기 중엽부터 18세기 초에 일어난 음운현상으로, 현대 어에서는 일어나지 않는 어휘들이다.

에 의해서 개수 및 중간본에서 '져'로 바뀌거나 그대로 쓰였음을 알수 있으나, '게'를 『李朝語』 및 『17세기』에서 찾아보면 '거기'의 준말로 되어 있다. 『捷解新語』에 있어 한국어 대역 '게'에 대응하는 일본어는 'そち, そのはう, かはう'의 3例가 나오고 있음을 알 수 있다.

예23) (原) とうせんこれわにせん <u>あれ</u>はふうしんてこそ御さる(1-15) 뎌는

　　　 (改) とうせんちうこれわにせんちう <u>あれ</u>わふうしんて御さりまする

　　　　　 (1-22)　　　　　　　　　　　　　　　　　　　　　　　　 져는

　　　 (重) とうせんちうこれわにせんちう <u>あれ</u>わふうしんて御さりまする

　　　　　 (1-20)　　　　　　　　　　　　　　　　　　　　　　　　 져는

口蓋音化라는 現象이 i, y 앞에서 ㄷ>ㅈ에 의해 대표되는 規則을 의미한다고 볼 때 'ㅈ'이 口蓋音이라는 前提는 現代国語에서의 觀点이지만, 15세기 国語인 訓民正音에서는 'ㅈ'을 분명히 齒音으로 規定하고 있어 口蓋音化가 아닌 齒音化가 올바른 호칭이 될 것이므로 ㄷ>ㅈ에서 'ㅈ'이 구개음이라는 前提없이는 口蓋音化라고 할 수 없다.

국어사에서 구개음화라면 i, y 앞에서 'ㄷ, ㅌ, ㄸ'이나 'ㄱ, ㄲ, ㅋ'이 'ㅈ, ㅊ, ㅉ'로 변하는 현상을 말하는데, 이런 변화는 남부 지방의 방언에서 매우 일찍 일어나 北上한 것으로 믿어진다. 서울말에서는 'ㄷ, ㅌ, ㄸ'의 구개음화만이 일어났으며 그것도 매우 늦게 일어났다. (서북 방언에 있어서는 현대어에도 구개음화가 일어나지 않았다.) 柳僖의 諺文志는 이 구개음화에 관련해서 매우 흥미 있는 증언을 하고 있다. 이 책은 "如東俗댜뎌呼同쟈져 탸텨呼同챠쳐 不過以按頤之此難彼易也 今唯関西之人 呼天不与天同 呼地不与至同"이라고 하여 19세기 초에 있어서 서북 방언을 제외한 모든 방언에서 상기한 구개음화가 일어난 사실을 분명히 하고 나서 이렇게 계속하고 있는 것이다. "又聞 鄭丈言其高祖昆弟 一名知和 一名至和 当時未嘗疑呼 可見 디지之混 未是久遠也" 이 글 속에서 가리킨 鄭氏 어른이란 鄭東愈(書永編의 저자로서 柳僖의 스승, 1744~1808)를 가리키는바 그의 高祖 생존 시(17세기 중엽 전후)는 아직 구개음화가 일어나지 않았음을 흥미 있는 예로써 증언하고 있는 것이다. 그러나 이 기록은 구개음화가 17세기 후반 또는 18세기 동안에 일어났던 음을 추측케 할뿐 그 정확한 연대는 말해 주지 않는다.

이기문(1982) 『国語音韻史研究』 국어학회 p.64
오정란(1993) 『現代国語音韻論』 형설출판사 p.264
이명규(1992) 『口蓋音化에 対한 通時的 研究』 숭실대학교대학원 국어국문과
　　　　　 (博) p.4
이기문(1998) 『国語史概説』 太学社 p.207 参照

위의 예23)의 경우는 원간본의 'あれ'가 개수본 및 중간본에서도 'あ
れ'로 쓰이고 있는데, 이에 해당하는 한국어 대역(対訳)은 원간본에
서는 '뎌', 개수본 및 중간본에서는 '져'로 되어 있다. '뎌'는 『李朝語
』에서는 "명저, 관저(彼)", 『17세기』에서는 "명저것, 저 사람 관저
(彼)"의 뜻으로 '져'는 『李朝語』에서는 "명저(彼)", 『17세기』에서는
"대저(彼)"의 뜻으로 쓰여 있다. 예24)의 경우 원간본의 'あれ'는 'こ
れ'에 대립해서 사용되고 있고, 'これ'의 한국어 대역도 '나'로 지시
당하는 대상은 인간이라고 여겨진다. 즉 인칭을 나타내는 지시사의
용법으로 쓰이고 있다. 그렇다고 한다면 'これ'가 상대에 따른 1인칭
'われ'에 비교적 가깝다고 할 수 있다. 즉 타칭(他称)의 근칭(近称)인
것에 대해 'あれ'는 타칭(他称)의 원칭(遠称)으로 생각하는 것이 좋
겠다. 이와는 다른 용법으로 쓰인 예를 살펴보면 다음과 같다.

예24) (原) そさよりこれからわくるあれからわこんと(2-13ウ)　　　뎌러셔
　　　 (改) これからわよはれあれからわこんとゆうて(2-19ウ)　　　졔셔
　　　 (重) ……

위의 예24)의 경우는 원간본의 'あれから'가 개수본에서도 'あれか
ら'로 쓰이고 있다. 이에 해당하는 한국어 대역(対訳)은 원간본에서
는 '뎌러셔', 개수본에서는 '졔셔'로 되어 있다. '뎌러셔' 및 '졔셔'의
'셔'는 '~에서' '~에서부터'의 뜻이며, '뎌러'를 『李朝語』에서 찾아
보면 명'저기(彼処)', 『17세기』에서는 명'저기(彼処)'의 뜻으로 쓰여
있으며 '졔'는 『李朝語』에서 찾아보면 명'저기', 『17세기』에는 보이
지 않는다. 예24)의 경우 원간본의 'あれ'는 'こちら' 'ここ'에 대한
'あちら' 'あそこ'의 의미로 방향 내지 장소를 지시하는 것으로 사용
되고 있다.

'から'는 격조사로서의 용법을 살펴보면 다음과 같다.

① 원인이나 이유를 나타낸다.

② (장소를 나타내는 말에 붙어서)경유(経由)를 나타낸다.

③ 방법이나 수단을 나타낸다.

④ 시간적 · 공간적으로 동작의 기점을 나타낸다.

 'から'에 해당하는 한국어는 ①~때문에, ~(이)므로 ②~에서 ③~로, ~때문에 ④~부터에 해당한다고 말할 수 있다. 『捷解新語』에 쓰인 'から'의 용례는 ②, ④를 제외하고는 한국어 대역 부분이 대개 생략되었다.

예25) (原) <u>あれ</u>に御さて御ちやおこしめして(6-6)   게

　　　 (改) かはうゑおいてなされて御ちやお御あかりなされまして(6-9) 게

　　　 (重) かはうゑ御いてなされて御ちやお御あかりなされまして(6-7ウ) 게

 위의 예25)의 경우 원간본의 'あれに'는 장소를 나타내는 'あれ'에 조사 'に'가 붙어, 'あれに'의 형태가 개수본 및 중간본에서는 'かはうゑ'로 바뀌어 있다. 'かはう'는 『日本国語大辞典』에 의하면[40] '彼方'団 '他称.　遠くの場所をさし示す語(遠称).　あなた。あちら。あそこ'로 되어 있으며 이에 해당하는 대역(対訳) '게'를 『李朝語』 및 『17세기』에서 찾아보면 '게'는 '거기, 거기에'의 준말로 방향 내지 장소를 나타내는 지시사의 용법으로 사용되었다고 할 수 있다. 원간본의 'あれ'가 개수본 및 중간본에서 'かはう'로 바뀌어 있는 것은 단어 그 자체의 품위와 관계가 있었을 것이라 여겨진다.[41] 일본어의 'ア'계열(系列)은 화자 및 청자에 있어서 공통된 화제를 가리키는 용법을 가지지만, 한국어에 있어서는 '저'계열(系列)을 사용하지 않고

---

40) 日本大辞典刊行会(1981) 『日本国語大辞典3』 p.93

41) 安田　章(1980) 「捷解新語の改修重刊」 『朝鮮資料中世国語』 笠間書院 p.130

'그'계열(系列)이 그 기능을 한다. 즉 일본어의 'ア'계열(系列)은 전
술(前述)된 지시체(指示体)에 조응(照応)하여 지정(指定)한 기지(既
知)의 정보를 주는 데 있어서 'ソ'계열(系列)과 같으나 화자뿐만 아
니라 청자에게도 지시체(指示体)가 알려져 있는 경우에 쓰이는 점에
서 'ソ'계열(系列)과 다르다. 'ア'계열(系列)에 대응하는 한국어의
'저'계열(系列)에는 이런 방식이 없다.[42]

위의 예25)의 'あれに'는 장소를 나타내는 'あれ'에 조사 'に'가 붙
어, 'あそこにいる人の意'으로, 간접적으로 말하는 것에 의해서 상대
방을 어느 정도 경의(敬意)를 포함해 말하는 것이라고 볼 수 있다.[43]

  ○ "アレニハヲレガコトヲホメテ給レ、我ハ又ソナタヲホメウト云ゾ"
    (蒙求抄三)
  ○ "してあれには太郎ではなひか。中々太郎でござる"(虎明狂＝腰祈)

예26) (原) あからしるるか御たいきに御さるともあれらかさうさおむに
       (6-19)   뎌둘희
    (改) 御あかりなされかとう御さるともかのひとなとのさうさおむ
       (6-27ウ)   뎌둘희
    (重) 御あかりなされかたう御さるともかのひとなとのさうさおむ
       (6-24ウ)   뎌사룸들

위의 예26)의 경우는 원간본의 'あれら'가 개수본 및 중간본에서는
'かのひとなと'로 바뀌어 있는데 이것은 'かれら'의 뜻으로 다음의
예와 마찬가지로 3인칭 복수를 나타내는 용법이라 할 수 있다. 이에
해당하는 한국어 대역(対訳)은 원간본 및 개수본에서는 '뎌둘', 중간

---

42) 張奭鎭・他(1988)『韓日語対照分析』明志出版社 p.239
43) 室町時代語辞典編修委員会編(1985)『時代別国語大辞典 室町時代編一』三省
    堂 p.268

본에서는 '뎌사름들'로 되어 있다. 원간본의 'あれら'가 개수본 및 중간본에서는 'かのひと'로 바뀌어 있는 것은 예25)의 경우와 마찬가지로, 원간본의 'あれ'가 개수본 및 중간본에서 'かはう'로 바뀐 것처럼 단어 그 자체의 품위와 관계가 있었을 것이라 여겨진다.[44]

○ "老父相二呂后一。曰、夫人天下貴人也。令レ相二兩子一。アレラヲモ御相シサフトテゾ"(史記抄六)

『日本大文典』에는 実名詞에 접속해서 복수를 나타내기 위해 사용하는 특정한 조사(助辞)에는 Tachi(達), Xu(衆), Domo(共), Ra(等) 등이 제시되어 있다. Tachi(達)는 경의(敬意)가 가장 높고, Xu(衆)는 그 다음이며, Ra(等)가 경의가 가장 낮다. 'あれら'와 같이 Ra(等)를 붙여 그 사람을 비하(卑下)하거나 경멸(軽蔑)하거나 모욕(侮辱)하기도 하는 뜻을 첨가하는 것이다.

이와 같이 타칭(他称)에는 사물을 나타내는 지시사 'これ' 'それ' 'かれ' 'あれ'를 전용(転用)하는 것이 보통이었지만, 무로마치(室町) 시대에 들어서는 'この' 'その' 'あの'에 '人' '者'를 더한 말씨가 행해졌다.[45]

예26)의 경우 원간본의 'あれら'가 'あの人達'의 의미라 한다면, 예23)의 원간본의 경우와 마찬가지로 먼 타칭(他称) 지시라고 말할 수 있다.

개수본에서 교체된 하나의 의도는 일본어 표현에는 모두 사물지시의 'あれ'로도 막연하다고 표현할 수 있는 것을, 오히려 한국어 표현에 가깝고, 사람은 사람, 방향은 방향으로 보다 분석적으로 표현하는 것에 있었던 것은 아닌가 생각된다. 물론 일본어로서도 그쪽이 확실히 이해하기 쉽다. 개수본 및 중간본에서 'かはう' 및 'かのひと'로

---

44) 安田 章(1980) 前掲書 pp.129～130
45) 土井忠生・他(1955) 前掲書 p.106

바뀐 것은 지시받는 것의 실질을 나타내야 할 준체언(準体言)을 수
반한 'か-'의 파생어로 되어 있다. 예23)의 원간본의 'あれ' 한 예만
중간본에서도 그대로 'あれ'로 남아 있는 것은, 오히려 『文釈』 '彼
(これ에 대해서는 '是')'로 생각한다면, 역시 'かれ'로 바뀌어야 할
것이 잘못해서 그대로 되어 있었던 것인지, 그렇지 않으면 1인칭의
'わたしく'와 함께 생각하면 오히려 'これ'는 'このもの', 'あれ'는
'あ(か)のもの' 등으로 바뀌었어야 하는 것은 아닌가 생각된다.

개수본에 있어서 원간본의 'あれ'가 'かはう' 'かのひと' 등으로
바뀌게 된 하나의 이유는 'あ'에 대한 'か'에 있다고 말해도 좋다.
똑같은 원칭의 지시사이지만, 'か'가 발생적으로 'あ'보다 오래됐다
고 한다면, 그 관계는 'こう' 'そう'에 대한 'かやう' 'さやう'와 마찬
가지로 원칭 'か'는 역시 하나의 요소로 볼 수 있을 것이다. 'あ'의
발생과 동시에 없어져 버릴 만한 운명에 있었던 'か'도 아직 17, 8
세기경까지는 그와 같은 문체의 요소로서는 계속 존재하고 있었던
것이다.46)

그런데 이와 같이 일본어에서 원칭의 지시사 'か'와 'あ'가 병존한
다고 하면, 역시 일종의 이중구조는, 한국어에서는 보이지 않고, 이
에 해당하는 한국어 대역도 'か' 'あ' 양자에 대해, 모두 '저, 뎌'에
해당하고 그 외의 것은 존재하지 않는다.

2) 개수본 중심

개수본에서는 원간본에서 개수본으로 그대로 쓰인 2例와 다음의
예27)과 같이 개수본 중심의 1例를 합쳐 총 3例가 쓰이고 있음을
알 수 있다.

---

46) 浜田 敦(1970) 『朝鮮資料による日本語研究』 岩波書店 p.195

예27) (原) かたからこうあろうかとおもうてそれほと申たれとも(5-30)

그대도록

(改) かたからそうあろうとおもうてあれほと申たれとも(5-43)

그대도록

(重) ……

위의 예27)의 경우는 원간본의 'それほど' 및 개수본에서 'あれほど'는 모두 한국어 대역 '그대도록'으로 되어 있다. 『日葡』에는 'Arefodo アレホド(あれほど) あれと同じほど', 『時代別』에는 '話し手なり聞き手なりの立場からはかけ離れた事物として取上げて、その限度や程度の大体の見当を表わす'로 되어 있다.

  ○ "アレホトノモノニ意ヲトメテ、腹ヲ立テ事モナイ、不足ナ事ゾ"(史記抄十四)
  ○ "なふさてよひ女かな、在京の内にあれほどの女はみた事が御ざなひ"(虎明狂=うるさし)

'これほど' 'それほど'도, 언어적・비언어적 문맥이 있고, 그것을 'これ' 'それ' 'あれ'가 지시하고, 그 정도를 나타내는 부사구(副詞句)이지만 이것들도 비상(非常)의 정도를 나타낼 수가 있다.[47]

  ○ 金がこれほど威力があるということは……。
  ○ 彼はそれほどに祖父をきらっていた。
  ○ 忙しいと、あれほど言っておいたじゃないか。

'それほど' 등은 특히 지시하는 문맥이 없더라도, 그것만으로 관용적으로 비상(非常)의 정도를 나타낼 수도 있는 것 같다.

---

47) 奧津敬一郎・他(1986) 前揭書 p.56

또 'これ' 'それ' 'あれ'가 문(文)이 아닌 명사를 지시할 경우에는, 비상의 정도를 나타낸다고는 할 수 없다.

3) 중간본 중심

중간본에서는 원간본에서 개수본을 거쳐 중간본으로 쓰인 1例 이외에는 존재하지 않음을 알 수 있다.

이상과 같이 'あれ'를 살펴본 결과, 원간본에서는 4例가 쓰이고 있었던 것이 개수본을 거쳐 중간본으로 갈수록 그 수가 현저하게 줄어 1例만 존재하고 있다. 나머지는 예25)와 같이 'かはう'로, 예26)의 경우는 'かのひと'로 바뀌어 있다. 이에 대한 한자 역시 '彼'가 사용되어 첩해신어 문석에도 'かはう'는 '彼方', 'かのひと'는 '彼人'으로 되어 있다. 이와 같이 바뀌게 된 것은 결코 우연 아닌 의미가 있는 것으로 생각된다. 그 이유는 첫째 원간본에 있는 4例의 'あれ'는 한국어 대역에서도 보면 '뎌러, 뎌, 게'로 쓰여 있듯이 매우 다의적(多義的)으로 쓰이고 있다는 것을 알 수 있다. '뎌러'의 경우는 방향을 나타내는 용법으로, '뎌'는 인칭을 나타내는 용법으로, '게'는 장소를 나타내는 용법으로 분류하여 쓰이고 있음을 알 수 있다. 즉 소위 사물을 나타내는 용법으로 쓰인 경우는 1例도 찾아볼 수 없었다.

4. 'どれ'

먼저 사전적 어의(語義)를 살펴보면 『日葡』에는 'Dore. ドレ(どれ) また、どこ、または、どこから'로, 『時代別』에는 '㈐不定称。関係す

る いくつかのもののなかで、対象を特定の一つに限定しないで指して
いう語。' 등으로 사물이나 장소, 사람을 가리키는 용법으로 다양하
게 사용되고 있음을 알 수 있다.

'どれ'의 경우 원간본에서는 존재하지 않으며 개수본 및 중간본에
서 각각 1例가 존재하고 있음을 알 수 있다.

예28) (原) しやうくわんわとこに御さるか(1-15ウ)　　　어듸
　　　(改) しやうくわんしわ<u>とれ</u>に御さりますか(1-22ウ)　어듸
　　　(重) しやうくわんしわ<u>とれ</u>に御さりますか(1-20ウ)　어듸

위의 예28)은 원간본의 'どこ'가 개수본 및 중간본에서 'どれ'로
바뀌어 쓰이고 있는데, 'どれ'의 경우, 부정칭(不定称)으로 사물을 지
시할 뿐 아니라, 장소 및 사람을 가리키는 용법으로 사용되고 있다.
위의 예는 원간본에서 장소를 나타내는 부정칭(不定称)이 개수본에
서 'どれ'로 바뀌어 쓰이고 있는데 다음의 예와 같이 장소를 가리킨
다고 말할 수 있다. 장소를 나타내는 부정칭(不定称)의 'いづこ'가
'いどこ'를 거쳐 'どこ'가 된 것과 'いづれ'에서 'どれ'가 생긴 것은
일찍이 원정기(院政期)에 있었던 것이다.[48]

○ "比叡の山のものにて候と申ければ、比叡のやまは**どれ**より。桜木より、
と申"(義経記三)
○ "代物は**どれ**でおわたしやらうぞ。三条の大こくやで渡しまらせう"(虎明
本＝張りだこ)

위의 예는 다음과 같이, 장소를 나타내는 부정칭으로 한국어 대역
(対訳) '어듸, 어듸'로 되어 있다. 『李朝語』에서 '어듸'는 圀'어디',

---

48) 土井忠生・他(1955) 前掲書 p.107

'어듸'는 图'何処'로 되어 있으며, 『17세기』에서는 '어딕'는 冊'어디', '어듸'는 冊'어디'로 되어 있어 장소를 나타내는 지시사의 용법으로 쓰이고 있음을 알 수 있다. 이를 『朝鮮語』에서 찾아보면 冊 '(疑問の意で)どこ'로 되어 있다.

『朝鮮語』에 의하면 '어듸'는 '어디'의 고어(古語)로 '冊 ①(疑問の意で)どこ   ②(不定の意で)どこ(か)、どこどこ、ある所、某所、どこが。团 ①(待ち構えるか念を押す意を強調して言う語)どれ、よし、いやはや、本当に、全く   ②(反問する意を強調する語)……なんて、……そんなことが、一体全体。'로 되어 있다.

이 외에 'どれ'가 사물 및 사람을 나타내는 용법을 보면 다음과 같다.[49]

1) 사물을 가리키는 용법
   ○ "此内デトレガ海中ノヂヤ、天上ノヂヤト、トレガトレト云フ事ハナイデ候"(日本書紀抄一)
   ○ "上句ハ晩景ヲ云イ、下句ノ鳥ハ朝ニミルゾ。……トレモ同事ゾ。途中心元ナイト云心ゾ"(山谷詩集鈔二)

2) 사람을 가리키는 용법
   ○ "トレモ庶子ナレバ、トレヲ適トシテ立ベキヤウモナイゾ"(史記抄二)

5. 'かれこれ'

먼저 사전적 어의(語義)를 살펴보면 『日葡』에는 'Carecore. カレコ

---

49) 室町時代語辞典編修委員会編(2000) 『時代別国語大辞典 室町時代編四』 三省堂 p.340

レ(彼此)一つの事と他の事、これとあれ、などの意'로, 『時代別』에는 '日대   ①全体としてまとめられる事を分けて、それぞれを取上げていう語   ②一、一の事柄に言及することなく、共通性によって類化したいくつかの事柄をまとめて指していう語。三맡   ①事態が一局面に限定されずに、さまざまな方面にわたるさま   ②ある事態に対して多面的に検討がなされたあげく、一つの方向が打ちだされたことを表す'라고 되어 있다.

'かれこれ'의 경우, 원간본을 중심으로 보면 다음과 같이 총 3例가 나오는데 이에 해당하는 한국어 대역은 예29)와 같이 '뎌렁이렁', 예30)과 같이 '이걷뎌걷' '져걷이걷', 예31)과 같이 '彼此'로 되어 있다.

예29) (原) たまたまゆるりとしまるして<u>かれこれ</u>申まるして(3-26)

　　　　　　　　　　　　　　　　　　　　　　　　　　뎌렁이렁

　　　(改) おりふしゆるりといたしまして<u>かれこれ</u>と申まして(3-35)

　　　　　　　　　　　　　　　　　　　　　　　　　　뎌렁이렁

　　　(重) ……

여기에서 한번 재고해야 할 부분이 'かれこれ'에 대한 한국어 대역(対訳) '뎌렁이렁'이다. 『李朝語』 및 『17세기』에 의하면 '뎌렁이렁' '이렁뎌렁'에 대한 설명이 다음과 같이 나와 있다.

　'뎌렁이렁'맵이리저리 (예)마춤 죵용ᄒ여 뎌렁이렁 숣ᄉ오니

　　　　　　　　　　　　　　　　　　　　　<捷解新語 三26>
　'이렁뎌렁'맵이럭저럭 (예)드린 사ᄅᆞᆷ을 이렁뎌렁 폐를 싱각하면

　　　　　　　　　　　　　　　　　　　<捷解新語八11ウ>

'뎌렁이렁' '이렁뎌렁'에 대한 예문을 공교롭게도 첩해신어에서만 그 예를 들고 있다. '이렁뎌렁'의 유사어(類似語)인 '이렁져렁'의 경

우는 다음의 예에서 볼 수 있지만,

　　每日에 흔盞 두盞 ᄒ여 이렁 져렁 ᄒ리라 <靑丘永言50) p.75>
'뎌렁이렁'에 대한 예는 첩해신어에서만 그 예를 들고 있다.

『李朝語』 및 『17세기』에는 '뎌렁이렁' '이렁뎌렁'은 부사로서 각각 '이
리저리, 이럭저럭'의 뜻으로 쓰이고 있다.
　'뎌렁이렁'에 대한 예는 'かれこれ' 이외에도 다음과 같이 'なにか
に'에서도 찾아볼 수 있다. 이에 해당하는 한국어 대역이 '이렁뎌렁,
져렁이렁'으로 되어 있다. 'なにか(何彼)'의 사전적 어의(語義)를 살
펴보면, 『日葡』에는 보이지 않고, 『時代別』에는 'あれこれ事態・事
物を、それと明示せず包括的に指示する語。何の彼の・何も彼も・何
や彼や'로 되어 있다. 'なにかに'와 같은 의미인 '何の彼の'는 『日葡
』에 의하면 " 'Nanino cano(ナニノカノ)'すなわち、Nan ito xite cato
xite(何として彼として)　免れるためなどに、いろいろな事を言い、弁
解するさま。"로 되어 있다.

　　(原) とものものともなにかにさうさおおもゑは(8-11ウ)　　　　이렁뎌렁
　　(改) とものものとものなにかにつけて御さうさになりますることお
　　　　(8-17ウ)　　　　　　　　　　　　　　　　　　　　　　　져렁이렁
　　(重) ……

---

50) 조선 영조 때의 가인(歌人) 남파(南坡) 김천택(金天沢)이 고려 말엽부터 편찬
　당시까지 여러 사람의 시조를 모아 1728년(영조 4)에 엮은 고시조집. 필사본.
　1권 1책. 현재까지 전해지는 가집(歌集) 중에서 편찬연대가 가장 오래되었으며
　방대한 것으로 『해동가요(海東歌謠)』 『가곡원류(歌曲源流)』와 더불어 3대 가
　집으로 꼽히는 책이다. 이 책의 제1차 초고가 완성된 때는 1727년(영조 3), 제
　1차 수보(修補) 완료는 1728년, 제2차 수보(修補)를 마친 때가 1732년으로서
　이때에는 상당한 시조가 증보된 듯하므로 실제 완성된 시기를 28년으로 보는
　것이다. 『靑丘永言』에는 ①崔南善本 ②吳章煥本 ③李熙昇本 ④洪在烋本 ⑤
　李秉岐本 ⑥李家源本 ⑦小倉進平, 藤田亮策本 등의 이본(異本)이 있다.

　‘뎌렁이렁’이 구개음화에 의해서 적어도 ‘져렁이렁’으로 바뀌었다고 할 때, 『李朝語』및 『17세기』『우리말』에서도 찾아볼 수가 없다. ‘저렁이렁’ ‘저것이것’을 『朝鮮語』에서 찾아보면 보이지 않고, ‘이렁저렁’ 및 ‘이것저것’에 다음과 같이 쓰여 있다.

　　‘이렁저렁’ 🈂 ①どうにかこうにか、どうやらこうやら②あれやこれやのうちに、あれこれしているうちに。

　‘이렁저렁’의 유사어인 ‘이럭저럭’을 찾아보면 ‘🈂 ①(一定の方法なしに)あれやこれやと(이렁저렁)、あれこれと　②(自然の成り行きのままに)なるがままに(되어가는 대로)、なんとはなしに、そうこうするうちに(이러구러)’로 쓰여 있으며, ‘이것저것’은 ‘🈡 ①これとあれ ②あれやこれや、あれこれ。’로 되어 있다.
　‘이리저리’를 찾아보면 🈂 ①(方法が一定でないさま)あちこち、あちらこちらと　②あれこれと(이러저러하게) “日本語と異なり近称이 (これ)が前にくることに注意. ‘저렁이렁、 저것이것’とは言わない”로 되어 있다.

　예30) (原) <u>かれこれ</u>御いんきんなな されやう(7-3ウ)　　　이걷뎌걷
　　　(改) <u>かれこれ</u>御いんきんなな されやう(7-4ウ)　　　이걷뎌걷
　　　(重) <u>かれこれ</u>御いんきんなな されやう(7-3ウ)　　　져걷이걷

　위의 예30)의 경우는 다음의 예와 마찬가지로, 사태(事態)가 한 국면(局面)에 한정되지 않고 여러 방면에 걸친 모양을 나타내는 용법으로 한국어 ‘이걷뎌걷, 져걷이걷’으로 되어 있다. 『李朝語』및 『17세기』에는 ‘이걷뎌걷’ ‘져걷이걷’에 대한 설명이 보이지 않고, 『朝鮮語』의 ‘이것저것, 저것이것’을 찾아보면 ‘저것이것’에 해당하는 것은

보이지 않고, '이것저것'은51) '데 ①これとあれ ②あれやこれや、あ
れこれ。'로 되어 있다.

- ○ "カウヤル程ニ、此紙帳ハカレコレ便ナルゾ"(四河入海十三ノ一)
- ○ "人々仰天シテ彼是トスルホドニ夜モ漸明ニケリ"(地蔵菩薩霊験記三)

예31) (原) こんとわ御さいはんおもつてかれこれしひゑいしまうて(8-32)
                                                                    彼此
    (改) こんとわ御さいはんおもつてかれこれしゆひよくあいすめて
        (8-47ウ)   彼此
    (重) こんとわ御しうせんおもつてかれこれしゆひよくあいすめまして
        (8-26ウ)   彼此

이상으로 미루어 볼 때 예29)의 '뎌렁이렁' 및 예30)의 '져걷이걷'
으로 표기되어 있는 한국어 대역(対訳)은 일한(日韓) 대역에서 오는
오역(誤訳)이라 여겨진다.52)

한국어와 일본어의 차이점 중의 또 하나는 첩어(畳語)를 만들 때
예를 들면 한국어는 '이럭저럭, 이러나저러나, 이랬다저랬다, 이모저
모, 이쪽저쪽, 이나저나, 이리저리, 이러쿵저러쿵, 이만저만, 이렇든
저렇든, 이러니저러니, 이래라저래라'와 같이 '이+저', '그럭저럭, 그
랬다저랬다, 그러니저러니, 그러나저러나, 그리저리, 그나저나'와 같
이 '그+저'로 이루어져 그 결합은 '이'나 '그' 뒤에 '저'가 뒤따라야
한다.53) 이와 같이 '저'가 다른 유사한 지시어들을 포함하여 일부 다
른 어사들과 결합할 때, '저'가 가장 뒤에 오는 것은 그만큼 '저'가
지시의미 면에서 상대적으로 열세에 놓여 있다는 것을 암시하는 것

---

51) 大阪外国語大学朝鮮語研究室編(1985) 『朝鮮語大辞典 下巻』 角川書店 p.1886
52) 이 부분에 대해서는 이미 안희정이 「『捷解新語』의 研究」에서 지적한 바가 있다.
53) 박영환(1991) 『指示語의 意味機能』韓南大学校 出版部 p.110

이다.54)

이와 달리 일본어의 경우는 'あれこれ、あちこち、あちらこちら、あなたこなた'와 같이 모두 'ア'계(系)가 선행형이 된다. 'コ'의 영역에 관해서 원심(遠心)적 시각에서 구심(求心)적 시각으로 바뀌기 때문이다.55) 일본어의 경우 'ア＋コ'와 같이 된다. 배열순서가 한국어와 다르다. 다시 말해 한국어의 경우는 우선 가깝게 느껴지는 것부터 멀게 느껴지는 쪽으로의 표현이 이루어지고 있는 반면, 일본어의 지시사 'コ・ソ・ア'는 의식이 자신과는 관계가 있지만, 먼 데서 출발하여 가까운 데로 들어오는 방향으로 표현이 이루어지고 있음을 볼 수 있다. 이 현상은 아마 각 나라의 언어습관에 기인하리라 생각된다.

여기에서 三上 章의 설을 요약하면 다음과 같다.56)

聞き手と話し手との原始的な対立の様式は楕円的である。両者は楕円の二つの焦点に立ち、楕円を折半して向い合っている。楕円の外側は問題外である。言い換えると、ソレ対コレの立場では、アレはまだあらわれない。眼を移すと、二人は差し向いから肩を並べる姿勢に変って接近する。聞き手と話し手とは 〝我々〟としてぐるになり、楕円は円になる。その時、ソレの領分は没収され、円内がコレ的。円外がアレ的である。円外自他の対立である。コレ、ソレ、アレは同一平面を同時的に分割するものではない。ソレ対コレとアレ対コレとは異時的であり、異質的である。

이와 같은 견해는 역사적으로도 증명할 수 있다. 즉 근칭(近称)・중칭(中称)・원칭(遠称) 중, 원칭이 가장 늦게 발달했던 것 같다. 따라서 ソレ対コレ의 대립은 アレ対コレ의 대립에 선행한다. 또 옛날

54) 박영환(1991) 前掲書 p.101
55) 橋本四郎(1982)「指示語の史的展開」『講座日本語学』明治書院 p.238
56) 三上 章(1955)『現代語法新説』刀江書院 pp.177~178

에는 'ココカシコ・カレコレ・コナタカナタ' 등 'コ계(系)'와 'カ계
(系) (ア系의 고형(古形)'이 대응해서 사용되는 경우가 많지만, 'コ계
(系)'와 'ソ계(系)'가 쌍을 이루어 사용되는 경우는 적다고 말한다.
이것은 'コ계(系)'와 'カ계(系)'와는 원의 내외로서 근본적으로 대립
하는 것이지만, 'コ계(系)'와 'ソ계(系)'와는 동일한 타원 내에 있고,
근본적인 대립관계를 이루는 것은 아니었기 때문일 것이다. 현재에
는 'アレコレ・アチラコチラ'와 같은 'ア계(系)'와 'コ계(系)'의 대립
이외에, 'ソコココ・ソンナコンナ・ソウコウ'와 같이 'ソ계(系)'와
'コ계(系)'가 대립하고 있는 경우가 적지 않은 것은 구래(旧来)의 내
외의 대립 외에 '나'와 '너'의 대립이 강하게 전면에 나왔다고 하는
것일 것이다. 어쨌든 대명사에는 구문론(構文論)적이라고 말하는 것
보다 의미론적인 문제가 여러 가지 내포되어 있는 듯하다.[57]

　이상과 같이 사물을 나타내는 지시대명사 'これ' 'それ' 'あれ' 'ど
れ' 'かれこれ'를 원간본, 개수본, 중간본의 세 가지 판본에 있어서
사전적인 어의를 살펴본 후 먼저 형태적으로 분류하고 어형(語形)은
같지만 의미가 다른 것을 조사와 관련하여 비교, 검토한 결과 다음
과 같은 사실을 얻을 수 있었다.
　'これ' 및 'それ'의 경우 원간본에서는 형태적으로 보면 각각 총
61例, 총 18例가 나타나는데 의미적인 관계는 뒤에 오는 조사와 상
호 관련되어 있음을 알 수 있었다. 먼저 뒤에 조사 'お(を)、も、わ
(は)'를 수반할 경우는 사물을 나타내는 지시사의 용법으로 사용되었
으며, 'から、まで、で、にて、に、より、ゑ(へ)' 등을 수반할 때는
장소 내지는 방향을 나타내는 지시사의 용법으로 사용되고 있음을
알 수 있다. 일반적으로 형태적으로는 사물을 나타내는 지시사의 용

57) 山口佳紀(1976) 『岩波講座日本語6 文法Ⅰ』 岩波書店 p.160

법으로 쓰이고 있지만 의미적으로는 방향이나 장소를 나타내는 용법
으로도 쓰이고 있었음을 알 수 있었다. 원간본에서는 방향이나(こち,
そち) 장소(ここ, そこ)를 나타내는 것이 개수본에서는 'これ' 및 'そ
れ'로 교체해서 쓰이고 있는 것을 볼 때 'これ' 'それ'의 용법이 다
양하게 쓰였음을 알 수 있었다. 또한 'これ'의 경우 개수본 중심으로
볼 때 사물을 나타내는 지시사 'これ'에 해당하는 원간본의 경우 'こ
り'로 쓰인 3例를 볼 수 있는데, 이것은 기후(岐阜), 후쿠시마(福島),
이키(壱岐), 시마바라(島原) 등의 방언이라 말할 수 있다.

　'あれ'의 경우 원간본에서는 총 4例가 존재하고 있는데 이를 의미
적으로 살펴보면 인칭을 나타내는 용법(2例)과 방향을 나타내는 용
법(1例) 및 장소를 나타내는 용법(1例)으로 쓰이고 있음을 알 수 있
다. 또한 'あれ'의 경우, 'かれ'가 'あれ'로 잘못 쓰였을지도 모를 가
능성에 대해서도 지적한 바 있지만 이에 대해서는 향후 보다 많은
검증을 통해 확인해 봐야 할 것이라고 본다.

　'どれ'의 경우 원간본에서는 존재하지 않으며, 개수본 및 중간본에
서 각각 1例가 나타나고 있는데 이는 형태적으로 보면 사물을 지시
하는 용법으로 사용된 것 같지만 의미적으로 보면 장소를 나타내는
부정칭(不定称)의 용법으로 쓰이고 있음을 알 수 있다.

　'かれこれ'의 경우, 원간본에서는 총 3例가 나오는데 이에 대한
한국어 대역은 '뎌령이령' '이걷뎌걷' '져걷이걷' '彼此'로 되어 있다.
'뎌령이령' 및 '져걷이걷'으로 표기되어 있는 한국어 대역(対訳)은
일한(日韓) 대역에서 오는 오역(誤訳)이라 여겨진다.

　이번 연구에서는 첩해신어에 있어서 사물을 나타내는 지시대명사
를 사전류 등을 통해 어형변화 및 의미변화를 조사와 관련해서 고찰
해 보았다. 그러나 동시대(同時代)에 있어서 보다 많은 일본문헌과
의 대조·검토를 통해 보다 구체적이고 상세한 연구가 필요한 만큼
이에 대해서는 다음의 기회로 미루고자 한다.

이상, 사물을 나타내는 지시대명사 'これ' 'それ' 'あれ' 'どれ' 'か
れこれ'의 출현분포를 정리하면 다음의 표2와 같다.

표2

	원 간 본	개 수 본	중 간 본
これ	61	68(57, 11)	46(36, 6, 4)
それ	18	21(16, 5)	14(9, 5, 0)
あれ	4	3(2, 1)	1(1, 0, 0)
どれ	0	1	1(1, 0)
かれこれ	3	3(3, 0)	2(2, 0, 0)

※ 'これ'의 경우, 원간본에서는 총 61例가 존재하며, 개수본에서는 총 68例가
존재하는데, 괄호 안의 숫자 57은 원간본에서 개수본으로 그대로 쓰인 것을
의미하며, 숫자 11은 개수본을 중심으로 한 예가 11例 나타나고 있음을 의미
한다. 또한 중간본에서는 총 46例가 존재하는데 괄호 안의 숫자 36은 원간본
에서 개수본을 거쳐 중간본으로 그대로 쓰인 것을 의미하며, 숫자 6은 개수
본에서 중간본으로 그대로 쓰인 것을, 숫자 4는 중간본을 중심으로 한 예가
4例 나타나고 있음을 의미한다.

제3장 장소를 나타내는 지시대명사

　일본어 연구에 있어서 중세라는 시기는 풍부한 언어자료를 가지고 있다. 국내자료뿐만 아니라 외국인들에 의해 쓰인 외국자료 또한 상당하다. 이러한 외국자료에는 중국자료와 조선자료, キリシタン자료가 있는데,[58] 이 시기의 특징으로서 언문이 일치하지 않았다는 점을 들 수 있다. 본래 구어(口語)와 문어(文語)가 완전하게 일치하는 것은 아마 어느 시대에 있어서도 없었을 것이며, 또 있을 수도 없는 것이겠지만 이 시기의 말은 하나를 보고 다른 것을 상상하기 어려울 정도로 분리되어 버렸다. 무로마치 말기에 일본에 도래한 포르투갈인이며, 예수회의 선교사였던 로드리게스(J.Rodriguez)는 그의 저서 『日本大文典』에서 다음과 같이 말하고 있다.[59]

　　日本人もまた話す時の通俗な文体を用ゐて物を書くといふ事は決してしない。話しことばや日常の会話に於ける文体とは全く別であつて、言ひ回しなり、動詞の語尾なり、その中に用ゐられる助辞なりがたがひに甚だしく相違してゐる。

---

58) 金田 弘・宮腰 賢(1988) 『国語史 要説』 大日本図書 p.36
59) 土井忠生訳(1955) ロドリゲス 『日本大文典』 三省堂 p.5

이와 같이 많은 사람들이 일상의 언어생활에서 서로 다른 말을 사용하고 있다. 구어가 시간경과와 더불어 변화했던 것에 대해 문어는 전대(前代)의 화문(和文)의 형식을 계승하는 경향이 강했기 때문이다. 바꾸어 말하면 문어와 구어 중 어느 쪽의 말로 행하고 있었던 것인지, 이 시대의 사람들은 구어에 의해 생각하고 있었다고 여겨지는 면이 강하다. 즉 논리의 형성을 구어로 행하고 있었다고 여겨진다. 이 시기의 구어의 실태를 알기 위해서 새로운 형태의 언어자료가 보이게 되지만, 다소 정도의 차이는 있지만 전대(前代)의 언어형식의 영향이 인정된다.[60]

무로마치 시대에 불전(仏典)이나 한적(漢籍) 등에 대해서 강설(講説)을 필록(筆録)한 『抄物』 등이 당시의 구어를 상당히 반영하고 있다. 무로마치 말기에 일본에 도래한 서구의 선교사들은 일본어를 알기 위해 많은 서적을 남기고 있다. キリシタン자료라고 불리는 것으로 그중에는 문어로 기록된 것도 있지만 구어를 상당히 반영하고 있는 것도 있다. キリシタン자료는 1591년의 『サントスの御作業』에서부터 1614년의 것이라고 여겨지는 『太平記抜書』까지 28종 현존한다. 이 중 『日葡辞書』와 같이 당시 말의 의미를 해설한 것, 로드리게스의 『日本大文典』과 같이 말의 용법을 해설한 것 등이 있다. 그밖에 외국인이 당시의 일본어를 기록한 것에, 중국인이 저술한 『鶴林玉露』 『書史会要』 『日本館訳語』 『日本風土記』 등이 있고, 한국인이 기록한 것에는 『倭語類解』 『伊呂波』 『捷解新語』 등이 있다.

본 장에서는 『捷解新語』에 있어서 장소를 나타내는 지시대명사 'ここ' 'ここもと' 'そこ' 'そこもと' 'そこもとさま' 'どこ'의 어형(語形)변화 및 의미를 한국어와 비교・검토해 보기로 한다.

---

60) 松明 村(1972) 『国語史 概説』 秀英出版 pp.135～136

1. 'ここ'

먼저 사전적 어의(語義)를 살펴보면, 『日葡』에는 'Coco. ココ(こ
こ)。副詞。ここ。ここの所に'로, 『時代別』에 의하면 '団近称。①話
し手が、現在自分の居る所や話題としている所はこの場所であると指
し示している。②話し手が、現在自分の居る所や話題としていること
は自国に属することとして、外国と対比している。この国。日本。'
등으로 되어 있다.

1) 원간본 중심

표3-1

원간본 ＼ 개수본	これ	このはう	ここもと	기　타
ここ(8)	5	1	1	1

원간본에서는 표3-1에서 알 수 있듯이 총 8例가 존재하는데 이
는 개수본에서 'これ(5例)' 'このはう(1例)' 'ここもと(1例)'로 바뀌어
사용되고 있음을 알 수 있다.

예1) (原) むしにここまてついたれはつしまゑついたとうせんに(8-13ウ)
예신지
(改) ふしにこれまてつきましてつしまゑつきましたとうせんに(8-20)
예신지
(重) ふしにこれまてつきましてつしまゑつきましたとうせんに(8-14ウ)
옐ᄀ지

위의 예1)의 경우는 원간본의 장소를 나타내는 'ここまで'가 개수본 및 중간본에서 'これまで'로 바뀌어 쓰이고 있으며 이에 해당하는 한국어 대역은 원간본 및 개수본에서는 '예ᄉ지' 중간본에서는 '엔ᄀ지'로 되어 있다. 『李朝語』 및 『17세기』에 '예'는 囲 '여기로' 되어 있다. 개수본 및 중간본에 쓰인 'これ'는 형태적으로는 사물을 나타내는 지시사의 용법 같지만, 조사 'まで'와 함께 쓰일 경우는 의미적으로는 '여기까지'의 뜻으로 모두 장소를 나타내는 'ここ'의 의미로 쓰이고 있음을 알 수 있었다.

삼본(三本)에 쓰인 'まで'는 체언 또는 활용어의 연체형에 받아서 동작이, 어느 곳에서 시작해서 진행하고, 그 귀착점(帰着点)이 극한에 도달한 것을 나타낸다. 또 정도에 관해서 그 한도, 한계의 상태인 것을 나타낸다. 동작이 한계에 이르는 범위를 나타낸다. 나라(奈良) 시대에는 'まで'와 더불어, 거의 같은 의미의 'までに'의 형태가 사용되었다. 『捷解新語』 삼본(三本)에 쓰인 용례는 동작이나 상태가 한계에 이르는 범위・정도를 나타내는 용법으로 사용되었음을 알 수 있으며, 한국어 대역(対訳) 역시 '~까지'로 범위・정도를 나타내는 용법으로 사용되고 있었음을 알 수 있었다.[61)]

예2) (原) なにとやらここわこしらいおゑいせいんてこうちやほとに(2-9)
　　　　　　　　　　　　　　　　　　　　　　　　　　　　예ᄂ

(改) このはうわこしらゑやうかそそにしてかやうに御さるほとに
　　(2-12ウ)　　　　　　　　　　　　　　　　　　　예ᄂ

(重) このはうわこしらゑやうかそそうにしてかやうに御されとも
　　(2-17ウ)　　　　　　　　　　　　　　　　　　　예ᄂ

위의 예2)의 경우는 원간본의 'ここ'가 개수본 및 중간본에서 'この

---

61) 西田直敏・他(1977)『岩波講座日本語7 文法Ⅱ』岩波書店 p.230
　　奥津敬一郎・他(1986) 前掲書 pp.186~189 参照

はう’로 바뀌어 쓰이고 있으며 이에 해당하는 한국어 대역은 삼본(三本) 모두 ‘예’로 되어 있다. 『李朝語』 및 『17세기』 『우리말』에 ‘예’는 모두 명대 ‘여기’의 뜻으로 장소를 나타내는 용법으로 사용되고 있음을 알 수 있다. 이를 『時代別』에서 찾아보면 ‘このはう(此方)’대 ‘此方’(広本節用)   ①近称。話し手を中心として、それに近い方、また、話し手のほうの側を指し示す語。‘ココヘ、コノハウヘ。―ここへ、すなわち、この場所へ(羅葡日 Huc)’

- ○ “此方ハ大道ニテヨキ道、又彼ノ方ハ行サキニ淵川アリテ悪シキ道”(古文前抄一)

②一人称。男性が用いる。『日葡』에 의하면 Conofǒ(此方)⇒Ixxet(一切) Ixxet(一切)   Issai(一切)に同じ。副詞。否定形と連接した場合に、“けっして……ない”の意。

- ○ “此方に於いて一切別儀は御座ない。”(私の方においては、その他の事はない、または、変更はない。)

『日本大文典』에 의하면[62] “‘コノハウ。コナタ。コチ’広く行われ、身分の高下には拘わらない。何れも丁寧であるが、特に初の二つは丁寧である。”로 되어 있다.

개수본 및 중간본에 쓰인 ‘このはう’는 의미적으로는 ‘여기’의 뜻으로 모두 장소를 나타내는 ‘ここ’의 의미로 쓰이고 있음을 알 수 있었다. 이는 다음의 예와 마찬가지로 장소를 나타내는 지시대명사의 근칭(近称)의 용법으로 사용되고 있음을 알 수 있었다.

---

62) 土井忠生訳(1955) 『日本大文典』三省堂 p.266

o "望卜云心ハ遠処ヲココカラ望見テ祭ゾ"(史記抄二)

예3) (原) <u>ここ</u>わいちとも御めにかかたほとにそうて御さる(2-14ウ)   예는
  (改) ここもとゑわいちとてもまいりまして御めにかかりました
   (2-21)   여긔는
  (重) ……

위의 예3)의 경우는 원간본의 'ここ'가 개수본에서 'ここもと'로
바뀐 예로서 이에 해당하는 한국어 대역(対訳)은 '예' '여긔'로 되어
있다. 『李朝語』 및 『17세기』『우리말』에 '예'는 모두 ⓜ⨐ '여기'의
뜻으로, 『李朝語』에 '여긔'는 ⑲ '여기', 『17세기』에 '여긔'는 ⨐ '여
기'로 장소를 나타내는 용법으로 사용되고 있음을 알 수 있다. '여
기'를 『朝鮮語』에서 찾아보면 '예'는 ⨐ⓜ '(여기の省略)ここ、ここ
に'로 되어 있다. 'ここもと'는 『時代別』에 의하면 '⨐ ①話し手が、
自分を中心として自分の居る所をふくむ領域を指していう。②話し手
が、自分を中心として自国をさしていう。' 등으로 되어 있다. 'ここ
もと'의 'もと'는 장소를 지시하는 뜻으로 의미적으로는 'ここ'보다
도 강하다고 할 수 있다.[63]

2) 개수본 중심

표3-2

중간본 개 수 본	ここ
ここ(1)	1

개수본에서는 표3-2에서 알 수 있듯이 총 1例가 나오는데 이는

---

[63] 大野 晋・他(1982) p.475

중간본에서도 그대로 쓰이고 있음을 알 수 있다.

예4) (原) なにかしこちこいそちか たいくわんにいて(1-1)   이리

   (改) なにかし<u>ここ</u>ゑこいそなた たいくわんちうゑいつて(1-1)   이러

   (重) なにかし<u>ここ</u>ゑこいそなた たいくわんちうゑいて(1-1)   이러

위의 예4)는 원간본의 'こち'가 개수본 및 중간본에서 'ここ'로 바뀐 예로, 한국어 대역(対訳)은 모두 '이리, 이러'로 되어 있는데, 다음의 예와 마찬가지로 화자(話者)가 현재 자기가 있는 방향 또는 장소를 막연하게 가리켜서 말하는 것으로, '이러'는 『李朝語』에서 우리말의 '이쪽, 이리'에 해당하는 말이라고 할 수 있다. '이리'를 『李朝語』에서 찾아보면 ⊞ '이리, 여기', 『17세기』에서 찾아보면 ⊞ '이렇게, 이쪽으로' 『우리말』에는 '이곳으로, 이쪽으로' 되어 있다. 또한, 『朝鮮語』에서 찾아보면 '⊞ ①ここに(へ)、こちらに(へ) ②このように(이리하여)、こんな、こう。'로 되어 있어 의미적으로는 다소 차이가 있음을 알 수 있다.

   ○ "魑魅ハ、人ヲ食モノゾ。言ハ、**コチ**ヘハコイデ、ソチデ此ヲ食ヘト云心ニ御魑魅ト云ゾ"(史記抄二)
   ○ "やああのふね**こち**へとの給へど、皆舟共の音たかく、聞つけ中者もなし"(幸若＝大臣)

3) 중간본 중심

중간본에서는 개수본에서 중간본으로 그대로 쓰인 1例밖에 존재하지 않는다.

2. 'ここもと'

먼저 사전적 어의(語義)를 살펴보면, 『日葡』에는 'Cocomoto.ココ
モト(爰元)。こちら、または、ここ'로, 『時代別』에 의하면 '団 ①話
し手が、自分を中心として自分の居る所をふくむ領域を指していう。
②話し手が、自分を中心として自国をさしていう。' 등으로 되어 있
다.

1) 원간본 중심

표3-3

원 간 본 \ 개 수 본	ここもと
ここもと(10)	10

원간본에서는 표3-3에서 알 수 있듯이 총 10例가 나타나는데 이
는 개수본에서 그대로 쓰이고 있음을 알 수 있다.

예5) (原) <u>ここもと</u>のしゆつせんこのつきしうこにちと(6-11)　　　　爰元

　　 (改) <u>ここもと</u>のしゆつせんこんけつしうこにちちやと(6-15ウ)　爰爰

　　 (重) <u>ここもと</u>のしゆつせんこんけつしうこにちちやと(6-14)　　여긔

위의 예5)의 경우는 원간본의 'ここもと'가 개수본 및 중간본에서
도 그대로 'ここもと'가 쓰였으며 장소를 나타내는 용법이라 말할
수 있다. 이에 해당하는 한국어 대역은 원간본의 경우는 '爰元', 개
수본의 경우는 '爰爰', 중간본에는 '여긔'로 되어 있다. 그런데 개수
본의 한자 '爰爰'는 재고해 봐야 할 것으로 여겨진다. 그 이유는 '爰

元または、爰許’(永禄二節用), ‘爰元・爰許’(饅頭節用), ‘爰元’(天正・易林節用)로 되어 있고, 어디를 찾아봐도 ‘爰爰’으로 되어 있는 경우는 없기 때문에 적어도 ‘爰元’ 내지는 ‘爰許’로 바뀌어야 한다고 생각한다.

예6) (原) あすわてんきよそうなと<u>ここもと</u>のものも申ほとに(6-13ウ) 여긔

     (改) あすわてんきもよさそうなと<u>ここもと</u>のものも申まするにより

       (6-19ウ) 여긔

     (重) あすわてんきもよさそうなとこのはうのものも申まするにより

       (6-18) 우리

위의 예6)의 경우 원간본의 ‘ここもと’가 개수본에서 그대로 쓰이고 있는데 이는 다음의 예와 마찬가지로 ‘ここもと’가 장소를 나타내는 용법으로 사용되고 있다.

    ◦ “カヤウニ笛ヲ腰ニモサ、ヌヲ御不審ハアルベカラズ。ココモト村々皆梅花也”(中華若木抄二)

2) 개수본 중심

표3-4

개 수 본 \ 중 간 본	ここもと
ここもと(10)	8

개수본에서는 표3-3에서 알 수 있듯이 원간본에서 개수본으로 쓰인 10例와 다음의 예7)과 같이 개수본 중심의 1例를 합쳐 총 11例가 쓰이고 있음을 알 수 있다.

예7) (原) ここわいちとも御めにかかたほとにそうて御さる(2-14ウ) 예는

　　(改) <u>ここもと</u>ゑわいちとてもまいりまして御めにかかりましたゆゑ

　　　　(2-21)　　　　　　　　　　　　　　　　　　　　　여괴는

　　(重) ……

3) 중간본 중심

중간본에서는 표3-4에서 알 수 있듯이 원간본에서 개수본을 거쳐 중간본으로 쓰인 8例와 다음의 예8)과 같이 중간본 중심의 2例를 합쳐 총 10例가 쓰이고 있음을 알 수 있다.

예8) (原) つしまお御たちあるやうにと申ましたことて御さるにより(6-12)

　　(改) つしまおたたしらるやうにと申たことちやほとに(6-17ウ)

　　(重) <u>ここもと</u>御しやうせんにおよふはつと申わけおいいこしお(6-15ウ) 여긔

3. 'そこ'

먼저 사전적 어의(語義)를 살펴보면, 『日葡』에는 'Soco.ソコ(そこ)。副詞。そこに'로, 『時代別』에는 ‘囚一中称 ①話し手がすでに話題として取上げるなどして、聞き手にも既知のその場所を指し示していう。②これまで述べてきた話の内容において、問題となる要素だとしてある特定の箇所を取立てて指摘する。③特に、その名を特定するまでもない場所であることを表わす。二二人称。馴れた親しい間柄の相手に対して、また、相手を少し見下げていう。’ 등으로 되어 있다.

1) 원간본 중심

표3-5

원간본 ＼ 개수본	それ	そこもと
そこ(2)	1	1

원간본에서는 표3-5에서 알 수 있듯이 총 2例가 나오는데 이는 예9)와 같이 개수본에서 'これ(1例)', 예10)과 같이 'ここもと(1例)'로 바뀌어 쓰이고 있음을 알 수 있다. 반면 개수본 및 중간본을 중심으로 한 예는 나타나지 않는다.

예9) (原) さうおおしらるほとにそこわゆたんあることてわおりない(1-9)
　　　　　　　　　　　　　　　　　　　　　　　　　　그는
　　　(改) さうかまいりませうほとにそれわゆたんなき御さりません(1-13)
　　　　　　　　　　　　　　　　　　　　　　　　　　그는
　　　(重) さうかまいりませうほとにそれわゆたんわいたしません(1-11ウ)
　　　　　　　　　　　　　　　　　　　　　　　　　　그는

위의 예9)의 경우는 다음의 예와 마찬가지로 원간본의 'そこ'가 사물을 나타내는 용법으로 개수본 및 중간본에서 모두 'それ'로 바뀌어 쓰이고 있는데, 삼본(三本) 모두 한국어 대역이 '그'로 되어 있다. 이를 『李朝語』에서 찾아보면 관'그' 명'그것', 『17세기』에서는 관'그(其). 자기로부터 조금 떨어진 곳에 있는 사물'로 되어 있다. 이는 모두 사물을 나타내는 '그것, 그 일'의 의미로 쓰이고 있다.

　○ "シカレドモ此詩ニヲイテハ妙也。ソコガ作者ノウデ也"(中華若木抄一)

예10) (原) そうなれともそこてきもいて(1-32)   계셔
       (改) さやうて御されともそこもとよりなにとそとりもつて(1-49) 계셔
       (重) ……

위의 예10)의 경우는 원간본의 'そこ'가 개수본에서 'そこもと'로
바뀐 예로 이에 대응하는 한국어 대역은 모두 '계셔'로 되어 있다.
'셔'는 '~에서' '~에서부터'의 뜻이며 '게'는 『李朝語』에 '거기에'
『17세기』에는 ⑲'거기' 『우리말』에 ⑪'게'는 '거기'의 준말로 ⑪'그
곳'의 뜻으로 장소를 나타내는 의미로 쓰이고 있음을 알 수 있다.
반면 『朝鮮語』에는 ⑪⑫(거기의준말)'そこ' ⑪ '(相手を見下して)お
まえ, 君' 등으로 되어 있다.
다음의 예 역시 예10)과 마찬가지로 형태적으로 보면 'そこ'가 장소
를 나타내는 지시대명사의 용법으로 사용된 것 같지만 문맥상 인칭을
나타내는 용법으로 사용된 것 같다. 그 이유는 '게'는 '거기'의 준말로
'자네, 당신'의 뜻을 가진 2인칭대명사로 쓰이고 있기 때문이다.[64]

   ㅇ "そこにこそ[面白イ手紙ヲ]多くつど給ふらめ"(源氏帚木)

---

64) '게'는 '거기'의 준말로 여기서는 '자네, 당신'의 뜻을 가진 2인칭대명사로 쓰이
    고 있다. 2인칭대명사 '게'는 19세기 후기 자료인 완판본 『열여춘향슈절가』에
    서도 볼 수 있다.

    져 농부 열을 녁여 **계**가 어듸 삽나(춘향下27 ㄱ)
    아무듸 사든지란이 **계**난 눈콩알 귀쏭알리 업나(춘향下27 ㄱ)
    그러면 **계**셔도 日吉利 이실 듯ᄒ다 니르읍노쇠(중간본5-14 ㄴ)

    '-셔'는 수사, 명사, 대명사 등에 연결된 특수조사이다. '계셔'는 개수1차본에
    서 '계겨셔', 중간본에서는 '계계셔'로 나타난다. 이것은 '계셔'의 '-셔'가 '겨셔'
    로 교체되고 있음을 보여주는 것인데, 결국 '-셔'가 '존재를 전제'하는 기능을
    가진 특수조사임을 알 수 있다.
    李太永訳註(1997) 『訳註捷解新語』 太学社 p.201

대개 'そこ'가 2인칭대명사로 쓰일 경우는 위의 예와 같이 대부분 조사 'に'를 수반하여 'そこに'의 형태로 사용된다.

4. 'そこもと'

먼저 사전적인 어의(語義)를 살펴보면,『日葡』에는 보이지 않고『古語辞典』에는 '團 ①モトは場所をしっかりと指示する意。ソコだけよりも、場所を一層たしかに指定する語。そこの所。②囮そなた。同輩以下に使う。',『時代別』에는 "囮[其所許] 'そこ'をより明解に指示していう語　①話し手が、聞き手の居る側の場所や、問題とするその場所を、指し示していう語。②二人称。同輩以下にいう。" 등으로 되어 있다.

1) 원간본 중심

표3-6

원 간 본 ＼ 개 수 본	そこもと
そこもと(1)	1

원간본에서는 표3-6에서 알 수 있듯이 총 1例가 나타나는데 이는 예11)과 같이 개수본에서 그대로 쓰이고 있음을 알 수 있다.

예11) (原) さてわそこもととてもひよりかありそうに申(5-14ウ)　　게셔도
　　　(改) さてわそこもととてもひよりかありそうなと申まするか(5-21)
　　　　　　　　　　　　　　　　　　　　　　　　　　　　　　게셔도
　　(重) ……

위의 예11)은 원간본의 'そこもと'가 개수본에서도 그대로 쓰인 예로서 다음의 예와 마찬가지로 장소를 나타내는 지시사의 용법으로 사용된 것 같다.

   ○ "此ヨリ推量申ニ、ソコモトノ山中ニテ桃花ノ林ニ逢テソノ林ヲキワメテ"
     (三体詩抄二ノ上)

2) 개수본 중심

표3-7

개수본＼중간본	そこもと	そなたしゅ	삭제	기타
そこもと(13)	3	1	8	1

개수본에서는 표3-6에서 알 수 있듯이 원간본에서 개수본으로 쓰인 1例와 표3-7과 같이 개수본 중심의 13例를 합쳐 총 14例가 쓰이고 있음을 알 수 있다.

예12) (原) そうなれともそこてきもいて(1-32)   게셔
     (改) さやうて御されともそこもとよりなにとそとりもつて(1-49) 게셔
     (重) ……

위의 예12)의 경우는 개수본의 'そこもと' 역시 다음의 예와 마찬 가지로 2인칭대명사의 용법으로 사용되고 있다.

   ○ "成敗したに、何としてそこもとにはをるぞ"(虎明本狂言・武悪)
   ○ "なう、そこもとへ物を問お"(狂言記・三・法師物狂)

예13) (原) そなたしゆのうちなおして(1-16ウ)　　　　　자닉네

　　　(改) <u>そこもと</u>のせい めいおうけたまわりまして(1-24ウ)　　자네

　　　(重) そなたしゆのせいめいおうけてまわりまして(1-22)　　자닉네

위의 예13)의 경우는 개수본의 'そこもと'가 다음의 예와 같이 인칭을 나타내는 용법으로 쓰였으며, 이에 해당하는 한국어 대역은 원간본 및 중간본에는 '자닉', 개수본에는 '자네'로 되어 있다. 이를 『李朝語』에서 찾아보면 '자닉' 명자네(汝), 『17세기』에는 '자닉' 데자네(汝). 상대방을 일컫는 말. 『우리말』에 '자네'는 데 '하게 할 자리에 상대자를 가리키어 일컫는 말'로 되어 있다. 반면 『朝鮮語』에는 "'자네' 데(하게クラスで相手を指すことば)君. '자내'는 '스스로, 自身'의 뜻으로 쓰이던 명사인데, '너, 그대'의 뜻으로 쓰이게 되었다. 자내는 '自ら、自己自身で'の意で用いられていたが、'君、おまえ'の意で用いらるようになった。"로 되어 있다.

　○ "誰カ其コモトヲ不知者ガ在ウカト云心也"(碧巖鈔四)

3) 중간본 중심

중간본에서는 표3-7에서 알 수 있듯이 개수본에서 중간본으로 쓰인 3例와 다음의 예14)와 같이 중간본 중심의 8例를 합쳐 총 11例가 쓰이고 있음을 알 수 있다.

예14) (原) こなたひとり御さてもしきのあいさつ(1-7)　　　　자네

　　　(改) そなたひとり御さつてもしきのあいさつ(1-9ウ)　　　자닉

　　　(重) <u>そこもと</u>ひとり御さつてもしきのあいさつ(1-8ウ)　　자닉

5. 'そこもとさま'

원간본에서는 1例도 존재하지 않으며 개수본에서는 예15), 예16)
과 같이 총 3例가 나타나는데 이에 해당하는 한국어 대역은 '자늬'
'게'로 되어 있다. 'さま'를 『日葡』에서 찾아보면 'Sama。サマ(様)。
尊敬の意を表わすために、人の名前の下に添える語で、merce,
senhoria[様, 殿]などのようなもの'로 되어 있으며, 'さま'가 인칭대명
사 대칭으로 친애(親愛)의 뜻을 가진 경칭(敬称)으로 사용된 경우는
근세어의 특징이라고 말할 수 있다.[65]

예15) (原) こなたのくらうと御さうさわたこゑかたし(6-3)   자네

　　　(改) そこもとさまの御くらうと御さうさわたとゑものか御さりませぬ
　　　　　(6-4ウ)   자늬

　　　(重) そこもとの御くらうと御さうさわたとゑものか御さりませぬ
　　　　　(6-3ウ)   거긔

위의 예15)의 경우는 개수본의 'そこもとさま'가 중간본에서 'そこ
もと'로 되어 있는데, 이에 해당하는 한국어 대역은 '거긔'로 되어
있다. 이를 『李朝語』에서 찾아보면 '거긔'團 '그곳'에 『17세기』에는
團 '거기' 『우리말』에는 団 '그곳'으로 되어 있다. 반면 『朝鮮語』에서
'거긔'는 団曾 '거기(方言), 그곳에(そこに)', '거기'는 団 ①(すでに指
摘されている)そこ(그곳), その場所 ②その事に(그것), その点(그 점)
曾 ①そこに, その場所に(거기에, 그곳에) ②'その事に, その点'으로
되어 있다.

예16) (原) こなたの御ともしゆゑひきてものにしまるするほとに(8-18ウ) 자네

---

65) 北原保雄編(1987) 前掲書 p.367

(改) そこもとさまの御とものしゆゑひきてものにいたしまするゆゑ
(8-27ウ)   자네

(重) ……

위의 예16)의 경우는 개수본의 'そこもとさま'가 중간본에서는 삭제되고 있으며, 다음의 예17)의 경우는 중간본에서도 그대로 쓰이고 있는데 모두 2인칭대명사의 용법으로 쓰이고 있다.

예17) (原) こなたもはるはる御くらうさしられたほとに(8-25)   자네
      (改) そこもとさまもはるはる御くらうなされましたほとに(8-36ウ) 게
      (重) そこもとさまもはるはる御くらうなされましたにより(8-21) 게

6. 'どこ'

먼저 사전적인 어의(語義)를 살펴보면, 『日葡』에는 'Doco. ドコ(ど こ)、どこから、または、どこ'로, 『時代別』에는 代 '不定称。場所に関して、不定・不明である意を表わす。' 등으로 되어 있다.

1) 원간본 중심

표3-8

원간본 \ 개수본	どこ	どれ
どこ(2)	1	1

원간본에서는 표3-8에서 알 수 있듯이 총 2例가 나타나는데, 이

는 예18)과 같이 개수본에서도 그대로 쓰인 1例와 예19)와 같이 ‘ど
れ(1例)’로 바뀌어 쓰이고 있음을 알 수 있다.

예18) (原) きつかいおもいまるしたか<u>とこ</u>おいたましらるたか(3－2ウ) 어듸
　　　(改) きつかいましたに<u>とこ</u>おいたましやたか(3－3ウ)　　　　　어듸
　　　(重) きつかいましたに<u>とこ</u>おいたましやれたか(3－3)　　　　　　어듸

　위의 예18)의 경우는 원간본의 ‘どこ’가 개수본 및 중간본에서도
그대로 쓰이고 있으며 다음의 예와 같이, 장소를 나타내는 부정칭으
로 한국어 대역(対訳) ‘어듸, 어듸’로 되어 있다. 이를 『朝鮮語』에서
찾아보면 대‘(疑問の意で)どこ’로 되어 있다.

　　○ “汲ト云ハ、トコノ地デアルヤラウゾ”(史記抄四)

예19) (原) しやうくわん<u>わとこ</u>に御さるか(1－15ウ)　　　　　　　　어듸
　　　(改) しやうくわんしわとれに御さりまするか(1－22ウ)　　　　　어듸
　　　(重) しやうくわんしわとれに御さりまするか(1－20ウ)　　　　　어듸

　위의 예19)의 경우는 원간본 ‘どこ’가 개수본 및 중간본에서 ‘ど
れ’로 바뀌어 쓰이고 있는데, 제2장에서도 살펴본 바와 같이 ‘どれ’
의 경우, 부정칭(不定称)으로 사물을 지시할 뿐 아니라, 장소 및 사
람을 가리키는 용법으로 사용되고 있음을 기술한 바 있다. 위의 예
는 원간본에서 장소를 나타내는 부정칭(不定称)이 개수본에서 ‘どれ’
로 바뀌어 쓰이고 있는데 다음의 예와 같이 장소를 가리킨다고 말할
수 있다.

　　○ “比叡の山のものにて候と申ければ、比叡のやまはどれより。桜木より、
　　　と申”(義経記三)

○ "代物は**どれ**でおわたしやらうぞ。三条の大こくやで渡しまらせう"(虎明本＝張りだこ)

2) 개수본 중심

표3-9

개 수 본 　　　　　　　중 간 본	どこ
どこ(1)	1

개수본에서는 표3-8에서 알 수 있듯이 원간본에서 개수본으로 그대로 쓰인 1例가 존재하며 개수본 중심의 예는 존재하지 않는다.

3) 중간본 중심

중간본에서는 표3-9에서 알 수 있듯이 원간본에서 개수본을 거쳐 중간본에 쓰인 1例가 존재하며 중간본 중심의 예는 존재하지 않는다.

이상과 같이, 장소를 나타내는 지시대명사 'ここ' 'ここもと' 'そこ' 'そこもと' 'そこもとさま' 'どこ'를 먼저 사전적인 어의(語義)를 조사한 후 어형변화 및 용법에 대해서 고찰한 결과 다음과 같은 사실을 얻을 수 있었다.

'ここ'의 경우 원간본에서는 총 8例, 개수본 및 중간본에서도 각각 1例가 쓰이고 있어 원간본에서 개수본, 중간본으로 갈수록 그 수가 현저하게 줄어드는 경향을 볼 수 있는데 이는 모두 장소를 나타내는 용법으로 쓰이고 있음을 알 수 있다.

'ここもと'의 경우 원간본에서는 총 10例, 개수본에서는 총 11例, 중간본에서는 총 10例가 쓰이고 있는데 이는 장소를 나타내는 지시대명사의 용법으로 쓰이고 있음을 알 수 있다. 'ここもと'의 'もと'는 장소를 지시하는 뜻으로 의미적으로는 'ここ'보다도 강하다고 할 수 있다. 또한 이에 해당하는 한자가 개수본에서 '爰爰'로 쓰인 1例가 있는데 이는 적어도 '爰元' 내지는 '爰許'로 바뀌어야 한다고 생각한다.

'そこ'의 경우 원간본에서는 총 2例가 쓰이고 있는데 1例는 인칭을 나타내는 용법으로 쓰이고 있으며 1例는 장소를 나타내는 지시대명사의 용법으로 쓰이고 있음을 알 수 있다. 반면 개수본 및 중간본을 중심으로 한 예는 나타나지 않는다.

'そこもと'의 경우 원간본에서는 총 1例가 존재하는데 이는 장소를 나타내는 지시대명사의 용법으로 쓰이고 있음을 알 수 있다. 반면 개수본에서는 총 14例, 중간본에서는 총 11例가 나타나는데 원간본에서 개수본으로 그대로 쓰인 1例를 제외하고 나머지는 모두 2인칭대명사의 용법으로 쓰이고 있음을 알 수 있다.

'そこもとさま'의 경우 원간본에서는 존재하지 않으며 개수본에서는 총 3例, 중간본에서는 총 1例가 쓰이고 있는데 이는 'そこもと'의 경우와 마찬가지로 모두 2인칭대명사의 용법으로 쓰이고 있음을 알 수 있다. 'さま'가 인칭대명사 대칭으로 친애(親愛)의 뜻을 가진 경칭(敬称)으로 사용된 경우는 근세어의 특징이라고 말할 수 있다.

'どこ'의 경우 원간본에서는 총 2例, 개수본 및 중간본에서는 각각 1例가 나타나는데 이는 모두 장소를 나타내는 부정칭(不定称)의 용법으로 쓰이고 있다.

이상, 장소를 나타내는 지시대명사 'ここ' 'ここもと' 'そこ' 'そこもと' 'そこもとさま' 'どこ'의 출현분포를 정리하면 표3과 같다.

표3

	원 간 본	개 수 본	중 간 본
ここ	8	1(0, 1)	1(0, 1, 0)
ここもと	10	11(10, 1)	10(8, 0, 2)
そこ	2	0	0
そこもと	1	14(1, 13)	11(0, 3, 8)
そこもとさま	0	3	1(1, 0)
どこ	2	1(1, 0)	1(1, 0, 0)

※ 'ここ'의 경우, 원간본에서는 총 8例가 존재하며, 개수본에서는 총 1例가 존재하는데, 괄호 안의 숫자 0은 원간본에서 개수본으로 그대로 쓰인 용례는 존재하지 않으며 숫자 1은 개수본을 중심으로 한 용례가 1例 존재하고 있음을 의미한다. 또한 중간본에서는 총 1例가 존재하는데 괄호 안의 앞의 숫자 0은 원간본에서 개수본을 거쳐 중간본으로 그대로 쓰인 용례가 존재하지 않으며 숫자 1은 개수본에서 중간본으로 쓰인 용례가 1例 존재한다는 것을, 뒤의 숫자 0은 중간본을 중심으로 한 예가 존재하지 않음을 의미한다.

제4장 방향을 나타내는 지시대명사

무로마치 시대가 되면 『抄物』『狂言』『倭学書』『キリシタン문헌』 속에 있는 것들, 소위 구어의 성격이 농후한 자료가 보인다. 이 시대의 언어는 현대어에 가까운 성격을 갖고 있다. 그러한 점에서 무로마치 시대를 근대 일본어의 시작으로 생각하는 경우도 있었다. 그 관점에서 보면 가마쿠라 시대의 언어를 고대어의 범위로 넣는 것은 문어체로 그때까지와는 별다른 변화를 보이지 않기 때문이다.[66] 이와 같이 문어와 구어라는 두 개의 선상에 각각의 위치가 명확하지 않은 점에 지나지 않는 개개의 문헌도 거기에 인정되는 여러 현상을 서로 대비(対比)하는 것으로 고대어에서 근대어로의 언어의식의 추이를 살피는 자료가 될 수 있을 것이다.[67] 그렇기 때문에 무로마치 시대어는 고대어에서 근대어로 추이(推移)하는 과도기의 상태를 보이고 있으며, 일본어사에서 중시되어야 할 것으로서 관심의 대상은 점차 높아지고 있다. 그 연구자료는 다방면에 걸쳐 있지만 왜학서로서 가장 주목되고 있는 것 중의 하나로 『捷解新語』를 들 수 있다. 강우성이 쓴

---

66) 金田一春彦・他(1988) 『日本語百科大事典』 p.83 参照
67) 土井洋一(1982) 『講座国語史4 文法史』 大修館書店 p.395

『捷解新語』는 조선사절단의 일본방문 등을 내용으로 하는 본문에 한글로 할주(割注)를 넣어 당시의 일본어를 연구하는 데 좋은 자료가 되고 있다. 저자인 강우성은 역관으로, 임진년(壬辰年)에 포로가 되어 10년간 일본에 있다가 돌아와 이 책을 편찬하였다.[68]

본 장에서는 이러한 자료적인 중요한 특징을 갖고 있는 『捷解新語』의 방향을 나타내는 지시대명사 'こち' 'そち' 'あち' 'あちこち' 'どち'를 '安田 章'의 분류원칙을 참고하여 먼저 『捷解新語』 삼본(三本)에 나오는 용례를 한국어역(韓国語訳)과 관련하여 어휘 및 의미변화의 양상을 비교·분석함으로써 언어의 사적인 변화과정을 찾고자 한다.

1. 'こち'

먼저 사전적 어의(語義)를 살펴보면, 『日葡』에는 'Cochi(コチ)。副詞。ここに、こちらに'로, 『時代別』에 의하면 "団近称。'あち'の対。①話し手が、現在自分の居る方向、または、場所を漠然と指していう。②過去のある時を基準として、話し手が、現在生きている時代に近い方を漠然と指していう。③話し手が、現在自分の話題としていることは自国の方に属することとして、外国と対比していう。④'あち'と対応させて用い、事態が異なる方向や場所に次次に及んで一定しない意を表わす。⑤話し手が、自分の側、また、自分を指していう。"로 되어 있다.

---

68) 此島正年(1976)『国語学史 概説』桜楓社 p.38

1) 원간본 중심

표4-1

개수본 원간본	こち(ら)	このはう	われわれ	わたくし	これ	ここ	しふん	삭제
こち(43)	9(1)	15	10	3	2	1	1	1

원간본에서는 표4-1에서 알 수 있듯이 총 43例가 나타나는데, 개수본에서는 'こち'가 9例, 'こちら'가 1例, 'このはう'가 15例, 'われわれ'가 10例, 'わたくし'가 3例, 'これ'가 2例, 'ここ'가 1例, 'しふん'가 1例로 바뀌어 쓰이고 있음을 알 수 있었다. 이를 예문별로 보면 다음과 같다.

 예1) (原) もとうらんところわそちも<u>こち</u>もとうせんてこそ御さる(4-29)　예
   (改) もとうらんところわそちも<u>こち</u>もとうせんて御さる(4-41)　　　예
   (重) ……

위의 예1)의 경우는 원간본의 'こち'가 개수본에서 그대로 쓰이고 있는데 이에 해당하는 한국어 대역은 '예'로 되어 있다. 『李朝語』 및 『17세기』『우리말』에 '예'는 모두 〔문대〕'여기'의 뜻으로 사전상의 의미만을 본다면 장소나 방향을 나타내는 용법으로 사용된 것 같지만 문맥상으로 보면 바로 앞의 'そち'와 대응관계를 이루어 '서로, 彼此'의 뜻으로 인칭을 나타내는 용법으로 사용되고 있음을 알 수 있다.

 예2) (原) ひとことにほめてこそ<u>こち</u>のめんほくもあろうに(5-27ウ) 우리의
   (改) ひとことにほめてこそ<u>こち</u>のめんほくも御さろうに(5-40ウ) 우리의
   (重) ……

위의 예2)의 경우는 원간본의 'こちの'가 개수본에서 그대로 쓰이고 있는데 『日葡』에는 'Cochino(コチノ)。私の、すなわち、この方の、こちら側の、など'으로 되어 있다. 이는 다음의 예와 같이 'こちの人'가 생략된 말이라고 할 수 있다.[69]

　　○ 暮れてこちのが戻らしゃったは(俳・大坂一日独吟千句)

이에 해당하는 한국어 대역은 '우리'로 되어 있다. 『李朝語』 및 『17세기』에 '우리'는 모두 명우리(我)의 뜻으로 『우리말』에는 대말하는 사람이 자기편의 여러 사람을 일컫는 말로 인칭을 나타내는 용법으로 사용되고 있음을 알 수 있다.

예3) (原) のちのきこゑんものちやほとにこちにまかさししられ(9-10ウ) 내게
　　 (改) あとてききにくいものて御さるほとにこちにまかしつしやれい
　　　　　(9-15)　　　　　　　　　　　　　　　　　　　　　　　　내게
　　 (重) ……

위의 예3)의 경우는 원간본의 'こちに'가 개수본에서 그대로 쓰이고 있다. 이에 해당하는 한국어 대역은 '내게'로 되어 있다. 『李朝語』에 '내'는 명내(나의 → 내) 『17세기』에는 대 '나'의 속격 『우리말』에는 대 '나'의 준말로 되어 있으며 '내게'는 『17세기』에 대 '나'의 여격형으로 나에게의 뜻으로 인칭을 나타내는 용법으로 사용되고 있음을 알 수 있다.

예4) (原) みきのたうりにこころゑつかいおこちやらしられ(7-2ウ)　　여긔
　　 (改) みきのたうりにこころゑつかいおこちらにつかわしやれませい

---

69) 大野 晋・他(1982)『岩波古語辞典』岩波書店 p.498

　　　　(7-3ウ)　　　　　　　　　　　　　　　　　　여긔
　　(重) ……

　위의 예4)의 경우는 원간본의 'こち'가 개수본에서 'こちら'로 바꿔어 있다. 이를 『時代別』에서 찾아보면 "印'此方(こち)'に同じ。"로 되어 있으며 이에 해당하는 한국어 대역은 모두 '여긔'로 되어 있다. '여긔'는 『李朝語』에는 图'여기', 图'여기', 『17세기』에는 '여긔'는 印'여기'의 뜻으로 되어 있어 장소를 나타내는 용법으로 사용되고 있음을 알 수 있다.

　접미사 'ら'는 주로 사람을 나타내는 말에 붙어 복수를 나타내며, 지시대명사 또는 그 어근(語根)에 붙어 사물의 개략적인 것을 나타낸다.[70] 무로마치(室町) 시대에 'ら'는 단수로 사용하고 품위 있는 말이라고 여겨진다.[71] 복수로서 기능하는 조사에는 'タチ、衆(しゅ)、ドモ、ラ'이다. 'ら'는 제2인칭과 3인칭을 경멸하고, 'たち'에 비해 경멸(軽蔑)의 감정을 갖고 사용하는 경우가 많다. 따라서 하위자(下位者)에 대해서 사용하는 것이 원칙이다.

　예5) (原) こちもにつきおみて申まるするほとに(2-11)　　　　　우리
　　　 (改) このはうもひちやうおみて申ことて御さるほとに(2-15ウ)　우리
　　　 (重) このはうもひちやうおみて申ことて御さるほとに(2-20ウ)　우리

　위의 예5)의 경우는 원간본의 'こち'가 개수본 및 중간본에서 인칭을 나타내는 'このはう'로 바뀌어 있다. 이를 『時代別』에서 찾아보면 'このはう(此方)'印'此方'(コノハウ)(広本節用)　①近称。話し手を中心として、それに近い方、また、話し手のほうの側を指し示す語。'ココ

---

70) 日本語教育編(1982)『日本語教育事典』大修館書店　p.419
71) 土井忠生・他(1955)『国語史 要説』修文館　p.105

へ、コノハウへ。ーここへ、すなわち、この場所へ(羅葡日 Huc)'

○ "此方ハ大道ニテヨキ道、又彼ノ方ハ行サキニ淵川アリテ悪シキ道"(古文前抄一)

②一人称。男性が用いる。『日葡』に 의하면 Conofŏ(此方) ⇒ Ixxet (一切)

Ixxet(一切) Issai(一切)に同じ。副詞。否定形と連接した場合に、"けっして……ない"の意。

○ "此方に於いて一切別儀は御座ない。"

(私の方においては、その他の事はない、または、変更はない。)으로 되어 있으며, 『日本大文典』에 의하면 "'コノハウ。コナタ。コチ' 広く行われ、身分の高下には拘わらない。何れも丁寧であるが、特に初の二つは丁寧である。"로 되어 있다.

예7) (原) このあいたいちゑんこちゑわ御さらんほとに(2-12ウ)   예는
    (改) このほとわいちゑんこのはうゑわ御さらぬゆゑ(2-18)   예는
    (重) ……

위의 예7)의 경우는 원간본의 '코치'가 개수본에서 '고노하우'로 바뀌어 있다. 이에 해당하는 한국어 대역은 '예'로 장소를 나타내는 용법으로 사용되고 있음을 알 수 있다.

예8) (原) こちわさしあいないほとに(2-15)   우리
    (改) われわれはうわさしつかゑわ御さらぬほとに(2-22ウ)   우리
    (重) われわれはうわさしつかゑわ御さらぬほとに(2-23)   우리

예9) (原) 御いかたしけなう御さる<u>こち</u>わ御かけおもつて(2-1ウ)　　우리

(改) おうせられますするたうりわれわれにも御かけおもつて(2-2) 우리들

(重) おうせられますするたうりわれわれにも御かけおもつて(2-8) 우리들

위의 예8), 예9)의 경우는 원간본의 'こち'가 개수본 및 중간본에서 'われわれ'로 바뀌어 다음의 예와 같이 화자(話者)가 자기 쪽, 또는 자기를 가리켜 말하는 것으로 '当方、わたし'를 의미하는 것으로 이에 해당하는 한국어 대역은 '우리, 우리들'로 되어 있다. '우리'를 『朝鮮語』에서 찾아보면 "団 ①(第一人称複数を表わす)私たち、わたしたち、われわれ、われら、僕たち、僕ら、私ども ②私、自、僕。'우리들'은 団われわれ、私たち、僕ら、われら。"로 되어 있다. 'われわれ'의 경우『日葡』에는 보이지 않고 같은 의미인 'Varera. ワレラ(我等) われわれ、または、私'로 되어 있으며 『時代別』에는 "一名 ①関係する一類の人人について、各人を取上げていう語。その人その人。個人個人。②本来親密に結ばれていたものどうしが、各人別別になること。三団一人称。'われ'の複数形。②一人称。謙遜していう。"로 되어 있다.

- ○ "アチヘ賜タル玉トコ<u>チ</u>ニアルトウホウト云玉トヲ合セテミラルゾ"(史記抄二)
- ○ "そちがしらずは、<u>こち</u>もしらぬぞ"(虎清狂=文荷)

예10) (原) <u>こち</u>とうらしられつかい申わうゑさまおしらるところわ
(7-13)　　　　　　　　　　　　　　　　　　　　　여긔
(改) これゑとうらつしやれい御ししやか申されまするわ(7-19ウ) 예긔
(重) ……

위의 예10)의 경우는 원간본의 'こち'가 개수본에서 'これゑ'의 형태로 쓰이고 있으며 한국어 대역은 '여긔, 예긔'로 되어 있다. 『李朝

語』에 '여긔'는 명 '여기' '예'는 뿌 '여기로' 되어 있다. 반면 『17세기』에는 '여긔'는 대 '여기', '예'는 대 '여기'로 되어 있다. 개수본에 쓰인 'これ'는 형태적으로는 사물을 나타내는 지시사의 용법 같지만, 의미적으로는 '여기'의 뜻으로 장소를 나타내는 용법으로 사용되고 있음을 알 수 있다. 'これ'의 경우 의미적인 관계는 뒤에 오는 조사와 상호 관련되어 있음을 이미 기술한 바 있듯이(제2장) 먼저 'これ' 뒤에 조사 'お(を)、も、わ(は)'를 수반할 경우는 사물을 나타내는 지시사의 용법으로 사용되었으며, 'から、まで、で、にて、に、より、ゑ(へ)' 등을 수반할 때는 장소 내지는 방향을 나타내는 지시사의 용법으로 사용되고 있음을 알 수 있었다.

예11) (原) なにかしこちこいそちかたいくわんにいて(1－1)   이리
         (改) なにかしここゑこいそなた たいくわんちうゑいつて(1－1) 이러
         (重) なにかしここゑこいそなた たいくわんちうゑいて(1－1)   이러

위의 예11)의 경우는 원간본의 'こち'가 개수본 및 중간본에서 'ここ'의 형태로 쓰이고 있으며 이에 해당하는 한국어 대역은 '이리, 이러'로 되어 있어 다음의 예와 마찬가지로 화자(話者)가 현재 자기가 있는 방향 또는 장소를 막연하게 가리켜서 말하는 것으로, '이리'를 『李朝語』에서 찾아보면 뿌 '이리, 여기', 『17세기』에서 찾아보면 뿌 '이렇게, 이쪽으로', 『우리말』에는 '이곳으로, 이쪽으로' 되어 있다. 또한, 『朝鮮語』에서 찾아보면 '뿌 ①ここに(へ)、こちらに(へ) ②このように(이리하여)、こんな、こう。'로 되어 있으며, '이러'는 『李朝語』에는 우리말의 '이쪽, 이리'에 해당하는 말로 의미적으로는 다소 차이가 있음을 알 수 있다.

  ○ "魑魅ハ、人ヲ食モノゾ。言ハ、コチヘハコイデ、ソチデ此ヲ食ヘト云心

ニ御魑魅ト云ゾ"(史記抄二)

o   "やああのふねこちへとの給へど、皆舟共の音たかく、聞つけ申者もなし"
     (幸若＝大臣)

예12) (原) こちのくらうおおしらるか(6-3)   우리

    (改) しふんなとのくらうのよしおおせられますれとも(6-4)   우리

    (重) れわれわくらうのよしおおせられますれとも(6-3)   우리

위의 예12)의 경우는 원간본의 'こち'가 개수본에서는 'しふん',
중간본에서 'われわれ'로 바뀌어 있으며 이에 해당하는 한국어 대역
은 모두 '우리'로 인칭을 나타내는 용법으로 사용되고 있음을 알 수
있다.

2) 개수본 중심

개수본에서는 표4-1에서 알 수 있듯이 원간본에서 개수본으로
그대로 쓰인 10例가 존재하며 개수본 중심의 예는 존재하지 않는다.

3) 중간본 중심

중간본에서는 표4-2에서 알 수 있듯이 원간본에서 개수본을 거
쳐 중간본으로 쓰인 2例가 존재하며 중간본 중심의 예는 나타나지
않는다.

표4-2

개수본 ＼ 중간본	こち	삭제
こち(10)	2	8

2. 'そち'

먼저 사전적 어의(語義)를 살펴보면,『日葡』에는 'Sochi(ソチ)。お前。身分の低い者に向って言う。また、そこ'로,『時代別』에 의하면 '①中称。相手側の、また、話し手・聞き手ともに共通に知っている、方向・場所を指していう。そっち。②二人称。同等、または、目下の者に用いる。'로 되어 있다.

1) 원간본 중심

표4-3

원간본 \ 개수본	そち	'そなた
そち(2)	1	1

원간본에서는 표4-3에서 알 수 있듯이 총 2例가 나오는데 이는 개수본에서 'そち'로 바뀐 1例, 'そなた'로 바뀐 1例가 쓰이고 있는데 이를 예문별로 보면 다음과 같다.

  예13) (原) もとうらんところわそちもこちもとうせんてこそ御さる(4-29) 게
      (改) もとうらんところわそちもこちもとうせんて御さる(4-41)　　게
      (重) ……

위의 예13)의 경우는 원간본의 'そち'가 개수본에서 그대로 'そち'로 쓰이고 있는데, 이에 대응하는 한국어 대역은 모두 '게'로 되어 있다. '게'는『李朝語』에 '거기에'『17세기』에는 [명]'거기',『우리말』에 [대] '게'는 '거기'의 준말로 [대]'그곳'의 뜻으로 사전상의 의미만을

본다면 장소를 나타내는 용법으로 쓰이고 있는 것 같지만, 문맥상으로 보면 바로 뒤의 'こち'와 대응관계를 이루어 '서로, 彼此'의 뜻으로 인칭을 나타내는 용법으로 사용된 것 같다. 그 이유는 '게'는 '거기'의 준말로 '자네, 당신'의 뜻을 가진 2인칭대명사로 쓰인 용례를 찾아볼 수 있기 때문이다.

　　예14) (原) なにかしこちこいそちかたいくわんにいてみか申(1-1)　　　네
　　　　　(改) なにかしここゑこいそなたたいくわんちうゑいつて(1-1)　　네
　　　　　(重) なにかしここゑこいそなたたいくわんちうゑいて(1-1)　　　네

　위의 예14)는 원간본의 'そち'가 개수본 및 중간본에서는 2인칭대명사 'そなた'로 바뀌어 쓰이고 있으며 이에 해당하는 한국어 대역은 모두 '네'로 되어 있다. '네'는 『李朝語』에 '너의, 너가', 『17세기』에는 떼 ①너 ②'너(汝)'의 속격형: 너의 ③'너(汝)'의 주격형: 네가, 『우리말』에는 '너의'의 준말로 인칭을 나타내는 용법으로 쓰이고 있음을 알 수 있다. 『日葡』에는 'Sonata. ソナタ(そなた) ①あなた、あるいは、貴殿 ②そちらの方向'으로 되어 있으며 『時代別』에는 "一떼 'こなた' 'あなた'의 対。中称の指示代名詞。そこ、そのあたり ①話し手の現在いる所からみて、離れた、相手側に近い方・場所を指し示す。②すでに話題となっていて、話し手・聞き手にとって既知の、その方向・場所を指し示す。二떼二人称。'こなた'が用いられるようになるまでは目上に対して用いられたが、室町末期には、主として目下、また、同輩に用いる。"로 되어 있다. 첨해신어에 있어 'そなた'는 모두 2인칭으로 사용되고 있으며 『伊曾保物語』에서도 다음과 같은 예를 찾아볼 수가 있다.

　　"いかにシャントお聞きあれ、そなたと我は縁こそ尽きつらう、今よりし

ては犬とも頼みまらすまい、赤妻とも思はせらるるな。"(p.422:3)

이상, 'そち'의 경우 무로마치 이후에는 'お前''そなた' 등의 대칭(対称)의 의미로 자기보다 손아랫사람을 부를 때 사용하는 것으로 사용되었다.72) 다음의 예는 'お前'의 용법으로 사용된 예이다.

○ "そちを成敗せぬにおいては、某共にお手討ちになさりょうとのおことぢゃ"
　(狂言・武悪)

2) 개수본 중심

표4-4

개수본 ＼ 중간본	삭제
そち(1)	1

개수본에서는 표4-3에서 알 수 있듯이 원간본에서 개수본으로 그대로 쓰인 1例와 개수본 중심의 예는 다음의 예15)와 같이 1例가 존재하여 총 2例가 쓰이고 있다.

예15) (原) そなたのことおいそいてこしらゑさしられ(2-19ウ)　　　계
　　　(改) そちのことおはやう御こしらゑなされませい(2-28ウ)　　계
　　　(重) そちのことおはやう御こしらゑさつしやれい(2-26)　　　계

위의 예15)의 경우는 개수본의 'そち'가 중간본에서 그대로 쓰이고 있음을 알 수 있다.

---

72) 北原保雄編(1987)『全訳古語例解辞典』小学館 p.467

3) 중간본 중심

중간본에서는 표4-4에서 알 수 있듯이 원간본에서 개수본으로 그대로 쓰인 1例는 중간본에서 삭제되어 있으며 개수본에서 중간본으로 그대로 쓰인 1例가 존재한다. 또한 중간본 중심의 예는 존재하지 않는다.

3. 'あち'

먼저 사전적 어의(語義)를 살펴보면, 『日葡』에는 'Achi(アチ). 副詞。あそこ、または、あちら'로, 『時代別』에 의하면 団遠称。'こち'の対。①話し手や聞き手を基準として、そこから遠く離れた所への方向、または、その場所を漠然と指していう。'あちら' ②一つの物を両面に隔てる境目を中心として、一方の側から他の側をいう。向う側。'あちら' ③'こち'と対応させて用い、事態が異なる方向や場所に次次に及んで一定しない意を表わす。④ 'こち'と対応させて用い、同類のもので相対する関係にある二つの事態の、一方からみた他方をいう⑤話し手から遠く離れた所に居る人の意で、第三者なり話相手なりを指していう。やや軽蔑の意を伴う。⇒'あっち'로 되어 있다.

1) 원간본 중심

표4-5

원간본	개수본	あのはう
あち(1)		1

원간본에서는 표4-5에서 알 수 있듯이 총 1例가 존재하는데 이
는 개수본 및 중간본에서 ‘あのはう’로 바뀌어 쓰이고 있음을 알 수
있다.

예16) (原) <u>あち</u>からのうゆうてもうけとるしきてわないか(8-8ウ) 뎌러로셔
　　　(改) あのはうよりなにふんに申てもうけとるしきてわ御さらねとも
　　　　　(8-12)　　　　　　　　　　　　　　　　　　　　져러로셔
　　　(重) あのはうよりなにふんに申てもうけとるしきてわ御さらねとも
　　　　　(8-9)　　　　　　　　　　　　　　　　　　　　져러로셔

위의 예16)의 경우는 원간본의 ‘あち’가 개수본 및 중간본에서 ‘あ
のはう’로 바뀌어 있으며 이에 해당하는 한국어 대역은 ‘뎌러로셔,
져러로셔’로 되어 있다. ‘뎌러로셔, 져러로셔’의 ‘로셔’는 ‘~로부터’
의 뜻이며, ‘뎌’는 구개음화에 의해서 개수본 및 중간본에서 ‘져’로
바뀌어 쓰이고 있다. 『李朝語』 및 『17세기』에 ‘뎌러’는 명‘저기(彼
處)’의 뜻으로 사전상의 의미만을 본다면 ‘저쪽에서’의 뜻으로 방향
내지는 장소를 나타내는 용법으로 쓰이고 있는 것 같지만 타칭(他
稱)을 나타내는 인칭대명사의 용법으로 사용된 예라고 말할 수 있
다. 『日葡』에는 ‘Ano fŏ。アノハゥ(あの方)代名詞。Ano cataと同じ’
‘Ano cata。アノカタ(あの方)代名詞。あの人。または、あの方角’, 『
時代別』에 의하면 “代‘あのかた’に同じ。あのかた　代‘あのはう’と
も。①話し手を基準として、そこから遠く離れた方向を指し示す語
②三人称。あの人。”로 되어 있다. 원간본의 ‘あち’가 개수본 및 중
간본에서 ‘あのはう’로 바뀌어 있는 것은 이미 기술했듯이 단어의
품위와 관계가 있었을 것이라 여겨진다.

4. '<ruby>あちこち</ruby>'

먼저 사전적 어의(語義)를 살펴보면 『日葡』에는 'Achi, Cochi(アチコ
チ)。副詞。あちらこちら'로, 『時代別』에 의하면 " '左右、東行西行、
彼露此露'(運步) ①ある事態が特定の方向・場所などに限らず、諸方・
諸所に及ぶ場合に、それらの方向・場所を漠然とさしていう語 ②おな
じ事態でも基準のたて方によって評価や取扱われ方が変って、一定し
ないこと。"로 되어 있다.

1) 원간본 중심

표4-6

원간본 ＼ 개수본	あちらこちら
あちこち(1)	1

원간본에서는 표4-6에서 알 수 있듯이 총 1例가 쓰이고 있는데
이는 개수본에서 'あちらこちら'로 바뀌어 쓰이고 있다.

예17) (原) かたかたゑあちこちたつねまるせうほとに(1-14)　　　彼此

　　　(改) はうはうあちらこちらゑたつねつかわしませうほとに(1-20ウ)

　　　　　　　　　　　　　　　　　　　　　　　　　　　　　　彼此

　　　(重) はうはうあちらこちらゑたつねつかわしませうほとに(1-18ウ)

　　　　　　　　　　　　　　　　　　　　　　　　　　　　　　彼此

위의 예17)의 경우 원간본의 'あちこち'가 개수본에서 'あちらこち
ら'로 되어 있으며 이에 해당하는 한국어 대역은 모두 '彼此'로 되

어 있다. 이는 다음의 예와 같이 어떤 사태(事態)가 특정한 장소, 방향에 한정하지 않고, 여러 방향이나 장소에 이르는 경우에 방향이나 장소를 막연하게 가리켜서 말하는 것으로 『朝鮮語』를 찾아보면 '명①あれとこれ(저것과 이것) ②どちらも。(副詞的にも)どっちみち。'로 되어 있다. 또한 『広漢和辞典』을 찾아보면,73) '①あれとこれ。あの事とこの事。あの人とこの人 ②あれこれ。たれかれ。なにやかや。③かれこれ。'로 되어 있다.

- ○ "アチコチ遊アルイテ、家ノ生業ヲ治メタリナンドモセヌゾ"(史記抄十三)
- ○ "宛転トアチコチマガリテ谷峰ガキツカト有ゾ"(四河入海八ノ三)

5. 'どち'

먼저 사전적 어의(語義)를 살펴보면, 『日葡』에는 'Dochi(ドチ)。副詞。どこ、または、どこへ'로, 『時代別』에 의하면 '대不定称。どの方面であるか不定・不明である意を表わす。多く相対立する二つの方面(のもの)について、そのいずれであるかを問題としていうのに用いる『古語辞典』에 의하면 대どの方。どっち。'로 되어 있다.

1) 원간본 중심

표4-7

원간본 \ 개수본	どち
どち(1)	1

73) 諸橋轍次・他(1985)『広漢和辞典 上巻 』大修館書店 p.1275

　원간본에서는 총 1例가 존재하는데 이는 개수본 및 중간본에서 그
대로 쓰이고 있으며 이에 해당하는 한국어 대역(対訳)은 모두 ‘아므,
아모’로 되어 있는데 이를 『李朝語』에는 명관 ‘아무’, 『17세기』에는
대관 ‘아무’, 『우리말』에는 대 ‘누구라고 지정하지 아니하고 막연히 가
리키는 사람’의 뜻으로 『朝鮮語』에서 찾아보면 ‘대 ①(不特定な人を
指して)誰(누구)、何人 ②(姓の下に付いて)某、なにがし、誰それ。’로
되어 있다. ‘아무’는 ‘누구’에 비해서 추상적인 어감(語感)을 갖는다.

예18) (原) いちしもちかゑはとちのためにもようも御さらんほとに
　　　　　(1-17ウ)　　　　　　　　　　　　　　　　　　　아므
　　　(改) いちしのちかいかあつてもとちのためにもよう御さりませぬ
　　　　　(1-25ウ)　　　　　　　　　　　　　　　　　　　아모
　　　(重) いちしのちかいかあつてもとちのためにもよう御さりませぬ
　　　　　(1-23ウ)　　　　　　　　　　　　　　　　　　　아모

　위의 예18)의 경우는 다음의 예가 불확실한 장소 내지는 방향을
가리키는 것에 비해 불특정한 사람을 지칭하는 용법이라고 말할 수
있다.

　　○ “兩方ニ離レテ、ドチヘモ付カヌ牢人ニナッタ”『伊曾保』
　　○ “どちへござるぞ”(虎明本狂言・腹立てず)”『古語辞典』

2) 개수본 중심

표4-8

개수본 ＼ 중간본	どちら
どちら(1)	1

개수본에서는 표4-7에서 알 수 있듯이 원간본에서 개수본으로 그대로 쓰인 1例가 존재하며, 표4-8과 같이 개수본 중심의 'どちら'가 1例 존재하여 총 2例가 쓰이고 있다. 이에 해당하는 한국어 대역은 모두 '아므, 아모'로 되어 있다. 이는 예18)의 경우와 마찬가지로 불특정한 사람을 지칭하는 용법이라고 말할 수 있다. 접미사 'ら'는 주로 사람을 나타내는 말에 붙어 복수를 나타내며, 지시대명사 또는 그 어근(語根)에 붙어 사물의 개략적인 것을 나타낸다.[74] 무로마치 시대에 'ら'는 단수로 사용하고 품위 있는 말이라고 여겨진다.[75]

예19) (原) こういわわしらるほとにのちのくわほうても(8-15)　　　아므
　　　(改) かやうにおおせきけられまするとちらのくわほうて御さつても
　　　　　　(8-22ウ)　　　　　　　　　　　　　　　　　　　　　　　아모
　　　(重) かやうにおおせきけられまするとちらのくわほうて御さつても
　　　　　　(8-16ウ)　　　　　　　　　　　　　　　　　　　　　　　아모

위의 예19)의 경우 개수본의 'どちら'가 중간본에서도 그대로 쓰이고 있는데 이에 해당하는 원간본의 경우 'のち'로 되어 있다. 이는 이미 제3장에서 기술했듯이 개수본 및 중간본의 'どうして'에 대응하는 원간본의 경우 'のうして'로 되어 있는데 이는 방언적 요소라기보다는 'd와 n, r과 n, s와 t·ts'와의 혼동(混同)에 의한 조선인적 오류의 정정(訂正)에 의해서 개정(改正)되었던 것은 아닌가 여겨진다. 즉 조선인의 해석에 의해 개변(改変)되어 있는 것으로 일본어의 [d]가 [n]으로 받아들여진 예라고 말할 수 있다.

또한 'こち' 'そち' 'あち'의 경우 형태적으로 보면 촉음이 없는 형태지만, 음주(音注)를 보면 모두 촉음이 있는 '-cci / -찌'의 형태

---

74) 日本語教育編(1982) 前揭書 p.419
75) 土井忠生·他(1955) 前揭書 p.105

로 촉음형(促音形)을 보이는 것인지는 의심스럽다. 한편 'どち'의 경우 예17) 예18)에서 알 수 있듯이 삼본(三本)을 통해 총 5예가 나타나는데 예18)의 개수본을 제외하고는 모두 촉음이 없는 '-ci / -지'의 형태로 나타난다. 시대적(時代的)으로 말하면 촉음형(促音形)도 있기 때문에 '-cci / -ci'로 구분해서 쓰는 의식이 있었던 것인지도 모른다.76)

3) 중간본 중심

중간본에서는 원간본에서 개수본을 거쳐 중간본으로 쓰인 1例와 표4-8에서 알 수 있듯이 개수본에서 중간본으로 그대로 쓰인 1例를 합쳐 총 2例가 쓰이고 있음을 알 수 있다.

이상과 같이 방향을 나타내는 지시대명사 'こち' 'そち' 'あち' 'あちこち' 'どち'를 먼저 사전적인 어의(語義)를 조사한 후 의미 및 용법에 대해서 고찰한 결과 다음과 같은 사실을 얻을 수 있었다.
'こち'의 경우 원간본에서 개수본, 중간본으로 갈수록 그 수가 현저하게 줄어드는 경향을 볼 수 있으며 방향 내지 장소를 나타내는 용법보다는 대부분 자칭(自稱)을 나타내는 인칭대명사의 용법으로 쓰이고 있음을 알 수 있다.
'そち'의 경우 원간본, 개수본, 중간본에서 총 5例가 존재하는데 이는 모두 대칭(対稱)을 나타내는 인칭대명사의 용법으로 쓰이고 있으며, 'あち'의 경우 원간본에서 총 1例가 존재하는데 개수본 및 중간본에서 'あのはう'로 바뀌어 쓰이고 있는데 이는 타칭(他稱)을 나타내는 인칭대명사의 용법으로 쓰이고 있다. 'あち'가 'あのはう'로 바

---

76) 湯沢幸吉郎(1981) 『室町時代 言語の研究』風間書房 p.50

뀌어 쓰이고 있는 것은 단어의 품위와 관계가 있을 것이라 여겨진다. 'あちこち'의 경우 원간본에서는 총 1例가 존재하는데 이는 개수본 및 중간본에서 'あちらこちら'로 바뀌어 쓰이고 있는데 무로마치(室町) 시대에 'ら'는 단수로 사용하고 품위 있는 말이라고 여겨진다.

　'どち'의 경우 원간본에서는 총 1例가 존재하는데 이는 개수본 및 중간본에서 그대로 쓰이고 있다. 또한 'どちら'의 경우는 개수본 및 중간본에서 1例가 나타나는데 모두 부정칭(不定称)의 용법으로 쓰이고 있다. 이에 해당하는 원간본의 경우 'のち'로 되어 있는데 이는 방언적 요소라기보다는 'd와 n, r과 n, s와 t·ts'와의 혼동(混同)에 의한 조선인적 오류의 정정(訂正)에 의해서 개정(改正)되었던 것은 아닌가 여겨진다.

　이상, 방향을 나타내는 지시대명사 'こち' 'そち' 'あち' 'あちこち' 'どち'의 출현분포를 정리하면 다음의 표4와 같다.

표4

	원 간 본	개 수 본	중 간 본
こち(ら)	43	9(1)	2
そち	2	2	1
あち	1	0	0
あちこち(あちらこちら)	1	0(1)	0(1)
どち(ら)	1	1(1)	1(1)

※ 'こち(ら)'의 경우, 개수본의 숫자 9(1)는 'こち'의 경우가 9例, 'こちら'는 1例 존재하는 것을 의미하며, 'あちこち(あちらこちら)'의 경우 개수본의 숫자 0(1)은 원간본에서 'あちこち'의 1例가 개수본에서는 존재하지 않으며 'あちらこちら'가 1例 존재하고 있음을 의미한다.

제5장 인칭대명사

　고대어에서 근대어로의 규범의 교체(交替)는 수많은 우여곡절을 거쳐 완성되는 법이다. 그 기간은 원정(院政) 시대에서 근세 초기까지의 500여 년이라고 하는 긴 세월을 요구하고 있다. 따라서 연구목적에 따라서는 이 기간에 성립한 문헌인 것이 실증되면 그것만으로도 자료가치는 있다고 말할 수 있는 것은 아닐까? 일본어사의 변천은 점(点)에 한정하는 것이 아니고, 유의(有意)의 선(線)에 초점을 맞추는 것으로 기술되어야 할 것이다. 본 장에서는 이러한 관점에서 하나의 시도로서 중앙의 언어를 반영하고 있으며, 문체나 계통이 서로 복잡하게 있거나 전사본(転写本)이 많이 존재하는 자료를 활용해 보려고 생각한다. 이 목적에 적합한 문헌으로서는『徒然草』『平家物語』『抄物』『狂言』『伊曾保物語』『捷解新語』를 들 수 있다.77)

　『捷解新語』원간본의 초고(草稿)가 편성된 것은 1618년으로 알려져 있다. 그러나 저자 강우성이 1592년(壬辰乱初年)에 피랍되어 10년간의 억류생활을 마치고 귀환한 것이 에도 막부가 시작된 1603년경이라면 그가 익힌 일본어는 무로마치 말기(1568~1600)의 언어라

77)　土井洋一(1982)『講座国語史4　文法史』大修館書店 p.394

고 해야 할 것이다. 따라서 원간본이 1676년에 활자본이 간행되었다
고 하더라도 원간본의 언어적 현상은 무로마치 말기의 흔적으로 이
해할 수 있을 것 같다. 그리고 1차 개수본이 완성된 1748년과 중간
본의 완성(1781년)은 에도 중기에서 후기에 이르는 시기라는 점을
감안하면 원간본과는 어법상 많은 차이가 있을 것이라는 예상이 가
능해진다. 또한 이 시기는 역사적으로나 일본어사적으로 대전환점이
라고 할 수 있는데, 그때까지 교토를 중심으로 하는 중앙어(上方語)
와 결별하고 현대어에 가까운 근세 에도어가 확립되는 커다란 분수
령이 되는 시기이기 때문이다.[78] 이러한 점을 감안하면 『捷解新語』
가 갖는 자료의 중요성은 언어변화의 양상을 연구하는 데 실로 크다
고 말할 수 있겠다.

　본 장에서는 이러한 자료적인 중요한 특징을 갖고 있는 『捷解新
語』 삼본(三本)에 나타난 인칭대명사 'こなた' 'こなたしゅ' 'そなた'
'そなたしゅ' 'どなた'를 사전적인 어의를 살펴본 후 어형(語形)변화
및 의미를 한국어역(韓国語訳) 과 관련하여 대역(対訳)상의 특징 및
변화의 특징 등을 고찰하고자 한다.

1. 'こなた'

　먼저 사전적인 어의를 살펴보면 『日葡』에는 'Conata. コナタ(こな
た) こちら'¶また、私 ¶また、上(Cami)では、尊敬すべき人と話す場
合に、あなた(第二人称)を意味する。특히 '上'의 말씨라고 쓰여 있
다. 이러한 점에서 보면 『捷解新語』에 있어서도 중앙(上方)의 말씨
에 통하는 것이라고 볼 수 있을 것이다.[79] 『時代別』에서 찾아보면

---

78) 沖森卓也(1989) 『日本語史』 桜楓社 p.142
79) 森田 武(1985) 『室町時代語論攷』 三省堂 p.104

" '此方'㤠 'あなた' 'かなた'の対。㊁近称の指示代名詞 ①話し手の現
在いる所を中心として、そこに近い方向、または、場所を指し示す。
相手に対して、自分のほうのことを謙遜していう間接表現として用い
ることが多い。②話し手が、現在自分の話題としているのは、自国に
属することとして、外国と対比していう。㊂人称代名詞として転用す
る。①一人称。わたし ②二人称。あなた。"로 되어 있다.

1) 원간본 중심

표5-1

원간본＼개수본	こなた	そなた	そこもと(さま)	こちふん	こしふん	おのおの	기타
こなた(23)	3	6	4(3)	2	3	1	1

원간본에서는 표5-1에서 알 수 있듯이 총 23例가 나타나는데, 이
는 개수본에서 그대로 쓰인 3例, 'そなた'로 바뀐 6例, 'そこもと'로
바뀐 4例, 'そこもとさま'로 바뀐 3例, 'こちふん'으로 바뀐 2例, 'こ
しふん'으로 바뀐 3例, 'おのおの'로 바뀐 1例 등을 볼 수 있다.

예1) (原) こう申うゑわこなたしたいにめされ(9-8ウ)   자네

     (改) このうゑわこなたしたいにめされい(9-12ウ)   자너

     (重) ……

위의 예1)의 경우는 원간본의 'こなた'가 개수본에서도 그대로 쓰
였으며, 이에 해당하는 한국어 대역은 원간본에는 '자네', 개수본에
는 '자너'로 되어 있다. 이를 『李朝語』에서 찾아보면 '자너'㤠자네
(汝), 『17세기』에는 '자너'㤠자네(汝). 상대방을 일컫는 말. 『우리말』

에 '자네'는 데 '하게 할 자리에 상대자를 가리키어 일컫는 말'로 되어 있다. 반면 『朝鮮語』에는 '자네'데(하게クラスで相手を指すことば)君。'자내'는 '스스로, 自身'의 뜻으로 쓰이던 명사인데, '너, 그대'의 뜻으로 사용되었다.

> 예2) (原) <u>こなた</u>ひとり御さてもしきのあいさつのころところなし(1−7) 자네
> (改) そなたひとり御さつてもしきのあいさつのこるところも御さうぬ
> (1−9ウ)   자너
> (重) そこもとひとり御さつてもしきのあいさつのこるところも御さらぬ
> (1−8ウ)   자너

위의 예2)의 경우는 원간본의 'こなた'가 개수본에서는 'そなた', 중간본에서는 'そこもと'로 바뀌어 쓰였으며, 이에 해당하는 한국어 대역은 원간본에는 '자네', 개수본 및 중간본에는 '자너'로 되어 있다. 제6장에는 2인칭대명사로 쓰이는 '자네' '자너'가 자주 등장한다. 이태영에 의하면 여기에 쓰이는 '자네'는 현대 국어에서의 그것과는 의미가 약간 다르며, 여기서는 '하오'체로 쓰인 것으로 파악되므로 '자네'는 '그대'의 뜻으로 파악해야 한다고 하였다.[80]

> 예3) (原) <u>こなた</u>もこつうしおさきにやてみて御され(1−23ウ)   자너
> (改) そこもともこつうしおやらしやれてあうて御さりませい(1−35)
>   자너
> (重) そこもともこつうしおやらしやれてあうて御さりませい(1−28)
>   자너

위의 예3)의 경우는 원간본의 'こなた'가 개수본 및 중간본에서 'そこもと'로 바뀐 예로, 이에 해당하는 한국어 대역은 모두 '자너'

---

80) 鄭丞惠(2000)『捷解新語 研究』高麗大学校 大学院 国語国文学科(博) p.124

로 되어 있음을 알 수 있다.

예4) (原) <u>こなた</u>のくらうと御さうさわたこゑかたし(6-3)   자네
  (改) そこもとさまの御くらうと御さうさわたとゑものか御さりませぬ
     (6-4ウ)   자늬
  (重) そこもとの御くらうと御さうさわたとゑものか御さりませぬ
     (6-3ウ)   거긔

  위의 예4)의 경우는 원간본의 'こなた'가 개수본에서는 'そこもと
さま', 중간본에서는 'そこもと'로 되어 있다. 이에 해당하는 한국어
대역은 원간본 및 개수본에서는 '자네' '자늬' 중간본에서는 '거긔'로
되어 있다. 이를 『李朝語』에서 찾아보면 '거긔'⑲ '그곳에', 『17세기』
에는 ⑲ '거기' 『우리말』에는 ㉹ '그곳'으로 되어 있다. 반면 『朝鮮語
』에는 '거긔'는 ㉹⑭ '거기(方言), 그곳에(そこに)', '거기'는 ㉹ ①(す
でに指摘されている)そこ(그곳), その場所 ②その事に(그것), その点
(그 점) ⑭ ①そこに, その場所に(거기에, 그곳에) ②'その事に, その
点'으로 되어 있다.

예5) (原) <u>こなた</u>もはるはる御くらうさしられたほとに(8-25)   자네
  (改) そこもとさまもはるはる御くらうなされましたほとに(8-36ウ) 게
  (重) そこもとさまもはるはる御くらうなされましたにより(8-21)   게

  위의 예5)의 경우는 원간본의 'こなた'가 개수본 및 중간본에서
'そこもとさま'로 바뀐 예로 이에 대응하는 한국어 대역은 원간본에
서는 '자네' 개수본 및 중간본에서는 '게'로 되어 있어 있음을 알 수
있다.

예6) (原) <u>こなた</u>のとしもわかうみゑたり(9-16ウ)   자네

(改) こちふんにわとしもわかう御まゑなされ(9－23ウ) 자네
(重) ……

위의 예6)는 원간본의 'こなた'가 개수본에서 'こちふん'으로 바뀐 예로 'おのおの'와 마찬가지로 경의(敬意)는 높지 않다고 말할 수 있다.

예7) (原) いかかのうてもありこなたのかつてしたいにさしられ(6－24ウ) 자네
(改) いかか御さろうかいかやうとも御しふんのかつてしたいに (6－35ウ) 자네
(重) いかか御さろうかいかやうとも御しふんのかつてしたいに (6－31ウ) 게

위의 예7)의 경우는 원간본의 'こなた'가 개수본 및 중간본에서 'こしふん'으로 바뀐 예로 이에 해당하는 한국어 대역은 모두 '자네, 게'로 되어 있다. 'こしふん'에 대해서 『日葡』에는 'Iibun.ジブン(自分) 私自身¶また、自分自身の能力、あるいは、技量。' 『時代別』에서 찾아보면 " '自分(ブン)'(広本節用), '自分(ジブン)'(落葉)[一][명] '他人'に代置する、ほかならぬその人自身をいう。[二][대]一人称。わたし。男性がやや改まった言い方に用いる。"로 되어 있다.

예8) (原) たいくわんともわこなたのあまりことわりてあり(4－19) 자너
(改) たいくわんともわおのおののことわりてあり(4－27) 자너
(重) ……

『捷解新語』에 사용된 'こなた'는 모두 2인칭으로 사용되고 있음을 알 수 있는데 『伊曾保物語』에서도 다음과 같이 1例를 찾아볼 수가 있다.

"それはこなたの御大切に思はせらるる者に渡いてござる"と答へ、犬を
呼うで"これこそ御身を大切に思ふ者なれ、なぜにと言ふに女は夫を大切に
思ふ"(p.423:1)

이상과 같이, 'こなた'가 2인칭으로 사용된 예를 찾아볼 수 있는데
근세에 들어서는 제법 일반적으로 사용되었던 것 같다. 貞室은 '片
言'에 'そなたこなたの詞の事'의 조건을 세워, '相手の上をこなたと
いふ'라고 하는 것은 '誤成べけれど、人毎に言なれ来りたれば、今更
改むべきやうな言へり。'라고 기술하고 있다.

山崎久之는 虎明本狂言의 제2인칭대명사에 대해서 경의(敬意)가
높은 것을 단계별로 보면, こなた段階・そなた段階・わごりょ段階・
そち段階・おのれ段階의 단계로 분류한다. 'こなた'는 방향을 나타
내는 말에서 출발하여 무로마치(室町)에 제1인칭을 거쳐 제2인칭으
로 전용되었던 것이다.[81]

2) 개수본 중심

개수본에서는 표5-1에서 알 수 있듯이 원간본에서 개수본으로
그대로 쓰인 3例 이외에는 존재하지 않는다.

---

81) 佐藤喜代治編(1977) 『国語学研究事典』 明治書院 p.301

2. ‘こなたしゅ’

1) 원간본 중심

표5-2

원간본 \ 개수본	こなたしゅ	そなたしゅ	おのおの(さま)
こなたしゅ(7)	4	1	1(1)

원간본에서는 표5-2에서 알 수 있듯이 총 7例가 나타나는데, 이는 개수본에서 그대로 쓰인 4例, ‘そなたしゅ’로 바뀐 1例, ‘おのおの(さま)’로 바뀐 1(1)例 등을 볼 수 있다. 이를 구체적인 용례를 통해 살펴보면 다음과 같다.

예9) (原) <u>こなたしゆ</u>このおもむきおとねきゑおしられて(5-3)　　자녀네

　　　(改) <u>こなたしゆ</u>このおもむきおとうらいゑおおせられて(5-4ウ) 자녀네

　　　(重) そこもとよりこのおもむきおとうらいさまゑおおせられて(5-4)　게

위의 예9)의 경우는 원간본의 ‘こなたしゅ’가 개수본에서도 그대로 쓰인 예로 한국어 대역은 모두 ‘자녀네’로 되어 있다. ‘しゅ’에 대해서 먼저 사전적 의미를 살펴보면 『日葡』에는 ‘XV. シュ(衆) ①すべての人々¶また、複数を示す助辞　②複数を構成する助辞で、尊敬すべき人、中位の人、同等の人などについて言う’『日本大文典』에는 実名詞에 접속해서 복수를 나타내기 위해 사용하는 특정한 조사(助辞)에는 Tachi(達), Xu(衆), Domo(共), Ra(等)가 있다. Tachi(達)는 경의(敬意)가 가장 높고, Xu(衆)는 그 다음이며, Ra(等)가 경의가 가장 낮다. ‘～네’를 『李朝語』에서 찾아보면 ‘～들(等)’『우리말』에서 찾아보면 ①어

편 '사람의 한 무리'의 뜻 ②'집안'이나 '가족 전체'의 뜻 ③'편'이나 '동아리'의 뜻으로 복수를 나타내는 접미사가 나타나기도 한다.

> 예10) (原) <u>こなたしゅ</u>もはしめて御めにかかれともと(7-17ウ)　　자녀네
> 　　　 (改) <u>そなたしゅ</u>もはしめて御めにかかれともと(7-25ウ)　　자녀네
> 　　　 (重) ……

위의 예10)의 경우는 원간본의 'こなたしゅ'가 개수본에서 'そなたしゅ'로 바뀐 예로 이에 해당하는 한국어 대역은 모두 '자녀네'로 되어 있다.

> 예11) (原) <u>こなたしゅ</u>もいてさしらるときにおしられて(2-15ウ)　자녀네
> 　　　 (改) おのおのも御いてなさるるときさやうにおうせられて御いて
> 　　　 (2-23)　　　　　　　　　　　　　　　　　　　　　　　　　자녀네
> 　　　 (重) ……

위의 예11)의 경우는 원간본의 'こなたしゅ'가 개수본에서 다음의 예와 마찬가지로 인칭을 나타내는 'おのおの'로 바뀐 예로 이에 해당하는 한국어 대역은 모두 '자녀네'로 되어 있다.

> ○ "曰ト云ハ、文王ノソノ群率ニツグル詞ゾ。皆ヲノヲノ、ソチハイツノ時
> 　 分ニカヘラウゾ"(毛詩抄九)

'おのおの'에 대해서 『日葡』에는 'Vonovono.ヲノヲノ(各) おまえたち皆、または、あなた方すべて'로 복수를 나타내는 의미로 사용되었으며, 『日本大文典』에는 제2인칭, 제3인칭에 사용되는 것으로서 'Vonovono(各)。複数に用ゐる、丁寧'로 복수를 나타내는 의미로 사용되었다.

‘おのおの’를『時代別』에서 찾아보면 “‘各’(正宗・広本・饅頭・天正
節用) ‘各々’(易林節用)曰四 ①複数の人や物を、個個に分別して示す語
②対象とする範囲の人人の一人一人に対して、同一の事態が及ぼされ
る意を表わす　③その場にいる複数の人について、その一人一人が個個
の立場から同様の行動をする意を表わす三代二人称。多人数の人人に
対して用いる丁寧語。”로 되어 있다.

예12) (原) <u>こなたしゆ</u>もかかゑて御ろんしられ(1−31ウ)　　　자너네
　　　(改) おのおのさまもようりやうけんしてみさつしやれませい
　　　　　(1−48ウ)　　　　　　　　　　　　　　　　　자너네
　　　(重) ……

　위의 예12)의 경우는 원간본의 ‘こなたしゅ’가 개수본에서 인칭을
나타내는 ‘おのおのさま’로 바뀐 예로 이에 해당하는 한국어 대역은
모두 ‘자너네’로 되어 있다.

2) 개수본 중심

　개수본에서는 표5−2에서 알 수 있듯이 원간본에서 개수본으로
쓰인 4例와 다음의 예13)과 같이 개수본 중심의 2例를 합쳐 총 6例
가 쓰이고 있음을 알 수 있다.

예13) (原) そなたしゆわにほんのかふうおゑんて御しりやたこと(5−24ウ)
　　　　　　　　　　　　　　　　　　　　　　　　　　자너네
　　　(改) <u>こなたしゆ</u>わにほんのかふうおかねて御しりなされたこと
　　　　　(5−35ウ)　　　　　　　　　　　　　　　자너네
　　　(重) ……

위의 예13)의 경우는 원간본에서 'そなたしゅ'가 개수본에서 'こなたしゅ'로 바뀌어 쓰이고 있으며 이에 해당하는 한국어 대역은 모두 '자닉네'로 복수를 나타내는 인칭의 의미로 사용되고 있음을 알 수 있다.

3. 'そなた'

먼저 사전적인 어의(語義)를 살펴보면 『日葡』에는 'Sonata. ソナタ (そなた) ①あなた、あるいは、貴殿 ②そちらの方向'으로, 『時代別』에는 "一団'こなた' 'あなた'の対。中称の指示代名詞。そこ、そのあたり ① 話し手の現在いる所からみて、離れた、相手側に近い方・場所を指し示す。②すでに話題となっていて、話し手・聞き手にとって既知の、その方向・場所を指し示す。三団二人称。'こなた'が用いられるようになるまでは目上に対して用いられたが、室町末期には、主として目下、また、同輩に用いる。"로 되어 있다

1) 원간본 중심

표5-3

개수본 원간본	そなた	そこもと	そち	こちふん	こしふん
そなた(13)	2	7	1	2	1

원간에서는 표5-3에서 알 수 있듯이 총 13例가 나타나는데, 이는 개수본에서 그대로 쓰인 2例, 'そこもと'로 바뀐 7例, 'そち'로 바뀐 1例, 'こちふん'으로 바뀐 2例, 'こしふん'으로 바뀐 1例를 볼 수 있

다. 이를 구체적으로 살펴보면 다음과 같다.

예14) (原) <u>そなた</u>にほんくちならいしはしめかやうやうころく(9-21)   자네
      (改) <u>そなた</u>にほんくちならいはしめさつしやれたかやうやうころく
          (9-30)   자너
      (重) ……

위의 예14)의 경우는 원간본의 'そなた'가 개수본에서 그대로 쓰
인 용례이며, 이에 해당하는 한국어 대역은 '자네, 자너'로 2인칭대
명사의 용법으로 사용되고 있다.

예15) (原) <u>そなた</u>このとりにくいしやへつおようこころゑて(8-4)   자네
      (改) そこもとこの申うけかたいわけおよろしうこころゑて(8-5ウ)
                                                           자너
      (重) そこもとこの申うけかたいわけおよろしうこころゑて(8-5)   게

위의 예15)의 경우는 원간본의 'そなた'가 개수본 및 중간본에서
'そこもと'로 바뀌어 쓰인 용례로 에에 해당하는 한국어 대역은 예
14)와 마찬가지로 '자네, 자너'로 되어 있다.

예16) (原) <u>そなた</u>のことおいそいてこしらゑさしられ(2-19ウ)   게
      (改) そちのことおはやう御こしらゑなされませい(2-28ウ)   게
      (重) そちのことおはやう御こしらゑさつしやれい(2-26)   게

위의 예16)의 경우는 원간본의 'そなた'가 개수본 및 중간본에서
인칭을 나타내는 'そち'로 바뀌어 쓰인 예로 이에 해당하는 한국어
대역은 삼본(三本) 모두 '게'로 되어 있다. 'そち'의 경우 무로마치
(室町) 이후에는 'お前' 'そなた' 등의 대칭(対称)의 의미로 자기보다

손아랫사람을 부를 때 사용하는 것으로 사용되었다.[82]

예17) (原) <u>そなた</u>のおしらるところわにほんくちおくらひなき(9-20)　자네
　　　(改) こちふんのおおせらるるわにほんくちおむるいのしやうすの
　　　　　(9-29)　　　　　　　　　　　　　　　　　　　　　　　자너
　　　(重) ……

예18) (原) ともかくも<u>そなた</u>ゑまかせまるするほとに(6-20ウ)　　자네
　　　(改) ともかくも御しふんゑまかしまするほとに(6-30)　　　　자네
　　　(重) ともかくも御しふんゑまかしまするほとに(6-26ウ)　　　거긔

　위의 예17)의 경우는 원간본의 'そなた'가 개수본에서는 'こちふん'으로, 예18)의 경우는 개수본 및 중간본에서 인칭을 나타내는 'こしふん'으로 바뀌어 쓰인 예라고 말할 수 있다.

2) 개수본 중심

표5-4

개수본 ＼ 중간본	そなた	そこもと	삭제
そなた(7)	2	4	1

　개수본에서는 표5-3에서 알 수 있듯이 원간본에서 개수본으로 쓰인 2例와 표5-4와 같이 개수본 중심의 7例를 합쳐 총 9例가 쓰이고 있음을 알 수 있다.

예19) (原) そちかたいくわんにいてみか中(1-1)　　　　　　　네

---

82) 北原保雄編(1987)『全訳古語例解辞典』小学館 p.467

(改) <u>そなた</u>たいくわんちうゑいつてわれわれのくしやから申まするわ

(1−1)   네

(重) <u>そなた</u>たいくわんちうゑいてわれわれのこうしようお申そうわ

(1−1)   네

위의 예19)의 경우는 개수본 및 중간본에서 'そなた'가 쓰이고 있는데 이에 해당하는 한국어 대역은 모두 '네'로 되어 있다. '네'는 『李朝語』에 '너의, 너가' 『17세기』에는 떼 ①너 ②'너(汝)'의 속격형: 너의 ③'너(汝)'의 주격형: 네가, 『우리말』에는 '너의'의 준말로 인칭을 나타내는 용법으로 쓰이고 있음을 알 수 있다.

예20) (原) こなたひとり御さてもしきのあいさつのころところ(1−7)   자네

(改) <u>そなた</u>ひとり御さつてもしきのあいさつのこるところ(1−9ウ) 자네

(重) そこもとひとり御さつてもしきのあいさつのこるところ

(1−8ウ)   자네

위의 예20)의 경우는 개수본의 'そなた'가 중간본에서 'そこもと'로 바뀌어 있음을 알 수 있다. 'そなた'는 모두 2인칭으로 사용되고 있으며 『伊曾保物語』에서도 다음과 같은 예를 찾아볼 수가 있다.

　"いかにシャントお聞きあれ、**そなた**と我は縁こそ尽きつらう、今よりしては夫とも頼みまらすまい、赤妻とも思はせらるるな。"(p.422:3)

3) 중간본 중심

중간본에서는 표5−4에서 알 수 있듯이 개수본에서 중간본으로 쓰인 2例 이외에는 존재하지 않는다.

4. 'そなたしゅ'

1) 원간본 중심

표5-5

원간본 〳 개수본	そなたしゅ	そこもと	こなたしゅ	おのおの
そなたしゅ(8)	1	1	2	4

원간본에서는 표5-5에서 알 수 있듯이 총 8例가 나타나는데, 이는 예21)과 같이 개수본에서 그대로 쓰인 1例, 예22)와 같이 'そこもと'로 바뀐 1例, 예23)과 같이 'そなたしゅ'로 바뀐 2例, 예24)와 같이 'おのおの'로 바뀐 4例를 볼 수 있는데 이에 해당하는 한국어 대역은 모두 '자닉네'로 되어 있음을 알 수 있다.

예21) (原) そなたしゆもいまわこのことくにみなこしめし(3-10ウ) 자닉네
   　 (改) そなたしゆもいまわこのことくにみなこしめせ(3-14ウ) 자닉네
   　 (重) そなたしゆもいまわこのことくにみなこしめせ(3-14)　 자닉네

예22) (原) そなたしゆのうちなおして(1-16ウ)　　　　　　　　자닉네
   　 (改) そこもとのせい めいおうけたまわりまして(1-24ウ)　 자닉네
   　 (重) そなたしゆのせいめいおうけてまわりまして(1-22)　 자닉네

예23) (原) そなたしゆわにほんのかふうおゑんて御しりやたこと(5-24ウ)
   　　　　　　　　　　　　　　　　　　　　　　　　　　　　자닉네
   　 (改) こなたしゆわにほんのかふうおかねて御しりなされたこと(5-35ウ)
   　　　　　　　　　　　　　　　　　　　　　　　　　　　　자닉네
   　 (重) ……

예24) (原) <u>そなたしゆ</u>かりふねおはあとからやてもよう御さるかと(4－8)

자네

　　 (改) おのおのかりふねわあとからやつてもよう御さろかと(4－11ウ)

자네

　　 (重) おのおのかりふねわあとからやつてもよう御さろかと(4－11ウ)

자네

2) 개수본 중심

개수본에서는 원간본에서 개수본으로 그대로 쓰인 1例와 다음의
예25)와 같이 개수본 중심의 1例를 합쳐 총 2例가 쓰이고 있음을
알 수 있다.

예25) (原) <u>こなたしゆ</u>もはしめて御めにかかれとも(7－17ウ)　　자네

　　 (改) <u>そなたしゆ</u>もはしめて御めにかかれとも(7－25ウ)　　자네

　　 (重) ……

3) 중간본 중심

중간본에서는 원간본에서 중간본으로 쓰인 2例 이외에는 존재하
지 않는다.

5. 'どなた'

먼저 사전적인 어의(語義)를 살펴보면 『日葡』에는 'Donata. ドナタ
(どなた) どこへ、または、どこから'로, 『時代別』에는 "因不定称　①

指示代名詞。どの方。どちら。②人代名詞。‘たれ’の尊敬語。”로 되어 있다.『古語辞典』에서 ‘だれ’ 및 ‘どなた’의 어의(語義)를 살펴보면 ‘たれ(誰)[대] ≪不定称≫ ①だれ ②だれだれ。だれそれ。不定の人をかりにとりたてていう。’라고 쓰여 있으며 근세초기에 탁음형도 나타난다고 하였으며, どなた(何方) [대] ①どの方。どちら。②‘たれ’の尊敬語。誰様。どちら様。

　　예를 들면, これは誰の本ですか。(이것은 누구의 책입니까?)
　　　　　　　(相手の名前を聞いて、また電話などで)どなたですか。
　　　　　　　　　　　(누구십니까?)

　한국어는 용언의 어간(語幹)에 －시－를 첨가하는 형식[83])으로 발화중(発話中)의 주어를 공대(恭待)하는 데 비해서 일본어에서는 술어(述語)의 어간을 중심으로 한 (1)お－になる (2)－られる (3)お－くださる (4)お－です(5)お－なさる 등 다양한 주어를 공대(恭待)하는 표현형식이 있다.[84])
　‘どなた’의 경우 원간본에서는 존재하지 않으며, 개수본에서는 총 2例가 나타나는데 이에 해당하는 한국어 대역은 삼본(三本) 모두 ‘뉘’로 되어 있음을 알 수 있다.『朝鮮語』에 의하면 ‘뉘’는 ‘누구’의 생략형으로 ‘[대] ①(おもに疑問文で)誰 ②(肯定文で)誰か、ある人、誰でも。’의 의미로 쓰이고 있다.

　예26) (原) しやうくわんわたれて御さるか(1-15)　　　　　　　　뉘
　　　　(改) しやうくわんしわとなたにて御さりまするか(1-21ウ)　뉘

---

83) －시－에 대한 상세한 기술은 高永根(1994)『国語文法의 硏究』塔出版社 pp.155〜160 「4.1.11.敬語法」을 참조하기 바란다.
84) 張奭鎭・他(1988)『韓日語対照分析』明志出版社 p.262

(重) しやうくわんしわとなたにて御さりまするか(1-19ウ) 뉘

예27) (原) そうなれはししやわたれか御わたりて御さるか(5-1ウ) 뉘
   (改) しからは御ししやわとなたて御さりまするか(5-1ウ) 뉘
   (重) しからは御ししやわとなたにて御さりまするか(5-1ウ) 뉘

위의 예26), 예27)의 경우 개수본 및 중간본 '*どなた*'에 해당하는 원간본에서는 모두 '*たれ*'로 쓰이고 있다. 사람을 가리키는 부정칭으로서는 '*た*' '*たれ*'가 있었다. '*た*'는 중세 이후에 쇠퇴하고 '*たれ*'는 근세에 들어서 '*だれ*'로 바뀐다. 『日葡』에는 'Tare. タレ(誰) 誰'로 되어 있다. 원간본에 쓰인 2예 모두 한글주음(注音)을 살펴보면 모두 '다'로 표기되어 있어 탁음인 '*だれ*'의 형태로 쓰이고 있음을 알 수 있다.

이상과 같이 인칭대명사 '*こなた*' '*こなたしゅ*' '*そなた*' '*そなたしゅ*' '*どなた*'의 어형(語形)변화 및 의미를 한국어역(韓国語訳)과 관련하여 고찰한 결과 다음과 같은 사실을 얻을 수 있었다.
  '*こなた*'의 경우 원간본에서는 총 23例가 쓰이고 있으며 개수본에서는 원간본에서 개수본으로 그대로 쓰인 3例 이외에는 존재하지 않는다.
  '*こなたしゅ*'의 경우 원간본에서는 총 7例가 쓰이고 있으며 개수본에서는 원간본에서 개수본으로 그대로 쓰인 4例와 개수본 중심의 2例를 합쳐 총 6例가 쓰이고 있다. 반면 중간본을 중심으로 한 예는 존재하지 않는다. '*しゅ*'는 복수를 나타내는 접미사로서 '*たち*' 다음으로 경의(敬意)가 높다고 말할 수 있다.
  '*そなた*'의 경우 원간본에서는 총 13例가 쓰이고 있으며 개수본에서는 원간본에서 개수본으로 그대로 쓰인 2例와 개수본 중심의 7例

를 합쳐 총 9例가 쓰이고 있다. 반면 중간본에서는 개수본에서 중간 본으로 그대로 쓰인 2例 이외에는 존재하지 않는다.

'そなたしゅ'의 경우 원간본에서는 총 8例가 쓰이고 있으며 개수 본에서는 원간본에서 개수본으로 그대로 쓰인 1例와 개수본 중심의 1例를 합쳐 총 2例가 쓰이고 있다. 반면 중간본에서는 원간본에서 중간본으로 그대로 쓰인 2例 이외에는 존재하지 않는다.

'どなた'의 경우 원간본에서는 1例도 존재하지 않으며 개수본에서 는 총 2例가 쓰이고 있으며 중간본에서는 개수본에서 중간본으로 그 대로 쓰인 2例 이외에는 존재하지 않는다.

이상, 인칭대명사 'こなた' 'こなたしゅ' 'そなた' 'そなたしゅ' 'ど なた'의 출현분포를 정리하면 다음의 표5와 같다.

표5

	원 간 본	개 수 본	중 간 본
こなた	23	3(3, 0)	0
こなたしゅ	7	6(4, 2)	0
そなた	13	9(2, 7)	2(0, 2, 0)
そなたしゅ	8	2(1, 1)	2(2, 0, 0)
どなた	0	2	2(2, 0)

※ 'こなた'의 경우, 원간본에서는 총 23例가 존재하며, 개수본에서는 총 3例가 존재하는데, 괄호 안의 숫자 3은 원간본에서 개수본으로 그대로 쓰인 용례의 수를 의미하며, 숫자 0은 개수본을 중심으로 한 예가 존재하지 않음을 의미 한다.

제6장 지시부사

    일본어사에 있어서 고대어와 근대어의 경계를 무로마치 말기에 두는 경우가 많은데, 그 경우에도 근대어의 시초는 원정기(院政期)이며, 고대어적 양상의 후퇴와 근대어적 양상의 발현(発現)이 인정되는 것이다. 그런데 일본어사에서는, 물론 정치사의 시대구분과 마찬가지로 명확하지는 않다. 자연히 자료를 중심으로 대부분의 것을 파악하는 수밖에 없다. 예를 들면 『日葡辞書』(1603年), ロドリゲス의 『日本大文典』(1604～1608年), 『捷解新語』 등을 들 수 있다. 이들의 간행 · 성립 · 서사(書写)는 모두 1600년경이므로 무로마치 말기의 일본어를 반영하고 있는 자료가 되고 있다. 이 시기는 언문이 일치하지 않은 이상, 어느 정도 구어를 반영하고 있다고 보아도 좋을 것이다. 또 무로마치 시기에는 그렇지 않은 것도 있지만 『抄物』『吉利支丹物』『古本能言集』 등이 구어자료에 해당된다.[85]

    조선왕조 사역원에서 만들어진 『捷解新語』는 강우성에 의한 원간본과 개정본인 개수본, 중간본으로 이루어진 당시의 일본어 학습서라고 할 수 있다.

---

85) 桜井光昭(1971) 『講座国語史5 敬語史』 大修館書店 pp.185～186 参照

일반적으로 'こう, そう, どう'는 부사로서 취급하고 있으며, 時枝誠記는 『일본문법구어편(日本文法口語篇)』에서 부사적 대명사라 명명하여 'この, こんな' 유의 연체사적 대명사, 'これ, ここ' 등의 명사적 대명사와 병행해서 대명사로서 인정하고 있다.

반면 三宅武郎는 『음성구어법(音声口語法)』에서 지시부사 'こう, そう'와 의문부사 'どう'를 형식부사의 하위분류로서 구분하여 설명하고 있다.[86] 松下大三郎는 'こう, そう'의 가나표기법을 주장하기 위하여 어원(語源)의 체계로서

'此−此れ−此ら−此の−此う−此んな'
'其−其れ−其ら−其の−其う−其んな'
'彼−彼れ−彼ら−彼の−彼う−彼んな'
'何−何れ−何ら−何の−何う−何んな'

---

86) 三宅은 부사를 관사(冠詞)에 대한 것으로 하고, Adverb에 해당하는 것으로 보고, 이것을 다음과 같이 분류한다.

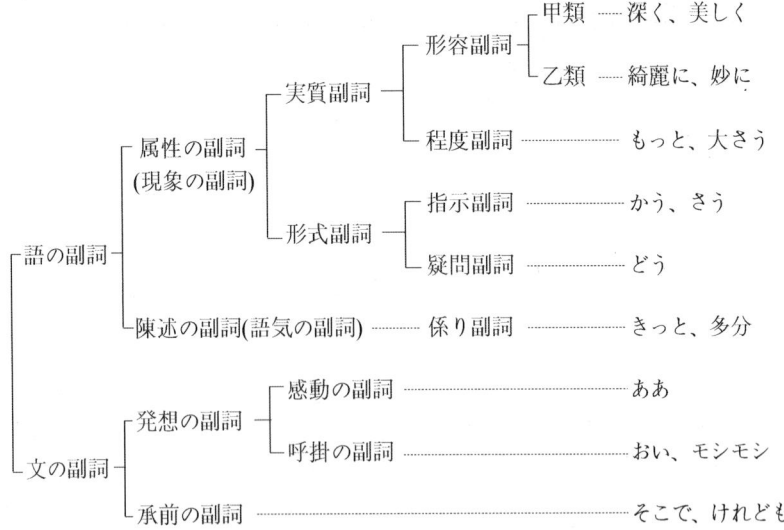

와 같이 나타내고 있다.

　　문어(文語)에서는 'かく' 'さ' 'しか' 등이 이에 해당된다. 이는 구
체적인 내용을 나타내지 않고 어떤 정태(情態)를 지시하고 있는 것
에 지나지 않는다. 구체적인 내용은 문맥 혹은 장면에 따라 다르다.
보통은 정태부사의 일종으로 파악하기도 하지만 본 장에서는 三宅武
郎의 설에 따라 지시부사라 명명하기로 하고 'かやう' 'さやう'와 관
련해서 검토하기로 한다.

　　佐久間鼎의 「정태(情態)」에 해당하는 현대어의 지시부사 'こう, そ
う, どう'는 모두 기간(基幹)이 되고 있는 コ・ソ・ア・ド가 장음화한
것이다. 이 중 'こう'는 일찍이 사용되었던 근칭(近称)의 지시부사 'か
く'에서 변한 것이다. 'かく'가 음편의 결과 개장음(開長音) 'かう'로
변하고, 무로마치(室町) 시대의 『日葡 'CŎ'(カウ)』 등의 로마자 자료
에서도 알 수 있듯이, 이 시기에는 역시 이 형태를 유지하고 있었다.

　　'かう'는 オ단 장음의 개합(開合)[87]의 구별이 소멸된 결과 'こう'가 되

---

87) オ단 장음의 개합에 관한 선행연구로서는 다음과 같은 것을 들 수 있다.
　　亀井孝(1980) 「オ段の長音の開合の混乱をめぐる一報告」『論集日本語研究13中
　　　　世語』有精堂 p.108
　　豊島正之(1984) 「開合について」『国語学 第136集』pp.144~152
　　橋本進吉(1928) 『キリシタン教義の研究』東洋文庫 pp.45~51
　　川上蓁(1980) 「アブからオーまで」『国学院雑誌 第81巻』pp.5~7
　　柳田征司(1985) 『国語学叢書5 室町時代の国語』東京堂出版 p.58
　　外山映次(1977) 「弟三章近代の音韻」『講座国語史2 音韻史・文字史』大修館
　　　　書店 p.256
　　岩淵悦太郎(1977) 「オ段の長音における開合について－法華経随音句における記
　　　　載を中心として」『国学史論集』筑摩書房 p.255
　　大塚光信(1982) 「開合音－キリシタン版の表記をめぐって」『文学 vol.50』p.6
　　中村通夫(1961) 「寛永醒睡笑におけるオ段長音の開合かなづかいについて」『国
　　　　語学第44集』p.31
　　辛島美絵(1986) 「国語資料としての仮名文書－鎌倉時代のオ段長音の開合と四
　　　　つ仮名の混乱表記を通して」『国語学 第116集』pp.391~393
　　呉美寧(1996) 『オ段の長音の開合に関する一考察』韓国外国語大学校大学院日
　　　　本語科(碩) pp.5~10参照

어 コ・ソ・ア・ド의 체계가 안정되기에 이르렀던 것이다. 무엇보다도 'かく' 자체가 일찍이 'コ'의 모음교대(母音交代)에 의한 지시부사 'カ'와 부사어미 'ク'의 연접형(連接形)이며, 'コ'계열에 소속되는 것이었다.[88]

'ソ'계의 지시부사로서 일찍이 'さ'나 지시부사 'しか'가 존재하고 있었다. 모두 'ソ'의 모음교대(母音交代)에 따른 분화에 기초한 형태로 해석할 수 있다. 'コ'계의 'か'와 형태적으로 대응하는 것은 'さ'이지만, 이것과 의의(意義) 및 용법이 똑같은 'さう'가 중세에 나타남에 따라서 점차로 'さ'는 소멸되어 갔다. 그리고 'そう'에 선행하는 형태가 'さう'이지만, 이것은 'かう'로의 유추(類推)에 기초해 'さ'가 전성된 것이라고 해석할 수 있다.[89]

원칭의 지시부사 'ああ'도 'こう' 'そう'와 마찬가지로 장음화했던 것이겠지만, 근세로 내려가지 않으면 그 용례를 찾아보기 힘들다. 그리고 이것이 나타나는 시기는 オ단 장음의 개합(開合)의 구별이 소멸되고, 'こう' 이하가 성립하고 지시부사 'コソアド' 계열화가 이루어진 것이다.

オ단 장음의 개합(開合) 의 변화에 관해서 奥村三雄은 다음과 같이 기술하고 있다.[90]

　　アウ・カウ・サウの系列とオウ・コウ・ソウの系列が簡単化の欲求(労力の軽減)によって、同化を起こし、それぞれ[ɔ:][o:]の長音になった。前者は、出自から後者よりやや広めのオの長音となったが、これは、短音としては決して現れることがない、その意味では、体系的にはなはだ不安定なものであった。音韻には、記憶経済の上からも、また、伝達の機能をはたすための音項間の区別を保証する上からも、体系よりくる保守の力が常に働いているものとみなされる。この場合も、その圧力の中で、不安定な[ɔ:]

88) 橋本四郎(1982)「指示語の史的展開」『講座日本語学2 文法史』p.218
89) 橋本四郎(1982) 前掲書 p.218
90) 奥村三雄(1988)「Ⅴ.音声・音韻」『日本語百科大事典』大修館書店 p.277

の方が[o:]を支えている位置の方へ向かうことになり、そのために両者の区別が失われることになったものと思われる。

 ォ단 장음은 무로마치 시대에는 표준적으로 두 종류가 있었다. 하나는 개음[ɔ:]이고, 또 하나는 합음[o:]이었다. 이 구별은 무로마치 시대에 혼동되어 하나하나의 어(語)에 대해서 개합(開合)을 올바르게 나누어 사용하는 것은 상당히 곤란했다. 에도 시대가 되어 이 경향은 한층 더 심해 결국 양자의 구별은 없어져 오늘날과 같은 상태가 되어 버렸다.[91]

1. 'こう'

 먼저 사전적인 어의(語義)를 보면 『時代別』에는 보이지 않고, 'かう(斯)'囝 'かく'의 음편형, 『日葡』에는 " 'CÒ'(カウ)囝このように、こんなぐあいに。囝ここに。"로 되어 있다.

1) 원간본 중심

표6-1

원간본 ＼ 개수본	こう	かやう	このうゑ	そう
こう(22)	6	14	1	1

 원간본에서는 형태적으로 보면 표6-1에서 알 수 있듯이 총 22例가 있는데 예1)과 같이 개수본에서 그대로 쓰인 6例와 예2)와 같이

91) 松村 明(1972) 『国語史 概説』秀英出版 p.193

'かやう'로 바꿔어 쓰인 14例, 'このうゑ'로 바꿔어 쓰인 1例, 'そう'
로 바뀐 1例 등을 찾아볼 수가 있다. 'こう'에 해당하는 한국어 대
역은 모두 '이리'로 되어 있는데 이를 『李朝語』에서 찾아보면 闼 '이
리, 여기', 『17세기』에서 찾아보면 闼 '이렇게, 이쪽으로', 『우리말』에
는 '이곳으로, 이쪽으로' 되어 있다. 또한 『朝鮮語』에서 찾아보면 闼
'①ここに(へ)、こちらに(へ)   ②このように(이리하여)、こんな、こ
う。'로 되어 있어 의미적으로는 다소 차이가 있음을 알 수 있다.

예1) (原) しせんこう申おりもんちにおほしめすかたも御さろうかと
            (9-5ウ)   이리
      (改) しせんこう申おりもしにおほしめすかたも御さろうかと(9-8) 이리
      (重) ……

예2) (原) こうするわかみかたゑちうしんも申(5-4)   이리
      (改) かやうにいたしまするわかみかたゑちうしんもいたし(5-5ウ) 이리
      (重) かやうにいたしまするわかみかたゑちうしんもいたし(5-5)   이리

예3) (原) こう申うゑわこなたしたいにめされ(9-8ウ)   이리
      (改) このうゑわこなたしたいにめされい(9-12ウ)   이리
      (重) ……

예4) (原) かたからこうあろうかとおもうて(5-29ウ)   이리
      (改) かたからそうあろうとおもうて(5-43)   그리
      (重) ……

예5) (原) こうおしらるか御もつともて御さる(7-11)   이리
      (改) かやうにおおせられまするか御もつともて御さりまする(7-16ウ)
                                                                이리
      (重) おおせられまするたうり御もつともて御さりまする(7-8ウ)

위의 예5)의 경우는 원간본의 'こう'가 개수본에서 'かやう'로 바뀌어 있는데 이는 다음의 예와 같이 의미적으로 '이와 같이, 이렇게'의 뜻으로 쓰이고 있다.

○ 涉獵ハベシテ念比ニモナウテ、ココハ**カウ**、アソコハカウト見テトヲルヤウナヲ云ゾ(史記抄二)

예6) (原) <u>こう</u>とうらしられ(5-1ウ)   이리
    (改) <u>こう</u>御とうりなされませい(5-2)   이리
    (重) <u>こう</u>御とうりなされませい(5-2)   이리

위의 예6)의 경우는 원간본의 'こう'가 개수본 및 중간본에서 그 대로 'こう'로 쓰이고 있는데, 이는 다음의 예와 같이 장소 내지 방향을 나타내는 '이쪽으로, 여기로, 이리로'의 뜻으로 쓰이고 있다.

○ さあらば**かう**ござれ(虎明狂＝鼻取相撲)

또한 'こう'는 문어(文語)에서는 'か' 'かく'의 형태로 사용되지만 그중 'かく'는 원간본을 중심으로 보면 다음과 같이 총 3例가 나타나는데, 개수본 및 중간본에서도 그대로 쓰이고 있으며, 10권의 소로문체(候文)의 서간문에만 보인다. 이것은 모두 'かくのことくに候' 'かくのことくに御さ候'로 일종의 부사로 예스러운 표현에 한해서 쓰이고 있다고 말할 수 있다. 따라서 만약 그것이 다른 자료 등에 의해 보다 일반적인 현상인 경우가 확실해진다면 'かく'는 부사를 제외한다면 당시의 구어에서 존재하고 있었다고는 말할 수 없을 것이다.

(原) 御あんないのため<u>かく</u>のことくに候(10-3ウ)   如此

(改) 御あんないのため<u>かくのことく</u>に候(10^上-6)　　　　이리ᄒᆞᄂᆞ이다

(重) まつさうさう<u>かくのことく</u>に御さ候(10^上-5ウ)　　　　이리ᄒᆞ읍늬

(原) そのきなくしよちうもつて<u>かくのことく</u>に候(10-16ウ)　　　　如此

(改) そのきなくしよちうもつて<u>かくのことく</u>に候(10^中-13)　이리ᄒᆞᄂᆞ이다

(重) そのきなくしよちうをもつて<u>かくのことく</u>に候(10^中-11)　이리ᄒᆞ읍늬

(原) まつ御れいのためいつひつ<u>かくのことく</u>に候(10-33)　　　　如斯

(改) まつ御れいのためいつひつ<u>かくのことく</u>に候(10^下-20)　이ᄀ치

(重) 御あいさつのためいつひつ<u>かくのことく</u>に候(10^下-16)　이ᄀ치

『時代別』에는 'かくのごとく'에 대해서 다음과 같은 용법이 있다.

①副詞 'かく'에 助詞 'の'를 介して助動詞 'ごとし'의 連用形이 付いて、一語의 副詞のように 用いられるもの。『日葡』에는 'Cacunogotocu(カクノゴトク)'。副詞。このように、すなわち、こんな具合に。②形容動詞として 用いられるものとして語尾に 'なり・な・に'をとるもの。『日葡』에는 " 'Cacunogotocuni(カクノゴトクニ)'。副詞。このように、すなわち、こんなふうに。"로 되어 있다.

2) 개수본 중심

표6-2

개수본 ＼ 중간본	こう	삭 제
こう(6)	2	4

개수본에서는 표6-1에서 알 수 있듯이, 원간본에서 개수본으로 그대로 쓰인 6例가 존재하며 개수본 중심의 예는 존재하지 않는다.

3) 중간본 중심

중간본에서는 표6-2에서 알 수 있듯이 원간본에서 개수본을 거쳐 중간본에서 쓰인 2例 이외에는 존재하지 않는다.

2. 'かやう'

먼저 사전적인 어의(語義)를 보면 『日葡』에는 'Cayǒni.カヤゥニ(斯樣に)　副詞。このように、あるいは、こんな具合に'로, 『時代別』에 의하면 "相手にとって既知の事柄をさして、このとおりだと話し手の立場からいう語。名詞としてよりは形容動詞の形をとることが多い。また、連用修飾語として用いて、'かやうに'と同じ意を表す。"로　되어 있다.

1) 원간본 중심

표6-3

원 간 본 ＼ 개 수 본	かやう
かやう(9)	9

원간본에서는 표3-3에서 알 수 있듯이 총 9例가 쓰이고 있는데 이는 모두 개수본에서도 그대로 쓰이고 있음을 알 수 있다.

예7) (原) <u>かやうに</u>御いなさるほとにかたしけなうそんしまるする(3-1ウ)

이리

(改) かやうに御いなさるほとにありかたうそんしまるする(3-2)   이리
(重) かやうに御いなされましてありかたうそんしまるする(3-2)   이리

위의 예7)의 경우는 원간본의 'かやう'가 개수본 및 중간본에서도 그대로 쓰이고 있으며 이에 해당하는 한국어 대역은 모두 '이리'로 되어 있음을 알 수 있다.

2) 개수본 중심

표6-4

개수본＼중간본	かやう	삭제	기타
かやう(26)	15	6	5

개수본에서는 표6-3에서 알 수 있듯이 원간본에서 개수본으로 그대로 쓰인 9例와 개수본 중심의 26例를 합쳐 총 35例가 쓰이고 있음을 알 수 있다.

3) 중간본 중심

표6-5

개수본＼중간본	かやう	삭제
かやう(9)	5	4

중간본에서는 표6-5에서 알 수 있듯이 원간본에서 개수본을 거쳐 중간본으로 그대로 쓰인 5例와 표6-4에서 알 수 있듯이 개수본에서 중간본으로 그대로 쓰인 15例와 중간본 중심의 3例를 합쳐 총

23例가 쓰이고 있음을 알 수 있다.

　이상 'こう'와 'かやう'를 삼본(三本)을 통해 살펴본 결과, 원간본을 중심으로 보면 'こう'가 22例, 'かやう'는 9例가 쓰이고 있어 'こう'가 'かやう'보다 훨씬 다용(多用)되고 있음을 알 수 있다. 반면 개수본에서는 'こう'가 6例가 쓰이고 있는 반면 'かやう'의 경우는 총 35例가 쓰이고 있어 'かやう'가 'こう'보다도 훨씬 많이 쓰이고 있음을 알 수 있었다. 또한 중간본에서는 'こう'가 2例가 쓰이고 있는 반면 'かやう'의 경우는 23例가 쓰이고 있다. 따라서 'こう'와 'かやう'와의 관계를 살펴보면 'こう'의 경우는 원간본에서 개수본 및 중간본으로 갈수록 그 예가 감소하고 있는 경향을 보이고 있는 반면 'かやう'의 경우는 원간본에 비해 개수본 및 중간본에서 훨씬 많이 쓰이고 있음을 알 수 있었다. 정말 'かやう'가 'こう'에 비해 정중어적 성분을 포함하고 있지는 않지만, 이와 같은 비융합형(非融合形)에 예의바르게 표현한다는 가치감정을 수반하는 것은 쉽게 생각할 수 있는 것이다.[92] 또한 원간본에 있어서 'こう'는 그것보다도 성립이 늦은 개수본에 있어서 'かやう'로 보다 오래된 언어로 바뀌어 있는 것에 대해서 모두 구어체의 범주에 넣는다고 하더라도 양첩해신어는 현저하게 다른 문체에 속하는 언어를 반영하고 있을지도 모른다는 생각이 든다. 양첩해신어의 문체가 다르게 전하는 것은 반드시 원간본의 성립 시기에 이미 다른 한편에 있어서 개수본적 문체의 것도 존재했고, 개수본이 성립된 그 시기에 성립됐다고 볼 만한 것이 있다고 하면 양자 간의 차이는 문체적인 것이라고 하는 동시에 시대의 반영이라고 할 수 있다.

---

92) 安田　章(1973) 「重刊改修 捷解新語解題」『三本対照捷解新語釈文・索引・解題篇』京都大学国語国文学会 p.323

3. 'そう'

먼저 사전적인 어의(語義)를 보면 『日葡』에는 'Sŏ.サゥ(さう) その
ようである[そうだ]'로, 『時代別』에 " 'そう'는 'こう'와 마찬가지로
보이지 않고, 'さう(然)'🈩副詞 'さ'의 長音形。'さ'에 同に。"로 되어
있다.

1) 원간본 중심

표6-6

원간본 \ 개수본	そう	さやう	かやう	それ	しか-	기타
そう(77)	38	27	1	1	7	3

원간본에서는 표6-6에서 알 수 있듯이 총 77例가 존재하는데 이
는 예8)과 같이 개수본에서 그대로 쓰인 38例와 예9)와 같이 'さや
う'로 바뀐 27例, 예10)와 같이 'かやう'로 바뀐 1例, 예11)과 같이
'それ'로 바뀐 1例, 그리고 'しか-'로 바뀐 7例가 존재하고 있음을
알 수 있다. 이에 해당하는 한국어 대역은 모두 '그리, 그러-'로 되
어 있는데, 이를 『李朝語』 및 『17세기』에서 찾아보면 🈩'그리, 그렇
게', 『우리말』에는 '그곳으로, 그쪽으로'의 의미로 쓰이고 있다. 또한
『朝鮮語』에서 찾아보면 🈩'①그러오ように(그리하여)、そう(그렇게) ②
(그다지の省略形)そんなに、それほど、あまり。'로 되어 있다.

예8) (原) そうさしられ御くろうて御さる(1-21)　　　　　　　　그리
　　　(改) そうさつしやれませい御くろうて御さる(1-31)　　　　그리
　　　(重) そうさつしやれませい御くろうて御さる(1-25)　　　　그리

예9) (原) そうあるかとおもいまるする(3-17ウ)   그러

　　(改) さやうに御さろうとそんしまする(3-23)   그러

　　(重) さやうに御さろうとそんしまする(3-22)   그러

예10) (原) そうおしらるかわるわなけれとも(4-26ウ)   그리

　　　(改) かやうにおおんせらるるかわるうわ御さらぬとも(4-37ウ) 그리

　　　(重) さやうにおおせらるるもすしめの御さることゆゑ(4-32)   그리

　위의 예10)의 경우는 원간본의 'そう'가 개수본에서는 'かやう', 중간본에서는 'さやう'로 되어 있는데 한국어 대역은 모두 '그리'로 되어 있다. 여기에서 개수본의 'かやう'가 잘못 쓰였다고 여겨지는 부분으로 개수본에서도 역시 'さやう'로 바뀌었어야 할 것이라고 본다.

　그 이유는 첫째 원간본에서 'こう'는 개수본 및 중간본에서 그대로 쓰이거나, 그 이전에 발생했다고 하는 'かやう'로 바뀌어 있으며, 'そう'역시 개수본에서도 그대로 쓰이거나(38例), 'さやう'로 바뀌어 있는데(27例) 1例만 'かやう'로 바뀌어 있기 때문이다.

　둘째, 원간본·개수본·중간본을 통해 'さやう'가 총 86例가 존재하는데 이에 해당하는 한국어 대역은 모두 '그리, 그러-'로 대응하고 있기 때문에 'さやう'가 'かやう'로 잘못 쓰였다고 생각한다.

예11) (原) そうわそうちやかしよけいおわれらしきに(1-16ウ)   그는

　　　(改) それわさやうても御さりませうかしよかんわれわれかしきに

　　　　　(1-24)   그는

　　　(重) それわさやうても御さりませうかしよけいわれわれかしきに

　　　　　(1-22)   그는

　위의 예11)의 경우는 원간본의 'そう'가 개수본 및 중간본에서는 모두 사물을 나타내는 지시사 'それ'로 바뀌어 있다.

예12) (原) そうあらは御しんもつお(7-19)　　　　　　　　그러면

　　　(改) そうあらは御しんもつお(7-28)　　　　　　　　그러면

　　　(重) ……

예13) (原) そうあらはしやうそくもしまるせうす(7-12ウ)　　　그러면

　　　(改) しからはしやうそくおしませう(7-18ウ)　　　　　그러면

　　　(重) しからはしやうそくおいたしませう(7-10)　　　　그러면

예14) (原) そうあらはともかくもおしらるしたいにしまるせう(7-21) 그러면

　　　(改) そう御さらはともかくもおおせのことくにいたしませう(7-31)

　　　　　　　　　　　　　　　　　　　　　　　　　　　그러면

　　　(重) ……

　위의 예12), 13), 14)의 경우 한국어 대역은 모두 '그러면'으로 되어 있는데, 이를 『李朝語』에서 찾아보면 나오지 않고 『17세기』에는 ㉺'그러면'으로 되어 있다. '그러면'에 해당하는 'そうあらは'의 경우, 원간본을 중심으로 보면 예12)와 같이 개수본에서 그대로 쓰인 예와 예13)과 같이 개수본에서 'しからは', 예14)와 같이 'そう御さらは'로 바뀌어 있는데 이는 의미적 차이는 없으며 모두 관용적 표현이라 할 수 있다. 'そう御さらは'가 'そうあらは'보다 정중한 표현이라 할 수 있다. 이 밖에 '그러면'에 해당하는 것은 예15), 예16)과 같이 'そうならは' 'そうなれは'가 있다.

예15) (原) そうならはわたくしにゑることわ御さらんほとに(1-25ウ)

　　　　　　　　　　　　　　　　　　　　　　　　　그러ᄒ면

　　　(改) しからはないしよてもとむることてわ御さらねにより(1-38)

　　　　　　　　　　　　　　　　　　　　　　　　　그러면

　　　(重) これわわたくしのないしよてもとむることてわ御さらぬにより

　　　　　(1-30)

‘ならは’는 ‘なり’계의 지정(指定)의 조동사로서 上方語에서는 ‘な’가 사용되었다. ‘な’에는 終止連体形 ‘な’ 외에, 未然形 ‘なら’, 連用形 ‘なり’, 已然形 ‘なれ’가 있었다. ‘なら’는 단독으로 또는 ‘ば’를 수반해서 가정조건의 표현에 사용되었다.

○ 手すき**なら**夕方おぢゃ。(女殺油地獄)
○ 他人**ならば**少々は見逃しにもいたし……取りなしをも申すべき所。(女殺油地獄)

‘なら(ば)’는 체언뿐만 아니라 활용어에도 자유롭게 붙는다. 이 결과 가정조건의 중요한 부분을 ‘なら(ば)’가 담당하게 되었다. ‘なら(ば)’의 유래(由来)에 대해서는 아직 정설(定説)은 없지만 형태상에서 보면 미연형에 해당한다. 그러나 다른 활용어의 경우, 근세 이후의 가정표현에는 보통 고대어의 이연형(已然形)에 상당하는 활용형을 대응시킨다. ‘なら’와 같이 미연형이 가정조건을 나타내는 경우는 적다. 다른 활용어에 준해서 생각하면, ‘なれ(ば)’가 근세 이후의 가정조건으로서 적당하다. 그래서 ‘なれば→なりゃ→なら’로 음의 변화를 거쳐 성립했다고 하는 설이 나오게 되었다. ‘なら’는 활용어에 붙지만, ‘なれ’가 활용어에 붙는 경우는 드물었다. 그 점에서 ‘なら’와 ‘なれ’는 결부되지 않는다고 볼 수 있다.[93]

예16) (原) <u>そうなれはししやわたれか御わたりて御さるか</u>(5－1ウ)　　그러면
　　　 (改) しからは御ししやわとなたて御さりまするか(5－1ウ)　　그러면
　　　 (重) しからは御ししやわとなたにて御さりまするか(5－1ウ)　　그러면

‘なれば’는 다음의 예에서 알 수 있듯이 확정조건을 나타날 때와

---

93) 松村 明(1972) 前掲書 p.223

가정조건을 나타낼 때가 있다.

  ○ 主の身なれば御機嫌よかれが道理の肝腎肝文。(心中天の網島)
  ○ それならば此の小春死ぬるぞ。(心中天の網島)

　근세에는 'ならば'보다는 'なら'의 형태가 약간 많다고 하지만, 天草版계통에도 그 예가 나타나지 않으며, 첨해신어 역시 그 예는 존재하지 않는다. 에도(江戸) 시대 전기에는 'なら'가 'ならば'와 병행하여 흔히 쓰인다고 한다. 또한 已然形의 'なれば'가 'なら(ば)'와 병행하여 같은 의미의 가정(仮定)에 사용되었으나 'ならば'의 세력이 강해 에도(江戸) 시대 후기에는 'なれば'의 가정용법은 쇠퇴하여 버렸다.[94]

　'그러면'은 『朝鮮語』에 의하면 囲 '①(그러하면의 省略形)それでは(그렇다면)、それなら(ば)、そうすると、しから(ば)　②命令形の後に付いて(……しなさい)そうすると、そうすれば、しから(ば)、され(ば)。'로 되어 있다.

　'그러면, 그러하면'에 해당하는 경우, 원간본을 중심으로 보면, 'そうならば' 'そうなれば' 'そうあらば'가 있는데 이는 개수본에서 모두 'しからは'로 변해 있다. 이것은 의미적인 차이는 거의 없고 관용구적인 표현을 쓰고 있다. 관용적인 표현으로 쓰이고 있는 경우 원간본에서는 대개 'ソ'와 관계가 있는 것으로 쓰이고 있으나 개수본・중간본에서는 'しか'가 쓰이고 있다. 물론 원간본에서 'そうならば' 'そうなれば' 'そうあらば' 이외에 다음과 같이 'さらば'가 쓰인 용례도 1例 찾아볼 수 있다.

　고대(古代)의 지시어에는 'し'나 지시부사 'しか'가 있고 'ソ'와 관계가 있는 것이라고 생각할 수 있다. 이는 지시대명사 'サ'와 마찬가

---

94) 此島正年(1966)『国語助詞の研究』桜楓社 pp.139~140 参照

지일 것이다.[95])

예17) (原) さらはあさてさうてんよりしはしまるせうほとに(3-28ウ) 그러면
　　　(改) しかれはみやうこにちさうてんよりはしめませうほとに(3-38ウ)
　　　　　　　　　　　　　　　　　　　　　　　　　　　　　　　그러면
　　　(重) しかれはみやうこにちさうてんよりはしめませうほとに(4-1ウ)
　　　　　　　　　　　　　　　　　　　　　　　　　　　　　　　그러면

　위의 예17)은 '未然形＋ば'가 '已然形＋ば'로 바뀐 예인데, 접속형 태만 다를 뿐[96]) 의미상의 차이는 'しからば'와 차이가 없고 관용적 표현으로 쓰였을 뿐이다. 'さらば'는 다음의 예와 마찬가지로 順接의 仮定条件을 나타내는 접속사로서, 'サアラバ'의 축약형으로 "앞에 기술(記述)된 사항을 받아, 다음에 새로운 행동・판단을 일으키려고 할 때 사용한다. 'それならば' 'それなら'"라고 설명하고 있다.[97])

　　ㅇ "兵既ニ寺内ニ打入タレバ、紛レテ御出アルベキ方モナシ。**サラハ**、自害セント思食テ"(太平記五, 大塔宮熊野落事)

　'しからば(然らば)'는 원래 한문 훈독어(訓読語)이며, 'さらば'에 비해 문장어(文章語)의 성격이 강하다. 따라서 여기서는 단순한 어휘 대치에 의한 변화라고 볼 수 있으며, 浜田 敦이 지적한 개수방침

---

95) 橋本四郎(1982)「指示語の史的展開」『講座日本語学2　文法史』p.240
96) 'ば'는, 조사 'は'에서 유래한다고 생각할 수 있지만, 발생적으로는 '未然形＋ば'가 먼저 발달하고, 가정조건을 나타냈다고 추정된다. 그것은 나라(奈良) 시대에 있어서도 已然形은 조사 'ば'를 수반하지 않고 확정조건을 나타낼 수가 있었기 때문에 일찍이 已然形은 그것만으로 확정조건의 순접・역접을 나타낼 수가 있는 형식이었기 때문이다. 예를 들면, 家離りいます吾をとどめかね妹山隠しつれ情神もなし。(『万葉』四七一 ＜順接＞)
97) 大野 晋(1982)『岩波 古語辞典』岩波書店 p.577

의 하나인 복고조(夏古調) 문장의 회귀라고 볼 수 있다.[98]

'ば'는 활용어의 未然形에 접속되면 가정(假定)을 나타내고, 已然形에 접속하면 기정(既定)을 나타냈다. 그런데(그럼에도 불구하고) 중세 말부터 已然形에 접속된 형태로 가정에도 사용하게 되고, 근세 후기의 에도(江戶) 언어에서는 그것이 보통이 되었다. 未然形에 'ば'를 붙이는 경우는 거의 쇠퇴하게 되어 그대로 현대로 들어가는 것이다.[99]

또한 에도(江戶) 언어에서는 'ば'를 已然形에 붙여 다음과 같이 동종(同種)의 사항을 나열할 때에도 사용하게 되었는데 이는 현재까지 계속되는 것이다. 이 경우 활용어의 종지형에 'し'를 붙여도 좋다.

○ 松もあれば(あるし)杉もある。
○ 雨も降れば(降るし)風も吹く。

2) 개수본 중심

표6-7

개수본 \ 중간본	삭제
そう(3)	3

개수본에서는 표6-6에서 알 수 있듯이 원간본에서 개수본으로 그대로 쓰인 38例와 예6-7에서 알 수 있듯이 개수본 중심의 3例를 합해 총 41例가 쓰이고 있음을 알 수 있다.

---

98) 池景来(1999)『捷解新語 일본어 어휘의 계량적 고찰』전주대학교대학원 국어국문학과(博) p.92
99) 湯沢幸吉郎(1943)『国語史 概説』八木書店 p.135

3) 중간본 중심

표6-8

개수본＼중간본	そう	삭제
そう(38)	22	16

중간본에서는 표6-8에서 알 수 있듯이 원간본에서 개수본을 거쳐 중간본으로 쓰인 22例와 중간본 중심의 1例를 합쳐 총 23例가 쓰이고 있음을 알 수 있다.

4. 'さやう'

먼저 사전적인 어의(語義)를 보면 『日葡』에는 'Sayǒni.サヤゥ二(さやうに) 副詞。そのように、あるいは、そんな具合に'로, 『時代別』에 의하면 '形容動詞として用いられて、前述の事柄を受けて、その様子・体裁どおりである意を表す。'로 되어 있다.

1) 원간본 중심

표6-9

원간본＼개수본	さやう
さやう(7)	7

원간본에서는 표6-9에서 알 수 있듯이 총 7例가 존재하는데 이는

모두 예18)과 같이 개수본에서도 그대로 쓰이고 있음을 알 수 있다.

예18) (原) おのおのもさやうにこころゑさしられ(9−2ウ)　　　그리
　　　(改) おのおのもさやうに御こころゑなされませい(9−3ウ)　　　그리
　　　(重) おのおのもさやうに御こころゑなされませい(9−3ウ)　　　그리

2) 개수본 중심

표6−10

개수본 ＼ 중간본	さやう	삭제
さやう(36)	26	10

　개수본에서는 표6−9에서 알 수 있듯이 원간본에서 개수본으로 그대로 쓰인 7例와 표6−10에서 알 수 있듯이 개수본 중심의 36例를 합쳐 총 43例가 쓰이고 있음을 알 수 있다.

3) 중간본 중심

표6−11

개수본 ＼ 중간본	さやう	기타
さやう(7)	6	1

　중간본에서는 표6−10에서 알 수 있듯이 개수본에서 중간본으로 그대로 쓰인 26例와 표6−11에서 알 수 있듯이 원간본에서 개수본을 거쳐 중간본으로 그대로 쓰인 6例, 중간본 중심의 4例를 합쳐 총 36例가 쓰이고 있음을 알 수 있다.

이상 'そう'와 'さやう'를 삼본(三本)을 통해 살펴본 결과, 원간본에서 'そう'가 77例 쓰였던 것이 개수본에서는 41例, 중간본에서는 23例가 쓰이고 있어 원간본에서 개수본 및 중간본으로 가면서 그 수가 현저히 줄어들고 있다. 반면 'さやう'의 경우, 원간본에서는 7例밖에 없던 것이 개수본에서는 43例, 중간본에서는 36例가 쓰이고 있어 'そう'의 경우와 다른 양상을 보이고 있다. 따라서 'そう'와 'さやう'와의 관계를 살펴보면 'そう'의 경우는 원간본에서 개수본 및 중간본으로 갈수록 그 예가 감소하고 있는 경향을 보이고 있는 반면 'さやう'의 경우는 원간본에 비해 개수본 및 중간본에서 훨씬 많이 쓰이고 있음을 알 수 있었다.

5. 'どう'

원간본에서는 예19)와 같이 총 1例가 나오는데 개수본 및 중간본에서 그대로 쓰이고 있다. 이에 해당하는 한국어 대역은 '아못됴로나'로 『李朝語』에 의하면, 図 '아무쪼로나', 『17세기』에 의하면, 図 '아무쪼록'으로 되어 있다.

예19) (原) とうなりともよかるやうにしまるせうほとに(4-27) 아못됴로나
     (改) とうなりともよろしいやうにいたしませうほとに(4-38)
                                                   아몯됴로나
     (重) とうなりともよろしいやうにいたしませうほとに(4-32)
                                                   아몯됴로나

'なりと(も)'도 'でも'와 마찬가지로 사용되었다. 이것도 지정(指定)의 'なり'에 조사 'と', 또는 'とも'가 붙어 연어(連語)처럼 사용하게

되었던 것이다.[100)]

　'아못됴로나・아몯됴로나'는 '아무쪼록'의 뜻으로 『朝鮮語』에 의하면 罔 '必ずや、きっと(꼭)、できるだけ、何とぞ、どうか(모쪼록)、くれぐれも'로 되어 있다.

　반면 개수본에서는 형태적으로 총 6例가 나오는데 이 중 5例는 예20~23)과 같이 'どうして'의 형태로 한국어역 '어이ᄒᆞ여, 어이, 얻디ᄒᆞ여, 아모리ᄒᆞ여도'의 뜻으로 쓰이고 있으며, 예24)와 같이 1例만 '아모려'의 의미로 쓰이고 있다.

　이는 원간본에서는 'なんとして(1例)' 'なせに(1例)' 'そむやそも(1例)' 'いかに(1例)' 'のうして(1例)'가 개수본에서 'どうして'로 바뀌어 '어이ᄒᆞ여, 어이, 얻디ᄒᆞ여, 아모리ᄒᆞ여도'의 뜻으로 사용되고 있다. '어이-, 어이, 얻디-'를 『李朝語』 및 『17세기』에 의하면, 罔 '어이-, 어찌-'의 뜻으로, 『우리말』에 '어이'는 '어찌'의 예스러운 말로, '어찌'를 찾아보면 '①어떠한 방법으로 ②어찌하여 ③어떻게 그렇게 ④어떻게'의 의미로 되어 있다. 『朝鮮語』에 의하면 '어이'는 罔 'どうして、なぜ'로 '어찌'는 罔 '①どう、どのように、いかに(어떻게) ②なぜ(왜)、どうして(어째서) ③(-ㄴ지・-ㄹ지・-던지とともに用いて)あまりにも(어찌나)、なんと……か ④(反語的に)どうして……(だろうか)、いかに'로 되어 있다.

　예20) (原) なにふねかなんとしておくれまるしたか(1-11ウ)　　　어이ᄒᆞ여
　　　　(改) なにふねかとうしておくれまして御さるか(1-16)　　　어이ᄒᆞ여
　　　　(重) とのふねかとうしておくれまして御さるか(1-14ウ)　　　어이ᄒᆞ여

　예21) (原) こちもこのやうなことおなせにたしかにしりまるせうか(2-10ウ)
　　　　　　　　　　　　　　　　　　　　　　　　　　　　　　　　　어이

---

100) 松村 明(1972) 前揭書 p.231

(改) このはうもさやうなことおとうしていさいにしりませうか(2-14ウ)
어이

(重) このはうもさやうなことおとうしていさいにしりませうか(2-19ウ)
어이ᄒᆞ여

예22) (原) そむやそもこしつそくいれたこうもくお(4-16)　　　어디셔

(改) とうしてこしつそくいれたこうもくお(4-22ウ)　　　얻디ᄒᆞ여

(重) とうしてこしつそくいれたこうもくお(4-21)　　　얻디ᄒᆞ여

예23) (原) のうしてもとてもとることわ御さるまいほとに(8-6) 아므리ᄒᆞ여도

(改) とうしてもとつてかゑりかたう御さるほとに(8-8) 아모리ᄒᆞ여도

(重) なにふんに御さつてもとりかゑりかたう御さるほとに(8-7ウ)
아모리ᄒᆞ여도

위의 예23)의 경우 개수본의 'どうして'에 대응하는 원간본에서는 'のうして'로 되어 있는데 이는 방언적 요소라기보다는 'd와 n, r과 n, s와 t·ts'와의 혼동(混同)에 의한 조선인적 오류의 정정(訂正)에 의해서 개정(改正)되었던 것은 아닌가 여겨진다. 즉 조선인의 해석에 의해 개변(改變)되어 있는 것으로 일본어의 [d]가 [n]으로 받아들여 진 예라고 말할 수 있다.

'のう'의 경우 원간본을 중심으로 살펴보면 위의 예를 제외하고 2 例(총 3例)가 나오는데, 1例는 6-24ウ에서 'のうても'가 개수본 및 중간본에서 'いかやうとも'로 바뀐 것과 나머지 1例는 8-8ウ에서 'のう'가 개수본 및 중간본에서 'なにふんに'로 바뀐 것이다.

예24) (原) かやうのところいかにもうけられんやうすちやほとに(7-2)
아므려도

(改) かやうになされてわとうもうけられますることかなりませぬ(7-3)
아모려도

(重) かやうに御ていねいになされまして(7-2ウ)

중간본을 중심으로 보면 개수본에서의 'どうして' 4例 중 3例는 그대로 쓰이고 1例만 'なにふん'으로 바뀌어 쓰이고 있으며 1例의 'どう'는 개수본에서는 쓰이지 않고 있다.

예25) (原) のうしてもとてもとることわ御さるまいほとに(8-6) 아므리ᄒ여도
　　　(改) <u>とうして</u>もとつてかゑりかたう御さるほとに(8-8) 아모리ᄒ여도
　　　(重) なにふんに御さつてもとりかゑりかたう御さるほとに(8-7ウ)
　　　　　　　　　　　　　　　　　　　　　　　　　　　　　　　아모리ᄒ여도

위의 예23), 24), 25)의 한국어 대역은 모두 '아므-, 아모-'의 형태로 되어 있는데 이는 『李朝語』에는 ⟦명⟧⟦관⟧'아무-', 『17세기』에는 ⟦대⟧⟦관⟧'아무-'의 뜻으로 되어 있다. 따라서 예24)의 경우는 '아무래도'의 뜻으로 이를 『朝鮮語』에서 찾아보면 예23) 및 예25)의 '아모리ᄒ여도, 아므리ᄒ여도'의 축약형으로 ⟦부⟧'①どうしても(어떻든)、なんとしても、どうあっても、どうにも、どうみても ②どうでも、どうにでも'로 되어 있다.

6. 'どうもこうも'

원간본에서는 예26) 예27)과 같이 총 2例가 나오는데, 이 중 1例는 예26)의 경우와 같이 개수본 및 중간본에서 'ともかくも'로 바뀌어 쓰이고 있으며, 1例는 예27)과 같이 개수본 및 중간본에서 삭제되어 있다. 이에 해당하는 한국어 대역을 보면 예26)의 경우는 '이러나뎌러나, 이러나져러나', 예27)의 경우는 '뎌러타이러타'로 되어 있

다. 예26)의 경우 '이러나뎌러나'는 구개음화에 의하여 '이러나져러나'로 변했다고 할 수 있다. 이는 『李朝語』에는 나오지 않고, 『17세기』에는 '이러나뎌러나' 田 '이러나저러나'의 뜻으로, 『우리말』에는 '이러나저러나'는 ①이러하거나 저러하거나 어쨌든 ②이렇게 하거나 저렇게 하거나 어쨌든 등의 뜻으로 되어 있다. '이러나져러나'는 『朝鮮語』에 의하면 '①(이러하나저러하나の縮約)ああであれこうであれ、どうであれ、なんにせよ、どっちみち、とにもかくにも ②(이리하나저리하나の縮約)どんなにしても、どうでも、どうにでも'로 되어 있다.

예27)의 경우는 '뎌러타이러타'는 『李朝語』『17세기』『우리말』의 어디에도 나오지 않으며 '이러타저러타'를 『朝鮮語』에서 찾아보면 '이렇다-저렇다'①田 'ああだこうだと、とやかく、どうのこうのと、なんのかのと、いろいろ(言う・聞く)'로 쓰여 있다.

예26) (原) <u>とうもこうもおしらるままにして</u>(4-5ウ)   이러나뎌러나
　　　(改) ともかくもおつしやるたうりにして(4-8)   이러나져러나
　　　(重) ともかくもおつしやるたうりにして(4-8)   이러나져러나

예27) (原) <u>とうもこうも</u>申されんか(4-12ウ)   뎌러타이러타
　　　(改) ……
　　　(重) ……

'どうもこうも'와 같은 의미로 쓰인 'ともかくも'의 경우, 원간본에서는 예28) 예29) 예30)과 같이 총 3例가 나오는데 이에 해당하는 한국어역은 '이러나뎌러나, 이러나져러나'로 대역되어 있다. 또한 1 例는 'どうもこうも'의 경우, 예27)과 같이 '뎌러타이러타'로 대역되어 쓰이고 있는데 이는 어디까지나 일본어로 쓰인 문장을 우리말로 대역해 놓은 것이기 때문에, 뜻에는 아무런 하자가 없으나 어딘가

부자연스러운 표현이 나올 수밖에 없는 일한(日韓) 대역에서 오는
오역(誤訳)이라고 여겨진다.

예28) (原) <u>ともかくも</u>そなたゑまかせまるするほとに(6−20ウ) 이러나뎌러나
　　　　(改) <u>ともかくも</u>御しふんゑまかしまするほとに(6−30)　이러나뎌러나
　　　　(重) <u>ともかくも</u>御しふんゑまかしまするほとに(6−26ウ) 이러나져러나

예29) (原) <u>ともかくも</u>御かつてんしたいにこそしまるせうすれ(8−25)
　　　　　　　　　　　　　　　　　　　　　　　　　　　　이러나뎌러나
　　　　(改) <u>ともかくも</u>おおせにしたかいまするて御さりませう(8−37)
　　　　　　　　　　　　　　　　　　　　　　　　　　　　이러나뎌러나
　　　　(重) <u>ともかくも</u>おおせにしたかいまするて御さりませう(8−22)
　　　　　　　　　　　　　　　　　　　　　　　　　　　　이러나져러나

예30) (原) そうあらは<u>ともかくも</u>おしらるしたいにしまるせう(7−21)
　　　　　　　　　　　　　　　　　　　　　　　　　　　　이러나뎌러나
　　　　(改) そう御さらは<u>ともかくも</u>おおせのことくにいたしませう(7−31)
　　　　　　　　　　　　　　　　　　　　　　　　　　　　이러나져러나
　　　　(重) ……

‘ともかくも’의 경우 『日本国語大辞典』에는 ‘ともかくも’[副] ①どの
ようにでも、なんとでも、また、なんとも　②一応別として、なにはと
もあれ。‘とうもこうも’는 『日葡』에는 보이지 않고, 『日本国語大辞典』
에는(打消を伴って) 全然, まったく。또한, 『時代別』에 ‘とうもこう
も’는 없고, ‘ともかくも’[副] ‘左右’(天正節用・運歩) ‘左之右之’(易林
節用) ①或る事態に対して、あれこれと試みるさま　②想定しうるいず
れの場合をも包括して選択をゆだねるさま　③相手のいずれのやり方に
対してもいっさい異存をさしはさまず、すべてをゆだねるさまを表わ
す。『日葡』에는 Tomocaumo.トモカクモ(ともかくも)どのようであろう

と、あるいは、どのようにしてでも와 같이 의미상 다소 차이가 있음을 알 수 있다. 또 'どうもこうも'의 경우 『日本国語大辞典』에 의하면 부정을 수반하여 '全然, まったく'의 의미이지만, 'ともかくも'의 경우에는 뒤에 부정을 수반하는 경우가 없어 용법상에도 다소 차이가 있음을 알 수 있다.

이상과 같이 지시부사 'こう' 'かやう' 'そう' 'さやう' 'どう' 'どうもこうも'에 대해서 고찰한 결과 다음과 같은 사실을 얻을 수 있었다.

'こう'와 'かやう'를 삼본(三本)을 통해 살펴본 결과, 원간본을 중심으로 보면 'こう'가 22例, 'かやう'는 9例가 쓰이고 있어 'こう'가 'かやう'보다 훨씬 다용(多用)되고 있음을 알 수 있다. 반면 개수본에서는 'こう'가 6例가 쓰이고 있는 반면, 'かやう'의 경우는 총 35例가 쓰이고 있어 'かやう'가 'こう'보다도 훨씬 많이 쓰이고 있음을 알 수 있다. 또한 중간본에서는 'こう'가 2例가 쓰이고 있는 반면 'かやう'의 경우는 23例가 쓰이고 있다. 따라서 'こう'와 'かやう'와의 관계를 살펴보면 'こう'의 경우는 원간본에서 개수본 및 중간본으로 갈수록 그 예가 훨씬 감소하고 있는 경향을 보이고 있는 반면, 'かやう'의 경우는 원간본에 비해 개수본 및 개수본에서 훨씬 많이 쓰이고 있음을 알 수 있었다.

'そう'와 'さやう'를 삼본(三本)을 통해 살펴본 결과, 원간본에서 'そう'가 77例가 쓰였던 것이 개수본에서는 41例, 중간본에서는 23例로 쓰이고 있어 원간본에서 개수본 및 중간본으로 가면서 그 수가 현저히 줄어들고 있다. 반면 'さやう'의 경우, 원간본에서는 7例밖에 없던 것이 개수본에서는 43例, 중간본에서는 36例가 쓰이고 있어 'そう'의 경우와 다른 양상을 보이고 있다. 따라서 'そう'와 'さやう'와의 관계를 살펴보면 'そう'의 경우는 원간본에서 개수본 및 중간본으로 갈수록 그 예가 훨씬 감소하고 있은 경향을 보이고 있는 반면, 'さやう'의 경우는 원간본에 비해 개수본 및 개수본에서 훨씬 많이 쓰이고 있음을 알 수 있었다.

'そう'의 경우, 원간본의 'そう'가 개수본에서 'かやう'로 바뀌어 있는 1예가 존재하는데 이는 'さやう'가 잘못해서 'かやう'로 바뀐 것은 아닌가 하는 근거를 제시한 바 있는데 이에 대해서도 보다 세밀한 검토가 이루어져야 한다고 생각한다.

원간본에 있어서 'こう' 'そう'는 그것보다도 성립이 늦은 개수본에 있어서 'かやう', 'さやう'로 전해져 보다 오래된 언어로 바뀌어 있는 것에 대해서는 양첩해신어는 현저하게 다른 문체에 속하는 언어를 반영하고 있을지도 모른다는 생각이 든다. 양첩해신어의 문체가 다르게 전하는 것은 반드시 원간본의 성립 시기에 이미 다른 한편에 있어서 개수본적 문체의 것도 존재했고, 개수본이 성립된 그 시기에 성립됐다고 볼 만한 것이 있다고 하면 양자 간의 차이는 문체적인 것이라고 하는 동시에 시대의 반영이라고 할 수 있다.

이에 대해서는 첩해신어에서만 나타나는 언어의 양상인지 아니면 그 시대의 일반적인 언어양상인지에 대해서는 동시대의 보다 많은 문헌과의 대조 검토를 통해 구체적이고 상세하게 연구할 필요가 있다고 생각한다.

또한 'どうもこうも'의 경우, '뎌러타이러타'로 대역되어 있는 것은 일한(日韓) 대역에서 오는 오역(誤訳)이라 여겨진다.

이상, 지시부사 'こう' 'かやう' 'そう' 'さやう' 'どう' 'どうもこうも'의 출현분포를 정리하면 다음의 표6과 같다.

표6

	원 간 본	개 수 본	중 간 본
こう	22	6(6, 0)	2(2, 0, 0)
かやう	9	35(9, 26)	23(5, 15, 3)
そう	77	41(38, 3)	23(22, 0, 1)
さやう	7	43(7, 36)	36(6, 26, 4)
どう	1	6(1, 5)	4(1, 3, 0)
どうもこうも	2	0	0

※ 'そう'의 경우, 원간본에서는 총 77例가 존재하며, 개수본에서는 총 41例가 존재하는데, 괄호 안의 숫자 38은 원간본에서 개수본으로 그대로 쓰인 것을 의미하며, 숫자 3은 개수본을 중심으로 한 예가 3例 존재하고 있음을 의미한다. 또한 중간본에서는 총 23例가 존재하는데 괄호 안의 숫자 22는 원간본에서 개수본을 거쳐 중간본으로 그대로 쓰인 것을 의미하며, 숫자 0은 개수본에서 중간본으로 쓰인 용례가 없다는 것을, 숫자 1은 중간본을 중심으로 한 예가 1例 나타나고 있음을 의미한다.

제7장 연체사

    중세는 고대어에서 근대어로 변화하는 과도기라고 특징지을 수 있다. 중세 전반과 후반은 꽤 다른 양상을 보이고 있다. 전기는 아직 고대어적인 성격이 많이 남아 있는 반면, 후기는 근대어적인 성격이 점차 농후해져 가는 것이 인정된다. 중세는 가마쿠라 시대의 약 250년과 무로마치 시대를 중심으로 하는 약 250년으로 나누어 생각할 수 있다.[101]

    중세 후반인 무로마치 시대가 되면 구어적인 요소가 한층 현저하게 나타나게 된다. 전반에서의 구어는 어디까지나 문어의 틀 속에서 포함된 형태로 있었지만, 이 시기에는 구어라고 말해야 할 문장이 성립한다. 구어체의『抄物』『狂言』, 구어역(口語訳)의『キリシタン자료』등[102]을 들 수 있으며, 왜학서(倭学書)로서는『倭語類解』와『捷

---

101) 佐藤喜代治(1981)『講座日本語の語彙－第4巻 中世の語彙』明治書院 p.1
102) 여기에서 말하는 キリシタン자료란 16세기에서 17세기 전반에 걸쳐 주로 예수회의 선교사들에 의해서 편술(編述)된 문헌자료를 말한다. 현존(現存)하고 있는 대부분은 유럽에서 유입된 인쇄기에 의해 인쇄된 것이며, 이것들을 'キリシタン版'이라고 말하고 29종(견해에 따라서는 다소 차이가 있다)에 달한다. 이들 중에서 문법적으로 특히 주목되는 것은『天草版伊曾保物語』『天草版平家物語』『天草版金九集』이라는 구어체로 쓰인 문헌이다. 이것들은 선교사를

解新語』등을 들 수 있다.

'コソアド'는 일반적으로 화자와의 관계개념과 사물・장소・방향・정태(情態) 등의 실질개념을 포함해 나타내는 것이지만 'この・その・あの・どの'에 대해서는 과연 실질개념을 나타내는지 어떤지는 의문시되고 있다. 그러나 'これの作者'의 의미에서 'この作者'라 말하고, 'その人の名まえ'의 의미에서 'その名まえ'라고 말할 때 'この' 'その'는 실질개념도 나타낸다고 보이며, 그래서 'この・その・あの・どの'에는 순수하게 관계개념만을 나타내는 것과 관계개념과 실질개념을 합해서 나타내는 것의 두 종류가 있다고 보인다.103) 이것은 철저하지 못한 견해라고 하는 수도 있지만 'この・その・あの・どの'는 'コソアド'의 체계 속에서는 특수한 성격을 갖고 있다고 말할 수 있다.

'この・その・あの・どの' 등은 처음에는 'コソアド'에 'の'가 붙은 지시대명사로서 취급되었지만, 머지않아 서서히 그것에 대해서 서술하는 것은 적어지고, 오히려 'コレ(事物)'・'ココ(場所)'・'コチラ(方向)' 유(類)를 지시대명사의 주된 것으로 취급하여 왔다. 이리하여 'この・その・あの・どの' 등은, 한때 대명사에서 제외되어 그 이후에 '副体詞'(松下大三郎・橋本進吉), '連詞'(湯沢幸吉郎), '連体詞'(鶴田常吉・高橋竜雄・中等文法) 등의 명칭으로 불리며 다른 품사와 구별하여 사용하였다.104)

본 장에서는 먼저 『捷解新語』에 나오는 'この・その・あの(かの)・

위한 일본어의 구어교과서라는 성격을 갖고 있기 때문에 당시의 구어의 문법을 연구하는 좋은 자료가 되고 있다. 이 구어자료가 문법적으로 주목되었던 것은 특히 일본어사의 관점에 있다. 고대어에서 근대어로의 전환기에 해당한다고도 말할 수 있는 당시의 어법(語法)을 분명하게 하는 것은 문법사적으로 보더라도 중요하기 때문일 것이다.
出雲朝子(1987)『国文法講座5 時代と文法−近代語』明治書院 pp.273∼274
103) 時枝誠記(1950)『日本文法 口語篇』岩波全書 pp.65∼68
104) 古田東朔(1992)「コソアド研究の流れ(一)」『日本語研究資料集第1期第7巻指示詞』pp.13∼14

どの’ 등 뒤에 명사가 온 형태와 ‘この・その・あの(かの)・どの＋명
사’가 연어(連語)로서 구문상의 부사나 접속사, 명사로서 기능하고
있는 ‘このあいだ’‘このうゑ’‘このころ’‘このさき’‘このたび’‘こ
のたん’‘このちう’‘こののち’‘このはう’‘このふん’‘このほと’‘こ
のまゑ’‘このやうな’‘このやうに’‘そのうち’‘そのうゑ’‘そのころ’
‘そのはう’‘そのふん’‘そのほか’‘そのまゑ’‘あのはう’‘かのはう’
등으로 구분하여 살펴보고자 한다.

1. ‘この’

먼저 사전적인 어의(語義)를 보면 『日葡』에는 ‘Cono.コノ(この) 代名
詞 この’『時代別』에 의하면 ‘(連体)話し手からも聞き手からも近い位置
関係にあるものを指す)①話し手からも聞き手からも直接確認できる近い
位置にある特定の物や人を、はっきりと指示する ②前に述べた叙述を受
けて、その中の問題となる事物を具体的に指示する。’로 되어 있다.

1) 원간본 중심

원간본에서는 총 38例가 나오는데, 이 중 33例가 다음의 예1)과 같
이 개수본에서 그대로 쓰이고 있으며, 나머지 5例는 다음의 예2)와 같
이 형태적으로는 다르나 의미적으로 같은 표현으로 바뀐 4例와 삭제된
1例가 있다. 이에 해당하는 대역은 삼본(三本) 모두 ‘이’로 되어 있다.
이를 『李朝語』에는 圀 ‘이(是)’『17세기』에는 판데 ‘이’로 되어 있다.

예1) (原) このさんお御そんしられあまりりよくわいにそんして(2-7) 이 盡

(改)　<u>この</u>さんお御らんなされませいあまりりよくわいにそんして
　　　(2−10ウ)　　　　　　　　　　　　　　　　　　　　　이 蓋

(重)　<u>この</u>さんお御らんなされませいあまりかたしけなうそんして
　　　(2−15ウ)　　　　　　　　　　　　　　　　　　　　　이 蓋

　위의 예1)의 경우는 원간본의 '<u>この</u>'가 개수본 및 중간본에서 그대로 쓰인 것으로 다음의 예와 마찬가지로 화자(話者) 및 청자(聽者)로부터 직접 확인할 수 있는 가까운 위치에 있는 특정한 인물이나 사물을 확실히 지시하는 것이라 말할 수 있다.

　　○　このかき物さら　＜'に'脱カ＞たにんのみるべきものにあらず(虎明狂＝脇狂言之類序)

예2) (原)　<u>この</u>つきしうこにちと申かいよいよそのふんて(6−11)　　이 들
　　(改)　こんけつしうこにちちやと申まするかいよいよそのたうりて(6−16)
　　　　　　　　　　　　　　　　　　　　　　　　　　　　　이 들
　　(重)　こんけつしうこにちちやと申まするかいよいよそのたうりて
　　　　　(6−14ウ)　　　　　　　　　　　　　　　　　　今川

　위의 예2)은 원간본의 '<u>この</u>' 뒤에 명사인 '<u>この</u>＋つき'가 개수본 및 중간본에서 같은 의미의 한자어 'こんけつ'로 바뀌어 쓰인 예라고 말할 수 있다.
　그런데 여기에서 주목해야 할―잘못 쓰인 것이라고 여겨지는 다음의 예3)을 살펴보자.

예3) (原)　<u>この</u>おしらるやうすちやほとにりやうけんもなさわないか(5−30)
　　　　　　　　　　　　　　　　　　　　　　　　　　　　이리
　　(改)　さやうにおおせらるからしやうもなさわないか(5−43)　　그리
　　(重)　……

위의 예3)의 경우는 원간본에서 この 뒤에 'やうに'가 빠진 듯하다. 그 이유는 첫째, 연체사의 구문상의 기능이 단독으로 문의 성분이 될 수 있는 것으로, 용언을 수식할 수 없고 오직 연체수식어로서 사용되며, 주어·술어·피수식어 또는 독립어가 될 수 없는 어(語)이기 때문이다. 둘째는 첩해신어에 있어서 한국어역(訳) '이리·이러티·이러툿--·이런·이러틋시'에 해당하는 것은 다음의 예4) 예5)에서 보듯이 'このように・このやうな'로 되어 있기 때문이다.

예4) (原) このやうにかたしけなき御いちやほとに(3−21)   이리

　　 (改) このやうにかたしけない御いちやほとに(3−28)   이리

　　 (重) このやうにかたしけない御いちやほとに(3−27)   이리

예5) (原) このやうなしやへつも申さんやうに申かめいわくちや(6−19)

　　　　　　　　　　　　　　　　　　　　　　　　　　　　　　이러툿흔

　　 (改) このやうなしやへつも申さんやうに申まするかめいわくちや

　　 　　 (6−27ウ)   이러틀흔

　　 (重) このやうなしやへつも申さんやうに申まするかめいわくちや

　　 　　 (6−24ウ)   이러틀흔

2) 개수본 중심

개수본에서는, 원간본에서 개수본으로 그대로 쓰인 33例와 다음의 예6)과 같이 개수본 중심의 1例를 합쳐 총 34例가 쓰이고 있음을 알 수 있다.

예6) (原) またこれわめつらしからんものなれともしんしまるする(8−17) 이거

　　 (改) またこのしなわめつらしかりませねともしんしまるする(8−25ウ) 이거

　　 (重) ……

위의 예6)의 경우는 원간본의 사물을 나타내는 'これ'가 개수본에서는 '연체사＋명사'의 형태인 'このしな'로 바뀌어 쓰이고 있음을 알 수 있었다. 이에 해당하는 한국어 대역은 모두 '이거'인데, '이거'는 『李朝語』 및 『17세기』에는 보이지 않고 『우리말』에는 '이것'의 준말로 되어 있다. 또한 『朝鮮語』에서는 "대 '이것'の省略: これ。"로 되어 있다.

3) 중간본 중심

중간본에서는 원간본에서 개수본을 거쳐 중간본으로 쓰인 26例 이외에는 존재하지 않는다.

4) 'このあいた'

원간본에서는 총 4例가 나오는데 이는 다음의 예7)과 같이 개수본에서 3例가 그대로 쓰이고 있으며, 1例만 다음의 예8)과 같이 'このほと'로 바뀌어 쓰이고 있다. 중간본에서는 원간본에서 개수본을 거쳐 중간본으로 쓰인 2例 이외에는 존재하지 않는다. 이에 해당하는 한국어 대역(対訳)은 모두 '요스이'로 되어 있다. 이를 『朝鮮語』에서 찾아보면[105] '요스이'는 '요사이'의 고어(古語)로 명부 'このごろ(요동안)、近ごろ(요즈음)、最近、近来。'로 되어 있다. 유사어(類似語)로 '요즈음'을 들 수 있다. '요사이'는 보다 구어적(口語的), '요즈음'은 보다 문어적(文語的)이라고 말할 수 있다. 이를 『時代別』에서 찾아보면 '話し手の意識としての過去の一時期。また、それを起点として現在に至る期間。'、'此間'(易林節用)、'此間際'(広本節用)、『日葡』에는 'Cono

---

105) 大阪外国語大学朝鮮語研究室編(1985) 『朝鮮語大辞典 下巻』 角川書店 p.1782

aida(コノアイダ)。副詞。先日。'로 되어 있다.

예7) (原) とねきかこのあいたきあいけて御さたに(1-26ウ)   요수이

(改) とうらいかこのあいたわ御ひやうきて御さつたか(1-39ウ) 요수이

(重) とうらいさまかこのあいたわ御ひやうきて御さつたか(2-1ウ) 요수이

위의 예7)의 경우는 다음과 같이 화자(話者)의 의식을 기점으로 과거에서 현재에 이르는 기간을 나타내는 것이라고 말할 수 있다.

○ 紂ハ此間マデハ君也。武王ハ臣也。(灯前夜話上)

예8) (原) このあいたいちゑんこちゑわ御さらんほとに(2-12)   요수이

(改) このほとわいちゑんこのはうゑわ御さらぬゆゑ(2-18)   요수이

(重) ……

위의 예8)의 경우는 원간본의 'このあいた'가 개수본에서 'このほと'로 바뀐 예로 일이 행해진 최근의 시점을 가리켜 말하는 것으로, 의미적으로는 같으나 형태적으로 다른 양상을 보이고 있는 예라고 말할 수 있다.

5) 'このうゑ'

원간본에서는 총 4例가 나타나는데 이는 다음의 예9)와 같이 모두 개수본에서도 그대로 사용되고 있음을 알 수 있다. 'このうゑ'는 다음의 예에서 알 수 있듯이, 대부분은 'このうゑわ'의 형태로 사용되고 있다. 첩해신어에 있어서의 용례 모두는 조사 'は'를 수반해서 쓰이고 있으며 이에 해당하는 한국어 대역(対訳)은 '이 우희' '이 밧긔'로 되어 있다. 이를 『朝鮮語』에서 찾아보면 '図上①(基準と見なす事物や

部分よりも) 上②(이, 그, 저などの一部の代名詞や一定の名詞の後に 위에の形で用いられて)……に加えて、さらに、(その)上(に)。'로 되어 있다.

예9) (原) <u>このうゑわ</u>へちのたくみもなしこなたしゆしたいてこそ御され (4−19)   이 우희

    (改) <u>このうゑわ</u>へちのしゆたんもなしこなたしゆしたいて御さる (4−27ウ)   이 우희

    (重) <u>このうゑわ</u>へちのしゆたんもなしきさまのしたいて御さる(4−25)
                                                   이 우희

예10) (原) <u>このうゑわ</u>うけとてもふねもせいたほとに(7−4)   이 밧긔

     (改) <u>このうゑわ</u>うけとつてもふねもせはいほとに(7−5ウ)   이 우희

     (重) ……

위의 예10)의 경우는 원간본의 'このうゑ'에 해당하는 한국어 대역 (対訳)이 '이 밧긔'로 되어 있음을 알 수 있다. '밧'은 '밖'의 고어(古語)로 '圀上①(바깥의 省略)外 ②(一定の境界を越えて)……(の)外' 등으로 되어 있어 'うゑ'의 뜻은 나타나지 않고 있다. 이를『時代別』에서 찾아 보면 '物事が進行して、新しい局面を展開する以外に方法が見出されない狀態であるさまを表わす。', ('此上'(広本節用),『日葡』에는 이에 대한 설명은 없다.

개수본에서는 원간본에서 개수본으로 그대로 쓰인 4例와 다음의 예11)과 같이 개수본 중심의 1例를 합쳐 총 5例가 존재하는데, 이는 원간본의 'こう中うゑ'의 형태가 'このうゑ'로 바뀌어 쓰이고 있다. 이는 형태적으로는 다르나 의미적으로는 같은 예라고 말할 수 있다. 중간본에서는 원간본에서 개수본을 거쳐 중간본으로 쓰인 1例 이외에는 존재하지 않는다.

예11) (原) こう申うゑわこなたしたいにめされ(9-8ウ)   이리 슬 온 우희

    (改) このうゑわこなたしたいにめされい(9-12ウ)   이리 슬 온 우희

    (重) ……

6) 'このころ'

원간본에서는 다음의 예12), 13)과 같이 총 2例가 존재하는데, 이는 개수본 및 중간본에서 그대로 쓰이고 있으며, 한국어 대역(対訳)은 '요〈이, 此比'로 되어 있다. 개수본 및 중간본 중심의 예는 존재하지 않는다. 이를 『時代別』에서 찾아보면 '現時点に立って近い過去にさかのぼった期間を漠然という。'('此比又頃、近来'(広本節用), ('此比、此来、頃・近'(易林節用), 『日葡』에는 'Cono goro. コノゴロ(このごろ)。同上 <コノホド>'로 되어 있다. 나라(奈良) 시대에는 청음인 'コノコロ'로 쓰였다가 헤이안(平安) 시대 이후에는 'コノゴロ'의 형태로 쓰였다.

예12) (原) このころわくわんちうもとせんに御さるほとに(9-1)   요〈이

    (改) このころわくわんないもとせんに御さりまするにより(9-1) 요〈이

    (重) このころわくわんないもとせんに御さりまするにより(9-1) 요〈이

예13) (原) しかれはこのころわくわんちうも(10-30ウ)   此比

    (改) しかれはこのころわくわんちうも(10ˡ-15ウ)   요〈이

    (重) しかれはこのころわくわんちうも(10ˡ-12ウ)   요〈이

위의 예는 다음의 예와 마찬가지로 모두 가까운 과거를 나타내는 것으로 사용되었음을 알 수 있다.

  ○ "毎年此比一族衆を申いるる程に、追付て申いれうと思ふがよからふか"
    (虎明狂=目近籠骨)

7) 'このさき'

원간본에서는 총 4例가 존재하는데 이 중 2例는 다음의 예14)와 같이 개수본 및 중간본에서 그대로 쓰이고 있으며, 1例는 다음의 예 15)와 같이 개수본 및 중간본에서 'こののち'로 바뀌어 쓰이고 있다. 나머지 1例는 예16)과 같이 'このまゑ'로 바뀌어 쓰이고 있다. 개수 본 및 중간본 중심의 예는 나타나지 않는다. 이는 형태적으로는 다 르나 의미적으로는 같다고 볼 수 있다. 'ゐ'은 '앞'의 고어(古語)로 『朝鮮語』에서 '앞'을 찾아보면 图 '①(空間的に)前、前方, (裏に対して)表 ②(時間的に)先、将来、未来、前途 ③以前、先に' 등으로 되어 있다. 图 '①(空間的に)前、前方、(裏に対する)表 ②(時間的に)先、将来、未来、前途 ③以前、先に'로 되어 있어, 시간적으로 '그 이전, 또는 앞'의 뜻으로 사용되고 있다.

예14) (原) <u>このさき</u>わはんしかこころやす御さろうと(6-14ウ)　　이 싫흔

　　　 (改) <u>このさき</u>わはんしかささわり御さりますまいと(6-21)　　이 싫흔

　　　 (重) <u>このさき</u>わいよいよささわり御さりますまいかと(6-19) 이 싫흔

예15) (原) <u>このさき</u>わしきりに申さは(6-21ウ)　　　　　　　　　 이 알프

　　　 (改) <u>こののち</u>わしきりに申あけまするならは(6-31)　　　 이 싫푸

　　　 (重) <u>こののち</u>わしきりに申あけまするならは(6-27ウ)　　　 이 후

예16) (原) <u>このさき</u>にもわれらここもとゑまいて(9-12)　　　　　 이 전

　　　 (改) <u>このまゑ</u>もわれらここもとゑまいつて(9-17ウ)　　　　 이 전

　　　 (重) <u>このまゑ</u>もわれらここもとゑまいつて(9-7ウ)　　　　　 이 전

8) 'このたひ'

원간본에서는 존재하지 않으며, 개수본에서는 다음의 예17), 18)과 같이 총 2例가 나오는데, 이는 중간본에서도 그대로 쓰이고 있다. 이를 『時代別』에서 찾아보면 '①何度も行われる同様の物事の内から、特に現に行われるものを取立てていうのに用いる ②ごく最近新たに行われた物事を、特に取上げていう。'라고 되어 있으며, '者回・此度、此廻'(易林節用), '今次'(古篇節用), '此行、者般'(いろは字), 『日葡』에는 나타나지 않는다. 이에 해당하는 한국어 대역(対訳)은 모두 '이번'으로 되어 있다. 이를 『朝鮮語』에서 찾아보면 囝'①(まさに今めぐってきた)この度、今回 ②最近、この間 ③今度、次に、近く'로 되어 있다.

예17) (原) こんとわせんふさらいけきれいいて(2-8)　　　　　　　今度
　　　 (改) このたひわせんふさらにいたるまてきれいにして(2-11)　　이번
　　　 (重) このたひわせんふさらにいたるまてきれいにして(2-16)　　이번

예18) (原) こんとわせひともしふんおかかゑて(4-17ウ)　　　　　　이번
　　　 (改) このたひわせひともしせつおかかゑて(4-24ウ)　　　　　이번
　　　 (重) このたひわせひともしせつお御かんかゑさつしやれて(4-23) 이번

위의 예17), 18)의 경우는 개수본 중심의 'このたひ' 2例는 모두 원간본에서는 'こんと'가 쓰이고 있는데, 이를 『時代別』에서 찾아보면 '①何度か繰返された物事について、現時点に近いものを取上げていう②それまで、なかったことが、最近初めて実現されたことを取上げていう。'라고 되어 있으며, '今度'(広本・易林節用), 『日葡』에는 'Condo.コンド(今度) Imano tabi (今の度) 今回 また、後で、これからさき。'로 되어 있다. 첨해신어에 있어서 'こんと'는 원간본을 중심으로 총 7例가 나타나

는데 5例(2-8, 3-7ウ, 8-32, 8-32ウ, 10-8)는 '今度'로, 나머지 2例
(4-17ウ, 8-31ウ)는 '이번'으로 되어 있다. 이는 모두 다음의 예와 마
찬가지로, 몇 번이고 되풀이되는 사항에 대해서 현시점에 가까운 것을
취급해서 말한다.

○ "機ハニ心ガ有テ、今度ノ合戦ヲワザトシ損ジテ候ト云タゾ"(蒙求抄一)
○ "いつもの事かと思ふたれば、こんどはいとまをくれられた"(虎明狂＝乞
ひ聟)

중간본에서는 개수본에서 중간본으로 쓰인 2例와 예19)와 같이 중
간본 중심의 1例를 합쳐 총 3例가 쓰이고 있음을 알 수 있다.

예19) (原) たいしゆ申わせめてはんみちも御とも申まるせうお(8-31)
　　　(改) たいしゆ申されまするわせめてはんみちも御とも申ませうお
　　　　　 (8-45ウ)
　　　(重) このたひわはるはる御とかいなされまして(8-25ウ)　　　　이번

9) 'このたん'

원간본에서는 예20)과 같이 총 1例가 나오는데 이는 개수본 및 중
간본에서 그대로 쓰이고 있다. 개수본에서는 원간본에서 개수본으로
그대로 쓰인 1例와 예21)과 같이 개수본 중심의 1例를 합쳐 총 2例
가 존재하고 있다. 또한 중간본에서는 원간본에서 개수본을 거쳐 중
간본으로 그대로 쓰인 1例와 예22)와 같이 중간본 중심의 3例를 합
쳐 총 4例가 나오는데 이에 해당하는 한국어 대역은 모두 '이 사연'
이 되고 있다. 'たん(段)'은 다음의 예와 같이 연체수식어에 의해 수
식되어 '……のこと。件'의 의미로 사용되고 있다.

○ "その段は、いと易い事ぢゃ"(天草本伊曾保物語)

예20) (原) <u>このたん</u>とねきゑ申候てみやうにちのいちに (10-24ウ)   此段
　　　(改) <u>このたん</u>とうらいゑ申候てみやうにちのいちに(10^下-3) 이 ㅅ연
　　　(重) <u>このたん</u>とうらいゑ申候てみやうにちのいちに(10^下-3) 이 ㅅ연

예21) (原) このたうりこそ申いれまるするそうあらは御しんもつお(7-19)
　　　　　 이런 줄
　　　(改) <u>このたん</u>お申いれまするそうあらは御しんもつお(7-28) 이 ㅅ연
　　　(重) ……

예22) (原) あいさため申候あいた御せんくわんしゆゑ(10-4ウ)
　　　(改) あいさため申候あいた御せんくわんしゆゑ(10^上-8ウ)
　　　(重) あいさため申候<u>このたん</u>御しらせ申のふへきため(10^上-7ウ)
　　　　　　　　　　　　　　　　　　　　　　　　　　　　　　 이 ㅅ연

10) 'このちう'

　원간본에서는 총 5例가 나오는데 이는 예23)과 같이 개수본 및 중간본에서 그대로 쓰이고 있으며 모두 10권에서만 나타나고 있다. 또한 개수본 및 중간본에서는 존재하지 않는다. 이는 다음의 예와 같이 '最近ずっと'의 의미로 사용되고 있다. 『日葡』에는 'Cono giǔ. コノヂュウ(此中) 過去数日の間'으로 되어 있으며 이에 해당하는 한국어 대역은 '此中, 거번'으로 되어 있다. 이를 『李朝語』에서 찾아보면 '거번'图 '지난번', 『17세기』에는 나타나지 않으며 『우리말』에 '거번'은 없고 같은 뜻인 '거반'만이 있는데 이는 '지난번(去般)'으로 되어 있다. 『朝鮮語』에는 '거번(去番)'은 图 '先日, 先般', '거반(去般)'은 图 '先般, 先だって(지난번)'으로 되어 있다.

○ “そなた達は此ほどお見舞やつたか、身どもは此中見まふた事ももおりない”(虎明狂＝さいほう)

예23) (原) さためてこのちうより御はなしなされ候(10-18)　　　　　　此中

　　　　(改) さためてこのちうより御はなしなされ候(10^中-16)　　　　거번

　　　　(重) さためてこのちうより御はなしなされ候(10^中-14)　　　　거번

11) ‘こののち’

원간본에서는 총 1例가 나오는데 이는 예24)와 같이 개수본 및 중간본에서 그대로 쓰이고 있다. 개수본에서는 원간본에서 개수본으로 그대로 쓰인 1例와 예25)와 같이 개수본 중심의 1例를 합쳐 총 2例가 나타나고 있다. 반면 중간본에서는 원간본에서 개수본을 거쳐 중간본에 쓰인 1例와 개수본에서 중간본으로 쓰인 1例를 합쳐 총 2例가 존재하며 중간본 중심의 예는 보이지 않는다. ‘のち’는 다음과 같이 시간적으로 어떤 일이라든가, 시점으로 계속 이어질 때 또 그 시점을 문제로 해서 말할 때 사용되고 있다. 『日葡』에는 ‘Nochi.ノチ(後) 後’例) ‘戰ノノチ(戰爭の後)’ ‘參ツテノチ(來た後とか、來るならばとか)’로 되어 있다. 이에 해당하는 한국어 대역은 ‘이 후, 이 앏’으로 되어 있다.

예24) (原) こののちわこうないやうにおしられ(2-11)　　　　　　이 후

　　　　(改) こののちわかやうにないやうにおおせられません(2-16)　　이 후

　　　　(重) こののちわかやうにないやうにおおせられません(2-20ウ)이 후

예25) (原) このさきわしきりに申さは(6-21ウ)　　　　　　　　　이 알프

　　　　(改) こののちわしきりに申あけますするならは(6-31)　　　　이 앏푸

　　　　(重) こののちわしきりに申あけますするならは(6-27ウ)　　　이 후

위의 예25)는 개수본에 해당하는 'このゝち'의 경우 이에 해당하
는 한국어 대역은 '이 앏'으로 되어 있는데 이 역시 '이 후'로 되어
야 한다고 생각한다. 그 이유는 『李朝語』『17세기』에 '앏'은 图'앞
(前)'으로 되어 있으며 『朝鮮語』에는 앞(前)의 고어(古語)이며, 또한
『朝鮮語』에서 '앞'을 찾아보면 图'①(空間的に)前, 前方, (裏に対し
て)表 ②(時間的に)先, 将来, 未来, 前途 ③以前, 先に' 등으로 되어
있다. '후'를 『朝鮮語』에서 찾아보면 图'①後, あと(뒤), のち, つぎ,
以後 ②後日' 등으로 되어 있기 때문이다.

12) 'このはう'

원간본에서는 총 3例가 나오는데 이는 다음의 예26)과 같이 개수본
에서 그대로 쓰이고 있으며 이에 해당하는 한국어 대역은 '此方, 우
리'로 되어 있다. 『李朝語』 및 『17세기』에 '우리'는 모두 图'우리(我)'
의 뜻으로 『우리말』에는 데'말하는 사람이 자기편의 여러 사람을 일
컫는 말'로 인칭을 나타내는 용법으로 사용되고 있음을 알 수 있다.
이를 『時代別』에서 찾아보면 'このはう(此方)'데'此方'(広本節用) ①
近称。話し手を中心として、それに近い方、また、話し手のほうの側
を指し示す語。'ココへ、コノハウへ。ーここへ、すなわち、この場所
へ(羅葡日 Huc)'

   ○ "此方ハ大道ニテヨキ道、又彼ノ方ハ行サキニ淵川アリテ悪シキ道"
     (古文前抄一)

   ②一人称。男性が用いる。『日葡』に依하면 Conofŏ(此方)⇒Ixxet(一切)
   Ixxet(一切) Issai(一切)に同じ。副詞。否定形と連接した場合に、"けっ
   して……ない"の意。

○ "此方に於いて一切別儀は御座ない。(私の方においては、その他の事は
ない、または、変更はない。)"

『日本大文典』に 의하면 "'コノハウ。コナタ。コチ'広く行われ、
身分の高下には拘わらない。何れも丁寧であるが、特に初の二つは丁
寧である。"로 되어 있다.

예26) (原) このはうわうちまかりあり候あいた(10-4)   此方
     (改) このはうわうちまかりあり候あいた(10上-7)   우리
     (重) せつしやきやとゑまかりあり候あいた(10上-6ウ)   우리

개수본에서는 원간본에서 개수본으로 그대로 쓰인 3例와 개수본
중심의 17例를 합쳐 총 20例가 쓰이고 있다. 이에 해당하는 한국어
대역은 예26)의 '此方, 우리' 외에 예27)과 같이 '예', 예28)과 같이
'이러로셔'에 해당한다. 『李朝語』 및 『17세기』『우리말』에 '예'는 모
두 閉代'여기'의 뜻으로 장소를 나타내는 용법으로 사용되고 있다.
'이러로셔'의 '로셔'는 '~로부터'의 뜻이며, '이러'는 『李朝語』에는
우리말의 '이쪽, 이리'에 해당하는 말이라고 할 수 있다. '이리'를 『
李朝語』에서 찾아보면 閉'이리, 여기', 『17세기』에서 찾아보면 閉
'이렇게, 이쪽으로', 『우리말』에는 '이곳으로, 이쪽으로' 되어 있다.
또한, 『朝鮮語』에서 찾아보면 閉'①ここに(へ)、こちらに(へ) ②この
ように(이리하여)、こんな、こう。'로 되어 있어 의미적으로는 다소
차이가 있음을 알 수 있다.

예27) (原) なにとやらここわこしらいおゑいせいんてこうちやほとに(2-9) 예
     (改) このはうわこしらゑやうかそそにしてかやうに御さるほとに
         (2-12ウ)   예
     (重) このはうわこしらゑやうかそそうにしてかやうに御されとも

(2-17ウ)   예

예28) (原) これよりたのむことわやまのことくて(1-4)   이러로셔

　　　(改) このはうより御たのみ申ことわやまのことくて(1-5ウ) 이러로셔

　　　(重) このはうより御たのみ申ことわやまのことくて(1-5)　 이러로셔

　위의 예 27), 예28)의 경우는 예26)과는 달리 인칭이 아닌 장소 내
지는 방향을 나타내는 용법으로 쓰이고 있음을 알 수 있다. 중간본
에서는 개수본에서 중간본으로 그대로 쓰인 11例와 예29)와 같이 중
간본 중심의 3例를 합쳐 총 14例가 존재하는데 대부분 인칭을 나타
내는 용법으로 쓰이고 있음을 알 수 있다.

예29) (原) こう申ほかにさためてけにんちうひかしにしもしらんものともか
　　　　　(6-23ウ)   이리

　　　(改) かやう申てもさためてけにんちうにひかしにしもしらんものとも
　　　　　か(6-34)   이리

　　　(重) このはうのけにんちうにひかしにしもしらんものともか(6-30)
　　　　　　　　　　　　　　　　　　　　　　　　　　　　우리

13) 'このふん'

　원간본에서는 총 1例가 존재하는데 이는 예30)과 같이 개수본 및
중간본에서 그대로 쓰이고 있다. 반면 개수본 및 중간본 중심의 예
는 존재하지 않는다. 이에 해당하는 대역은 삼본(三本) 모두 '이리ᄒ
다'로 되어 있다. 이를 『17세기』에서 찾아보면 ㉅'이리하다'이며,
'이리하다'를 『우리말』에서 보면 '이렇게 하다'로 되어 있으며, 『日
葡』에는 'Cono bun, Cono buni. コノブン、または、コノブンニ(この
分、または、この分に)このような具合に、あるいは、かように'『時代

別』에 의하면 '話し手の当面している状況が、持続することを仮定し
ていう。' '此分'(易林節用)로 되어 있다.

예30) (原) てんちのことくなか<u>このふん</u>てわすむまいほとに(4-14ウ)
　　　　　　　　　　　　　　　　　　　　　　　이리홀샏으로
　　　(改) てんちのことくなから<u>このふん</u>てわすみますまいほとに
　　　　　(4-20ウ)　　　　　　　　　　　　　이리홀샏으로
　　　(重) てんちのことくなから<u>このふん</u>てわすみますまいほとに
　　　　　(4-19ウ)　　　　　　　　　　　　　이리홀샏으로

14) 'このほと'

　원간본에서는 총 2例가 있는데 이는 예31)과 같이 개수본 및 중간
본에서 그대로 쓰이고 있으며, 개수본에서는 원간본에서 개수본으로
그대로 쓰인 2例와 예32)와 같이 개수본 중심의 2例를 합쳐 총 4例
가 나타나고 있다. 중간본에서는 원간본에서 개수본을 거쳐 중간본
으로 쓰인 2例 이외에는 존재하지 않는다. 이에 해당하는 한국어 대
역은 '이스이, 요스이'로 되어 있다. 이를 『朝鮮語』에서 찾아보면
'이스이'는 名 '①この間(이 동안)' ②近ごろ、このごろ, '요스이'는
名副 'このごろ(요동안), 近ごろ(요즈음), 最近, 近来'로 되어 있다.
'このほど'는 『日葡』에는 'Cono fodo. コノホド(この程) 過去数日の
間' 『時代別』에 의하면 '일이 일어난 최근의 시점에서 현재에 이르
기까지'를 말한다.

예31) (原) とうせんしゆも<u>このほと</u>わよう御さるか(3-4ウ)　　　요스이
　　　(改) とうせんしゆも<u>このほと</u>御ふしに御さるか(3-6)　　　요스이
　　　(重) とうせんしゆも<u>このほと</u>御ふしに御さるか(3-5ウ)　　요스이

예32) (原) いまほとくにくによりさたのかきりもないとき(4-20)　　　이스이

　　　　(改) <u>このほと</u>かくくわんよりさたのあるとき(4-28ウ)　　　이스이

　　　　(重) ……

15) 'このまゑ'

　원간본에서는 총 1例가 있는데 이는 예33)과 같이 개수본 및 중간본에서도 그대로 쓰이고 있다. 개수본에서는 원간본에서 개수본으로 그대로 쓰인 1例와 예34)와 같이 개수본 중심의 1例를 합쳐 총 2例가 쓰이고 있다. 반면 중간본에서는 원간본에서 개수본을 거쳐 중간본으로 쓰인 1例와 개수본에서 중간본으로 그대로 쓰인 1例를 합쳐 총 2例가 존재한다. 이에 해당하는 한국어 대역은 모두 '이젼'으로 되어 있다. 이를 『李朝語』 및 『17세기』에서 찾아보면 명 '이젼(以前)'으로 되어 있으며, 『우리말』에는 '어떤 때로부터 전'을 의미한다. 『時代別』에 의하면 다음의 예와 마찬가지로 '현시점보다도 조금 앞(전)에 있었던 딱 좋은 시기를 가리켜 말'하는 용법이라고 할 수 있다.

　ㅇ "豊国明神トイハレシ大閤秀吉公ハ斯ノ前天下ヲ掌ニシ"(大仏鐘銘抄)

예33) (原) <u>このまゑ</u>も御めにかかりまるせうお(3-2)　　　이젼

　　　　(改) <u>このまゑ</u>も御めにかかりませうに(3-2ウ)　　　이젼

　　　　(重) <u>このまゑ</u>も御めにかかりませうに(3-2ウ)　　　이젼

예34) (原) <u>このさき</u>にもわれらここもとゑまいて(9-12)　　　이젼

　　　　(改) <u>このまゑ</u>もわれらここもとゑまいつて(9-17ウ)　　　이젼

　　　　(重) <u>このまゑ</u>もわれらここもとゑまいつて(9-7ウ)　　　이젼

16) 'このやうな(に)'

원간본에서는 예35), 예36)과 같이 총 13例가 있는데 이는 개수본에서 그대로 쓰인 8例와 개수본을 거쳐 중간본에서도 그대로 쓰인 7例가 존재한다. 반면 개수본 및 중간본 중심의 예는 존재하지 않는다. 이에 해당하는 한국어 대역은 모두 '이런, 이러트시'로 되어 있다. 이를 『李朝語』 및 『17세기』에서 찾아보면 '이런'圈이런, '이러트시'는 閉'이렇듯이'로 되어 있다. 『日葡』에는 'Cono yŏna.コノヤゥナ(この様な) 同じような(もの)、または、こんな(もの)' 'Cono yŏni.コノヤゥ二(この様に)副詞、こうして、または、こんな具合に'로 되어 있어 화자(話者)의 입장에서 상대방의 기지(既知)의 사항을 가리켜 말하는 것이라 할 수 있다.

예35) (原) <u>このやうな</u>こうもくわなんほういれても(4-10ウ)   이런
    (改) <u>このやうな</u>こうもくわいかほといれてつかされても(4-15ウ) 이런
    (重) <u>このやうな</u>こうもくわいかほといれてつかわされても(4-15) 이런

예36) (原) <u>このやうに</u>こころままにもするなととあらは(4-20ウ) 이러트시
    (改) <u>このやうに</u>こころしたいにするなととあつてわ(4-29ウ) 이러트시
    (重) <u>このやうに</u>こころしたいにするなととあつてわ(4-26ウ) 이러트시

2. 'その'

먼저 사전적인 어의(語義)를 보면 『日葡』에는 " 'Sono.ソノ(その) その' 『時代別』에 의하면 ①それまでに述べられた話線において、話し手にも聞き手にも既知の事物を取上げて示す。 'Sonogotocu(ソノゴ

トク)。副詞。そのように' 'Sonoyǒni.(ソノヤウニ)副詞。そのように'
②話し手にも聞き手にもすでに諒解されている事として、具体的に述
べる代りに用いる。”로 되어 있다.

1) 원간본 중심

원간본에서는 총 28例가 쓰이고 있는데, 이 중 27例는 다음의 예
37)과 같이 개수본에서 그대로 쓰이고 있음을 알 수 있다. 이에 해
당하는 한국어 대역은 삼본(三本) 모두 '그'로 되어 있다. 이를 『李
朝語』에는 '관그 명그것', 『17세기』에는 '관그(其). 자기로부터 조금
떨어져 있는 사물'로 되어 있다.

예37) (原) そのくすりわおりふしみなつかいまるして(3-4)   그 약
      (改) そのくすりわおりふしみなつかいまして(3-5ウ)   그 약
      (重) そのくすりわおりふしみなつかいまして(3-5)   그 약

예38) (原) そのさはうわしらすわかくにのはすてわないか(5-27)   그
      (改) そうしたさはうとわしらいてわかくにのはちてわ御さらんか(5-39)
                                                        그리
      (重) ……

위의 예38)의 경우는 형태적으로는 다르나 의미적으로 같은 표현
으로 바뀌어 쓰이고 있음을 알 수 있다.

그런데 여기에서 주목해야 할―잘못 쓰인 것이라고 여겨지는 다
음의 예를 살펴보자.

예39) (原) そのときにみまるするまいか(2-5ウ)   그 저긔
      (改) そのせつつ御めにかかりませう(2-7ウ)   그 저긔

      (重) <u>その</u>せつつ御めにかかりませう(2-13)   그 적

예40) (原) まかりつきまるせうか<u>その</u>とき御れい申あけまるせう(7-14ウ)
                                                  그 저긔

      (改) まかりつきませうほとに<u>その</u>せつ御れい申あけまする(7-22)
                                                  그 저긔

      (重) ……

예41) (原) <u>その</u>おりきめんもつて申しやすへく候(10-17ウ)   其節
      (改) <u>その</u>せつつきめんもつて申しやすへく候(10$^{中-}$15) 급 때
      (重) <u>その</u>せつつきめん申しやすへく候(10$^{中-}$13)   그 때

    위의 예39) 경우에는 원간본의 'そのとき'가 개수본 및 중간본에서는 'そのせつつ', 예40)의 경우에는 개수본에서는 'そのせつ'로 바뀌어 있으며 중간본에서는 삭제되고 있다. 예41)의 경우에는 원간본의 'そのおり'가 개수본 및 중간본에서 'そのせつつ'로 바뀌어 있다. 적어도 'その' 뒤에 명사가 오는 것은 틀림없지만 예39), 예41)의 'せつつ'의 경우는 예40)과 같이 'せつ'로 바뀌어야 한다고 생각된다. 그 이유는 『日葡』에서 'Sono toqi. ソノトキ(そのとき) 副詞。その時' 'Sono Xet.(そのせつ) すなわち. Sono toqi.(その時) その時期に、その場合に、その時刻に'など。'Vori. ヲリ(折) その際、その折に、など' 등으로 어디를 찾아봐도 'せつつ'의 형태를 찾아볼 수 없기 때문이다. 이는 조선인의 발음경향에 의거한 잘못이라고 해석할 수 있을지도 모른다. 즉 cɯ 앞의 'つ'(t)는 舌內入声韻尾가 본래 갖고 있던 声門閉鎖的要素가 독립한 형태라고 말할 수 있고, ccɯ와 기능적으로 등가치(等価値)일 것이라고 생각할 수 있을 것이다.[106]

---

106) 安田 章(1980) 『朝鮮資料と中世国語』 笠間書院 p.116, 393 参照

2) 개수본 중심

개수본에서는 원간본에서 개수본으로 쓰인 27例와 다음의 예42)와 같이 개수본 중심의 3例를 합쳐 총 30例가 쓰이고 있음을 알 수 있다.

예42) (原) しきにまいてさうお申いれとあるきてこそ御さる(7-18ウ)
　　　(改) しきにまいて<u>その</u>わけお申あけいとのきて御さる(7-27) 그 곡절
　　　(重) さやうに御ききなされませい(7-16)　　　　　　　　그리

위의 예42)의 경우는 개수본의 'そのわけ'가 중간본에서 'さように'로 바뀌어 쓰이고 있음을 알 수 있다.

3) 중간본 중심

중간본에서는 원간본에서 개수본을 거쳐 중간본으로 쓰인 17例와 개수본에서 중간본으로 쓰인 1例, 예43)과 같이 중간본 중심의 1例를 합쳐 총 19例가 쓰이고 있음을 알 수 있다.

예43) (原) つきのきつかいわこうもくのよしあしについて(4-6)
　　　(改) つきのきつかいわこうもくのよしあしについて(4-8ウ)
　　　(重) <u>その</u>つきのきつかいわこうもくのよしあしについて(4-8ウ) 그 버거

4) 'そのうち'

원간본에서는 총 4例가 나타나는데 이 중 3例는 예44)와 같이 개수본에서도 그대로 쓰이고 있으며, 2例는 원간본에서 개수본을 거쳐 중간본에서도 그대로 쓰이고 있다. 개수본 및 중간본 중심의 예는 존재하지 않는다. 이에 해당하는 한국어 대역은 예44), 45)와 같이 '그 안,

기듕'으로 되어 있다. '기듕'은 '其中'으로 '그 가운데'의 뜻으로 『日葡』
에는 보이지 않고 『時代別』에는 連用修飾語に用いられ、事の実現する
のが、事態が進行していく一定のはばをもった時間内の任意の時である
さまを表わす。'其內'(ソノウチ)(広本節用), '其中'(ソノウチ)(平仮名本)으로 되어 있다.

예44) (原) そのうちにみちすから御くろうおも(7-16)   그 안
      (改) そのうちにとうちうの御つかれおも(7-24)   그 안
      (重) そのうちにとうちうのつかれおも(7-13ウ)   그 안

예45) (原) そのうちにも御うたうたわしらりたわかしゆたちの(9-5)   기듕
      (改) そのうちにうたうたわしやれたわかしゆたちの(9-7ウ)   기듕
      (重) ……

예46) (原) そのうちにわきちにち御さらんか(6-11)   그 안
      (改) そのまゑにわきちにちわ御さりませんか(6-16)   그 안
      (重) そのまゑにわきちにちわ御さりませぬか(6-14ウ)   그 前

위의 예46)의 경우는 원간본의 'そのうち'가 개수본 및 중간본에
서 'そのまゑ'로 바뀐 예인데 이에 해당하는 한국어 대역은 원간본
및 개수본의 경우는 '그 안', 중간본의 경우는 '그 前'으로 되어 있
음을 알 수 있다. 개수본의 경우 한국어 대역이 중간본처럼 '그 前'
'그 젼'으로 바뀌어야 하지 않을까 여겨진다. (7.1.15참조)

5) 'そのうゑ'

원간본에서는 존재하지 않으며 개수본에서는 총 4例가 나타나는
데 이 중 2例는 중간본에서도 그대로 쓰이고 있으며 나머지 2例는
삭제되어 있다. 또한 중간본에서는 개수본에서 그대로 쓰인 2例와

중간본 중심의 1例를 합쳐 총 3例가 존재한다. 이에 해당하는 대역은 예47), 48)과 같이 「그 외, 그 우희」로 되어 있다.『日葡』에는 보이지 않고『時代別』에는 '①そのものとしての最低限の条件が満たされたところで、はじめて問題とする事態が成立つさまを表わす。②それでなくても十分その事態が成立つところに、さらにそれを補強する要件が加わるさまを表わす。'로 되어 있다.

예47) (原) またわしよしんなものちやほとに(1-3)

　　　 (改) <u>そのうゑ</u>ふこうなもので御さるほとに(1-4)　　　　　그 외

　　　 (重) <u>そのうゑ</u>ふかうなもので御さるほとに(1-4)　　　　　그 외

예48) (原) ましてかやうのところいかにもうけられんやうすちやほとに(7-2)

　　　　　　　　　　　　　　　　　　　　　　　　　　　　　　ㅎ믈며

　　　 (改) <u>そのうゑ</u>かやうになされてわとうもうけられますることかなり

　　　　　(7-3)　　　　　　　　　　　　　　　　　　　　　　그 우희

　　　 (重) <u>そのうゑ</u>かやうに御ていねいになされまして(7-2ウ)　 그 우희

6) 'そのころ'

원간본에서는 총 1例가 존재하는데 이는 예49)와 같이 개수본 및 중간본에서도 그대로 쓰이고 있으며 개수본 및 중간본의 중심의 예는 존재하지 않는다. 이에 해당하는 한국어 대역은 원간본에서는 '그 ᄢᅴ', 개수본에서는 '그 ᄶᅥ', 중간본에서는 '그 ᄭᅴ'로 되어 있는데 이는 모두 '그때'의 의미로 다음의 예와 마찬가지로 이미 화제(話題)가 되어 화자(話者) 및 청자(聽者)에게도 양해(諒解)되고 있는 것을 막연하게 가리키는 말로서 '其比'(広本節用), '其頃'(温故)로 되어 있다.

　○ "むかし在原の中将、年へて爰に……すみ給ひしに、其比は紀の有常が娘

とちぎり”(光悦本謡＝井筒)

예49) (原) そのころわやまいかよかろうことも御さろうほとに(2－5ウ) 그 찌
(改) そのころわひやうきかへいゆいたしましたらは(2－8)　　그 씌
(重) そのころわひやうきかへいゆいたしましたらは(2－13ウ)　그 끠

7) ‘そのはう’

원간본에서는 총 1例가 존재하는데 이는 다음의 예50)과 같이 개수본에서 그대로 쓰이고 있다. 반면 개수본 및 중간본의 중심의 예는 존재하지 않는다. 이에 해당하는 한국어 대역은 원간본에서는 ‘其方’, 개수본에서는 ‘계셔’로 되어 있다.

예50) (原) 御こころゑなされ候てそのはうのひからも御らんなされ(10－13)
其方
(改) 御こころゑなされ候てそのはうのひからも御らんなされ(10^{中}－6ウ)
계
(重) 御こころゑなされひからとも 御らんなされ候う(10^{中}－6)

‘そのはう’는『日葡』에는 ‘Sono fŏ. ソノハウ(その方) あなた。¶また、そちら’『時代別』에 의하면 囲二人称。主として対等の者に、時には目下の者に対して用いる。‘其方’(広本・易林節用)『日本大文典』에 의하면 “‘ソノハウ。ソナタ。コナタ’丁寧で、普通の、お前、または、あなた。”로 되어 있다. ‘そのはう’는 본래 방향을 나타내는 ‘そちら、そっち。その方向’의 뜻을 나타내는 지시대명사의 용법으로 쓰였다가 다음의 예와 마차가지로 2인칭대명사로 사용된 것은 무로마치(室町)시대 이후의 용법이라고 말할 수 있다.[107]

---

107) 北原保雄 編(1987)『全訳古語例解辞典』小学館 p.468

ㅇ "又見申せば、その方にはおともがない、人をもたぬものは、此かがみを
まへにたてて行ば"(狂言六義＝かがみおとこ)

8) 'そのふん'

원간본에서는 총 5例가 나타나는데, 이 중 1例는 예51)과 같이 개
수본에서도 그대로 쓰이고 있으며, 2例는 예52)와 같이 'そのたうり'
로 바뀌어 쓰이고 있으며, 그리고 2例는 예53)과 같이 'さよう'로 바
뀌어 쓰이고 있음을 알 수 있다. 반면 개수본 및 중간본 중심의 예
는 존재하지 않는다. 이에 해당하는 한국어 대역은 모두 '그리, 그
러'에 해당하는데 이를 『李朝語』 및 『17세기』에서 찾아보면 ㉒'그
리, 그렇게', 『우리말』에는 '그곳으로, 그쪽으로'의 의미로 쓰이고 있
다. 또한 『朝鮮語』에서 찾아보면 ㉒'①그러하게(그리하여), 그렇
(그렇게) ②(그다지의 省略形)그렇게, 그렇지, 아무리'로 되어 있
다. 『日葡』에는 'Sono bun. ソノブン(その分) 副詞。 그런 具合에',
『時代別』에 의하면 '事をなすにあたって、目安とするところを指し示
していう。'로 되어 있다.

ㅇ "さる子細有間、女人禁制にて有ぞ。かまひて一人もいれ候な、そのふん
こころえ候へ"(光悦本謡＝道成寺)

예51) (原) かたくおしられつけたほとにそのふんならは(5-8ウ)   그러ㅎ면
      (改) かたく申つけられましたほとにそのふんならは(5-13)   그러ㅎ면
      (重) かたく申つけられましたほとにさやう御さらは(5-11)   그러ㅎ면

예52) (原) いよいよそのふんて御さるか(6-11)   그러
      (改) いよいよそのたうりて御さりまするか(6-16)   그러
      (重) いよいよそのたうりて御さりまするか(6-14ウ)   그러

예53) (原) <u>そのふん</u>こころゑさしられ(8-19ウ)　　　　　　　　그리

　　　(改) さやうにこころゑさつしやれませい(8-29)　　　　　　　그리

　　　(重) ······

9) 'そのほか'

　원간본에서는 총 1例가 나타나는데 이는 다음의 예54)와 같이 개수본 및 중간본에서 그대로 쓰이고 있다. 개수본에서는 원간본에서 개수본으로 쓰인 1例와 예55)와 같이 개수본 중심의 1例를 합쳐 총 2例가 쓰이고 있다. 반면 중간본에서는 원간본에서 개수본을 거쳐 중간본으로 쓰인 1例와 개수본에서 중간본으로 쓰인 1例, 그리고 중간본 중심의 1例를 합쳐 총 3例가 쓰이고 있다. 이에 해당하는 한국어 대역은 모두 '그 밧, 그 받긔'이며 이는 '그 밖'을 의미한다고 말할 수 있다.

　『日葡』에는 'Sono foca. ソノホカ(その外) これ以外、または、それ以外 すなわち、その上', 『時代別』에 의하면 それまで述べてきたことの上に、それ以外の要件が追加されるのにいう。'其外'(広本節用)로 되어 있다.

　○ "天竺カラトツテキタ経六百五十七部、ソノ外仏像や天竺ノ宝モノナド、ツツミモタシテ京エノボリテ"(玉塵一)

예54) (原) はんふんほととらしられたははは<u>そのほか</u>わねんおいれて(4-21ウ)　　　　　　　　　　　　　　　　　그 밧

　　　(改) はんふんほととらしやれたらは<u>そのほか</u>わねんおいれて(4-30)　　　　　　　　　　　　　　　　　그 밧

　　　(重) はんふんほととらしやれたらは<u>そのほか</u>わねんおいれて(4-27ウ)　　　　　　　　　　　　　　　　　그 받

예55) (原) おうたけとうとこもころくまいほとさきいれてくたされ(1-24ウ)

(改) ふといたけとそのほかこさいもくおさきいれてくたされい(1-36ウ)

그 받긔

(重) ふといたけとそのほかこさいもくおさきいれてくたされい(1-29ウ)

그 받긔

10) 'そのまゑ'

원간본에서는 존재하지 않으며 개수본에서는 다음의 예56)와 같이 총 1例가 존재하는데 이는 중간본에서 그대로 쓰이고 있다. 또한 중간본 중심의 예는 존재하지 않는다. 이에 해당하는 한국어 대역은 '그 안, 그 前'으로 되어 있는데 개수본의 '그 안'이 '그 前'으로 바뀌어야 하지 않을까에 대해서는 이미 기술한 바 있다(7.2.4참조)

예56) (原) そのうちにわきちにち御さらんか(6-11)   그 안

(改) そのまゑにわきちにちわ御さりませんか(6-16)   그 안

(重) そのまゑにわきちにちわ御さりませぬか(6-14ウ)   그 前

3. 'あの'

원간본에서는 총 3例가 존재하는데 이는 다음의 예57)과 같이 개수본에서 모두 그대로 쓰이고 있다. 또한 개수본에서는 원간본에서 개수본으로 그대로 쓰인 3例와 다음의 예58)과 같이 개수본 중심의 1例를 합쳐 총 4例가 쓰이고 있다. 반면 중간본에서는 개수본에서 중간본으로 그대로 쓰인 1例 이외에는 존재하지 않는다. 이에 해당하는 한국어 대역은 '뎌, 져'로 되어 있다. '뎌'는 구개음화에 의해서

'져'로 바뀌어 쓰이고 있다 '뎌'는 『李朝語』에서는 명저, 괜저(彼) 『
17세기』에서는 명저것, 저 사람 괜저(彼)의 뜻으로, '져'는 『李朝語』
에서는 명저(彼) 『17세기』에서는 대저(彼)의 뜻으로 쓰여 있다. 『日
葡』에는 'Ano. アノ(あの) 代名詞. あの'로, 『時代別』에 의하면 '(連
体)話し手からも聞き手からも遠い位置関係にあるものを指す.'로 되
어 있다.

예57) (原) またあのつかいかしんすおうやまてしやうそくお(7-11ウ) 뎌 使 |
　　　(改) またあのししやかしんしおうやまうてしやうそくお(7-17ウ)
　　　　　　　　　　　　　　　　　　　　　　　　　　　　져 使者
　　　(重) またみきのししやかしやうそくお(7-9ウ)

예58) (原) としもよてそうへつやまいあるひとて御さたにふねにゆられて
　　　　　(2-2ウ)
　　　(改) あのひとわらうしんと申ひやうしんなひとのふねにゆられて(2-3)
　　　　　　　　　　　　　　　　　　　　　　　　　　　　뎌 사룸
　　　(重) あのひとわらうしんと申ひやうしんなひとのふねにゆられて(2-9)
　　　　　　　　　　　　　　　　　　　　　　　　　　　　뎌 사룸

1) 'あのはう'

원간본에서는 존재하지 않으며, 개수본에서는 총 1例가 존재하는
데 이는 예59)와 같이 중간본에서 그대로 쓰이고 있다. 또한 중간본
을 중심으로 한 예는 존재하지 않는다. 『日葡』에는 'Ano fǒ. アノ
ハウ(あの方) 代名詞. Ano cataと同じ' 'Ano cata. アノカタ(あの方)
代名詞.あの人。または、あの方角'로, 『時代別』에는 "대 'あのかた'
に同じ。あのかた 대 'あのはう'とも。①話し手を基準として、そこか
ら遠く離れた方向を指し示す語 ②三人称。あの人。"로 되어 있다.

예59) (原) けにんにやたものおあちからのうゆうても(8－8ウ)　　져러로셔

(改) しもしもにくれましたものおあ<u>のはう</u>よりなにふんに申ても(8－12)

져러로셔

(重) しもしもにくれましたものおあ<u>のはう</u>よりなにふんに申ても

(8－9ウ)　　　　　　　　　　　　　져러로셔

위의 예16)의 경우는 원간본의 'あち'가 개수본 및 중간본에서 'あの
はう'로 바뀌어 있으며 이에 해당하는 한국어 대역은 '뎌러로셔, 져러
로셔'로 되어 있다. '뎌러로셔, 져러로셔'의 '로셔'는 '～로부터'의 뜻이
며, '뎌'는 구개음화에 의해서 개수본 및 중간본에서 '져'로 바뀌어 쓰
이고 있다. 『李朝語』 및 『17세기』에 '뎌러'는 圈'져기(彼処)'의 뜻으로
사전상의 의미만을 본다면 '저쪽에서'의 뜻으로 방향 내지는 장소를 나
타내는 용법으로 쓰이고 있는 것 같지만 타칭(他称)을 나타내는 인칭
대명사의 용법으로 사용된 예라고 말할 수 있다. 원간본의 방향지시의
'あち'가 개수본 및 중간본에서 'あのはう'로 바뀌어 있는 것은 이미
기술했듯이(제2장) 단어의 품위와 관계가 있었을 것이라 여겨진다.108)

4. 'かの'

원간본에서는 총 1例가 존재하는데 이는 예60)과 같이 개수본에서
도 그대로 쓰이고 있으며 중간본에서는 삭제되어 있다. 또한 개수본
에서는 원간본에서 개수본으로 그대로 쓰인 1例와 예61)과 같이 개
수본 중심의 1例를 합쳐 총 2例가 쓰이고 있다. 반면 중간본에서는
개수본에서 중간본으로 쓰인 1例 이외에는 존재하지 않는다. 『日葡』
에는 'Cano. カノ(彼の) 代名詞. あの', 『時代別』에 의하면 '①話し

---

108) 安田 章(1980)「捷解新語の改修重刊」『朝鮮資料と中世国語』 笠間書院 p.130

手からも聞き手からも遠い位置にある特定の物や人をはっきりと示す ②手もとにはないが、相手も承知している事物や人、あるいは一般に 知られている事物や人などを指していう。'로 되어 있다.

예60) (原) こちもさけにまよいおほゑんかかのわかいしゆによもす(9−9ウ)

　　　　　　　　　　　　　　　　　　　　　　　　　　　　　　더 若衆

　　(改) こちもさけにまよいおほゑませんかかのわかいしゆによもす

　　　　(9−14)　　　　　　　　　　　　　　　　　　　　　　　져 若衆

　　(重) ……

　위의 예60)의 경우는 다음의 예와 마찬가지로 안전(眼前)에는 없 지만 상대방도 이미 알고 있는 사람이나, 사물을 가리키는 용법이라 고 말할 수 있다.

　○ "七歳ニナル如是御前ニ、カノ熱病ウツリヌ"(短編＝善光寺如来本懐上)

예61) (原) あれらかさうさおむになすもようしなり(6−19)　　　　더 둘

　　(改) かのひとなとのさうさおむになすもよしなく(6−27)　　　더 둘

　　(重) かのひとなとのさうさおむになすもよしなく(6−24ウ) 더 사룸들

　위의 예61)의 경우는 개수본 및 중간본에서는 'かのひとなと'로 바 뀌어 있는데 이에 해당하는 원간본의 경우는 'あれら'가 대응하고 있 다. 이것은 'かれら'의 뜻으로 3인칭 복수를 나타내는 용법이라 할 수 있다. 이에 해당하는 한국어 대역(対訳)은 원간본에서는 '더둘', 개수 본에서는 '더둘', 중간본에서는 '더사룸들'로 되어 있다. '더'는 『李朝 語』에서는 명저, 관저(彼) 『17세기』에서는 명저것, 저 사람 관저(彼) 의 뜻으로 쓰여 있어 예24)의 경우와 마찬가지로 '저 사람'의 의미로 쓰이고 있어 인칭을 나타내는 용법으로 쓰이고 있다. 원간본의 'あれ

ら'가 개수본 및 중간본에서 'かのひと'로 바뀌어 있는 것은 어(語)
그 자체의 품위와 관계가 있었을 것이라 여겨진다.[109]

1) 'かのはう'

원간본에서는 존재하지 않으며 개수본에서는 총 1例가 존재하는
데 이는 예62)와 같이 중간본에서도 그대로 쓰이고 있다. 중간본에
서는 개수본에서 중간본으로 쓰인 1例 이외에는 존재하지 않는다.
이에 해당하는 한국어 대역은 '져리로셔'로 되어 있다. 'かのはう'를
『日葡』 및 『時代別』에서 찾아보면 보이지 않는다.

> 예62) (原) ひとおやたれはよひあると申(1-23ウ)
>
> (改) ひとおつかわにましたれは<u>かのはう</u>よりも御よひなさるると申
>
> (1-35ウ)   져리로셔
>
> (重) ひとおつかわにましたれは<u>かのはう</u>よりもよはれと申(1-28ウ)
>
>   져리로셔

5. 'どの'

먼저 사전적인 어의(語義)를 살펴보면 『日葡』에는 'Dono.ドノ(ど
の) どの、または、どのような[……であろうとも]'로, 『時代別』에 의
하면 '(連体)取上げる対象が、その一類の中において不定である意、
一つに限定できない意を表す'로 되어 있다.

원간본 및 개수본에서는 존재하지 않으며 중간본에서는 다음의 예
63)과 같이 1例만이 존재한다. 이에 해당하는 한국어 대역은 원간본에

---

109) 安田 章(1980) 前掲書 pp.129~130

는 '므슴', 개수본에는 '무슴', 중간본에는 '어닉'로 되어 있다. 이를『李朝語』에서 찾아보면 '므슴'·'무슴'囲·'무슨', '어닉'囲·'어느'『17세기』에서는 '무슴'은 나와 있지 않으며 '므슴'은 圀무슨, '어닉'는 囲'어느'로 되어 있다. 『朝鮮語』에서 '무슨'을 찾아보면 囲'①(物事を問う ときに用いられて)どんな、なんの、どういう、なに　②(不確定の物事を指して)なにか　③(物事の程度の強調を表して)なんと(いう)、どうしたことか(어떻게 된)'로 되어 있으며, '어느'는 囲'①どの、どんな ②(具体的にはっきり挙げずに物事を指示する語)ある……'로 되어 있다.

예63) (原) なにふねかなんとしておくれまるしたか(1−11ウ)　　므슴 빈
　　　(改) なにふねかとうしておくれまして御さるか(1−16)　　무슴 빈
　　　(重) <u>との</u>ふねかとうしておくれまして御さるか(1−14ウ)　　어닉 빈

　위의 예63)의 경우는 원간본 및 개수본의 'なに'가 중간본에서 'どの'로 바뀐 예로『日葡』에는 'Nani. ナニ(何) ①何か、目下の者と話す場合に用いる　②¶また、誰か¶ある事、何かの事'『時代別』에 의하면 [1]囼'名、または実体の明らかでない物事を指すのに用いる、不定称の事物代名詞 ①どういうもの。どういうこと。②名が不明であったり、明示する必要がなかったりする場合に、漠然というのに用いる。'로 되어 있다.

　이상과 같이 연체사 'この・その・あの(かの)・どの' 등 뒤에 명사가 온 형태와 'この・その・あの(かの)・どの＋명사'가 연어(連語)로서 구문상의 부사나 접속사, 명사로서 기능하고 있는 'このあいだ' 'このうゑ' 'このころ' 'このさき' 'このたひ' 'このたん' 'このちう' 'こののち' 'このはう' 'このふん' 'このほと' 'このまゑ' 'このやうな' 'このやうに' 'そのうち' 'そのうゑ' 'そのころ' 'そのはう' 'そのふん' 'そのほか' 'そのまゑ' 'あのはう' 'かのはう' 등으로 구분하여 살펴

본 결과 다음과 같은 사실을 얻을 수 있었다.

'この'의 경우 원간본에서는 총 38例가 나타나는데 개수본에서는 총 34例, 중간본에서는 총 26例가 존재하며 'その'의 경우는 원간본에서는 총 28例, 개수본에서는 총 30例, 중간본에서는 총 19例가 나타나는 것을 알 수 있다. 'あの'의 경우는 원간본에서는 총 3例, 개수본에서는 총 4例, 중간본에서는 총 1例가 존재하며 'かの'의 경우에는 원간본에서는 총 1例, 개수본에서는 총 2例, 중간본에서는 총 1例가 나타나는 것을 알 수 있다. 반면 'どの'의 경우는 원간본 및 개수본에서는 존재하지 않으며 중간본에서만 총 1例가 나타나고 있다.

연체사 'この・その・あの(かの)・どの'의 경우는 첨해신어 삼본(三本)을 통해서도 알 수 있듯이 다른 지시사의 체계처럼 많은 변화된 양상을 찾아볼 수 없었으며 또한 의미적으로나 형태적으로 크게 변화하지 않음을 알 수 있다.

'こののち'의 경우 원간본에서는 총 1例가 나타나며 개수본 및 중간본에서는 각각 2例가 나타나고 있다. 이에 해당하는 한국어 대역은 '이 후, 이 앎'으로 되어 있는데 '이 앎'은 역시 '이 후'로 바뀌어야 한다고 생각한다.

'そのまゑ'의 경우 원간본을 중심으로 한 예는 존재하지 않으며 개수본 및 중간본에서는 각각 1例가 나타나고 있다. 이에 해당하는 한국어 대역은 '그 안, 그 전(前)'으로 되어 있는데 '그 안'은 '그 전(前)'으로 바뀌어야 한다고 생각한다.

이상, 연체사 'この・その・あの(かの)・どの'와 'このあいだ' 'このうゑ' 'このころ' 'このさき' 'このたび' 'このたん' 'このちう' 'こののち' 'このはう' 'このふん' 'このほと' 'このまゑ' 'このやうな' 'このやうに' 'そのうち' 'そのうゑ' 'そのころ' 'そのはう' 'そのふん' 'そのほか' 'そのまゑ' 'あのはう' 'かのはう' 등의 출현분포를 정리하면 다음의 표7과 같다.

표7

	원 간 본	개 수 본	중 간 본
この	38	34(33, 1)	26(26, 0, 0)
このあいた	4	3(3, 0)	2(2, 0, 0)
このうゑ	4	5(4, 1)	1(1, 0, 0)
このころ	2	2(2, 0)	2(2, 0, 0)
このさま	4	2(2, 0)	2(2, 0, 0)
このたひ	0	2	3(2, 1)
このたん	1	2(1, 1)	4(1, 0, 3)
このちう	5	5(5, 0)	5(5, 0, 0)
ののち	1	2(1, 1)	2(1, 1, 0)
このはう	3	20(3, 17)	14(0, 11, 3)
このふん	1	1(1, 0)	1(1, 0, 0)
このほと	2	4(2, 2)	2(2, 0, 0)
このまゑ	1	2(1, 1)	2(1, 1, 0)
このやうな	5	3(3, 0)	3(3, 0, 0)
このやうに	8	5(5, 0)	4(4, 0, 0)
その	28	30(27, 3)	19(17, 1, 1)
そのうち	4	3(3, 0)	2(2, 0, 0)
そのうゑ	0	4	3(2, 1)
そのころ	1	1(1, 0)	1(1, 0, 0)
そのはう	1	1(1, 0)	0
そのふん	5	1(1, 0)	0
そのほか	1	2(1, 1)	3(1, 1, 1)
そのまゑ	0	1	1(1, 0)
あの	3	4(3, 1)	1(0, 1, 0)
あのはう	0	1	1(1, 0)
かの	1	2(1, 1)	1(0, 1, 0)
かのはう	0	1	1(1, 0)
どの	0	0	1

제8장 결 론

　일본어사에 있어서 고대에서 근대로 변화하는 과정에서 편찬·간행된 『捷解新語』는 원간본에서 개수본, 중간개수본(이하, 중간본이라함)을 거쳐 다양한 측면에서 개수(改修)가 이루어져 왔다. 이 개수는 단순히 언어 면뿐만 아니라 대역의 위치나 배치라고 하는 형식 면에서도 이루어졌다. 이것은 일본어와 한국어의 통어구조의 유사성에 기초한 것이라고 말할 필요도 없지만 같은 통어구조를 가진 만주어, 몽골어의 동시대의 텍스트가 이와 같은 상대(相對)의 형식을 취하고 있지 않는 점에서 『捷解新語』의 방식은 특이하다고 말할 수 있다. 따라서 본서(本書)에서는 첩해신어에 있어서의 지시체계 'ㅋ·ソ·ア(カ)·ﾄ'를 원간본을 중심으로 개수본, 중간본의 세 가지 판본을 한국어와의 대역을 통해 비교·대조해 봄으로써 어형(語形)의 변화 및 의미변화 등의 특징을 고찰해 보았다. 이를 각 장(章)별로 살펴보면 다음과 같다.

　제1장에서는 첩해신어에 있어서의 선행연구를 개관 검토함으로써 이제까지 행해졌던 연구의 문제를 제기함으로써 앞으로의 연구방향에 대해서 전망해 보았다

　제2장에서는 사물을 나타내는 지시대명사 'これ' 'それ' 'あれ' 'ど
れ' 'かれこれ'를 삼본(三本)에 있어서 먼저 어형(語形)의 변화를 살
펴봄과 동시에 어형(語形)은 같지만 의미가 다른 것을 비교, 검토한
결과 다음과 같은 사실을 얻을 수 있었다.

　'これ' 및 'それ'의 경우 원간본에서는 형태적으로 보면 각각 총
61例, 총 18例가 나타나는데 의미적인 관계는 뒤에 오는 조사와 상
호 관련되어 있음을 알 수 있다. 먼저 뒤에 조사 'お(を)、も、わ
(は)'를 수반할 경우는 사물을 나타내는 지시사의 용법으로 사용되었
으며, 'から、まで、で、にて、に、より、ゑ(へ)' 등을 수반할 때는
장소 내지는 방향을 나타내는 지시사의 용법으로 사용되고 있음을
알 수 있다. 일반적으로 형태적으로는 사물을 나타내는 지시사의 용
법으로 쓰이고 있지만 의미적으로는 방향이나 장소를 나타내는 용법
으로도 쓰이고 있음을 알 수 있다. 원간본에서는 방향이나(こち、そ
ち) 장소(ここ、そこ)를 나타내는 것이 개수본에서는 'これ' 및 'そ
れ'로 교체해서 쓰이고 있는 것을 볼 때 'これ' 'それ'의 용법이 다
양하게 쓰였음을 알 수 있다. 또한 'これ'의 경우 개수본 중심으로
볼 때 사물을 나타내는 지시사 'これ'에 해당하는 원간본의 경우 'こ
り'로 쓰인 3例를 볼 수 있는데, 이것은 기후(岐阜), 후쿠시마(福島),
이키(壱岐), 시마바라(島原) 등의 방언이라 말할 수 있다.

　'あれ'의 경우 원간본에서는 형태적으로 보면 총 4例가 나타나고
있는데 이를 의미적으로 살펴보면 인칭을 나타내는 용법(2例)과 방
향을 나타내는 용법(1例) 및 장소를 나타내는 용법(1例)으로 쓰이고
있음을 알 수 있다. 또한 'あれ'의 경우, 'かれ'가 'あれ'로 잘못 쓰였
을지도 모를 가능성에 대해서도 지적한 바 있지만 이에 대해서는 향
후 보다 많은 문헌을 통해 검증해 봐야 할 것이라고 본다.

　'どれ'의 경우 원간본에서는 존재하지 않으며, 개수본 및 중간본에
서 각각 1例가 나타나고 있는데 이는 형태적으로 보면 사물을 지시

하는 용법으로 사용된 것 같지만 의미적으로 보면 장소를 나타내는 부정칭(不定称)의 용법으로 쓰이고 있음을 알 수 있다.

'かれこれ'의 경우, 원간본에서는 총 3例가 나오는데 이에 대한 한국어 대역은 '뎌렁이렁' '이걷뎌걷' '져걷이걷' '彼此'로 되어 있다. '뎌렁이렁' 및 '져걷이걷'으로 표기되어 있는 한국어 대역(対訳)은 일한(日韓) 대역에서 오는 오역(誤訳)이라 여겨진다.

제3장에서는 장소를 나타내는 지시대명사 'ここ' 'ここもと' 'そこ' 'そこもと' 'そこもとさま' 'どこ'를 먼저 사전적인 어의(語義)를 조사한 후 어형변화 및 용법에 대해서 고찰한 결과 다음과 같은 사실을 얻을 수 있었다.

'ここ'의 경우 원간본에서는 총 8例, 개수본 및 중간본에서도 각각 1例가 쓰이고 있어 원간본에서 개수본, 중간본으로 갈수록 그 수가 현저하게 줄어드는 경향을 볼 수 있는데 이는 모두 장소를 나타내는 용법으로 쓰이고 있음을 알 수 있다.

'ここもと'의 경우는 원간본에서는 총 10例, 개수본에서는 총 11例, 중간본에서는 총 10例가 쓰이고 있는데 이는 장소를 나타내는 지시대명사의 용법으로 쓰이고 있음을 알 수 있다. 'ここもと'의 'もと'는 장소를 지시하는 뜻으로 의미적으로는 'ここ'보다도 강하다고 할 수 있다. 또한 이에 해당하는 한자가 개수본에서 '爰爰'으로 쓰인 1例가 있는데 이는 적어도 '爰元' 내지는 '爰許'로 바꾸어야 한다고 생각한다.

'そこ'의 경우 원간본에서는 총 2例가 존재하는데 1例는 인칭을 나타내는 용법으로 쓰이고 있으며 1例는 장소를 나타내는 지시대명사의 용법으로 쓰이고 있음을 알 수 있다. 반면 개수본 및 중간본에서는 존재하지 않는다.

'そこもと'의 경우 원간본에서는 총 1例가 쓰이고 있는데 이는 장소를 나타내는 지시대명사의 용법으로 쓰이고 있음을 알 수 있다.

반면 개수본에서는 총 14例, 중간본에서는 총 11例가 나타나는데 원간본에서 개수본으로 그대로 쓰인 1例를 제외하고 나머지는 모두 2인칭대명사의 용법으로 쓰이고 있음을 알 수 있다.

'そこもとさま'의 경우 원간본에서는 존재하지 않으며 개수본에서는 총 3例, 중간본에서는 총 1例가 쓰이고 있는데 이는 'そこもと'의 경우와 마찬가지로 모두 2인칭대명사의 용법으로 쓰이고 있음을 알 수 있다. 'さま'가 인칭대명사 대칭으로 친애(親愛)의 뜻을 가진 경칭(敬称)으로 사용된 경우는 근세어의 특징이라고 말할 수 있다.

'どこ'의 경우 원간본에서는 총 2例, 개수본 및 중간본에서는 각각 1例가 나타나는데 이는 모두 장소를 나타내는 부정칭(不定称)의 용법으로 쓰이고 있다.

제4장에서는 방향을 나타내는 지시대명사 'こち' 'そち' 'あち' 'あちこち' 'どち'를 먼저 사전적인 어의(語義)를 조사한 후 의미 및 용법에 대해서 고찰한 결과 다음과 같은 사실을 얻을 수 있었다.

'こち'의 경우 원간본에서 개수본, 중간본으로 갈수록 그 수가 현저하게 줄어드는 경향을 볼 수 있으며 방향 내지 장소를 나타내는 용법보다는 대부분 자칭(自称)을 나타내는 인칭대명사의 용법으로 쓰이고 있음을 알 수 있었다. 'そち'의 경우 원간본, 개수본, 중간본에서 총 5例가 존재하는데 이는 모두 대칭(対称)을 나타내는 인칭대명사의 용법으로 쓰이고 있으며, 'あち'의 경우 원간본에서 총 1例가 존재하는데 개수본 및 중간본에서 'あのはう'로 바뀌어 쓰이고 있는데 이는 타칭(他称)을 나타내는 인칭대명사의 용법으로 쓰이고 있다. 'あち'가 'あのはう'로 바뀌어 쓰이고 있는 것은 어(語) 그 자체의 품위와 관계가 있을 것이라 여겨진다. 'あちこち'는 원간본에서 총 1例가 존재하는데 이는 개수본 및 중간본에서 'あちらこちら'로 바뀌어 쓰이고 있는데 무로마치(室町) 시대에 'ら'는 단수로 사용하고 품위 있는 말이라고 여겨진다. 'どち'의 경우 원간본에서는 총 1例가 쓰이고 있는데 이는 개수본 및 중간본에서 그대로 쓰이고 있다. 또한 'どちら'의 경우는 개수본 및 중간본에서 1例가 나타나는데 모두 부정칭(不定称)의 용법으로 쓰이고 있다. 이에 해당하는 원간본의 경우 'のち'로 되어 있는데 이는 방언적 요소라기보다는 'd와 n, r과 n, s와 t・ts' 음의 혼동(混同)에 의한 조선인적 오류의 정정(訂正)에 의해서 개정(改正)되었던 것은 아닌가 여겨진다.

제5장에서는 인칭대명사 'こなた' 'こなたしゅ' 'そなた' 'そなたしゅ' 'どなた'의 어형(語形)변화 및 의미를 한국어역(韓国語訳)과 관련하여 고찰한 결과 다음과 같은 사실을 얻을 수 있었다.

'こなた'의 경우 원간본에서는 총 23例가 쓰이고 있으며 개수본에서는 원간본에서 개수본으로 그대로 쓰인 3例가 존재하며 중간본 중심의 예는 존재하지 않는다.

'こなたしゅ'의 경우 원간본에서는 총 7例가 쓰이고 있으며 개수본에서는 원간본에서 개수본으로 그대로 쓰인 4例와 개수본 중심의 2例를 합쳐 총 6例가 쓰이고 있다. 반면 중간본을 중심으로 한 예는 존재하지 않는다. 'しゅ'는 복수를 나타내는 접미사로서 'たち' 다음으로 경의(敬意)가 높다고 말할 수 있다.

'そなた'의 경우 원간본에서는 총 13例가 쓰이고 있으며 개수본에서는 원간본에서 개수본으로 그대로 쓰인 2例와 개수본 중심의 7例를 합쳐 총 9例가 쓰이고 있다. 반면 중간본에서는 개수본에서 중간본으로 그대로 쓰인 2例 이외에는 존재하지 않는다.

'そなたしゅ'의 경우 원간본에서는 총 8例가 쓰이고 있으며 개수본에서는 원간본에서 개수본으로 그대로 쓰인 1例와 개수본 중심의 1例를 합쳐 총 2例가 쓰이고 있다. 반면 중간본에서는 원간본에서 중간본으로 그대로 쓰인 2例 이외에는 존재하지 않는다.

'どなた'의 경우 원간본에서는 1例도 존재하지 않으며 개수본에서는 총 2例가 쓰이고 있으며 중간본에서는 개수본에서 중간본으로 그

대로 쓰인 2例 이외에는 존재하지 않는다.

제6장에서는 지시부사 'こう' 'かやう' 'そう' 'さやう' 'どう' 'どうもこうも'에 대해서 고찰한 결과 다음과 같은 사실을 얻을 수 있었다.

'こう'와 'かやう'를 삼본(三本)을 통해 살펴본 결과, 원간본에서는 'こう'가 22例, 'かやう'는 9例가 쓰이고 있어 'こう'가 'かやう'보다 훨씬 다용(多用)되고 있음을 알 수 있다. 반면 개수본에서는 'こう'가 6例가 쓰이고 있는 반면, 'かやう'의 경우는 총 35例가 쓰이고 있어 'かやう'가 'こう'보다도 훨씬 많이 쓰이고 있음을 알 수 있다. 또한 중간본에서는 'こう'가 2例가 쓰이고 있는 반면 'かやう'의 경우는 23例가 쓰이고 있다. 따라서 'こう'와 'かやう'와의 관계를 살펴보면 'こう'의 경우는 원간본에서 개수본 및 중간본으로 갈수록 그 예가 훨씬 감소하고 있은 경향을 보이고 있는 반면, 'かやう'의 경우는 원간본에 비해 개수본 및 중간본에서 훨씬 많이 쓰이고 있음을 알 수 있다.

'そう'와 'さやう'를 삼본(三本)을 통해 살펴본 결과, 원간본에서 'そう'가 77例가 쓰였던 것이 개수본에서는 41例, 중간본에서는 23例로 쓰이고 있어 원간본에서 개수본 및 중간본으로 가면서 그 수가 현저히 줄어드는 경향이 있다. 반면 'さやう'의 경우, 원간본에서는 7例밖에 없던 것이 개수본에서는 43例, 중간본에서는 36例가 쓰이고 있어 'そう'의 경우와 다른 양상을 보이고 있음을 알 수 있다. 따라서 'そう'와 'さやう'와의 관계를 살펴보면 'そう'의 경우는 원간본에서 개수본 및 중간본으로 갈수록 그 예가 훨씬 감소하고 있는 경향을 보이고 있는 반면, 'さやう'의 경우는 원간본에 비해 개수본 및 중간본에서 훨씬 많이 쓰이고 있음을 알 수 있다.

'そう'의 경우, 원간본의 'そう'가 개수본에서 'かやう'로 바뀌어 있는 1例가 존재하는데 이는 'さやう'가 잘못해서 'かやう'로 바뀐 것은 아닌가 하는 근거를 제시한 바 있는데 이에 대해서도 보다 세밀

한 검토가 이루어져야 한다고 생각한다.

원간본에 있어서 'こう' 'そう'는 그것보다도 성립이 늦은 개수본
에 있어서 'かやう', 'さやう'로 전해져 보다 오래된 언어로 바뀌어
있는 것에 대해서는 양첩해신어가 현저하게 다른 문체에 속하는 언
어를 반영하고 있을지도 모른다는 생각이 든다. 양첩해신어의 문체
가 다르게 전하는 것은 반드시 원간본의 성립 시기에 이미 다른 한
편에 있어서 개수본적 문체의 것도 존재했고, 개수본이 성립된 그
시기에 성립됐다고 볼 만한 것이 있다고 하면 양자 간의 차이는 문
체적인 것이라고 하는 동시에 시대의 반영이라고 할 수 있다.

이러한 현상이 첩해신어에서만 나타나는 언어의 양상인지 아니면
그 시대의 일반적인 언어양상인지에 대해서는 동시대의 보다 많은
문헌과의 대조 검토를 통해 구체적이고 상세하게 연구해 보고 싶다.

또한 'どうもこうも'의 경우, '더러타이러타'로 대역되어 있는 것
은 일한(日韓) 대역에서 오는 오역(誤訳)이라 여겨진다.

제7장에서는 연체사 'この·その·あの(かの)·どの' 등 뒤에 명사
가 온 형태와 'この·その·あの(かの)·どの+명사'가 연어(連語)로
서 구문상의 부사나 접속사, 명사로서 기능하고 있는 'このあいた'
'このうゑ' 'このころ' 'このさき' 'このたひ' 'このたん' 'このちう'
'こののち' 'このはう' 'このふん' 'このほと' 'このまゑ' 'このやうな'
'このやうに' 'そのうち' 'そのうゑ' 'そのころ' 'そのはう' 'そのふん'
'そのほか' 'そのまゑ' 'あのはう' 'かのはう' 등으로 구분하여 살펴
본 결과 다음과 같은 사실을 얻을 수 있었다.

'この'의 경우 원간본에서는 총 38例가 나타나는데 개수본에서는
총 34例, 중간본에서는 총 26例가 존재하며 'その'의 경우는 원간본
에서는 총 28例, 개수본에서는 총 30例, 중간본에서는 총 19例가 나
타나는 것을 알 수 있다. 'あの'의 경우는 원간본에서는 총 3例, 개
수본에서는 총 4例, 중간본에서는 총 1例가 존재하며 'かの'의 경우

에는 원간본에서는 총 1例, 개수본에서는 총 2例, 중간본에서는 총 1例가 나타나는 것을 알 수 있었다. 반면 'どの'의 경우는 원간본 및 개수본에서는 존재하지 않으며 중간본에서만 총 1例가 나타나고 있다. 연체사 'この・その・あの(かの)・どの'의 경우는 첩해신어의 삼본(三本)을 통해서도 알 수 있듯이 다른 지시사의 체계처럼 변화된 양상을 찾아볼 수 없었으며 의미적으로나 형태적으로 크게 변화하지 않음을 알 수 있다.

'こののち'의 경우 원간본에서는 총 1例가 나타나며 개수본 및 중간본에서는 각각 2例가 나타나고 있다. 이에 해당하는 한국어 대역은 '이 후, 이 앒'으로 되어 있는데 '이 앒'은 역시 '이 후'로 바뀌어야 한다고 생각한다.

'そのまゑ'의 경우 원간본에서는 존재하지 않으며 개수본 및 중간본에서는 각각 1예가 나타나고 있다. 이에 해당하는 한국어 대역은 '그 안, 그 전(前)'으로 되어 있는데 '그 안'은 '그 전(前)'으로 바뀌어야 한다고 생각한다.

이번 연구에서는 첩해신어에 있어서 지시체계 'コ・ソ・ア(カ)・ド'를 중심으로 먼저 사전적인 어의(語義)를 조사한 후 어형변화 및 의미변화에 대해서 고찰해 보았다. 첩해신어만을 연구대상으로 하였기에 연구자료에 있어 제약이 뒤따랐다. 앞으로는 동시대(同時代)의 다른 문헌과의 비교 분석을 통해 보다 상세하게 연구하고 싶다.

資料編(用例集)

用例目次

これ

원간본 중심

(原) めてたう御さる<u>これ</u>あからしられ(1-2ウ)　　　　　　여긔

(改) めてたう御さる<u>これ</u>ゑあからしやれませい(1-3ウ)　　여긔

(重) めてたう御さる<u>これ</u>ゑあからしやれませい(1-3ウ)　　여긔

(原) <u>これ</u>よりたのむことわやまのことくて御さろうほとに(1-4) 이러로셔

(改) このはうより御たのみ申ことわやまのことくて御さろうほとに

　　(1-5ウ)　　　　　　　　　　　　　　　　　　　　　　이러로셔

(重) このはうより御たのみ申ことわやまのことくて御さろうほとに

　　(1-5ウ)　　　　　　　　　　　　　　　　　　　　　　이러로셔

(原) <u>これ</u>ほとたいせつかましいおしられすとも(1-6ウ)　　이대도록

(改) それほとにおおくらましうおおせられすとも(1-9)　　　이대도록

(重) それほとにおおくらましうおおせられすとも(1-8)　　　이대도록

(原) <u>これ</u>わにせんあれはふうしんてこそ御さる(1-15)　　　이ᄂᆞᆫ

(改) <u>これ</u>わにせんちうあれわふうしんて御さりまする(1-22)　이ᄂᆞᆫ

(重) <u>これ</u>わにせんちうあれわふうしんて御さりまする(1-20)　이ᄂᆞᆫ

(原) <u>これ</u>わこちかわたくしに申ことはちやか(1-31ウ)　　　이ᄂᆞᆫ

(改) <u>これ</u>わわたくしのないしよて申きて御されとも(1-48)　이ᄂᆞᆫ

(重) ……

(原) まことに<u>これ</u>て御さる(2-4ウ)　　　　　　　　　이로소이다

(改) まことに御のこりおおんそんしまする(2-6ウ)

(重) まことに御のこりおおんそんしまする(2-12)

(原) にほんならはこれおもつて(2-8ウ)   이룰

(改) にほんならはこれおもつて(2-12)   이룰

(重) にほんならはこれおもつて(2-17)   이룰

(原) そさよりこれからわくるあれからわこんと(2-13ウ)   이러셔는

(改) これからわよはれあれからわこんとゆうて(2-19ウ)   이러셔는

(重) ……

(原) これからみるにさかつきおのこしあるとみゑまるする(3-5ウ)   예셔

(改) これからみまするにさかつきおのこさつしやるとみゑまする(3-7) 예셔

(重) これからみまするに御しゆたいなされますするそうに御さる(3-6ウ) 예셔

(原) わたくしらかこれおれいにしまるせうか(3-8ウ)   이룰

(改) われわれかこれおれいにしませうか(3-11)   이룰

(重) われわれかこれおれいにしませうか(3-11)   이룰

(原) これもまたたひまるせうほとに(3-10ウ)   이도

(改) これもまたたへまるせうほとに(3-14)   이도

(重) これもまたたへまるせうほとに(3-14)   이도

(原) これもさけか中ことちやほとに(3-19ウ)   이도

(改) これもさけの中ことちやほとに(3-25ウ)   이도

(重) これもさけの中ことちやほとに(3-24ウ)   이도

(原) これからそつとみてもしれまるせる(4-10)   예셔

(改) これからちよつとみてもしれまする(4-14ウ)   예세

(重) これからちよつとみてもしれまする(4-14)   예셔

(原) これにけかくなことわ御さるまい (4-16ウ)   여긔셔

(改) これにかくへつちかうなことわ御さるまい(4-23ウ)   여긔셔

(重) これにかくへつちかうたことわ御さるまい(4-22)   이예셔

(原)　<u>これ</u>わなにふねて御さるか(5-1)　　　　　　　　　이늗
(改)　<u>これ</u>わなにふねて御さりますか(5-1)　　　　　　이늗
(重)　<u>これ</u>わなにふねて御さりますか(5-1)　　　　　　이늗

(原)　よきてんきに<u>これ</u>まて御つきなされめてたうこそ御され(5-17)　예ᄾ지
(改)　よきてんきに<u>これ</u>まて御つきなされてめてたうそんしまする(5-24ウ)
　　　　　　　　　　　　　　　　　　　　　　　　　　　예ᄾ지
(重)　よきてんきに<u>これ</u>まて御つきなされてめてたうそんしまする(5-17)
　　　　　　　　　　　　　　　　　　　　　　　　　　엔マ지

(原)　<u>これ</u>まての御つかいかたしけなくそんしまるする(5-17ウ)　예ᄾ지
(改)　<u>これ</u>まて御つかいおもつて御たつねなされましてかたしけなう
　　　(5-26)　　　　　　　　　　　　　　　　　　　　예ᄾ지
(重)　<u>これ</u>まて御つかいおもつて御たつねなされましてかたしけなう
　　　(5-18)　　　　　　　　　　　　　　　　　　　　엔マ지

(原)　<u>これ</u>まて御わたりなによりめてたうこそ御され(5-18ウ)　예ᄾ지
(改)　<u>これ</u>まて御わたりなされましてなによりめてたうそんしまする
　　　(5-27)　　　　　　　　　　　　　　　　　　　　예ᄾ지
(重)　<u>これ</u>まて御わたりなされましてなによりめてたうそんしまする
　　　(5-19)　　　　　　　　　　　　　　　　　　　　엔マ지

(原)　てんきもあらさいんて<u>これ</u>まてまいたほとに(5-19)　예ᄾ지
(改)　てんきもあらしませいて<u>これ</u>まてまいりまして(5-28)　예ᄾ지
(重)　……

(原)　<u>これ</u>まておちやれと申たほとに(5-21)　　　　예ᄾ지
(改)　<u>これ</u>まて御されと申ましたほとに(5-31ウ)　　예ᄾ지
(重)　……

(原)　<u>これ</u>によつてかたから(5-22ウ)　　　　　　　이러모로

(改) <u>これ</u>によつてかたから(5−33)　　　　　　　　　　이러모로

(重) ……

(原) <u>これ</u>わものにたとゑははりさきなり(6−3)　　　　　　이는

(改) <u>これ</u>わものにたとゑて申ますれははりさきほとのこと て(6−4)　이는

(重) <u>これ</u>わものにたとゑてゆますれははりさきほとのこと て(6−3ウ) 이는

(原) <u>これ</u>もいわうてのこととこそ申まるする(6−6ウ)　　　이도

(改) <u>これ</u>もしゆうけんのおとりちやと申ます る(6−9ウ)　　이도

(重) <u>これ</u>もしゆうけんのおとりちやとゆます る(6−8ウ)　　이도

(原) <u>これ</u>おみまるせうために(6−7ウ)　　　　　　　　　　이를

(改) <u>これ</u>おみませうために(6−10ウ)　　　　　　　　　　　이을

(重) ……

(原) <u>これ</u>もさけのけてこそ御され(6−9ウ)　　　　　　　　이도

(改) <u>これ</u>もさけゆゑてさりまする(6−13ウ)　　　　　　　　이도

(重) <u>これ</u>もさけゆゑて御さりまする(6−12)　　　　　　　　이도

(原) <u>これ</u>まてつかしられてたいけいにこそ御され(6−14)　　옛션지

(改) <u>これ</u>まて御つきなされましてたいけいにそんしまする(6−20ウ) 옌マ지

(重) <u>これ</u>まて御つきなされましてたいけいにそんしまする(6−18ウ) 옌マ지

(原) <u>これ</u>まてましにつかしられたとあて(7−1)　　　　　　예션지

(改) <u>これ</u>まて御ふしに御つきなされましたゆゑ(7−1)　　　예션지

(重) <u>これ</u>まて御ふしに御つきなされましたゆゑ(7−1)　　　옌マ지

(原) 御ねんおいれられ<u>これ</u>まて御つかいと(7−3)　　　　　예マ지

(改) 御ねんいれられ<u>これ</u>まて御つかいくたさるのみならす(7−4)　예マ지

(重) 御ねんいれられ<u>これ</u>まて御つかいくたさるのみならす(7−3)　옌マ지

(原)　<u>これ</u>おうけねもむしつけなれとも(7-3ウ)　　　　　　　　이를

(改)　<u>これ</u>おうけねもふれいなかて御されとも(7-5)　　　　　　이룰

(重)　……

(原)　また<u>これ</u>わさせらんものなれとも(7-5ウ)　　　　　　　이거슨

(改)　また<u>これ</u>わそまつつなものなれとも(7-8)　　　　　　　이거슨

(重)　……

(原)　<u>これ</u>おとらしられんゑは(7-6)　　　　　　　　　　　　　이를

(改)　<u>これ</u>お御とりなされませねは(7-9)　　　　　　　　　　　이룰

(重)　……

(原)　<u>これ</u>まててこそ御さる(7-13)　　　　　　　　　　　　　예싯지

(改)　<u>これ</u>まてまいりまして御さる(7-19)　　　　　　　　　　예싯지

(重)　<u>これ</u>まてまいられまして御さる(7-10ウ)　　　　　　　　옏ᄀ지

(原)　われらににんお<u>これ</u>まてもんあんお(7-13ウ)　　　　　　예싯지

(改)　われらににんお<u>これ</u>まてもんあんお(7-20ウ)　　　　　　예싯지

(重)　われらににんお<u>これ</u>まてさにされましてもあんお(7-11ウ)　옏ᄀ지

(原)　<u>これ</u>まて御ねんころな御たつね(7-14ウ)　　　　　　　　예싯지

(改)　<u>これ</u>まてつかされ御ねんころな御たつね(7-21ウ)　　　　예싯지

(重)　<u>これ</u>まてつかわされ御ねんころの御たつねにあつかりまして(7-12)

　　　　　　　　　　　　　　　　　　　　　　　　　　　　　옏ᄀ지

(原)　しんしゑなにことなう<u>これ</u>まてつかしられて(7-15ウ)　　예싯지

(改)　しんしゑことゆゑなく<u>これ</u>まて御つきなされまして(7-23)　예싯지

(重)　しんしことゆゑなく<u>これ</u>まて御つきなされまして(7-13)　　옏ᄀ지

(原)　せめて<u>これ</u>おとこころさしにおいたに(8-3ウ)　　　　　　이나

(改)　せめて<u>これ</u>なりともこころさしてやりませうとそんしましたに(8-5)

이나

(重) せめて<u>これ</u>なりともこころさしてやりませうとそんしましたに(8-4ウ)

이나

(原) <u>これ</u>にてしこにちも御とうりう御さて(8-9ウ) 예셔

(改) <u>これ</u>にてしこにちも御とうりうなされて(8-14) 예셔

(重) <u>これ</u>にてしこにちも御とうりうなされて(8-11) 여긔서

(原) <u>これ</u>もけんもつなさるやうに(8-10ウ) 이도

(改) <u>これ</u>もけんふつなさるるやうに(8-15ウ) 이도

(重) ……

(原) <u>これ</u>もさためてたいくんよりしんす<u>ゑ</u>(8-10ウ) 이도

(改) <u>これ</u>もさためてたいくんよりしんし<u>ゑ</u>(8-16) 이도

(重) ……

(原) たにんちうなにこともなし<u>これ</u>まてつかしられて(8-13) 예쇠지

(改) たにんすなにこともなう<u>これ</u>まて御つきなされてめてたう(8-19)예 쇠
지

(重) たにんすなにこともなう<u>これ</u>まて御つきなされてめてたう(8-13ウ)

옏마지

(原) くうきあいすみ<u>これ</u>まてまいたところおことはてわ(8-15) 예쇠지

(改) こうきあいすみ<u>これ</u>まてまいつたところおことはてわ(8-22ウ) 예쇠지

(重) こうきあいすみ<u>これ</u>まてまいつたところおことはてわ(8-17) 옏마지

(原) また<u>これ</u>わめつらしからんものなれともしんしまるする(8-17) 이거슨

(改) またこのしなわめつらしかりませねともしんしまする(8-25ウ) 이거슨

(重) ……

(原) <u>これ</u>もにさんにちわつかまつろうす(8-21ウ) 이도

(改) <u>これ</u>もにさんにちわつかまつりませうす(8-32)　　　　　　　이도
(重) ……

(原) <u>これ</u>まてまいためてたきいわいふるまいもうけさしられんて(8-21ウ)
　　　　　　　　　　　　　　　　　　　　　　　　　　　　　예션지
(改) <u>これ</u>まてまいつたいわいのふるまいもうけさつしやれいて(8-32ウ)
　　　　　　　　　　　　　　　　　　　　　　　　　　　　　예션지
(重) ……

(原) <u>これ</u>まて御ねんころかむになるかとそんしまるするほとに(8-22ウ)
　　　　　　　　　　　　　　　　　　　　　　　　　　　　　옛ㅁ지
(改) <u>これ</u>まて御ねんころかむになりませうほとに(8-33ウ)　　예션지
(重) ……

(原) <u>これ</u>もつてりやうこくあんたいのいんとくかと(8-27ウ)　　일로뼈
(改) <u>これ</u>すなわちりやうこくあんたいのいんとくて御さるとそんして
　　(8-40ウ)　　　　　　　　　　　　　　　　　　　　　　일노뼈
(重) ……

(原) たた<u>これ</u>て御もとらしられてよう御さろうと(8-30ウ)　　예셔
(改) たた<u>これ</u>より御かゑりなされてよう御さろうと(8-45)　이러로셔
(重) ……

(原) <u>これ</u>もにほん御うたにまようてのことてこそ御され(9-4)　　이도
(改) <u>これ</u>もにほんのうたいにまようてのことてこそ御され(9-5ウ)　이도
(重) ……

(原) ないない<u>これ</u>より申おこれもさけのゆゑに(9-7ウ)　　이러로셔
(改) つかいおもつて<u>これ</u>より申まするはつおこれもさけゆゑに(9-10)
　　　　　　　　　　　　　　　　　　　　　　　　　　　이러로셔
(重) つかいおもつて<u>これ</u>よりゆまするはつお(9-7)　　　　이러로셔

(原) これより申お<u>これ</u>もさけのゆゑにおくれたに(9-7ウ)　　　　　이도

(改) これより申するはつお<u>これ</u>もさけゆゑにおくれましたに(9-11) 이도

(重) これよりゆまするはつおおくれましたところに(9-7)

(原) <u>これ</u>かいちたんなりにくい御しよまうちや(9-9ウ)　　　　　　이

(改) <u>これ</u>かいちたんなりにくい御しよまうて御さる(9-13ウ)　　　이

(重) ……

(原) <u>これ</u>かひとつのきすとわおもゑとも(9-10)　　　　　　　　　이

(改) <u>これ</u>かひとつのきすとわおもゑとも(9-14ウ)　　　　　　　　이

(重) ……

(原) もつとも<u>これ</u>よりこそ御みまいのため(10-2ウ)　　　　　　自此社

(改) もつとも<u>これ</u>よりこそ御みまいのため(10^上-3ウ)　　　이러로셔

(重) もつとも<u>これ</u>よりこそ御みまいのため(10^上-3ウ)　　　이러로셔

(原) さうはんにて御さ候てう<u>これ</u>また御こころゑなさるへく候(10-5) 是又

(改) さうはんにて御さ候てう<u>これ</u>また御こころゑなさるへく候(10^上-9ウ)

　　　　　　　　　　　　　　　　　　　　　　　　　　　　　　　이도

(重) ……

(原) いつひつけいたつせしめ候<u>これ</u>しきしやせうに御さ候ゑとも(10-8)是式

(改) いつひつけいたつせしめ候<u>これ</u>しきしやせうに御さ候ゑとも

　　　(10^上-14ウ)　　　　　　　　　　　　　　　　　　　이만거시

(重) いつひつけいたつ<u>これ</u>しきしやしやうに御さ候ゑとも(10^上-12) 이는

(原) へしの御ようも<u>これ</u>なく候わすいしよお(10-21)　　　　　　無之

(改) へしの御ようも<u>これ</u>なく候わすいきよお(10^中-22)　　　업습거든

(重) へちの御ようも<u>これ</u>なく候わはすいきよお(10^中-19ウ)　업습거든

(原) きよねんのみしんも<u>これ</u>あるところにこのちうのふねにまいり

(10-23ウ)　　　　　　　　　　　　　　　　　有之

(改)　きよねんのみしゆもこれあるところにこのちうのふねにまいり

(10ᵈ-1ウ)　　　　　　　　　　　　　　　　인ᄂᆞᆫ딕

(重)　きよねんのみしゆもこれあり候ところにこのちうのふねまいり

(10ᵈ-1ウ)　　　　　　　　　　　　　　　　인ᄂᆞᆫ딕

(原)　まついつそくもこれなく候よし(10-30)　　　　無之

(改)　まつわいつそくもこれなく候よし(10ᵈ-14)　　업다ᄒᆞ고

(重)　まついつそくもこれなく候よし(10ᵈ-11ウ)　　업다ᄒᆞ고

(原)　これなく候ところに御いてなされかたしけなく(10-32ウ)　　無之

(改)　これなく候ところに御いてなされかたしけなく(10ᵈ-19ウ) 업습ᄂᆞᆫ딕

(重)　これなく候ところに御いてなされ かたしけなく(10ᵈ-15ウ) 업습ᄂᆞᆫ딕

(原)　もつともこれより御れいちやうもつて(10-33ウ)　　従此

(改)　もつともこれより御れいちやうもつて(10ᵈ-21)　　이러로셔

(重)　もつともこれより御れいゆいるへく候ところ(10ᵈ-16ウ)　이러로셔

(原)　御れいまんまん申いるへく候てうたたこれ(10-34ウ)　　只此

(改)　御れいまんまん申いるへく候てうたたこれふく(10ᵈ-23)　只此

(重)　御れいゆいるへく候てう たたこれふく(10ᵈ-18ウ)　　只此

개수본 중심

(原)　そうてわ御さるかこりりかかとやまいてわなし(1-30ウ)　　　이

(改)　そうてわ御されともこれかさくひやうてわ御さらす(1-46ウ)　이

(重)　これかさくひやうてわ御さぬにより(2-5)　　　　　　　　　이

(原)　こちよりもさきに申そうとそんしたに(7-11)　　　이러로셔

(改)　これよりさきたつて申ませうとそんしましたに(7-16)　　이러로셔

(重) <u>これ</u>よりさきたつて申ませうとそんしました(7-8ウ)   이러로셔

(原) こちとうらしられ(7-13)   예신지
(改) <u>これ</u>ゑとうらつしやれい(7-19ウ)   예신지
(重) ……

(原) またおもいのほかきんすおここまておくるとあるほとに(8-3ウ) 예지이
(改) またそんしよらすきんすお<u>これ</u>まておくらしやると御さる(8-5ウ) 예신지
(重) またそんしよらすきんすお<u>これ</u>まておくらしやれますると御さる(8-5)
                                                            옏ᄀ지

(原) むしにここまてついたれはつしまゑついたとうせんに(8-12ウ) 예신지
(改) ふしに<u>これ</u>まてつきましてつしまゑつきましたとうせんに(8-20ウ) 예신지
(重) ふしに<u>これ</u>まてつきましてつしまゑつきましたとうせんに(8-14ウ)
                                                            옏ᄀ지

(原) ここまてまいたわこちのことわおいて(8-14ウ)   예신지
(改) <u>これ</u>まてとうちやくいたしましてこのはうはさておき(8-21) 예신지
(重) <u>これ</u>まてとうちやくいたしましてこのはうわさておき(8-15ウ) 옏ᄀ지

(原) むしにここまてついてめてたさたかいにとうせんに(8-17ウ) 예신지
(改) ふしに<u>これ</u>まてつきまして御とうせんに(8-26)   예신지
(重) ふしに<u>これ</u>まてつきまして御とうせんに(8-19)   옏ᄀ지

(原) ここまてむしについたうゑわのこることも(8-19)   예신지
(改) <u>これ</u>まてふしにつきましたうゑわのこるところも(8-28ウ) 예ᄀ지
(重) ……

(原) りやうこくのためと申ことて御さる(9-17)
(改) <u>これ</u>もりやうこくのために申ことて御さる(9-24ウ)   이도
(重) ……

(原) けにこりほとならは　おもうことすこしもなうてと(9-20)　**이만ᄒ면**
(改) けに<u>これ</u>ほとならはとおもうことわすこしもなうて(9-28ウ) **이만ᄒ면**
(重) ……

(原) つねつねこりおくやむはかりのわれお(9-20)　　　　　**이를**
(改) つねつね<u>これ</u>おくやむはかりて御さるお(9-29)　　　**이를**
(重) ……

중간본 중심

(原) そうならはわたくしにゑることわ御さらんほとに(1-25ウ)
(改) しからはないしよてもとむることてわ御さらねにより(1-38ウ)
(重) <u>これ</u>わわたくしのないしよてもとむることてわ御さらぬにより(1-30)
　　　　　　　　　　　　　　　　　　　　　　　　　　이ᄂᆞᆫ

(原) 御かけともつてふしにつきまるしたほとに(7-17)
(改) 御かけおもつてふしにつきまして(7-25)
(重) 御かけおもつて<u>これ</u>まてふしにとうちやくつかまつりました(7-15)
　　　　　　　　　　　　　　　　　　　　　　　　옏マ지

(原) かまつり候やうにあいさため中候あいた(10-13)
(改) かまつり候やうにあいさため中候あいた(10^中-6)
(重) しゆつせき<u>これ</u>あり候はつにあいさため中候あいた(10^中-5ウ)
　　　　　　　　　　　　　　　　　　　　　　참예ᄒ시계

(原) 御はつとにおうせつけらるやうにかまつるへく候あいた (10-25)
(改) 御ちやうしおうせつけらるやうにかまつるへく候あいた (10^ド-3ウ)
(重) ちやうし<u>これ</u>あり候やうにかまつるへく候あいた(10^ド-3ウ) **머모로계**

それ

원간본 중심

(原) <u>それ</u>てきつかいまるする(1-11)   글로ᄒᆞ여
(改) <u>それ</u>によりましてきつかいかかきりなう御さりまする(1-15ウ)
                                                          글로ᄒᆞ여
(重) <u>それ</u>によりましてきつかいかかきりなう御さりまする(1-14)
                                                          글로ᄒᆞ여

(原) <u>それ</u>てきつかいまるする(1-13ウ)   글로ᄒᆞ여
(改) <u>それ</u>ゆゑきつかいにそんしまする(1-19ウ)   그러키예
(重) <u>それ</u>ゆゑきつかいにそんしまする(1-17ウ)   그러키예

(原) さき御されわれもあとから<u>それ</u>いきまるせう(1-24)   그리
(改) さきゑゆかしやれいわしもおつつけ<u>それ</u>ゑまいりませう(1-36) 그리
(重) さきゑゆかしやれいわしもおつつけ<u>それ</u>ゑまいりませう(1-29) 그리

(原) さきいれてくたされ<u>それ</u>わいまとねきゑ申やて(1-24ウ)   글란
(改) さきいれてくたされい<u>それ</u>わいまとうらいゑ申つかわして(1-37) 글란
(重) さきいれてくたされい<u>それ</u>わいまとうらいさまに申つかわして(1-30)
                                                          글란

(原) <u>それ</u>わそうしまるせう(1-26)   글란
(改) <u>それ</u>わそうしませう(1-39)   글란
(重) ……

(原) <u>それ</u>もしなおすやうにさしられ(2-11ウ)   그도
(改) <u>それ</u>もしなおすやうになされませい(2-16ウ)   그도
(重) <u>それ</u>もしなおすやうになされませい(2-21ウ)   그도

(原) <u>それ</u>よりいたみまるしたむねとはらかちとやみまるして(3−3ウ)

글로브터

(改) いたみまするむねとはらかちとやみまして(3−4ウ)

(重) かけていたみまするむねとはらかちとようなりまして(3−4ウ)

(原) <u>それ</u>わそうしまるせうか(3−21ウ)　　　　　　글란

(改) <u>それ</u>わそういたしませうか(3−28ウ)　　　　　　글란

(重) <u>それ</u>わそういたしませうか(3−27ウ)　　　　　　글란

(原) いくふねにやりまるせうかとおもいまるする<u>それ</u>わそうめされ(3−25)

글란

(改) ゆくふねにつかわそうとおもいまする<u>それ</u>わそうなされません(3−33ウ)

글란

(重) ……

(原) <u>それ</u>わはんすしゅとたいくわんともか(3−26)　　　ユ\닏

(改) <u>それ</u>わはんすしゅとたいくわんともか(3−34ウ)　　ユ\닏

(重) ……

(原) <u>それ</u>わそうて御さるかにさんにちすきて(3−28)　　ユ\닏

(改) <u>それ</u>わそうて御さるかにさんにちすきて(3−38)　　ユ\닏

(重) ……

(原) <u>それ</u>おいやとこそおほしめせは(4−14ウ)　　　　ユ룰

(改) <u>それ</u>おいやとおほしめせは(4−21)　　　　　　ユ룰

(重) <u>それ</u>おいやとおほしめせは(4−19ウ)　　　　　ユ룰

(原) <u>それ</u>おはやめさしられかたからこうあろうかと(5−29ウ)　글란

(改) <u>それ</u>わやめさつしやれいかたからそうあろうと(5−43)　ユ\닏

(重) ……

(原) かたからこうあろうかとおもうて<u>それ</u>ほと申たれとも(5-30)　그대도록
(改) かたからそうあろうとおもうて<u>あれ</u>ほと申たれとも(5-43)　그대도록
(重) ……

(原) <u>それ</u>につきさんおもしろさにまようて(6-9)　　　　글로ᄒᆞ여
(改) <u>それ</u>につきさかもりのおもしろさにまようて(6-13)　글노ᄒᆞ여
(重) <u>それ</u>につきおひたたしうたへゑいまして(6-11ウ)　글노ᄒᆞ여

(原) <u>それ</u>につきとしよたははおもちまるしたに(8-23ウ)　글로ᄒᆞ야
(改) <u>それ</u>につきとしよつたははおもちていまするか(8-35)　글로ᄒᆞ야
(重) ……

(原) なかもとり申へく候<u>それ</u>につきこうもくころくしつそく(10-28ウ)　就夫
(改) なかもとり申へく候<u>それ</u>につきこうもくころくしつそく(10ᶠ-10ウ)
　　　　　　　　　　　　　　　　　　　　　　　　그러ᄒᆞ오매
(重) きんきんふねしたいいたし候あいたこうもくころくしつそく(10ᶠ-8ウ)

(原) いちたんのきに御さ候<u>それ</u>につきわれらしきまて(10-32)　　　就夫
(改) いちたんのきに御さ候<u>それ</u>につきわれらしきまて(10ᶠ-18)　그러나
(重) 御いちたんのきに御さ候<u>それ</u>につきわれらしきまて(10ᶠ-14ウ) 그러나

개수본 중심

(原) これほとたいせつかましいおしられすとも(1-6ウ)　　이대도록
(改) <u>それ</u>ほとにおおくらましうおおせられすとも(1-9)　그대도록
(重) <u>それ</u>ほとにおおくらましうおおせられすとも(1-8)　그대도록

(原) さうおおしらるほとにそこわゆたんあることてわおりない(1-9ウ) 그ᄂᆞᆫ
(改) さうかまいりませうほとに<u>それ</u>わゆたんなき御さりません(1-13) 그ᄂᆞᆫ
(重) さうかまいりませうほとに<u>それ</u>わゆたんわいたしません(1-11ウ) 그ᄂᆞᆫ

(原) 御ろんしられそうわそうちやかしよけいお(1-16ウ)　　　　　　　　ユﾆ

(改) 御らんなさいませいそれわさやうても御さりませうかしよかんわ
　　　(1-24)　　　　　　　　　　　　　　　　　　　　　　　　　　ユﾆ

(重) 御らんなされませいそれわさやうても御さりませうかしよけいわ
　　　(1-22)　　　　　　　　　　　　　　　　　　　　　　　　　　ユﾆ

(原) 御めにかかてわするるあいたもなうて(2-17)

(改) 御めにかかりましてそれよりわするるひまもなう(2-25)　　글로브터

(重) 御めにかかりましてそれよりわするるひまもなう(2-24ウ)　글노부터

(原) さうおきいてさためまるするほとにゆたんこそ御さるまいけれ(6-4)

(改) さうおきいてさためますそれわゆたんわいたしませんにより(6-6)
　　　　　　　　　　　　　　　　　　　　　　　　　　　　　글란

(重) さうおきいてさためますそれわゆたんわいたしませんにより(6-5)
　　　　　　　　　　　　　　　　　　　　　　　　　　　　　글란

중간본 중심 없음

あれ

원간본 중심

(原) とうせんこれわにせんあれはふうしんてこそ御さる(1-15)　　　더ﾆ

(改) とうせんちうこれわにせんちうあれわふうしんて御さりまする(1-22)
　　　　　　　　　　　　　　　　　　　　　　　　　　　　　저ﾆ

(重) とうせんちうこれわにせんちうあれわふうしんて御さりまする(1-20)
　　　　　　　　　　　　　　　　　　　　　　　　　　　　　저ﾆ

(原) そさよりこれからわくる<u>あれ</u>からわこんと(2-13ウ)   뎌러셔는

(改) これからわよはれ<u>あれ</u>からわこんとゆうて(2-19ウ)   졔셔는

(重) ……

(原) <u>あれ</u>に御さて御ちやおこしめして(6-6)   계

(改) かはうゑおいてなされて御ちやお御あかりなされまして(6-9)   계

(重) かはうゑ御いてなされて御ちやお御あかりなされまして(6-7ウ)   계

(原) あからしらるか御たいきに御さるとも<u>あれ</u>らかさうさおむに(6-19)
                                                            뎌들히

(改) 御あかりなされかとう御さるともかのひとなとのさうさおむに
    (6-27ウ)   뎌들희

(重) 御あかりなされかたう御さるともかのひとなとのさうさおむに
    (6-24ウ)   뎌사룸들

개수본 중심

(原) かたからこうあろうかとおもうてそれほと申たれとも(5-30) 그대도록

(改) かたからそうあろうとおもうて<u>あれ</u>ほと申たれとも(5-43) 그대도록

(重) ……

중간본 중심 없음

どれ

원간본 중심 없음

개수본 중심

  (原) しやうくわんわとこに御さるか(1-15ウ)　　　　　　어듸

    (改) しやうくわんしわ<u>とれ</u>に御さりまするか(1-22ウ)　어듸

    (重) しやうくわんしわ<u>とれ</u>に御さりまするか(1-20ウ)　어듸

중간본 중심 없음

かれこれ

원간본 중심

  (原) たまたまゆるりとしまるして<u>かれこれ</u>申まるして(3-26)　　뎌렁이렁

  (改) おりふしゆるりといたしまして<u>かれこれ</u>と申まして(3-35)　뎌렁이렁

  (重) ……

  (原) <u>かれこれ</u>御いんきんなゝされやう(7-3ウ)　　　　　이건뎌건

  (改) <u>かれこれ</u>御いんきんなゝされやう(7-4ウ)　　　　　이건뎌건

  (重) <u>かれこれ</u>御いんきんなゝされやう(7-3ウ)　　　　　져건이건

  (原) こんとわ御さいはんおもつて<u>かれこれ</u>しひゑいしまうて(8-32)　彼此

  (改) こんとわ御さいはんおもつて<u>かれこれ</u>しゆひよくあいすめて(8-47ウ)

                                     彼此

(重) こんとわ御しうせんおもつて<u>かれこれ</u>しゆひよくあいすめまして

　　　(8-26ウ)　　　　　　　　　　　　　　　　　　　　　　　彼此

개수본 및 중간본 중심 없음

ここ

원간본 중심

(原) <u>ここ</u>てしねるともたひまるせう(2-7)　　　　　　　　　　예셔
(改) たとゑひやうきかおこるともたひますると御さろう(2-10ウ)
(重) たとゑひやうきかおこるともたひますると御さろう(2-15ウ)

(原) なにとやら<u>ここ</u>わこしらいおゑいせいんてこうちやほとに(2-9) 예는
(改) このはうわこしらゑやうかそそにしてかやうに御さるほとに(2-12ウ)
　　　　　　　　　　　　　　　　　　　　　　　　　　　　　　　　예는
(重) このはうわこしらゑやうかそそうにしてかやうに御されとも(2-17ウ)
　　　　　　　　　　　　　　　　　　　　　　　　　　　　　　　　예는

(原) <u>ここ</u>わいちとも御めにかかたほとにそうて御さる(2-14ウ)　예는
(改) ここもとゑわいちとてもまいりまして御めにかかりました(2-21) 여긔는
(重) ……

(原) またおもいのほかきんすお<u>ここ</u>までおくるとあるほとに(8-4) 예지이
(改) またそんしよらすきんすおこれまておくらしやると御さる(8-5ウ) 예시지
(重) またそんしよらすきんすおこれまておくらしやれますると御さる
　　　(8-5)　　　　　　　　　　　　　　　　　　　　　　　엔マ지

(原) むしにここまてついたれはつしまゑついたとうせんに(8−13ウ) 예삿지
(改) ふしにこれこれまてつきましてつしまゑつきましたとうせんに(8−20)
　　　　　　　　　　　　　　　　　　　　　　　　　　　　예삿지
(重) ふしにこれまてつきましてつしまゑつきましたとうせんに(8−14ウ)
　　　　　　　　　　　　　　　　　　　　　　　　　　　　옌マ지

(原) ここまてまいたわこちのことわおいて(8−14ウ)　　　　　예삿지
(改) これまてとうちやくいたしましてこのはうはさておき(8−21) 예삿지
(重) これまてとうちやくいたしましてこのはうわさておき(8−15ウ) 옌マ지

(原) むしにここまてついてめてたさたかいにとうせんに(8−17ウ) 예삿지
(改) ふしにこれまてつきまして御とうせんに(8−26)　　　　　예삿지
(重) ふしにこれまてつきまして御とうせんに(8−19)　　　　　옌マ지

(原) ここまてむしについたう ゑわのこることも(8−19)　　　 예삿지
(改) これまてふしにつきましたう ゑわのこるところも(8−28ウ) 예マ지
(重) ……

개수본 중심

(原) なにかしこちこいそちか たいくわんにいて(1−1)　　　　이리
(改) なにかしここゑこいそなた たいくわんちうゑいつて(1−1)　이리
(重) なにかしここゑこいそなた たいくわんちうゑいて(1−1)　　이리

중간본 중심의 예 없음

ここもと

원간본 중심

(原) おとついここもとゑくたてきのうにも まいる(1-1)   여긔
(改) おとといここもとゑくたりましてきのうにもまいりまする(1-1ウ) 여긔
(重) おとといここもとゑくたりましてきのうにもまいりまする(1-1ウ) 여긔

(原) ここもとのかかりのくわんにんいつれも(4-2)   여긔
(改) ここもとのかかりの御やくにんしゆいつれも(4-2ウ)   여긔
(重) ここもとのかかりの御やくにんしゆいつれも(4-3ウ)   여긔

(原) ここもとゑわいつころつかしらると申か(5-11)   여긔
(改) ここもとゑわいつころつかしやると申まするか(5-16ウ)   여긔
(重) ここもとゑわいつころつかしやると申まするか(5-14ウ)   여긔

(原) ここもとのせんとうもそうみたほとに(5-16ウ)   여긧
(改) ここもとのせんとうもそうみましたほとに(5-24)   여긔
(重) ここもとのせんとうもそうみましたほとに(5-16ウ)   여긔

(原) いつころここもとおたちまるせうか(6-3ウ)   예
(改) いつころここもとおたちませうか(6-5)   예
(重) いつころここもとおたちませうか(6-4)   예

(原) ここもとたさしらるきちにちわ(6-4)   여긔
(改) ここもとお御たちなさるるきちにちわ(6-5ウ)   예긔
(重) ここもとお御たちなさるるきちにちわ(6-4ウ)   여긔

(原) ここもとのしゆつせんこのつきしうこにちと(6-11)   爰元
(改) ここもとのしゆつせんこんけつしうこにちちやと(6-15ウ)   爰爰

(重) <u>ここもと</u>のしゆつせんこんけつしうこにちちやと(6-14)　　　여긔

(原) あすわてんきよそうなと<u>ここもと</u>のものも中ほとに(6-13ウ)　　여긔
(改) あすわてんきもよさそうなと<u>ここもと</u>のものも申ますにより
　　(6-19ウ)　　　　　　　　　　　　　　　　　　　　　　　　여긔
(重) あすわてんきもよさそうなとこのはうのものも申ますにより
　　(6-18)　　　　　　　　　　　　　　　　　　　　　　　　우리

(原) このさきにもわれら<u>ここもと</u>ゑまいておのおの御しなんお(9-12) 여긔
(改) このまゑもわれら<u>ここもと</u>ゑまいつておのおの御しなんお(9-17ウ) 여긔
(重) このまゑもわれら<u>ここもと</u>ゑまいつておのおの御しなんお(9-7ウ) 여긔

(原) はちわしらんかわになされてひにひに<u>ここもと</u>ゑ御さても(9-15) 여긔
(改) はちわしらんかおになされてこいにち<u>ここもと</u>ゑ御さても(9-21ウ) 여긔
(重) ……

개수본 중심

(原) ここわいちとも御めにかかたほとにそうて御さる(2-14ウ)　　예늬
(改) <u>ここもと</u>ゑわいちとてもまいりまして御めにかかりましたゆゑ(2-21)
　　　　　　　　　　　　　　　　　　　　　　　　　　　여긔늬
(重) ……

중간본 중심

(原) つしまお御たちあるやうにと申ましたことて御さるにより(6-12)
(改) つしまおたたしらるやうにと申たことちやほとに(6-17ウ)
(重) <u>ここもと</u>御しやうせんにおよふはつと申わけおいいこしお(6-15ウ) 여긔

(原) またおうさかのしろもおひたたしうこしらいまるしたほとに(8-10ウ)

(改) またおおさかのしろもけくこうにけきましたゆゑ(8-15ウ)

(重) <u>ここもと</u>ゑしこにちとうりうつかまつり(8-12)　　　　　　　여긔

そこ

원간본 중심

(原) さうおおしらるほとに<u>そこ</u>わゆたんあることてわおりない(1-9)　고는

(改) さうかまいりませうほとにそれわゆたんなき御さりません(1-13)　고는

(重) さうかまいりませうほとにそれわゆたんわいたしません(1-11ウ)　고는

(原) そうなれとも<u>そこ</u>てきもいて(1-32)　　　　　　　　　　　계셔

(改) さやうて御されともそこもとよりなにとそとりもつて(1-49)　계셔

(重) ……

개수본 및 중간본 중심의 예 없음

そこもと

원간본 중심

(原) さてわ<u>そこもと</u>てもひよりかありそうに中(5-14ウ)　　　계셔

(改) さてわ<u>そこもと</u>てもひよりかありそうなと申まするか(5-21)　계셔

(重) ……

개수본 중심

(原) そなたしゆのうちなおして(1-16ウ)　　　　　　　　　　자니네

(改) そこもとのせい めいおうけたまわりまして(1-24ウ)　　　자네

(重) そなたしゆのせいめいおうけてまわりまして(1-22)　　　자니네

(原) つしまにてもこなたわしやうくとききおよひまるしたほとに(1-18) 자니

(改) つしまにてもそこもとわしやうこととききおよひましたに(1-27) 자니

(重) ……

(原) そなたことはかつしまにてききおようたやうに(1-18ウ)　　자니

(改) そこもとのことはのきわつしまにてよくききおよひましたたうり

　　(1-27ウ)　　　　　　　　　　　　　　　　　　　　　　자니

(重) ……

(原) こなたもこつうしおさきにやてみて御され(1-23ウ)　　　자니

(改) そこもともこつうしおやらしやれてあうて御さりませい(1-35) 자니

(重) そこもともこつうしおやらしやれてあうて御さりませい(1-28) 자니

(原) そうなれともそこてきもいて(1-32)　　　　　　　　　게셔

(改) さやうて御されともそこもとよりなにとそとりもつて(1-49)　게셔

(重) ……

(原) こなたのくときおきけはいかやうにもしたい(4-21ウ)　　자니

(改) そこもとのはなしおきけはいかやうにもしたしたい(4-31)　자니

(重) そこもとのはなしおきけはいかやうにもしたしたい(4-28)　자니

(原) そなたのことわりのところいちいちちくせんとのの(7-7)　자네

(改) そこもとのことわりのところいちいちちくせんとのの(7-10)　자니

(重) ……

(原) そなたのねんのいたとこわかみかたゑいて(7-7ウ)　　　　　자네
(改) <u>そこもと</u>の御ねんいつたところわかみかたゑいて(7-11)　　자늬
(重) ……

(原) そなたのなわなにかしておちやるか(7-8)　　　　　　　　자네
(改) <u>そこもと</u>の御なわなにかしと申まするか(7-12)　　　　자늬
(重) ……

(原) こなたそのしおあいおためらうてかつてのゑいやうに(7-19ウ) 자네
(改) <u>そこもと</u>よりそのかけおかかゑてかつてのよろしきやうに(7-28ウ) 자늬
(重) ……

(原) そなたこのとりにくいしやへつおようこころゑて(8-4)　　　자네
(改) <u>そこもと</u>この申うけかたいわけおよろしうこころゑて(8-5ウ) 자늬
(重) <u>そこもと</u>このゆうけかたいわけおよろしうこころゑて(8-5)　계셔

(原) せめてそなたうけとて(8-8ウ)　　　　　　　　　　　　　자네
(改) いつそ<u>そこもと</u>うけとらしやれて(8-13)　　　　　　　자늬
(重) いつそたいきいたしたつしまのひとにつかわされませい(8-10ウ)

(原) おしらるやうすならはそなたゑまかせまるする(8-12)　　　　자네
(改) おおせらるるやうすなれは<u>そこもと</u>ゑ御まかせ申まする(8-18) 자늬
(重) ……

중간본 중심

(原) こなたはしめてのことちやものにたいくわんともか(1-6ウ)　　자네
(改) そなたはしめてのことて御さるによりたいくわんちうか(1-9)　자늬
(重) <u>そこもと</u>はしめてのことて御さるにより たいくわんちうか(1-8ウ)
　　　　　　　　　　　　　　　　　　　　　　　　　　　　　자늬

(原) こなたひとり御さてもしきのあいさつ(1-7)　　　　　　자네

(改) そなたひとり御さつてもしきのあいさつ(1-9ウ)　　　　자네

(重) <u>そこもと</u>ひとり御さつてもしきのあいさつ(1-8ウ)　　자네

(原) こなた御ろんしらやうにはかいあれてむさいほとに(1-24)　자네

(改) そなたのみさつしやるたうりいゑかそんしてきたなうて(1-36)　자네

(重) <u>そこもと</u>のみさつしやるたうりいゑかそんしてきたなうて(1-29)　자네

(原) こなたのむてうはうには御さりそむなうこそ御さり(1-31)　　　자네

(改) そなたのあやまりにわなりまするまいかとそんしまする(1-47ウ)　자네

(重) <u>そこもと</u>のあやまいにわなりまするまいかとそんしまするほとに(2-5)

　　　　　　　　　　　　　　　　　　　　　　　　　　　　　자네

(原) こなたしゆこのおもむきおとねきゑおしられて(5-3)　　　　자네네

(改) こなたしゆこのおもむきおとうらいゑおおせられて(5-4ウ)　자네네

(重) <u>そこもと</u>よりこのおもむきおとうらいさまゑおおせられて(5-4)　계계셔

(原) こなたのくらうと御さうさわたこゑかたし(6-3)　　　　　　자네

(改) そこもとさまの御くらうと御さうさわたとゑものか御さりませぬ

　　(6-4ウ)　　　　　　　　　　　　　　　　　　　　　　　자네

(重) <u>そこもと</u>の御くらうと御さうさわたとゑものか御さりませぬ(6-3ウ)

　　　　　　　　　　　　　　　　　　　　　　　　　　　　　저고

(原) こなたようこころゑてせつたいしゆにれいお(6-16ウ)　　　자네

(改) 御しふんようこころゑてせつたいしゆにれいお(6-24)　　　자네

(重) <u>そこもと</u>より御とりあわせおもつて御ちそうかたに御れいお(6-22)

　　　　　　　　　　　　　　　　　　　　　　　　　　　　　계계셔

(原) こなたの御ことはのけちかいちたんやわらく御さり(9-14)　　자네

(改) こなたの御ことはのけつつかいかうのやわらかに御さり(9-20)　자네

(重) <u>そこもと</u>の御ことはのせつつかいかうのやわらかに御さり(9-9ウ)　저고

そこもとさま

원간본 중심의 예 없음

개수본 중심

(原) こなたのくらうと御さうさわたこゑかたし(6-3)　　　　　자네

(改) そこもとさまの御くらうと御さうさわたとゑものか御さりませぬ
(6-4ウ)　　　　　자닉

(重) そこもとの御くらうと御さうさわたとゑものか御さりませぬ(6-3ウ) 거긔

(原) こなたの御ともしゆゑひきてものにしまるするほとに(8-18ウ) 자네

(改) そこもとさまの御とものしゆゑひきてものにいたしまするゆゑ
(8-27ウ)　　　　　자닉

(重) ……

(原) こなたもはるはる御くらうさしられたほとに(8-25)　　　　자네

(改) そこもとさまもはるはる御くらうなされましたほとに(8-36ウ)　게

(重) そこもとさまもはるはる御くらうなされましたにより(8-21)　　게

중간본 중심의 예 없음

どこ

원간본 중심

(原) きつかいおもいまるしたかとこおいたましらるたか(3-2ウ)　　어듸

(改) きつかいましたに<u>とこ</u>おいたましやたか(3-3ウ)　　　　　어듸

(重) きつかいましたに<u>とこ</u>おいたましやれたか(3-3)　　　　　어듸

(原) しやうくわん<u>わとこ</u>に御さるか(1-15ウ)　　　　　　　어듸

(改) しやうくわんしわとれに御さりまするか(1-22ウ)　　　　어듸

(重) しやうくわんしわとれに御さりまするか(1-20ウ)　　　　어듸

개수본 및 중간본 중심의 예 없음

こち

원간본 중심

(原) なにかし<u>こち</u>こいそちかたいくわんにいて (1-1)　　　　이리

(改) なにかしここゑこいそなた　たいくわんちうゑいつて (1-1)　　이러

(重) なにかしここゑこいそなた　たいくわんちうゑいて (1-1)　　이러

(原) <u>こち</u>のこころもちてそゑるところわ(1-7ウ)　　　　　우리

(改) このはうのこころおそゑるところわ(1-10ウ)　　　　　우리

(重) このはうのこころおそゑるところわ(1-9ウ)　　　　　우리

(原) ふさんかいより<u>こち</u>にさうおおしらるほとに(1-9)　　　우리

(改) ふさんよりこのはうにさうかまいりませうほとに(1-12ウ)　우리

(重) ふさんよりこのはうにさうかまいりませうほとに(1-11ウ)　우리

(原) これわ<u>こち</u>かわたくしに中ことはちやか(1-31ウ)　　　내

(改) これわわたくしのないしよて中きて御されとも(1-48)　　　내

(重) ……

(原) 御いかたしけなう御さる<u>こち</u>わ御かけおもつて(2-1ウ)　　　우리
(改) おうせられまするたうりわれわれにも御かけおもつて(2-2)　우리들
(重) おうせられまするたうりわれわれにも御かけおもつて(2-8)　우리들

(原) <u>こち</u>のわたくしこころさかつきちやほとに(2-6ウ)　　　　나
(改) わたくしのしいふんて御さるほとに(2-9ウ)　　　　　　　　나
(重) わたくしのしいふんて御さるほとに(2-14ウ)　　　　　　　　나

(原) <u>こち</u>おしらんかとおもうてわさとこうしまるするか(2-10)　우리
(改) われわれかしらすとおほしめしてわさとかやうになされましたか
　　　(2-14)　　　　　　　　　　　　　　　　　　　　　　　　우리
(重) われわれかしらぬとおほしめしてわさとかやうになされましたか
　　　(2-19)　　　　　　　　　　　　　　　　　　　　　　　　우리

(原) <u>こち</u>もこのやうなことおなせにたしかにしりまるせうか(2-10)　우리
(改)　このはうもさやうなことおとうしていさいにしりませうか(2-14ウ)
　　　우리
(重) このはうもさやうなことおとうしていさいにしりませうか(2-19ウ)
　　　　　　　　　　　　　　　　　　　　　　　　　　　　　　우리

(原) <u>こち</u>もにつきおみて申まるするほとに(2-11)　　　　　　우리
(改) このはうもひちやうおみて申ことて御さるほとに(2-15ウ)　우리
(重) このはうもひちやうおみて申ことて御さるほとに(2-20ウ)　우리

(原) このあいたいちゑん<u>こち</u>ゑわ御さらんほとに(2-12ウ)　　예는
(改) このほとわいちゑんこのはうゑわ御さらぬゆゑ(2-18)　　　예는
(重) ……

(原) <u>こち</u>わいちはんつくそきちやほとに(2-14)　　　　　　　우리

(改) われわれわいつとくそうして御さるゆゑ(2-20ウ)　　　　우리
(重) ……

(原) <u>こち</u>わさしあいないほとに(2-15)　　　　우리
(改) われわれはうわさしつかゑわ御さらぬほとに(2-22ウ)　　우리
(重) われわれはうわさしつかゑわ御さらぬほとに(2-23)　　　우리

(原) <u>こち</u>もうれしうそんしまるする(2-19)　　　　우리
(改) われわれもうれしうそんしまるする(2-28ウ)　　　우리
(重) われわれもうれしうそんしまるする(2-26)　　　　우리

(原) <u>こち</u>もきいてきやうさんめてたうこそ御さる(3-12ウ)　　우리
(改) われわれもきいていかうめてたう御さる(3-17)　　　우리
(重) われわれもきいていかうめてたう御さる(3-16ウ)　　　우리

(原) たかいにゆるりといたして<u>こち</u>もうれし御さる(3-26ウ)　　우리
(改) 御たかいにゆるりといたしてわれわれもうれしう御さる(3-36)　우리
(重) 御たかいにゆるりといたしてわれわれもうれしう御さる(3-31ウ)　우리

(原) <u>こち</u>かきくにもなおうれし御さる(3-27ウ)　　우리
(改) われわれかきいてもなおうれしう御さる(3-37)　　우리
(重) われわれかきいてもなおうれしう御さる(3-32ウ)　　우리

(原) <u>こち</u>のそうふんとそのちかい(4-14)　　　우리
(改) <u>こち</u>のそんふんとそのちかい(4-20ウ)　　우리
(重) <u>こち</u>のそんふんとそのちかい(4-19)　　　우리

(原) また<u>こち</u>のてまいもいそきのようにもあつて(4-19)　　우리
(改) またこのはうもきうにいりようも御さつて(4-27)　　우리
(重) ……

(原) なとして<u>こち</u>の申ことわみなほうくにめされて(4−19ウ)　　　우리

(改) なせに<u>このはう</u>の申ことわみなほくになされて(4−27ウ)　　　우리

(重) なせに<u>このはう</u>の申ことわみなほくにさつしやれて(4−25ウ)　우리

(原) <u>こち</u>のそんするわこしつそくおそくからよつて(4−21)　　　우리

(改) <u>こち</u>のそんするわこしつそくおそくからゑつて(4−30)　　　우리

(重) <u>こち</u>のそんするわこしつそくおそくからゑつて(4−27)　　　우리

(原) たたたた<u>こち</u>から申やうにさしられは(4−22ウ)　　　우리

(改) たたたた<u>われわれ</u>の申やうにさつしやれは(4−32)　　　우리

(重) たたたた<u>われわれ</u>の申やうにさつしやるは(4−28ウ)　　　우리

(原) <u>こち</u>もひとりふたりてなりまるせんほとに(4−26ウ)　　　우리

(改) <u>このはう</u>もひとりふたりてわなりませねほとに(4−38)　　　우리

(重) ……

(原) もとうらんところわそちも<u>こち</u>もとうせんてこそ御さる(4−29)　　예

(改) もとうらんところわそちも<u>こち</u>もとうせんて御さる(4−41)　　예

(重) ……

(原) <u>こち</u>もそのやうすわしらんてもなけれとも(4−29ウ)　　　우리

(改) <u>このはう</u>もそのやうすおしらぬても御さらぬとも(4−41)　　　우리

(重) ……

(原) <u>こち</u>もせうせうならはなにしにふかからんものても(5−27)　　　우리

(改) <u>こち</u>もしようしようならはなにしにさしたるものてなくても(5−39ウ)

　　　　　　　　　　　　　　　　　　　　　　　　　　　　　　　　우리

(重) ……

(原) ひとことにほめてこそ<u>こち</u>のめんほくもあろうに(5−27ウ)　　　우리

(改) ひとことにほめてこそ<u>こち</u>のめんほくも御さろうに(5−40ウ)　　우리

(重) ……

(原) <u>こち</u>のくらうおおしらるか(6-3)　　　　　　　　　　우리
(改) しふんなとのくらうのよしおおせられますれとも(6-4)　　우리
(重) れわれわくらうのよしおおせられますれとも(6-3)　　　　우리

(原) <u>こち</u>よりもいそきたいものなれとも(6-11ウ)　　　　　우리
(改) ……
(重) ……

(原) みきのたうりにこころゑつかいお<u>こち</u>やらしられ(7-2ウ)　여긔
(改) みきのたうりにこころゑつかいお<u>こちら</u>につかわしやれませい(7-3ウ)
　　　　　　　　　　　　　　　　　　　　　　　　　　　　여긔
(重) ……

(原) とかく<u>こち</u>にまかせしやり(7-7ウ)　　　　　　　　　　나
(改) とかくこのはうよりいたすやうにさつしやれい(7-11)　　이리로셔
(重) ……

(原) <u>こち</u>よりもさきに申そうとそんしたに(7-11)　　　　　이리로셔
(改) これよりさきたつて申ませうとそんしましたに(7-16)　　이리로셔
(重) これよりさきたつて申ませうとそんしました(7-8ウ)　　이리로셔

(原) <u>こち</u>とうらしられつかい申わうゑさまおしらるところわ(7-13)　여긔
(改) これゑとうらつしやれい御ししやか申されまするわ(7-19ウ)　예긔
(重) ……

(原) <u>こち</u>のそんするわていしゆしたいにさしらるか(8-7)　　　내
(改) わたくしのりやうけんにわていしゆしたいにさつしやるか(8-10)　우리
(重) ……

240　첨해신어의 コ・ソ・ア(カ)・ド에 관한 연구

(原) <u>こち</u>かいてはれやかにけんもつして(8-11ウ)　　　　　　우리

(改) われわれまいつてはれやかにけんふついたして(8-16ウ)　　　우리

(重) ……

(原) ここまてまいたわ<u>こち</u>のことわおいて(8-14ウ)　　　　　우리

(改) これまてとうちやくいたしましてこのはうはさておき(8-21ウ)　우리

(重) これまてとうちやくいたしましてこのはうわさておき(8-15ウ)　우리

(原) <u>こち</u>からないない御れいお申そうとおもう(8-14ウ)　　　이러로셔

(改) このはうより御れい御よろこひお申ませうとそんしいまする(8-21ウ)

　　　　　　　　　　　　　　　　　　　　　　　　　　　　　이러로셔

(重) このはうより御れい御よろこひお申ませうとそんしいまする(8-16)

　　　　　　　　　　　　　　　　　　　　　　　　　　　　　이러로셔

(原) <u>こち</u>のこころさしかととといたやら(8-15)　　　　　　　우리

(改) このはうのこころさしかととときまして御さるやら(8-22)　　우리

(重) このはうのこころさしかととときまして御さるやら(8-16)　　우리

(原) まゑより申やうに<u>こち</u>わとられんはつちやほとに(8-19)　우리

(改) まゑより申まするやうにこのはうゑわ申うけませんつもりて(8-28)　우리

(重) ……

(原) <u>こち</u>からさきに申とおもうて御されとも(9-1ウ)　　　이러로셔

(改) このはうよりさきに申そうとおもうていましたに(9-2)　　이러로셔

(重) このはうよりさきに申そうとそんしましたれとも(9-2)　　이러로셔

(原) <u>こち</u>からもへんれいおせうとそんすれとも(9-4)　　　　우리

(改) <u>こち</u>からもへんれいおいたしたうそんしますれとも(9-6)　우리

(重) ……

(原) たた<u>こち</u>わあいらしすかたと御うたおきき(9-6)　　　　　우리

(改)　たた<u>こち</u>わあいらしいすかたと御うたおきき(9-8ウ)　　　　　우리

(重)　……

(原)　さくやわ<u>こち</u>もさけにまよいおほゑんか(9-9ウ)　　　　　우리

(改)　さくやわ<u>こち</u>もさけにまよいおほゑませんか(9-14)　　　　우리

(重)　……

(原)　のちのきこゑんものちやほとに<u>こち</u>にまかさしられ(9-10ウ)　　내

(改)　あとてききにくいものて御さるほとに<u>こち</u>にまかしつしやれい(9-15)

　　　　　　　　　　　　　　　　　　　　　　　　　　　　　　　내

(重)　……

개수본 및 중간본 중심의 예 없음

そち

원간본 중심

(原)　なにかしこちこい<u>そち</u>かたいくわんにいてみか中 (1-1)　　네

(改)　なにかしここゑこいそなたたいくわんちうゑいつて (1-1)　　네

(重)　なにかしここゑこいそなたたいくわんちうゑいて (1-1)　　네

(原)　もとうらんところわ<u>そち</u>もこちもとうせんてこそ御さる(4-29)　게

(改)　もとうらんところわ<u>そち</u>もこちもとうせんて御さる(4-41)　게

(重)　……

개수본 중심

    (原) そなたのことおいそいてこしらゑさしられ(2-19ウ)   게

    (改) そちのことおはやう御こしらゑなされませい(2-28ウ)   게

    (重) そちのことおはやう御こしらゑさつしやれい(2-26)   게

중간본 중심의 예 없음

あち

원간본 중심

    (原) あちからのうゆうてもうけとるしきてわないか(8-8ウ)   더러로셔

    (改) あのはうよりなにふんに中てもうけとるしきてわ御さらねとも(8-12)

                                                 져러로셔

    (重) あのはうよりなにふんに中てもうけとるしきてわ御さらねとも(8-9)

                                               져러로셔

개수본 및 중간본 중심의 예 없음

あちこち

원간본 중심

(原) かたかたゑあちこちたつねまるせうほとに(1-14)　　　彼此
(改) はうはうあちらこちらゑたつねつかわしませうほとに(1-20ウ) 彼此
(重) はうはうあちらこちらゑたつねつかわしませうほとに(1-18ウ) 彼此

개수본 및 중간본 중심의 예 없음

どち

원간본 중심

(原) いちしもちかゑはとちのためにもようも御さらんほとに(1-17ウ) 아므
(改) いちしのちかいかあつてもとちのためにもよう御さりませぬ(1-25ウ)
　　　　　　　　　　　　　　　　　　　　　　　　　　　　아모
(重) いちしのちかいかあつてもとちのためにもよう御さりませぬ(1-23ウ)
　　　　　　　　　　　　　　　　　　　　　　　　　　　　아모

개수본 중심

(原) こういわわしるほとにのちのくわほうても(8-15)　　　아므
(改) かやうにおおせきけられまするとちらのくわほうて御さつても(8-22ウ) 아므
(重) かやうにおおせきけられまするとちらのくわほうて御さつても(8-16ウ)
　　　　　　　　　　　　　　　　　　　　　　　　　　　　아모

중간본 중심의 예 없음

こなた

원간본 중심

(原) まつこなたのまゑわ御ねんころにおしらるほとに(1-4ウ)　　　자늬

(改) まつ御ねんころな御あいさつおうけたまわりまして(1-6)

(重) まつ御ねんころな御あいさつおうけたまわりまして(1-5ウ)

(原) こなたはしめてのことちやものにたいくわんともか(1-6ウ)　　자네

(改) そなたはしめてのこと て御さるにより たいくわんちうか(1-9) 자늬

(重) そこもとたはしめてのこと て御さるによりたいくわんちうか(1-8ウ)

　　　　　　　　　　　　　　　　　　　　　　　　　　　　자늬

(原) こなたひとり御さてもしきのあいさつのころところなし(1-7)　자네

(改) そなたひとり御さつてもしきのあいさつのこるところも御さうぬ

(1-9ウ)　　　　　　　　　　　　　　　　　　　　　　　자늬

(重) そこもとひとり御さつてもしきのあいさつのこるところも御さらぬ

(1-8ウ)

(原) つしまにてもこなたわしやうくとききおよひまるしたほとに(1-18) 자늬

(改) つしまにてもそこもとわしやうことききおよひましたに(1-27) 자늬

(重) ……

(原) こなたもこつうしおさきにやてみて御され(1-23ウ)　　　　자늬

(改) そこもともこつうしおやらしやれてあうて御さりませい(1-35) 자늬

(重) そこもともこつうしおやらしやれてあうて御さりませい(1-28) 자늬

(原) こなた御ろんしらるやうにはかいあれてむさいほとに(1-24)　　자늬

(改) そなたのみさつしやるたうりいゑかそんしてきたなうて(1-36) 자늬

(重) そこもとのみさつしやるたうりいゑかそんしてきたなうて(1-29) 자늬

(原) <u>こなた</u>もたんしおかいてやらしられ(1-25ウ)　　　　　자너

(改) そなたもかきつけおしてやらしやれぃ(1-39)　　　　　자너

(重) そなたもかきつけしてやらしやれぃ(1-30ウ)　　　　　자너

(原) <u>こなた</u>ゑかさねて申まもなさに(1-30ウ)　　　　　자너

(改) そなたのはうにかさねて御さう申まも御さらなんたゆゑ(1-46)　자너

(重) ……

(原) <u>こなた</u>のむてうはうには御さりそむなうこそ御さり(1-31)　자너

(改) そなたのあやまりにわなりまするまいかとそんしまする(1-47ウ)　자너

(重) そこもとのあやまいにわなりまするまいかとそんしまするほとに(2-5)
　　　　　자너

(原) <u>こなた</u>のおしられかけとこちのそうふんとそのちかい(4-14)　자너

(改) <u>こなた</u>のおおせられかけこちのそんふんとそのちかい(4-20)　자너

(重) ……

(原) たいくわんともわ<u>こなた</u>のあまりことわりてあり(4-19)　　자너

(改) たいくわんともわおのののことわりてあり(4-27)　　　　자너

(重) ……

(原) <u>こなた</u>のくときおきけはいかやうにもしたいけれとも(4-21ウ)　자너

(改) そこもとのはなしおきけはいかやうにもしたしたいけれとも(4-31)　자너

(重) そこもとのはなしおきけはいかやうにもしたしたいけれとも(4-28)　자너

(原) <u>こなた</u>のくらうと御さうさわたこゑかたし(6-3)　　　자네

(改) そこもとさまの御くらうと御さうさわたとゑものか御さりませぬ
　　(6-4ウ)　　　　　자너

(重) そこもとの御くらうと御さうさわたとゑものか御さりませぬ(6-3ウ)
　　　　　거긔

(原) <u>こなた</u>ようこころゑてせつたいしゆにれいお(6-16ウ)　　　　자네

(改) 御しふんようこころゑてせつたいしゆにれいお(6-24)　　　　자늬

(重) そこもとより御とりあわせおもつて御ちそうかたに御れいお(6-22)

　　　　　　　　　　　　　　　　　　　　　　　　　　　　　　　게

(原) ろしのことおは<u>こなた</u>ゑまかせまるするほとに(6-23)　　　자네

(改) ろしのことおは御しふんゑまかせますするほとに(6-33ウ)　　자네

(重) ろしのことおは御しふんゑまかせますするほとに(6-29ウ)　　거긔

(原) いかかのうてもあり<u>こなた</u>のかつてしたいにさしられ(6-24ウ)　자네

(改) いかか御さろうかいかやうとも御しふんのかつてしたいに(6-35ウ)

　　　　　　　　　　　　　　　　　　　　　　　　　　　　　　　자네

(重) いかか御さろうかいかやうとも御しふんのかつてしたいに(6-31ウ)　게

(原) <u>こなた</u>そのしおあいおためらうて(7-19ウ)　　　　　　　　자네

(改) そこもとよりそのかけおかかゑて(7-28ウ)　　　　　　　　자늬

(重) ……

(原) <u>こなた</u>の御ともしゆゑひきてものにしまるするほとに(8-18ウ)　자네

(改) そこもとさまの御とものしゆゑひきてものにいたしまするゆゑ(8-27ウ)

　　　　　　　　　　　　　　　　　　　　　　　　　　　　　　　자늬

(重) ……

(原) <u>こなた</u>もはるはる御くらうさしられたほとに(8-25)　　　자네

(改) そこもとさまもはるはる御くらうなされましたほとに(8-36ウ)　게

(重) そこもとさまもはるはる御くらうなされましたにより(8-21)　　게

(原) こう申うゑわ<u>こなた</u>したいにめされ(9-8ウ)　　　　　　자네

(改) このうゑわ<u>こなた</u>したいにめされい(9-12ウ)　　　　　　자늬

(重) ……

(原)　<u>こなた</u>の御ことはのけちかいちたんやわらく御さり(9-14)　　　　자네

(改)　<u>こなた</u>の御ことはのけつつかいかうのやわらかに御さり(9-20)　　자네

(重)　そこもとの御ことはのせつつかいかうのやわらかに御さり(9-9ウ)　거긔

(原)　<u>こなた</u>のとしもわかうみゑたり(9-16ウ)　　　　　　　　　　　자네

(改)　こちふんにわとしもわかう御まゑなされ(9-23ウ)　　　　　　　　자네

(重)　……

(原)　<u>こなた</u>のにほんくちつかわしらるるおきけは(9-18)　　　　　　자네

(改)　こちふんかたのにほんくちつかわしやるおききますれは(9-26)　자네

(重)　……

개수본 및 중간본 중심의 예 없음

こなたしゅ

원간본 중심

(原)　<u>こなたしゅ</u>もかかゑて御ろんしられ(1-31ウ)　　　　　　　　자늬네

(改)　おのおのさまもようりやうけんしてみさつしやれませい(1-48ウ)

　　　　　　　　　　　　　　　　　　　　　　　　　　　　　　자늬네

(重)　……

(原)　<u>こなたしゅ</u>もいてさしらるるときにおしられて(2-15ウ)　　자늬네

(改)　おのおのも御いてなさるるときさやうにおうせられて御いて(2-23)

　　　　　　　　　　　　　　　　　　　　　　　　　　　　　　자늬네

(重)　……

(原) このうゑわへちのたくみもなし<u>こなたしゆ</u>したいてこそ御され(4−19ウ)
자늬네

(改) このうゑわへちのしゆたんもなし<u>こなたしゆ</u>したいて御さる(4−27ウ)
자늬네

(重) このうゑわへちのしゆたんもなしきさまのしたいて御さる(4−25) 게

(原) <u>こなたしゆ</u>も御そんしもあるにまさらなんたいお(4−25)   자늬네

(改) <u>こなたしゆ</u>も御そんして御さろういかいなんたいお(4−35ウ) 자늬네

(重) ……

(原) <u>こなたしゆ</u>このおもむきおとねきゑおしられて(5−3)   자늬네

(改) <u>こなたしゆ</u>このおもむきおとうらいゑおおせられて(5−4ウ)   자늬네

(重) そこもとよりこのおもむきおとうらいさまゑおおせられて(5−4)   게

(原) これによつてかたから<u>こなたしゆ</u>ゑくさひおかいまるするほとに
(5−22ウ)   자늬네

(改) これによつてかたから<u>こなたしゆ</u>ゑくとうゆうておきまするほとに
(5−33)   자늬네

(重) ……

(原) <u>こなたしゆ</u>もはしめて御めにかかれとも(7−17ウ)   자늬네

(改) そなたしゆもはしめて御めにかかれとも(7−25ウ)   자늬네

(重) ……

개수본 중심

(原) そなたしゆわにほんのかふうお**ゑ**んて御しりやたことちや(5−24ウ)

자네

(改) <u>こなた</u>しゆわにほんのかふうお**かね**て御しりな**された**ことちや

(5−35ウ) 자네

(重) ……

(原) そなたしゆのこた**いか**かねておくしたやうすちや(5−26ウ) 자네

(改) <u>こなた</u>しゆの**へんとう**か**も**はやおくしたやうすて御さりまする

(5−38ウ) 자네

(重) ……

중간본 중심의 예 없음

そなた

원간본 중심

(原) <u>そなた</u>ことはかつしまにてききおようたやうに(1−18ウ) 자네

(改) **そこもと**のことはの**き**わつしまにて**よく**ききおよ**ひました**たうり

(1−27ウ) 자네

(重) ……

(原) <u>そなた</u>のことおいそいてこしら**ゑさし**られ(2−19ウ) 제

(改) **そち**のことおは**やう御**こしら**ゑなされませ**い(2−28ウ) 제

(重) **そち**のことおは**やう御**こしら**ゑさつしやれ**い(2−26) 제

(原) ともかくもそなたゑまかせまるするほとに(6−20ウ)　　　　　　자네

(改) ともかくも御しふんゑまかしまするほとに(6−30)　　　　　　　자네

(重) ともかくも御しふんゑまかしまするほとに(6−26ウ)　　　　　　거기

(原) そなたのことわりのところいちいちちくせんとのの御ねんころな(7−7)

　　　　　　　　　　　　　　　　　　　　　　　　　　　　　　　　자네

(改) そこもとのことわりのところいちいちちくせんとのの御ねんころな

　　(7−10)　　　　　　　　　　　　　　　　　　　　　　　　　자늬

(重) ……

(原) そなたのねんのいたとこわかみかたゑいて(7−7ウ)　　　　　　자네

(改) そこもとの御ねんいつたところわかみかたゑいて(7−11)　　　　자늬

(重) ……

(原) そなたのなわなにかしておちやるか(7−8)　　　　　　　　　　자네

(改) そこもとの御なわなにかしと申まするか(7−12)　　　　　　　　자늬

(重) ……

(原) そなたこころゑてよかるやうにさしられ(7−10ウ)　　　　　　자네

(改) そなたこころゑてよきやうにさつしやれい(7−16)　　　　　　　자늬

(重) ……

(原) そなたこのとりにくいしやへつおようこころゑてふきやうし(8−4) 자네

(改) そこもとこの申うけかたいわけおよろしうこころゑて御ふきやうし

　　(8−5ウ)　　　　　　　　　　　　　　　　　　　　　　　　자늬

(重) そこもとこの申うけかたいわけおよろしうこころゑて御ふきやうし

　　(8−5)　　　　　　　　　　　　　　　　　　　　　　　　　계

(原) せめてそなたうけとて(8−8ウ)　　　　　　　　　　　　　　　자네

(改) いつそそこもとうけとらしやれて(8−13)　　　　　　　　　　　자늬

(重) いつそたいきいたしたつしまのひとにつかわされませい(8−10)

(原)　みきにおしらるやうすならは<u>そなた</u>ゑまかせまるする(8-12)　　　자너

(改)　みきにおおせらるるやうすなれはそこもとゑ御まかせ申ますする(8-18)
　　　　　　　　　　　　　　　　　　　　　　　　　　　　　　　자너

(重)　……

(原)　さて<u>そなた</u>わおもしろいひとちや(9-19)　　　　　　　　　　자네

(改)　さてこちふんわおもしろいひとて御さる(9-27ウ)　　　　　　자너

(重)　……

(原)　<u>そなた</u>のおしらるところわにほんくちおくらひなきやうに(9-20)　자네

(改)　こちふんのおおせらるるわにほんくちおむるいのしやうすのやうに
　　　(9-29)　　　　　　　　　　　　　　　　　　　　　　　　자너

(重)　……

(原)　<u>そなた</u>にほんくちならいしはしめかやうやうころく(9-21)　　자네

(改)　<u>そなた</u>にほんくちならいはしめさつしやれたかやうやうころく(9-30)
　　　　　　　　　　　　　　　　　　　　　　　　　　　　　　　자너

(重)　……

개수본 중심

(原)　そちかたいくわんにいてみか申(1-1)　　　　　　　　　　　　네

(改)　<u>そなた</u>たいくわんちうゑいつてわれわれのくしやから申まするわ(1-1)
　　　　　　　　　　　　　　　　　　　　　　　　　　　　　　　네

(重)　<u>そなた</u>たいくわんちうゑいてわれわれのこうしようお申そうわ(1-1)　네

(原)　こなたはしめてのことちやものにたいくわんともか(1-6ウ)　　자네

(改)　<u>そなた</u>はしめてのことて御さるにより　たいくわんちうか(1-9)　자너

(重)　そこもとたはしめてのことて御さるによりたいくわんちうか(1-8ウ)
　　　　　　　　　　　　　　　　　　　　　　　　　　　　　　　자너

(原) こなたひとり御さてもしきのあいさつのころところなし(1-7) 자네
(改) そなたひとり御さつてもしきのあいさつのこるところも御さうぬ
　　　(1-9ウ)　　　　　　　　　　　　　　　　　　　　　　　자너
(重) そこもとひとり御さつてもしきのあいさつのこるところも御さらぬ
　　　(1-8ウ)　　　　　　　　　　　　　　　　　　　　　　　자너

(原) こなた御ろんしらるやうにはかいあれてむさいほとに(1-24) 자너
(改) そなたのみさつしやるたうりいゑかそんしてきたなうて(1-36) 자너
(重) そこもとのみさつしやるたうりいゑかそんしてきたなうて(1-29) 자너

(原) こなたもたんしおかいてやらしられ(1-25ウ) 자너
(改) そなたもかきつけおしてやらしやれい(1-39) 자너
(重) そなたもかきつけしてやらしやれい(1-30ウ) 자너

(原) こなたゑかさねて申まもなさに(1-30ウ) 자너
(改) そなたのはうにかさねて御さう申まも御さらなんたゆゑ(1-46) 자너
(重) ……

(原) こなたのむてうはうには御さりそむなうこそ御さり(1-31) 자너
(改) そなたのあやまりにわなりまするまいかとそんしまする(1-47ウ) 자너
(重) そこもとのあやまいにわなりまするまいかとそんしまするほとに(2-5)
　　　　　　　　　　　　　　　　　　　　　　　　　　　　　자너

중간본 중심의 예 없음

そなたしゆ

원간본 중심

(原) そなたしゆのうちなおして(1−16ウ)　　　　　　　　　자네

(改) そこもとのせいめいおうけたまわりまして(1−24ウ)　　자네

(重) そなたしゆのせいめいおうけてまわりまして(1−22)　　자네

(原) そなたしゆもいまわこのことくにみなこしめし(3−10ウ)　자네

(改) そなたしゆもいまわこのことくにみなこしめせ(3−14ウ)　자네

(重) そなたしゆもいまわこのことくにみなこしめせ(3−14)　　자네

(原) こんにちわそなたしゆのためにていしゆふりおたしなうて(3−17)　자네

(改) こんにちわおのおののためにていしゆふりおいたして(3−22ウ)　자네

(重) こんにちわおのおののためにていしゆふりおいたして(3−21ウ)　자네

(原) そなたしゆとうかはつかとうりうしてもとるとも(3−24)　　자네

(改) おのおのとうかはつかとうりうしてかゑらしやれても(3−32)　자네

(重) おのおのとうかはつかとうりうしてかゑらしやれても(3−30ウ)　자네

(原) そなたしゆかりふねおはあとからやてもよう御さるかと(4−8)　자네

(改) おのおののかりふねわあとからやつてもよう御さろかと(4−11ウ)　자네

(重) おのおののかりふねわあとからやつてもよう御さろかと(4−11ウ)　자네

(原) そなたしゆのかつてはかりさきにめさるか(4−19ウ)　　　자네

(改) おのおののかつてはかりさきにめさるるか(4−28)　　　　자네

(重) おのおののかつてはかりさきにめさるるか(4−25ウ)　　　자네

(原) そなたしゆわにほんのかふうおゑんて御しりやたこと(5−24ウ)　자네

(改) こなたしゆわにほんのかふうおかねて御しりなされたこと(5−35ウ)

　　　　　　　　　　　　　　　　　　　　　　　　　　　　자네

(重) ……

(原) <u>そなたし</u>ゆのこたいかかねておくしたやうすちや(5-26ウ)　자네

(改) こなたしゆのへんとうかもはやおくしたやうすて御さりまする

　　(5-38ウ)　　　　　　　　　　　　　　　　　　　　자네

(重) ……

개수본 중심

(原) こなたしゆもはしめて御めにかかれとも(7-17ウ)　　자네

(改) <u>そなたし</u>ゆもはしめて御めにかかれとも(7-25ウ)　자네

(重) ……

중간본 중심의 예 없음

どなた

원간본 중심의 예 없음

개수본 중심

(原) しやうくわんわたれて御さるか(1-15)　　　　　　　뉘

(改) しやうくわんしわ<u>となた</u>にて御さりまするか(1-21ウ)　뉘

(重) しやうくわんしわ<u>となた</u>にて御さりまするか(1-19ウ)　뉘

(原) そうなれはししやわたれか御わたりて御さるか(5-1ウ)　뉘

(改) しからは御ししやわと<u>なた</u>て御さりまするか(5-1ウ)　　　뉘

(重) しからは御ししやわと<u>なた</u>にて御さりまするか(5-1ウ)　　뉘

중간본 중심의 예 없음

こう

원간본 중심

(原) わかおもうことおひかいなしに<u>こう</u>中ほとに(1-6)　　이리

(改) わかままなことおひかゑなしにかやうに申ますほとに(1-8ウ)　이리

(重) わかままなことおひかゑなしにかやうに申ますほとに(1-7ウ)　이리

(原) なにとやらここわこしらいおゑいせいんて<u>こう</u>ちやほとに(2-9)

　　　　　　　　　　　　　　　　　　　　　　　　　　이러ᄒ니

(改) このはうわこしらゑやうかそそにしてかやうに御さるほとに(2-13)

　　　　　　　　　　　　　　　　　　　　　　　　　　이러ᄒ니

(重) このはうわこしらゑやうかそそうにしてかやうに御されとも(2-17ウ

　　　　　　　　　　　　　　　　　　　　　　　　이러ᄒ거니

(原) ひとつおのけたほとにわすれて<u>こう</u>か(2-10)　　　이러ᄒ가

(改) いちまいたりませねかわすれてかやうに御さるか(2-14)　이러ᄒ가

(重) いちまいたりませねかわすれてかやうに御さるか(2-19)　이러ᄒ가

(原) こちおしらんかとおもうてわさと<u>こう</u>しまるするか(2-10)　　이리

(改) われわれかしらすとおほしめしてわさとかやうになされましたか

　　(2-14ウ)　　　　　　　　　　　　　　　　　　　　　이리

(重) われわれかしらぬとおほしめしてわさとかやうになされましたか
(2-19)   이리

(原) こののちわ<u>こう</u>ないやうにおしられ(2-11)   이러티
(改) こののちわかやうにないやうにおおせられません(2-16)   이러치
(重) こののちわかやうにないやうにおおせられません(2-20ウ)   이러

(原) <u>こう</u>みまるしてめつらし御さる(3-1ウ)   이리
(改) かやうに御めにかかりましてめつらしうそんしまする(3-1ウ)   이리
(重) かやうに御めにかかりましてたかうにそんしまする(3-1ウ)   이리

(原) いそきのようにもあつて<u>こう</u>申ほとに(4-19)   이리
(改) きうにいりようも御さつてかやうに申まするほとに(4-27)   이리
(重) ……

(原) 御つかいわなにかしてこそ御され<u>こう</u>とうらしられ(5-1ウ)   이리
(改) 御つかいわなにかして御さりまする<u>こう</u>御とうりなされません(5-2)
                                                                      이리
(重) 御つかいわなにかして御さりまする<u>こう</u>御とうりなされません(5-2)
                                                                      이리

(原) <u>こう</u>するわかみかた<u>ゑ</u>ちうしんも申(5-4)   이리
(改) かやうにいたしまするわかみかたゑちうしんもいたし(5-5ウ)   이리
(重) かやうにいたしまするわかみかたゑちうしんもいたし(5-5)   이리

(原) かたから<u>こう</u>あろうかとおもうて(5-29ウ)   이리
(改) かたからそうあろうとおもうて(5-43)
(重) ……

(原) <u>こう</u>申ほかにさためてけにんちうひかしにしもしらんものともか
(6-23ウ)   이리

(改) かやう中てもさためてけにんちうにひかしにしもしらんものともか
　　　(6-34)　　　　　　　　　　　　　　　　　　　　　　　　　　이리
(重) このはうのけにんちうにひかしにしもしらんものともか(6-30)　우리

(原) こうおしるか御もつともて御さる(7-11)　　　　　　　　　　이리
(改) かやうにおおせられまするか御もつともて御さりまする(7-16ウ) 이리
(重) おおせられまするたうり御もつともて御さりまする(7-8ウ・9)

(原) さきにこうおしるほとに中もしにくいなれとも(8-5)　　　　　이리
(改) さきたつてかやうにおおせらるゆゑ中いれかたう御されとも(8-7) 이리
(重) さきたつてかやうにおおせらるゆゑゆいれかたう御されとも(8-6ウ)
　　　　　　　　　　　　　　　　　　　　　　　　　　　　이러트니

(原) みきの御ことわりおきくからこう中ことお(8-6ウ)　　　　　이리
(改) みきの御ことわりおききましてかやうに申まることお(8-9)　이리
(重) ……

(原) こういわわしるるほとに(8-15)　　　　　　　　　　　　　이리
(改) かやうにおおせきけられまする(8-22)　　　　　　　　　　이리
(重) かやうにおおせきけられまする(8-16ウ)　　　　　　　이러트니

(原) こうおしるるほとに(9-2)　　　　　　　　　　　　　　　이리
(改) かやうにおおせらるるにより(9-2ウ)　　　　　　　　　　이리
(重) かやうにおおせらるるにより(9-2ウ)　　　　　　　　　　이리

(原) しせんこう中おりもんちにおほしめすかたも御さろうかと(9-5ウ) 이리
(改) しせんこう中おりもしにおほしめすかたも御さろうかと(9-8)　이리
(重) ……

(原) こう中うゑわこなたしたいにめされ(9-8ウ)　　　　　　　이리
(改) このうゑわこなたしたいにめされい(9-12ウ)　　　　　　　이리

(重) ……

(原) <u>こう</u>申かみかたおうちににたれとも(9-11ウ)   이리
(改) <u>こう</u>申かみかたうちににたれとも(9-16ウ)   이리
(重) ……

(原) としにまして<u>こう</u>御さるほとに(9-12ウ)   이러ᄒ니
(改) としにつれて<u>こう</u>御さるにより(9-18)   이러ᄒ니
(重) そのうゑとしにつれて<u>こう</u>御さるか(9-8)   이러ᄒ가

(原) <u>こう</u>申おほうくにさしらるな(9-15ウ)   이리
(改) <u>こう</u>申おほくにさつしやるな(9-22)   이리
(重) ……

(原) なせに<u>こう</u>なふりやるか(9-19ウ)   이리
(改) なせに<u>こう</u>なふらしやるか(9-28)   이리
(重) ……

개수본 및 중간본 중심의 예 없음

かやう

원간본 중심

(原) <u>かやう</u>に御いなさるほとにかたしけなうそんしまるする(3-1ウ) 이리
(改) <u>かやう</u>に御いなさるほとにありかたうそんしまする(3-2)   이리
(重) <u>かやう</u>に御いなされましてありかたうそんしまする(3-2)   이리

(原)　<u>かやう</u>ないていりあるそむないに(4－2ウ)　　　　　　이러튼시

(改)　<u>かやう</u>ないていりわないはつなれとも(4－3ウ)　　　　이러튼시

(重)　<u>かやう</u>ないていりわないはつなれとも(4－4ウ)　　　　이러튼시

(原)　<u>かやう</u>きつおしられんても(5－25)　　　　　　　　　이대도록

(改)　<u>かやう</u>にきつうおおせらいても(5－37)　　　　　　　이대도록

(重)　……

(原)　<u>かやう</u>にゑいひよりおあわしられたほとに(6－14)　　이러튼시

(改)　<u>かやう</u>よいひよりに御あいなされましたにより(6－20ウ)　이러튼시

(重)　<u>かやう</u>のよいひよりに御あいなされましたにより(6－18ウ)　이러튼시

(原)　<u>かやう</u>のところいかにもうけられんやうすちやほとに(7－2)　이러튼흔

(改)　<u>かやう</u>になされてわとうもうけられまするJuことかなりませぬ(7－3)

　　　　　　　　　　　　　　　　　　　　　　　　　　　　　　이런튼

(重)　<u>かやう</u>に御ていねいになされまして(7－2ウ)　　　　　이러튼시

(原)　<u>かやう</u>に御ねんころに御いおなさるほとに(7－5ウ)　　이러튼시

(改)　<u>かやう</u>に御ねんころに御いなさるほとに(7－7ウ)　　　이러튼시

(重)　<u>かやう</u>に御ねんころに御いなされまして(7－5ウ)　　이러튼시

(原)　<u>かやう</u>にこそ申まるする(8－7ウ)　　　　　　　　　　이러튼시

(改)　<u>かやう</u>に申あけまする(8－10ウ)　　　　　　　　　　이러튼시

(重)　……

(原)　<u>かやう</u>なるわらいたねお申さすは(9－11ウ)　　　　　이러튼흔

(改)　<u>かやう</u>なわらいくさお申さすは(9－17)　　　　　　　이러튼흔

(重)　……

(原)　<u>かやう</u>におしるることとすいりやう申たれとも(9－14ウ)　　이리

(改)　<u>かやう</u>におおせらるることとすいりやういたしたれとも(9－21)　이리

(重) ……

개수본 중심

(原) わかおもうことおひかいなしにこう申ほとに(1-6)　　　이리
(改) わかままなことおひかゑなしにかやうに申ますほとに(1-8ウ)　이리
(重) わかままなことおひかゑなしにかやうに申ますほとに(1-7ウ)　이리

(原) このやうなたうりおとねき申て(1-32)　　　　　　　　이런
(改) かやうのわけおとうらいに申あけて(1-49)　　　　　　이런
(重) ……

(原) けうわこのやうにあしらわしらるお(2-4ウ)　　　　이러토시
(改) こんにちわかやうに御ちそうの御さつたことお(2-6ウ)　이러토시
(重) こんにちわかやうに御ちそうの御さつたことお(2-12)　이러토시

(原) まゑにわけしきのものかこのやうに御さなかたに(2-7ウ)　이러치
(改) いせんわまかないのしなかかやうにわ御さらなんた(2-11)　이러치
(重) いせんわまかないのしなかかやうにわ御さらなんた(2-16)　이러치

(原) なにとやらここわこしらいおゑいせいんてこうちやほとに(2-9)
　　　　　　　　　　　　　　　　　　　　　　　　　이러ᄒ니
(改) このはうわこしらゑやうかそそにしてかやうに御さるほとに
　　(2-12ウ)　　　　　　　　　　　　　　　　　　이러ᄒ니
(重) このはうわこしらゑやうかそそうにしてかやうに御されとも
　　(2-17ウ)　　　　　　　　　　　　　　　　이러ᄒ거니

(原) ひとつおのけたほとにわすれてこうか(2-10)　　　　이러ᄒ가
(改) いちまいたりませねかわすれてかやうに御さるか(2-14)　이러ᄒ가
(重) いちまいたりませねかわすれてかやうに御さるか(2-19)　이러ᄒ가

(原) こちおしらんかとおもうてわさとこうしまるするか(2－10)　　　이리

(改) われわれかしらすとおほしめしてわさと<u>かやうに</u>なされましたか
　　　(2－14ウ)　　　이리

(重) われわれかしらぬとおほしめしてわさと<u>かやうに</u>なされましたか
　　　(2－19)　　　이리

(原) こののちわこうないやうにおしられ(2－11)　　　이러티

(改) こののちわ<u>かやうに</u>ないやうにおおせられませい(2－16)　　　이러치

(重) こののちわ<u>かやうに</u>ないやうにおおせられませい(2－20ウ)　　　이리

(原) こうみまるしてめつらし御さる(3－1ウ)　　　이리

(改) <u>かやうに</u>御めにかかりましてめつらしうそんしまする(3－1ウ)　　　이리

(重) <u>かやうに</u>御めにかかりましてたかうにそんしまする(3－1ウ)　　　이리

(原) こうもくのたいせつになたわ(4－12)

(改) こうもくか<u>かやうに</u>あることわ(4－17ウ)　　　이러튼

(重) こうもくか<u>かやうに</u>あることわ (4－16ウ)　　　이러튼

(原) かほとにいわにくきおうつやうにめされす(4－17)　　　이대도록

(改) <u>かやうに</u>いしにくきうつやうになされす(4－24ウ)　　　이대도록

(重) <u>かやうに</u>いしにくきうつやうにさつしやれす(4－23)　　　이대도록

(原) いそきのようにもあつてこう中ほとに(4－19)　　　이리

(改) きうにいりようも御さつて<u>かやうに</u>中まするほとに(4－27)　　　이리

(重) ……

(原) そうおしらるかわるわなけれとも(4－26ウ)　　　그리

(改) <u>かやうに</u>おおんせらるるかわるうわ御さらぬとも(4－37ウ)　　　그리

(重) <u>さやうに</u>おおせらるるもすしめの御さることゆゑ(4－32)　　　그리

(原) こうするわかみかたゑちうしんも中(5－4)　　　이리

(改) <u>かやうに</u>いたしまするわかみかたゑちうしんもいたし(5-5ウ)　　이리

(重) <u>かやうに</u>いたしまするわかみかたゑちうしんもいたし(5-5)　　　이리

(原) まつもんあんこそ申あけまるすれ(5-20)

(改) まつ御さううけたまわりについて<u>かやうに</u>申まする(5-29ウ)　　이리

(重) まつ御さううけたまわりのためししやおもつてゆまする(5-21)

(原) かほとなんきそうにおしられまるするか(5-21ウ)　　　　이대도록

(改) <u>かやうに</u>御なんきそうにおおせられまるすか(5-32)　　　이대도록

(重) ……

(原) くらろかむになろうかとこのたうりてこそおちやれ(5-28)　이리틋시

(改) くらうかむにならうかと<u>かやうに</u>いたしまする(5-41)　　　이리틋시

(重) ……

(原) われらところゑ申うけてたいさつかまつること(6-1ウ)

(改) したくゑちやうせいたしまして<u>かやうに</u>きいおゑまること(6-2)
　　　　　　　　　　　　　　　　　　　　　　　　　　　　이리틋시

(重) したくゑちやうせいたしまして<u>かやうに</u>きいおゑまること
　　(6-1ウ)　　　　　　　　　　　　　　　　　　　　　이리틋시

(原) このやうにめてたいこといつかたもとうせんてこそ御され(6-2ウ)
　　　　　　　　　　　　　　　　　　　　　　　　　　　　이리틋시

(改) <u>かやうに</u>めてたきこといつかたも御とうせんて御さりますれ(6-3ウ)
　　　　　　　　　　　　　　　　　　　　　　　　　　　　이리틋시

(重) たいゑついつかたも御とうせんて御さりますれ(6-3)

(原) こう申ほかにさためてけにんちうひかしにしもしらんものともか
　　(6-23ウ)　　　　　　　　　　　　　　　　　　　　　　이리

(改) <u>かやう</u>申てもさためてけにんちうにひかしにしもしらんものともか
　　(6-34)　　　　　　　　　　　　　　　　　　　　　　　이리

(重)　このはうのけにんちうにひかしにしもしらんものともか(6-30)　우리

(原)　こうおしらるか御もつともて御さる(7-11)　이리

(改)　<u>かやうに</u>おおせられますか御もつともて御さりまする(7-16ウ)　이리

(重)　おおせられまするたうり御もつともて御さりまする(7-8ウ)

(原)　さきにこうおしらるほとに申もしにくいなれとも(8-5)　이리

(改)　さきたつて<u>かやうに</u>おおせらるゆゑ申いれかたう御されとも(8-7)　이리

(重)　さきたつてかやうにおおせらるゆゑゆいれかたう御されとも(8-6ウ)
　　　　　　　　　　　　　　　　　　　　　　　　　　　이러틋시

(原)　みきの御ことわりおきくからこう申ことお(8-6ウ)　이리

(改)　みきの御ことわりおききまして<u>かやうに</u>申ますることお(8-9)　이리

(重)　……

(原)　かほとに申かとそんしまるする(8-11)　이대도록

(改)　<u>かやうに</u>おおせらるるとそんしまする(8-16ウ)　이대도록

(重)　……

(原)　こういわわしらるほとに(8-15)　이리

(改)　<u>かやうに</u>おおせきけられまする(8-22)　이리

(重)　<u>かやうに</u>おおせきけられまする(8-16ウ)　이러틋시

(原)　こうおしらるほとに(9-2)　이리

(改)　<u>かやうに</u>おおせらるるにより(9-2ウ)　이리

(重)　<u>かやうに</u>おおせらるるにより(9-2ウ)　이리

중간본 중심

(原)　せんきうにあうしたことちやほとにはんすしゆようきかしられ(2-9ウ)

(改) せんきのあることゆゑ……

(重) せんきのあることゆゑ<u>かやうに</u>申まする(2−18)　　　　　　　이리

(原) 御いとまこいのやうすめてたさのころところわなけれとも(8−26ウ)

(改) 御いとまこいつかまつりましてめてたさかきりも御さりませね(8−39)

(重) <u>かやうに</u>さんしお申うけましてめてたさかきりも御さりませぬ(8−23)

　　　　　　　　　　　　　　　　　　　　　　　　　　　　이러틱시

(原) たかいにやこらのうゑててておあけて(8−31ウ)

(改) たかいにやくらのうゑててておあけて(8−46)

(重) <u>かやうな</u>たかうなきわ御さりませぬ(8−26)　　　　　　　이런

そう

원간본 중심

(原) とうみにわしられさてわ<u>そう</u>て御さるか(1−8ウ)　　　　　그러

(改) とうみにわあかつてみさつしやれませいさてわ<u>そう</u>て御さるか(1−12ウ)

　　　　　　　　　　　　　　　　　　　　　　　　　　　　　그러

(重) とうみにあかつてみさつしやれませいさてわ<u>そう</u>て御さるか(1−11)　그러

(原) <u>そう</u>しまるせうほとにこころやすおもわしられ(1−15)　　　그러

(改) さやうにいたしませうほとにきつかいなされますするな(1−21ウ)　그러

(重) さやうにいたしませうほとにきつかいなされますするな(1−19ウ)　그러

(原) <u>そう</u>しまるせうか(1−16)　　　　　　　　　　　　　　　　그러

(改) さやうにいたしませうけれとも(1−23)　　　　　　　　　　그러

(重) さやうにいたしませうけれとも(1−21)　　　　　　　　　　그러

(原) <u>そう</u>わそうちやかしよけいおわれらしきに(1－16ウ) 　　　　　 그늗

(改) それわさやうても御さりませうかしよかんわれわれかしきに(1－24) 그늗

(重) それわさやうても御さりませうかしよけいわれわれかしきに(1－22) 그늗

(原) そうわ<u>そう</u>ちやかしよけいおわれらしきに(1－16ウ) 　　　　 그러커니와

(改) それわさやうても御さりませうかしよかんわれわれかしきに(1－24)

　　　　　　　　　　　　　　　　　　　　　　　　　　　　　　　 그러도

(重) それわさやうても御さりませうかしよけいわれわれかしきに(1－22)

　　　　　　　　　　　　　　　　　　　　　　　　　　　　　　　 그러도

(原) <u>そう</u>してなりまるすまい(1－17) 　　　　　　　　　　　　　 그리

(改) <u>そう</u>いたしてはなりますまい(1－25ウ) 　　　　　　　　　　 그리

(重) <u>そう</u>いたしてはなりますまい(1－23) 　　　　　　　　　　　 그리

(原) <u>そう</u>しまるせうよかいりまるしたほとに(1－17ウ) 　　　　 그리

(改) <u>そう</u>いたしませうかよにいりましたにより(1－26) 　　　　 그리

(重) <u>そう</u>いたしませう(1－24) 　　　　　　　　　　　　　　　　 그리

(原) <u>そう</u>さししられ御くろうて御さる(1－21) 　　　　　　　　 그리

(改) <u>そう</u>さつしやれませい御くろうて御さる(1－31) 　　　　　 그리

(重) <u>そう</u>さつしやれませい御くろうて御さる(1－25) 　　　　　 그리

(原) <u>そう</u>ならはさき御され(1－23ウ) 　　　　　　　　　　　 그러커든

(改) しからはさきゑゆかしやれい(1－36) 　　　　　　　　　　 그러커든

(重) しからはさきゑゆかしやれい(1－28ウ) 　　　　　　　　　 그러커든

(原) <u>そう</u>ならはわたくしにゑること御さらんほとに(1－25ウ) 그러흐면

(改) しからはないしよてもとむることてわ御さらねにより(1－38) 그러면

(重) これわわたくしのないしよてもとむることてわ御さらぬにより(1－30)

(原) それわ<u>そう</u>しまるせう(1－26) 　　　　　　　　　　　　　 그리

(改) それわそうしませう(1-39)   그리
(重) ……

(原) こころゑまるしたそうしまるせう(1-27)   그리
(改) こころゑましたそうしませう(1-41)   그리
(重) こころゑましたそうしませうけれとも(2-2ウ)   그리

(原) そうならはなせにせひともあすさしらるやうに(1-28)   그리면
(改) さやう御さらはなせにいよいよみやうに(1-42ウ)   그리면
(重) さやう御さらはなせにはやうするやうに(2-3ウ)   그리면

(原) おしらるところそうなれとも(1-30)   그리
(改) おおせられますところさやうて御されとも(1-46)   그리
(重) ……

(原) かさねて中まもなさにそうてわ御さるか(1-30ウ)   그러ᄂᆞᆫ
(改) かさねて御さう中まも御さらなんたゆゑそうてわ御されとも(1-46ウ)
                                                                      그러ᄂᆞᆫ

(重) ……

(原) そうなれともそこてきもいて(1-32)   그러커니와
(改) さやうて御されともそこもとよりないとそとりもつて(1-49)
                                                                     그러커니와

(重) ……

(原) いてさしらるやうにしてみさしられそうしまるせう(1-33ウ)   그리
(改) 御いてなさるるやうになされてみさつしやれませい(1-50ウ)
(重) 御いてさつしやるるやうにしてみさつしやれい(2-7)

(原) ふねにゆられてきまるしたほとにそう御さるやら(2-2ウ)   그리
(改) ふねにゆられてまいられましたゆゑさやうに御さるやら(2-3ウ) 그리

(重)　ふねにゆられてまいられましたゆゑさやうに御さるやら(2-9)　　　그리

(原)　うれし御さる<u>そう</u>て御さる(2-4)　　　　　　　　　　　　　　그리
(改)　よろこはしうそんしまするさやうて御さりまする(2-5)　　　　　　그리
(重)　よろこはしうそんしまするさやうて御さりまする(2-10ウ)　　　　그리

(原)　おかしられ<u>そう</u>なれとも(2-6ウ)　　　　　　　　　　　그리커니와
(改)　もう御いれなされませいさやうてわ御されとも(2-9ウ)　　　　　그리는
(重)　もう御いれなされませいさやうてわ御されとも(2-14ウ)　　　　　그리는

(原)　<u>そう</u>おしらるおまこととわききまるせん(2-8ウ)　　　　　　　그리
(改)　さやうにおうせられまするおまうけにわいたしませぬ(2-12)　　　그리
(重)　さやうにおおうせられまするおまうけにわいたしませぬ(2-17)　그리

(原)　さためてわすれて<u>そう</u>しまるしたものちやほとに(2-10ウ)　　　그리
(改)　さためてわすれましてさやうにしましたものて御さる(2-15)　　　그리
(重)　さためてわすれましてさやうにしましたものて御さる(2-20)　　　그리

(原)　御めにかかたほとに<u>そう</u>て御さる(2-14ウ)　　　　　　　　　　그리
(改)　御めにかかりましたゆゑさやうて御されとも(2-21ウ)　　　　　　그리
(重)　……

(原)　<u>そう</u>こころゑていてさしられ(2-15)　　　　　　　　　　　　　그리
(改)　さやうに御こころゑなされて御いてなされませい(2-22)　　　　　그리
(重)　さやうに御こころゑさつしやれて御いてさつしやれい(2-22ウ)　그리

(原)　せんれいわ<u>そう</u>なけれとも(3-7ウ)　　　　　　　　　　　　　그리티
(改)　せんれいわ<u>そう</u>てわなけれとも(3-10)　　　　　　　　　　　그리치는
(重)　れいきにおいてわ<u>そう</u>てわなけれとも(3-9ウ)　　　　　　　　그리치는

(原)　ものおくいまるせんほとに<u>そう</u>御さるやら(3-9)　　　　　　　그리

(改) ものおくいませんほとに<u>そう</u>御さるやら(3-11ウ)　　　그러

(重) ものおくいませんほとに<u>そう</u>御さるやら(3-11ウ)　　　그러

(原) いかうよう御さる<u>そう</u>しまるせう(3-9ウ)　　　그리

(改) いかうよう御さるゆゑ<u>そう</u>しませう(3-13)　　　그리

(重) いかうよう御さるゆゑ<u>そう</u>しませう(3-12ウ)　　　그리

(原) なかなかしまちうにも<u>そう</u>申まるする(3-13)　　　그리

(改) なるほとしまちうも<u>そう</u>申ます(3-17ウ)　　　그리

(重) なるほとしまちうも<u>そう</u>申ます(3-17)　　　그리

(原) なにしにおろかにしまるせうか<u>そう</u>あるに(3-15)　　　그러

(改) なにしにおろかにしませうか<u>そう</u>あるに(3-20)　　　그러

(重) なにしにおろかにしませうか<u>そう</u>あるに(3-19ウ)　　　그러

(原) <u>そう</u>めさるおしまちういきかよいにみて(3-15ウ)　　　그리

(改) <u>そう</u>めさるおしまちうおおらいにみて(3-21)　　　그리

(重) <u>そう</u>めさるおしまちうわうらいにみて(3-20)　　　그리

(原) <u>そう</u>あるやらさけもみかこころおうして(3-17)　　　그러

(改) <u>そう</u>あるやらさけもわかこころにおおして(3-22ウ)　　　그러

(重) <u>そう</u>あるやらさけもわかこころにおうして(3-22)　　　그러

(原) <u>そう</u>あるかとおもいまるする(3-17ウ)　　　그러

(改) さやうに御さろうとそんします(3-23)　　　그러

(重) さやうに御さろうとそんします(3-22)　　　그러

(原) <u>そう</u>あるやらいかうよいまるしたれとも(3-18)　　　그러

(改) <u>そう</u>あるやらいかうよいまるしたれとも(3-24)　　　그러

(重) <u>そう</u>あるやらいかうよいまるしたれとも(3-23)　　　그러

(原) そうなれはししやわたれか御わたりて御さるか(5-1ウ) 　　　그러면

(改) しからは御ししやわとなたて御さりまするか(5-1ウ) 　　　그러면

(重) しからは御ししやわとなたにて御さりまするか(5-1ウ) 　　　그러면

(原) ひせんにてまかりもとろうほとにそうこころゑさしられ(5-4) 　　그리

(改) ひせんにてまかりかゑりませうほとにそうこころゑさつしやれい
　　　(5-5ウ) 　　　　　　　　　　　　　　　　　　　　　　　　그리

(重) ひせんにてまかりかゑりませうほとにそうこころゑさつしやれい
　　　(5-5) 　　　　　　　　　　　　　　　　　　　　　　　　　그리

(原) そうこころゑさしられとまたおしらるわ(5-6ウ) 　　　　그리

(改) そうこころゑなされましと申ましてさてまた申されまするわ(5-9ウ)
　　　　　　　　　　　　　　　　　　　　　　　　　　　　그리

(重) そうこころゑさつしやれいさてまた申されまするわ(5-8) 　　그리

(原) すいりやうてこそ御さたれそうこころゑてまた(5-9ウ) 　　그리

(改) すいりやういたすことて御さりまするそうこころゑてまた(5-14) 그리

(重) すいりやういたすことて御さりまするそうこころゑてまた(5-12) 그리

(原) そうならはかといてにめてたいこととみないわいまるする(5-14)
　　　　　　　　　　　　　　　　　　　　　　　　　　　그러면

(改) さやう御さらはかといてにめてたいこととみないわいまする(5-20ウ)
　　　　　　　　　　　　　　　　　　　　　　　　　　　그러면

(重) ……

(原) ひよりかありそうに申あわれそうも御されかな(5-14ウ) 　　그리

(改) ひよりかありそうなと申まするかとうそそう御されかし(5-21ウ) 그리

(重) ……

(原) そうすれはにほんのせんとういかうこうしやなもの(5-14ウ) 그리ㅎ면

(改) さやう御さらはにほんのせんとういかうこうしやなものお(5-21ウ)

　　　　　　　　　　　　　　　　　　　　　　　　　　　　　그러ᄒ면

(重) ……

(原) ここもとのせんとうも<u>そう</u>みたほとに(5−16ウ)　　　　그리

(改) ここもとのせんとうも<u>そう</u>みましたほとに(5−24)　　　그리

(重) ここもとのせんとうも<u>そう</u>みましたほとに(5−16ウ)　　グ리

(原) くさひおかいまるするほとに<u>そう</u>こころゑて(5−22ウ)　　그리

(改) くとうゆうておきまするほとに<u>そう</u>こころゑなされて(5−33)　그리

(重) ……

(原) <u>そう</u>こころゑなさるやうにようとりなせやり(5−24)　　　그리

(改) <u>そう</u>こころゑなさるやうにようとりなしおたのみまする(5−35)　그리

(重) ……

(原) たんたんに<u>そう</u>もならんやうすなれとも(5−29)　　　　그리

(改) いちいちに<u>そう</u>もならんやうすなれとも(5−42)　　　　그리

(重) ……

(原) またもかたてみようほとに<u>そう</u>こころゑやり(5−30ウ)　　그리

(改) またも申たててみませうにより<u>そう</u>こころゑさつしやれい(5−44)　그리

(重) ……

(原) <u>そう</u>こころゑさしられ(6−12ウ)　　　　　　　　　　　그리

(改) さやうに御こころゑなされませい(6−18)　　　　　　　　그리

(重) さやうに御こころゑなされませい(6−16ウ)　　　　　　　그리

(原) <u>そう</u>おしられそうなとこおそんして(6−17)　　　　　　グ리

(改) <u>そう</u>おおせられうとそんしまして(6−25)　　　　　　　그리

(重) ……

(原) さてわ<u>そ</u>うてはし御さるか(6−19ウ)　　　　　　　　　　ユ러

(改) さてわ<u>そ</u>うて御さりまするか(6−28ウ)　　　　　　　　　ユ러

(重) ……

(原) <u>そ</u>うこころゑなされてこそ御され(6−22)　　　　　　　　ユ리

(改) さやう御こころゑなされて御さりませい(6−32)　　　　　　ユ리

(重) さやう御こころゑなされて御さりませい(6−28ウ)　　　　　ユ리

(原) おしるやうすか<u>そ</u>うもありそうならは(6−23)　　　　　ユ러도

(改) おおせらるおもむきて御さらは(6−33)

(重) おおせらるおもむきて御さらは(6−29ウ)

(原) さてわ<u>そ</u>うて御さるか(7−2)　　　　　　　　　　　　　ユ러

(改) しからはさやうて御さるか(7−2ウ)　　　　　　　　　　　ユ러

(重) さやうて御さるか(7−2)　　　　　　　　　　　　　　　　ユ러

(原) <u>そ</u>うあらはしやうそくもしまるせうす(7−12ウ)　　　ユ러면

(改) しからはしやうそくおしませう(7−18ウ)　　　　　　　　ユ러면

(重) しからはしやうそくおいたしませう(7−10)　　　　　　　ユ러면

(原) <u>そ</u>うあらはしやうけいつれも(7−18ウ)　　　　　　　　ユ러면

(改) またいちきやうしやうけいつれも(7−27ウ)

(重) ……

(原) <u>そ</u>うあらは御しんもつお(7−19)　　　　　　　　　　　ユ러면

(改) <u>そ</u>うあらは御しんもつお(7−28)　　　　　　　　　　　ユ러면

(重) ……

(原) <u>そ</u>うあらはともかくもおしるるしたいにしまるせう(7−21)　ユ러면

(改) <u>そ</u>う御さらはともかくもおおせのことくにいたしませう(7−31)　ユ러면

(重) ……

(原) <u>そう</u>こころゑさしられてゆるりとなされうす(8-10)　　　　그리

(改) さやうに御こころゑなされて御ゆるりとなされませい(8-15)　　그리

(重) さやうに御こころゑなされて御ゆるりとなせれませい(8-11ウ)　그리

(原) いちちやうそうならは(8-14)　　　　　　　　　　　　　　그러면

(改) ひつてうさやう御さらは(8-20ウ)　　　　　　　　　　　그러ᄒ면

(重) ひつてうさやう御さらは(8-15)　　　　　　　　　　　　그러ᄒ면

(原) こちわとられんはつちやほとに<u>そう</u>こころゑさしられ(8-19)　그리

(改) ……

(重) ……

(原) <u>そう</u>なりまるするまいことわ(8-21)　　　　　　　　　　그리

(改) <u>そう</u>なりますするまいことわ(8-31ウ)　　　　　　　　　그리

(重) ……

(原) <u>そう</u>おしらるほとにかたしけなう御されとも(9-2)　　　　　그리

(改) さやうにおおせられましてかたしけなう御されとも(9-3)　　　그리

(重) さやうにおおせられましてかたしけなう御されとも(9-3)　　　그리

(原) おもうほとに<u>そう</u>こころゑさしられ(9-11)　　　　　　　　그리

(改) おもいますするにより<u>そう</u>こころゑさつしやれい(9-16ウ)　　그리

(重) ……

(原) <u>そう</u>おしらるほとにかたしけなう御さる(9-17ウ)　　　　　　그리

(改) <u>そう</u>おしやるによりかたしけなう御さる(9-25)　　　　　　그리

(重) ……

개수본 중심

(原) そのさはうわしらすわかくにのはすてわないか(5-27)

(改) <u>そう</u>したさはうとわしらいてわかくにのはちてわ御さらんか(5−39) 그리

(重) ……

(原) かたからこうあろうかとおもうて(5−29ウ) 이러홀가

(改) かたから<u>そう</u>あろうとおもうて(5−43) 그러홀가

(重) ……

(原) かちうのものもそんするならは(8−22)

(改) かちうのものも<u>そう</u>そんしましたらは(8−33) 그리

(重) ……

중간본 중심

(原) たさしられきのうわとねきより(5−5ウ)

(改) 御たしなされませいきのうわとうらいより(5−8)

(重) 御たしなされませい<u>そう</u>いたしませうきのうわとうらいより(5−7) 그리

さやう

원간본 중심

(原) おのおのも<u>さやう</u>にこころゑさしられ(9−2ウ) 그리

(改) おのおのも<u>さやう</u>に御こころゑなされませい(9−3ウ) 그리

(重) おのおのも<u>さやう</u>に御こころゑなされませい(9−3ウ) 그리

(原) <u>さやう</u>に 御こころゑなされ候て(10−13) 左様

(改) <u>さやう</u>に御こころゑなされ候て(10^中−6) 그리

(重) さやうに御こころゑなされ(10^{中}-5ウ)　　　　　　　　　그리

(原) さやうに御さ候わ(10-19ウ)　　　　　　　　　　　　　左様
(改) さやうに御さ候ゑは(10^{中}-18ウ)　　　　　　　　　　그리
(重) さやう御さ候ゑは(10^{中}-16)　　　　　　　　　　　　그리

(原) さやうに御さ候わこのたんとねきゑ申候て(10-24ウ)　　　左様
(改) さやうに御さ候わこのたんとうらいゑ申候て(10^{下}-3)　　그리
(重) さやうに御さ候わはこのたんとうらいゑゆ候て (10^{下}-3)　그리

(原) さやうに御こころゑなさるへく候(10-25)　　　　　　　　左様
(改) さやうに御こころゑなさるへく候(10^{下}-4)　　　　　　그리
(重) さやうに御こころゑなさるへく候(10^{下}-3ウ)　　　　　그리

(原) 御しめんのおもむきなかなかさやうに御さ候 (10-25ウ)　　左様
(改) 御しめんのおもむきなかなかさやうに御さ候 (10^{下}-5ウ)　그리
(重) 御しめんのおもむきなるほと御ききおよひのとおりに候(10^{下}-5)

(原) さやうに御こころゑなさるへく候(10-30ウ)　　　　　　　左様
(改) さやうに御こころゑなさるへく候(10^{下}-14ウ)　　　　　그리
(重) さやうに御こころゑなさるへく候(10^{下}-12)　　　　　　그리

개수본 중심

(原) おのおのもこころゑさしられ(1-10)
(改) おのおのもさやうにこころゑさつしやれい(1-14)　　　　　그리
(重) おのおのもさやうにこころゑさつしやれい(1-12ウ)　　　　그리

(原) なかなかひたかいにてつきまるせうお(1-12ウ)
(改) さやうて御さりますひたかいにつきまするはつお(1-17ウ)　그리

(重) <u>さやう</u>て御さりますひたかいにつきますするはつお(1-16)　　　　　그러

(原) そうしまるせうほとにこころやすおもわしられ(1-15)　　　　　　그러
(改) <u>さやう</u>にいたしませうほとにきつかいなされますするな(1-21ウ)　그러
(重) <u>さやう</u>にいたしませうほとにきつかいなされますするな(1-19ウ)　그러

(原) そうしまるせうか(1-16)　　　　　　　　　　　　　　　　　　　그러
(改) <u>さやう</u>にいたしませうけれとも(1-23)　　　　　　　　　　　그러
(重) <u>さやう</u>にいたしませうけれとも(1-21)　　　　　　　　　　　그러

(原) そうわそうちやかしよけいおわれらしきに(1-16ウ)　　　　　　　그러
(改) それわ<u>さやう</u>ても御さりませうかしよかんわれわれかしきに(1-24)　그러
(重) それわ<u>さやう</u>ても御さりませうかしよけいわれわれかしきに(1-22)　그러

(原) そうならはなせにせひともあすさしらるやうに(1-28)　　　　　그러면
(改) <u>さやう</u>御さらはなせにいよいよみやうに(1-42ウ)　　　　　　그러면
(重) <u>さやう</u>御さらはなせにはやうするやうに(2-3ウ)　　　　　　그러면

(原) おしらるところそうなれとも(1-30)　　　　　　　　　　　　　그러
(改) おおせられますところ<u>さやう</u>て御されとも(1-46)　　　　　　그러
(重) ……

(原) そうなれともそこてきもいて(1-32)　　　　　　　　　그러커니와
(改) <u>さやう</u>て御されともそこもとよりないとそとりもつて(1-49)　그러커니와
(重) ……

(原) ふねにゆられてきまるしたほとにそう御さるやら(2-2ウ)　　　그러
(改) ふねにゆられてまいられましたゆゑ<u>さやう</u>に御さるやら(2-3ウ)　그러
(重) ふねにゆられてまいられましたゆゑ<u>さやう</u>に御さるやら(2-9)　　그러

(原) うれし御さるそうて御さる(2-4)　　　　　　　　　　　　　　그러

(改) よろこはしうそんしまする<u>さやうて</u>御さりまする(2-5)　　　　그리

(重) よろこはしうそんしまする<u>さやうて</u>御さりまする(2-10ウ)　　그리

(原) おかしられ そうなれとも(2-6ウ)　　　　　　　　　　　그러커니와

(改) もう御いれなされませい<u>さやうて</u>わ御されとも(2-9ウ)　　그러는

(重) もう御いれなされませい<u>さやうて</u>わ御されとも(2-14ウ)　　그러는

(原) そうおしらるおまこととわききまるせん(2-8ウ)　　　　　　그리

(改) <u>さやうに</u>おうせられまするおまうけにわいたしませぬ(2-12)　그리

(重) <u>さやうに</u>おおうせられまするおまうけにわいたしませぬ(2-17)　그리

(原) こちもこのやうなことおなせにたしかにしりまるせうか(2-10ウ)　이런

(改) このはうも<u>さやう</u>なことおとうしていさいにしりませうか(2-14ウ)　그런

(重) このはうも<u>さやう</u>なことおとうしていさいにしりませうか(2-19ウ)　그런

(原) さためてわすれてそうしまるしたものちやほとに(2-10ウ)　　그리

(改) さためてわすれまして<u>さやうに</u>しましたものて御さる(2-15)　　그리

(重) さためてわすれまして<u>さやうに</u>しましたものて御さる(2-20)　　그리

(原) 御めにかかたほとにそうて御さる(2-14ウ)　　　　　　　그리

(改) 御めにかかりましたゆゑ<u>さやうて</u>御されとも(2-21ウ)　　　그리

(重) ……

(原) そうこころゑていてさしられ(2-15)　　　　　　　　　　그리

(改) <u>さやうに</u>御こころゑなされて御いてなされませい(2-22)　　　그리

(重) <u>さやうに</u>御こころゑさつしやれて御いてさつしやれい(2-22ウ)　그리

(原) こなたしゆもいてさしらるときにおしられて御され(2-15ウ)

(改) おのおのも御いてなさるるとき<u>さやうに</u>おうせられて(2-23)　　그리

(重) ……

(原) そうあるかとおもいまるする(3－17ウ)   그리

(改) <u>さやうに</u>御さろうとそんしまする(3－23)   그리

(重) <u>さやうに</u>御さろうとそんしまする(3－22)   그리

(原) いかなそうてわ御さらん(3－18ウ)   그리

(改) いかな<u>さやう</u>てわ御さらぬ(3－24ウ)   그리

(重) いかな<u>さやう</u>てわ御さらぬ(3－23ウ)   그리

(原) たいけいにこそ御さるまゑわそうなかたれとも(4－5ウ)   그리

(改) たいけいに御さりまするまゑわ<u>さやうに</u>御さらなんたに(4－7ウ) 그리치

(重) たいけいに御さりまするまゑわ<u>さやうに</u>御さらなんたに(4－8) 그리치

(原) まゑかとに申ておかしられそうわ申すれとも(4－8)   그늗

(改) まゑかたに申ておかされませい<u>さやうに</u>わ申ませうけれとも(4－11ウ)
                                            그러케

(重) まゑかたに申ておかされませい<u>さやうに</u>わ申ませうけれとも(4－11)
                                            그러케

(原) ことおそうめさるか(4－16)   그리

(改) ことお<u>さやうに</u>さつしやれまするか(4－23)   그리

(重) ことお<u>さやうに</u>さつしやれまするか(4－21ウ)   그리

(原) めいわくさおたれに申まるせうかそうしまるせう(4－29ウ)   그리

(改) めいわくさおたれに申まるせうか<u>さやうに</u>いたしませう(4－41ウ) 그리

(重) ……

(原) いやいやそのふんて御さるか(5－12ウ)   그리

(改) いよいよ<u>さやう</u>御さるか(5－18ウ)   그리

(重) ……

(原) そうならはかといてにめてたいこととみないわいまるする(5－14) 그러면

(改) <u>さやう</u>御さらはかといてにめてたいこととみないわいまする(5-20ウ)

　　　　　　　　　　　　　　　　　　　　　　　　　　　　　그러면

(重) ……

(原) そうすれはにほんのせんとういかうこうしやなもの(5-14ウ) 그러ᅙ면

(改) <u>さやう</u>御さらはにほんのせんとういかうこうしやなものお(5-21ウ)

　　　　　　　　　　　　　　　　　　　　　　　　　　　　　그러ᅙ면

(重) ……

(原) このおしらるやうすちやほとに(5-30)

(改) <u>さやう</u>におおせらるから(5-43ウ)　　　　　　　　　　　　　그리

(重) ……

(原) そうこころゑさしられ(6-12ウ)　　　　　　　　　　　　　　　그리

(改) <u>さやう</u>に御こころゑなされませい(6-18)　　　　　　　　　　　그리

(重) <u>さやう</u>に御こころゑなされませい(6-16ウ)　　　　　　　　　　그리

(原) さほとにおもやるほとならは(6-19ウ)　　　　　　　　　　　그대도록

(改) <u>さやう</u>におもわしやることて御さらは(6-28ウ)　　　　　　　그대도록

(重) <u>さやう</u>におもわしやることて御さらは(6-25ウ)　　　　　　　그대도록

(原) そうこころゑなされてこそ御され(6-22)　　　　　　　　　　　그리

(改) <u>さやう</u>御こころゑなされて御さりませい(6-32)　　　　　　　　그리

(重) <u>さやう</u>御こころゑなされて御さりませい(6-28ウ)　　　　　　　그리

(原) さてわそうて御さるか(7-2)　　　　　　　　　　　　　　　　그리

(改) しからは<u>さやう</u>て御さるか(7-2ウ)　　　　　　　　　　　　　그리

(重) <u>さやう</u>て御さるか(7-2)　　　　　　　　　　　　　　　　　　그리

(原) そうこころゑさしられてゆるりとなされうす(8-10)　　　　　　그리

(改) <u>さやう</u>に御こころゑなされて御ゆるりとなされませい(8-15)　　그리

(重) <u>さやうに</u>御こころゑなされて御ゆるりとなせれませい(8-11ウ)　ユリ

(原) いちちやうそうならは(8-14)　　　　　　　　　ユリ면
(改) ひつてう<u>さやう</u>御さらは(8-20ウ)　　　　　ユリㅎ면
(重) ひつてう<u>さやう</u>御さらは(8-15)　　　　　　ユリㅎ면

(原) そのふんこころゑさしられ(8-19ウ)　　　　　ユリ
(改) <u>さやうに</u>こころゑさつしやれませい(8-29)　ユリ
(重) ……

(原) そうおしらるほとにかたしけなう御されとも(9-2)　　ユリ
(改) <u>さやうに</u>おおせられましてかたしけなう御されとも(9-3)　ユリ
(重) <u>さやうに</u>おおせられましてかたしけなう御されとも(9-3)　ユリ

(原) 御たいくわんしゆゑおうせつけられ候て(10-15ウ)
(改) 御たいくわんしゆゑ<u>さやう</u>おうせつけられ候て(10$^{中-}$10ウ)　ユリ
(重) 御たいくわんしゆゑ<u>さやう</u>おうせつけられ候て(10$^{中-}$9)　ユリ

중간본 중심

(原) そうおしるるかわるわなけれとも(4-26ウ)　　　ユリ
(改) かやうにおおんせらるるかわるうわ御さらぬとも(4-37ウ)　ユリ
(重) <u>さやうに</u>おおせらるるもすしめの御さることゆゑ(4-32)　ユリ

(原) おうかたにさしられんやうにとねきゑ申て(5-5)
(改) おうかたにいたされぬやうにとうらいゑ申て(5-7ウ)
(重) <u>さやう</u>御さらはおうやうにいたされぬやうにとうらいさまゑ申て(5-6)
　　　　　　　　　　　　　　　　　　　　　　ユリ면

(原) かたくおしられつけたほとにそのふんならは(5-8ウ)　ユリㅎ면

(改) かたく申つけられましたほとにそのふんならは(5-13)　　그리ᄒ면
(重) かたく申つけられましたほとに<u>さやう</u>御さらは(5-11)　　그리ᄒ면

(原) しきにまいてさうお申いれとあるきてこそ御さる(7-18ウ)
(改) しきにまいてそのわけお申あけいとのきて御さる(7-27ウ)
(重) <u>さやう</u>に御ききなされませい(7-16)　　　　　　　　　그리

どう

원간본 중심

(原) <u>とう</u>なりともよかるやうにしまるせうほとに(4-27)　　아못됴로나
(改) <u>とう</u>なりともよろしいやうにいたしませうほとに(4-38)　아몯됴로나
(重) <u>とう</u>なりともよろしいやうにいたしませうほとに(4-32)　아몯됴로나

개수본 중심

(原) なにふねかなんとしておくれまるしたか(1-11ウ)　　　　어이ᄒ여
(改) なにふねか<u>とう</u>しておくれまして御さるか(1-16)　　　어이ᄒ여
(重) とのふねか<u>とう</u>しておくれまして御さるか(1-14ウ)　　어이ᄒ여

(原) こちもこのやうなことおなせにたしかにしりまるせうか(2-10ウ) 어이
(改) このはうもさやうなことお<u>とう</u>していさいにしりませうか(2-14ウ)어이
(重) このはうもさやうなことお<u>とう</u>していさいにしりませうか(2-19ウ)
　　　　　　　　　　　　　　　　　　　　　　　　　　　　　어이ᄒ여

(原) そむやそもこしつそくいれたこうもくお(4-16)　　　　　어듸셔

(改) とうしてこしつそくいれたこうもくお(4－22ウ)　　　　　얻디ᄒ여

(重) とうしてこしつそくいれたこうもくお(4－21)　　　　　얻디ᄒ여

(原) ましてかやうのところいかにもうけられんやうすちやほとに(7－2)

　　　　　　　　　　　　　　　　　　　　　　　　　　　　아므려도

(改) そのうゑかやうになされてわとうもうけられますることかなりませぬ

　　(7－3)　　　　　　　　　　　　　　　　　　　　아모려도

(重) そのうゑかやうに御ていねいになされまして(7－2ウ)

(原) のうしてもとてもとることわ御さるまいほとに(8－6)　아므리ᄒ여도

(改) とうしてもとつてか ゑりかたう御さるほとに(8－8)　　아모리ᄒ여도

(重) なにふんに御さつてもとりかゑりかたう御さるほとに(8－7ウ)

　　　　　　　　　　　　　　　　　　　　　　　　　　　아모리ᄒ여도

중간본 중심의 예 없음

どうもこうも

원간본 중심

(原) とうもこうもおしらるままにして(4－5ウ)　　　　　이러나뎌러나

(改) ともかくもおつしやるたうりにして(4－8)　　　　　이러나져러나

(重) ともかくもおつしやるたうりにして(4－8)　　　　　이러나져러나

(原) とうもこうも中されんか(4－12ウ)　　　　　　　　뎌러타이러타

(改) ……

(重) ……

개수본 및 중간본 중심의 예 없음

ともかくも

원간본 중심

(原) ともかくもそなたゑまかせまるするほとに(6-20ウ)　이러나뎌러나

(改) ともかくも御しふんゑまかしまするほとに(6-30)　이러나뎌러나

(重) ともかくも御しふんゑまかしまするほとに(6-26ウ)　이러나져러나

(原) ともかくも御かつてんしたいにこそしまるせうすれ(8-25)

이러나뎌러나

(改) ともかくもおおせにしたかいまするて御さりませう(8-37)

이러나뎌러나

(重) ともかくもおおせにしたかいまするて御さりませう(8-22)

이러나져러나

(原) そうあらはともかくもおしらるしたいにしまるせう(7-21)

이러나뎌러나

(改) そう御さらはともかくもおおせのことくにいたしませう(7-31)

이러나져러나

(重) ……

개수본 중심

(原) とうもこうもおしらるままにして(4-5ウ)　이러나뎌러나

(改) ともかくもおつしやるたうりにして(4-8)　이러나져러나

(重) <u>とも</u>かくもおつしやるたうりにして(4-8)　　　　이러나져러나

중간본 중심의 예 없음

この

원간본 중심

(原) <u>この</u>ふねわなにふねて御さるか(1-10)　　　　　　　이 빈
(改) <u>この</u>ふねわなにふねて御さりまするか(1-14ウ)　　　이 빈
(重) <u>この</u>ふねわいかやうのふねて御さりまするか(1-13)　　이 빈

(原) <u>この</u>いつはいまてとらしられたいせつの御いちやほとに(2-7) 이 一杯
(改) <u>この</u>いつさんわあかりませい御ねんころのおおせゆゑ(2-10) 이 一盞
(重) <u>この</u>いつさんわあかりませい御ねんころのおおせゆゑ(2-15) 이 一盞

(原) <u>この</u>さんお御そんしられあまりりよくわいにそんして(2-7)　　　이 盞
(改) <u>この</u>さんお御らんなされませいあまりりよくわいにそんして(2-10ウ)
　　　　　　　　　　　　　　　　　　　　　　　　　　　　　이 盞
(重) <u>この</u>さんお御らんなされませいあまりかたしけなうそんして(2-15ウ)
　　　　　　　　　　　　　　　　　　　　　　　　　　　　　이 盞

(原) <u>この</u>さんわせひともみなこしめし(3-5ウ)　　　　　이 잔
(改) <u>この</u>さんわせひともみなのましやれませい(3-7ウ)　이 잔
(重) <u>この</u>さんわせひともみなのましやれませい(3-7)　　이 잔

(原) <u>この</u>ことくにみなこしめし(3-11)　　　　　　　　이마티

(改) <u>こ</u>のことくにみなこしめせ(3-14ウ)　　　　　　　이マ치

(重) <u>こ</u>のことくにみなこしめせ(3-14)　　　　　　　　이マ치

(原) <u>こ</u>のさんわ御いのことくみなたひまるせう(3-11ウ)　　이 盞

(改) <u>こ</u>のさんわ御いのことくみなたへませう(3-15ウ)　　이 盞

(重) <u>こ</u>のさんわ御いのことくみなたへませう(3-15)　　　이 盞

(原) <u>こ</u>のくにのしんかになりまるしたほとによろつのことお(3-15) 이 나라

(改) <u>こ</u>のくにのしんかになりましたほとによろつのことお(3-19ウ) 이 나라

(重) <u>こ</u>のくにのしんかになりましたほとによろつのことお(3-19) 이 나라

(原) <u>こ</u>のさけてよわしられうか(3-18ウ)　　　　　　　이 술

(改) <u>こ</u>のさけによわしやれませうか(3-24ウ)　　　　　이 술

(重) <u>こ</u>のさけによわしやれませうか(3-23ウ)　　　　　이 술

(原) <u>こ</u>のくにのひとつのさうさものくしまるせうとおもゑまるする(3-23ウ)

　　　　　　　　　　　　　　　　　　　　　　　　　이 나라

(改) <u>こ</u>のくにのすこしのさうさものそきませうとそんしますする(3-31)

　　　　　　　　　　　　　　　　　　　　　　　　　이 나라

(重) <u>こ</u>のくにのすこしのさうさものそきませうとそんしますする(3-29ウ)

　　　　　　　　　　　　　　　　　　　　　　　　　이 나라

(原) <u>こ</u>のかんほくのときまゑよりはかりのたかいよわいのいていりに

　　(4-1ウ)　　　　　　　　　　　　　　　　　　　이 看品

(改) <u>こ</u>のかんほくのときまゑよりはかりのつよいよわいのいていりに

　　(4-2)　　　　　　　　　　　　　　　　　　　　이 看品

(重) <u>こ</u>のかんほくのときまゑよりはかりのつよいよわいのいていりに

　　(4-3)　　　　　　　　　　　　　　　　　　　　이 看品

(原) <u>こ</u>のこうもくかなせにこのやうにわる御さるか(4-9ウ)　이 公木

(改) <u>こ</u>のこうもくかなせにこのやうにわるう御さるか(4-14)　이 公木

(重) <u>こ</u>のこうもくかなせにこのやうにわるう御さるか(4-13ウ)   이 公木

(原) <u>こ</u>のこうもくわむかしのこうもくにいつそくもによたか(4-13ウ)
                                                        이 公木
(改) <u>こ</u>のこうもくわむかしのこうもくにいつそくもによたか(4-19ウ)
                                                        이 公木
(重) <u>こ</u>のこうもくわむかしのこうもくにいつそくもによたか(4-18ウ)
                                                        이 公木

(原) <u>こ</u>のこうもくおたんたんによるかそれおいやと(4-14ウ)   이 公木
(改) <u>こ</u>のこうもくおいちいちにゑるかそれおいやと(4-21)   이 公木
(重) <u>こ</u>のこうもくおいちいちにゑりませうかそれおいやと(4-19ウ)이 公木

(原) <u>こ</u>のこうもくおうけとてなにともしやうかなさに(4-17ウ)   이 公木
(改) <u>こ</u>のこうもくおうけとつてなにともいたしやうか御さらす(4-25ウ)
                                                        이 公木
(重) <u>こ</u>のこうもくおうけとりましてもなにともいたしやうか御さらぬ
    (4-23ウ)   이 公木

(原) せめてわ<u>こ</u>のこしつそくおいつそくにしつたんつつよりたせは(4-18)
                                                        이 五十束
(改) せめてわ<u>こ</u>のこしつそくおいつそくてしつたんつつゑりたせは(4-26)
                                                        이 五十束
(重) せめてわ<u>こ</u>のこしつそくおいつそくてしつひきつつゑりたせは(4-24ウ)
                                                        이 五十束

(原) <u>こ</u>のめいわくたとゑこそ御さらんゑまつたいくわんしゆも(4-23ウ)
                                                        이 민망
(改) <u>こ</u>のめいわくわかきりないことて御さるまつたいくわんしゆも(4-33)
                                                        이 민망
(重) <u>こ</u>のめいわくわかきりないことて御さるまつたいくわんしゆも

(4-29ウ)   이 민망

(原) <u>こ</u>のやうすおもそさかたゑこまかに申ふくめすはならんから(4-28ウ)
이 樣子

(改) <u>こ</u>のやうすおもそさかたゑくわしう申さいてわならぬことゆゑ(4-40)
이 樣子

(重) <u>こ</u>のやうすおもそさかたゑくわしう申さいてわならぬことゆゑ(4-34)
이 樣子

(原) こなたしゆ<u>こ</u>のおもむきおとねきゑおしられて(5-3)   이 뜻

(改) こなたしゆ<u>こ</u>のおもむきおとうらいゑおおせられて(5-4ウ)   이 뜻

(重) そこもとより<u>こ</u>のおもむきおとうらいさまゑおおせられて(5-4ウ)이 뜯

(原) さてわ<u>こ</u>のやうすわしらいんて御むかいなれは(5-4ウ)   이런 줄

(改) さてわ<u>こ</u>のわけわそんしませいて御むかいなれは(5-6ウ)   이런 일

(重) ……

(原) <u>こ</u>のたうりしんすゑおしられて(5-15ウ)   이 道理

(改) <u>こ</u>のたうりおさんしさまゑ申あけられまして(5-22ウ)   이 道理

(重) ……

(原) <u>こ</u>のたうりてこそおちやれたいしゆのおしらるたうり(5-28) 이러틋시

(改) かやうにいたしますするたいしゆのおおせらるるたうり(5-41) 이러틋시

(重) ……

(原) <u>こ</u>のおしらるやうすちやほとにりやうけんもなさわないか(5-30)
이리 니르시니

(改) さやうにおおせらるからしやうもなさわないか(5-43) 그리 니르시니

(重) ……

(原) <u>こ</u>のおくににかいのせうゑんおもちまるしたほとに(6-6)   이 구석

(改) <u>こ</u>のおくににかいせうゑんおもうけましたほとに(6-8ウ)　　이 구석

(重) <u>こ</u>のおくにしよいんとせうゑんおもうけましたにより(6-7ウ) 이 구석

(原) <u>こ</u>のつきしうこにちと申かいよいよそのふんて(6-11)　　　이 들

(改) こんけつしうこにちちやと申まするかいよいよそのたうりて(6-16)
　　　　　　　　　　　　　　　　　　　　　　　　　　이 들

(重) こんけつしうこにちちやと申まするかいよいよそのたうりて(6-14ウ)
　　　　　　　　　　　　　　　　　　　　　　　　　　今月

(原) <u>こ</u>のまかないしゆ申ところわゑとより(6-17ウ)　　　　이 격기

(改) <u>こ</u>のまかないしゆ申まするわゑとより(6-25ウ)　　　　　이 격기

(重) <u>こ</u>のまかないしゆ申まするわこうきよりかねて(6-22ウ)　　이 격기

(原) せつたいのやうすと<u>こ</u>のさしやうのとうりお(7-8)　　　이 차반

(改) 御ちそうのやうすと<u>こ</u>の御ていねいのおもむきお(7-11ウ) 이 극진한 哭

(重) ……

(原) もんあんお申<u>こ</u>のにさんにちのうちにわ(7-13ウ)　　　이 二三日

(改) もんあんお申て<u>こ</u>のにさんにちのうちにわ(7-20ウ)　　　이 二三日

(重) もんあんおうけたまわつてまいるやうにとの御きて御さりまする
　　　(7-11ウ)

(原) <u>こ</u>のたうりこそ申いれまるするそうあらは御しんもつお(7-19) 이런 줄

(改) このたんお申いれまするそうあらは御しんもつお(7-28)　　이 스연

(重) ……

(原) <u>こ</u>のとりにくいしやへつおようこころゑて(8-4)　　이 밧기 어려운

(改) <u>こ</u>の中うけかたいわけおよろしうこころゑて(8-5ウ)이 받기 어려운

(重) <u>こ</u>の中うけかたいわけおよろしうこころゑて(8-5)　이 받기 어려운

(原) ふきやうしゆより<u>こ</u>のやうすお申せとゆうてきた(8-4ウ)　이 様子

(改) ふきやうしゆよりこのおもむきお申せといい御されました(8−6ウ) 이 똦

(重) ふきやうしゆよりこのおもむきお申せとのことて御さりました(8−6)
　　　　　　　　　　　　　　　　　　　　　　　　　　　　　이 똦

(原) このにさんにちちうにしゆつせんしまるせうほとに(8−19ウ)이 三日

(改) ……

(重) ……

(原) 御しゆつせんのひわこのしうこにちかきちにちて御さるほとに(8−23)
　　　　　　　　　　　　　　　　　　　　　　　　今 十五日

(改) 御しゆつせんのひとりわこのしうこにちかきちにちて御さるほとに
　　(8−34)　　　　　　　　　　　　　　　　今 十五日

(重) 御しゆつせんのひとりわこのしうこにちかきちにちて御さるほとに
　　(8−20)　　　　　　　　　　　　　　　이 十五日

(原) このわかしゆたちわゑりつきおさきにたつるほとに(9−10ウ) 이 若衆들

(改) このわかしゆたちわゑりおみることおもつはらにいたすから(9−15ウ)
　　　　　　　　　　　　　　　　　　　　　　　　이 若衆들

(重) ……

(原) このうらやましさおたとゑるかたも御さらんか(9−18ウ)　　　이리

(改) このうらやましさわたとゑるかたも御さらんか(9−26ウ)　　　이리

(重) ……

(原) このふたつのしまわろくしうろくしゆのほかかな(9−28)　　　此

(改) このふたつのしまわろくしうろくしゆのほかかな(9−39ウ)　　　此

(重) このふたつのしまわろくしうろくしゆのほかかな(9−18ウ)　　　此

(原) このこさんにちちうつかまつり候やうに(10−10ウ)　　　　　此

(改) このこさんにちちうつかまつり候やうに(10^{中}−1ウ)　　　이

(重) このこさんにちうちあいととのゑ候やうに(10^{中}−1ウ)　　　이

(原) すいしよお<u>こ</u>のものにつかわさるへく候(10−21ウ)　　　　　此者

(改) すいきよお<u>こ</u>のものにつかわさるへく候(10^{中一}22ウ)　　　　이 놈

(重) すいきよお<u>こ</u>のものʾ御わたしつかわさるへく候(10^{中一}20)　　此者

(原) <u>この</u>しこにちちうたいせんのすいもくせんいつそう(10−28)此 四五日

(改) <u>この</u>しこにちちうたいいつせんすいもくせんいつそう(10^下−10)

　　　　　　　　　　　　　　　　　　　　　　　　　　　　　이 ᄉ오일

(重) ……

개수본 중심

(原) またこれわめつらしからんものなれともしんしまるする(8−17)　이거

(改) また<u>この</u>しなわめつらしかりませねともしんしまるする(8−25ウ) 이거

(重) ……

중간본 중심의 예 없음

このあいた

원간본 중심

(原) とねきか<u>このあいた</u>きあいけて御さたに(1−26ウ)　　　　요ᄉ이

(改) とうらいか<u>このあいた</u>わ御ひやうきて御さつたか(1−39ウ)　요ᄉ이

(重) とうらいさまか<u>このあいた</u>わ御ひやうきて御さつたか(2−1ウ)요ᄉ이

(原) <u>このあいた</u>いちゑんこちゑわ御さらんほとに(2−12)　　　요ᄉ이

(改) <u>このほと</u>わいちゑんこのはうゑわ御さらぬゆゑ(2−18)　　요ᄉ이

(重) ……

(原) ふさんかいおしらるわ<u>このあいた</u>よう御さるか(2-16)　　　　요수이
(改) ふさんのおつしやれまするわ<u>このあいた</u>わいかか(2-24)　　　요수이
(重) ふさんとのよりおつしやれまするわ<u>このあいた</u>わいかか(2-23ウ) 요수이

(原) <u>このあいた</u>ふねもとるにやりまるせうとおもいまるするほとに(4-6ウ)
　　　　　　　　　　　　　　　　　　　　　　　　　　　　요수이
(改) <u>このあいた</u>のふなひんにつかわしませうとおもいまするほとに(4-9)
　　　　　　　　　　　　　　　　　　　　　　　　　　　　요수이
(重) ちかいうちのひんにつかわしませうとおもいまするほとに(4-9)

개수본 및 중간본 중심 없음

このうゑ

원간본 중심

(原) <u>このうゑ</u>わへちのたくみもなしこなたしゆしたいてこそ御され(4-19)
　　　　　　　　　　　　　　　　　　　　　　　　　　　이 우히
(改) <u>このうゑ</u>わへちのしゆたんもなしこなたしゆしたいて御さる(4-27ウ)
　　　　　　　　　　　　　　　　　　　　　　　　　　　이 우히
(重) <u>このうゑ</u>わへちのしゆたんもなしきさまのしたいて御さる(4-25)
　　　　　　　　　　　　　　　　　　　　　　　　　　　이 우히

(原) <u>このうゑ</u>わうけとてもふねもせいたほとに(7-4)　　　　이 밧긔
(改) <u>このうゑ</u>わうけとつてもふねもせはいほとに(7-5ウ)　　이 우히

(重) ……

(原) <u>このうゑわ</u>いつにても御かつてしたいに(7−17)　　　이 우희
(改) <u>このうゑわ</u>いつとつても御かつてしたいに(7−25)　　　이 우희
(重) ……

(原) <u>このうゑわ</u>はちおとりおきひにまいて(9−16)　　　이 우희
(改) <u>このうゑわ</u>はちおかもわすひひにまいて(9−23)　　　이 우희
(重) ……

개수본 중심

(原) <u>こう中うゑわ</u>こなたしたいにめされ(9−8ウ)　　　이리 슬 온 우희
(改) <u>このうゑわ</u>こなたしたいにめされい(9−12ウ)　　　이리 슬 온 우희
(重) ……

중간본 중심의 예 없음

このころ

원간본 중심

(原) <u>このころ</u>わくわんちうもとせんに御さるほとに(9−1)　　　요소이
(改) <u>このころ</u>わくわんないもとせんに御さりまするにより(9−1)　　　요소이
(重) <u>このころ</u>わくわんないもとせんに御さりまするにより(9−1)　　　요소이

(原) しかれは<u>このころ</u>わくわんちうも(10−30ウ)　　　此比

    (改) しかれはこのころわくわんちうも(10^下-15ウ)   요ᄉ이

    (重) しかれはこのころわくわんちうも(10^下-12ウ)   요ᄉ이

개수본 및 중간본 중심의 예 없음

このさき

원간본 중심

    (原) このさきわはんしかこころやす御さろうと(6-14ウ)   이 앏흔

    (改) このさきわはんしかささわり御さりますまいと(6-21)   이 앏흔

    (重) このさきわいよいよささわり御さりますまいかと(6-19)   이 앏흔

    (原) このさきわしきりに申さは(6-21ウ)   이 알프

    (改) こののちわしきりに申あけますするならは(6-31)   이 앏푸

    (重) こののちわしきりに申あけますするならは(6-27ウ)   이 후

    (原) このさきにすくとうらしられそうなところわ(6-22)   이 앏희

    (改) このさきにすくに御とうりなされそうなところわ(6-32ウ)   이 앏희

    (重) このさきにすくに御とうりなされそうなところわ(6-29)   이 앏희

    (原) このさきにもわれらここもとゑまいて(9-12)   이 젼

    (改) このまゑもわれらここもとゑまいつて(9-17ウ)   이 젼

    (重) このまゑもわれらここもとゑまいつて(9-7ウ)   이 젼

개수본 및 중간본 중심의 예 없음

このたひ

원간본 중심의 예 없음

개수본 중심

   (原) こんとわせんふさらいけきれいて(2-8)　　　　　　　　　　　今度

   (改) <u>このたひ</u>わせんふさらにいたるまてきれいにして(2-11)　　이번

   (重) <u>このたひ</u>わせんふさらにいたるまてきれいにして(2-16)　　이번

   (原) こんとわせひともしふんおかかゑて(4-17ウ)　　　　　　이번

   (改) <u>このたひ</u>わせひともしせつおかかゑて(4-24ウ)　　　　　이번

   (重) <u>このたひ</u>わせひともしせつお御かんかゑさつしやれて(4-23)　　이번

중간본 중심

   (原) たいしゆ申わせめてはんみちも御とも申まるせうお(8-31)

   (改) たいしゆ申されまするわせめてはんみちも御とも申ませうお(8-45ウ)

   (重) <u>このたひ</u>わはるはる御とかいなされまして(8-25ウ)　　　　이번

このたん

원간본 중심

   (原) <u>このたん</u>とねきゑ申候てみやうにちのいちに (10-24ウ)　　此段

   (改) <u>このたん</u>とうらいゑ申候てみやうにちのいちに(10ᵈ-3)　　이 ᄉ연

296 첨해신어의 コ・ソ・ア(カ)・ド에 관한 연구

(重) <u>このたん</u>とうらいゑ申候てみやうにちのいちに(10^下-3)　이 亽연

개수본 중심

(原) このたうりこそ申いれまるするそうあらは御しんもつお(7-19) 이런 줄
(改) <u>このたん</u>お申いれますするそうあらは御しんもつお(7-28)　이 亽연
(重) ……

중간본 중심

(原) うゑゑもしかるへきやうに御れいお申くたされ(7-17ウ)
(改) うゑゑもよろしく御れいおおおせあけられてくたしやれい(7-26ウ)
(重) <u>このたん</u>よろしくおおせあけられくたされませい(7-15ウ)　이 亽연

(原) あいさため申候あいた御せんくわんしゆゑ(10-4ウ)
(改) あいさため申候あいた御せんくわんしゆゑ(10^上-8ウ)
(重) あいさため申候<u>このたん</u>御しらせ申のふへきため(10^上-7ウ)이 亽연

(原) ふねにて御さ候や御さうのため申いれ候(10-18ウ)
(改) ふねにて御さ候や御さうのため申いれ候(10^中16ウ)
(重) ふねにて御さあるへくやとそんし候 <u>このたん</u>御さう申いれ候
　　(10^中14ウ)　　　　　　　이 亽연

このちう

원간본 중심

(原) <u>このちう</u>より申いれ候やうにふうしんゑんせき(10-10ウ)　　此中

(改) <u>このちう</u>より申いれ候やうにふうしんゑんせき(10$^{中-}$1ウ)　　거변

(重) <u>このちう</u>より申いれ候とおりふうしんゑんのき(10$^{中-}$1ウ)　　거변

(原) さためて<u>このちう</u>より御はなしなされ候(10-18)　　此中

(改) さためて<u>このちう</u>より御はなしなされ候(10$^{中-}$16)　　거변

(重) さためて<u>このちう</u>より御はなしなされ候(10$^{中-}$14)　　거변

(原) <u>このちう</u>のひんに申きたり候あいた(10-19)　　此中

(改) <u>このちう</u>のひんに申きたり候あいた(10$^{中-}$18ウ)　　거변

(重) <u>このちう</u>のひんに申きたり候(10$^{中-}$16)　　거변

(原) <u>このちう</u>のふねにまいり候あかかね(10-24)　　此中

(改) <u>このちう</u>のふねにまいり候あかかね(10^{ド}-2)　　거변

(重) <u>このちう</u>のふねにまいり候あかかね(10^{ド}-2)　　거변

(原) <u>このちう</u>のあかかねのうちさんはんきんあまり(10-26)　　此中

(改) <u>このちう</u>のあかかねのうちさんはんきんあまり(10^{ド}-6)　　거변

(重) <u>このちう</u>のあかかねのうちさんまんきんあまり(10^{ド}-5ウ)　　거변

개수본 및 중간본 중심의 예 없음

こののち

원간본 중심

(原) こののちわこうないやうにおしられ(2-11)   이 후

(改) こののちわかやうにないやうにおおせられませい(2-16)   이 후

(重) こののちわかやうにないやうにおおせられませい(2-20ウ)   이 후

개수본 중심

(原) このさきわしきりに申さは(6-21ウ)   이 알프

(改) こののちわしきりに申あけまするならは(6-31)   이 앎푸

(重) こののちわしきりに申あけまするならは(6-27ウ)   이 후

중간본 중심의 예 없음

このはう

원간본 중심

(原) このはうわうちまかりあり候あいた(10-4)   此方

(改) このはうわうちまかりあり候あいた(10^{上}-7)   우리

(重) せつしやきやとゑまかりあり候あいた(10^{上}-6ウ)   우리

(原) このはうよりこそ御むいんまかりすき候ところ(10-9)   此方

(改) このはうよりこそ御むいんまかりすき候ところ(10^{上}-17ウ) 우리

(重)　……

(原)　<u>このはう</u>ひからみやうこしうににち(10-14)　　　　　此方

(改)　<u>このはう</u>ひからみやうこしうににち(10^中-7ウ)　　우리

(重)　ひからみやうこしうににち(10^中-6ウ)　　　　　　우리

개수본 중심

(原)　これよりたのむことわやまのことくて御さろうほとに(1-4) 이러로셔

(改)　<u>このはう</u>より御たのみ申ことわやまのことくて御さろうほとに

　　　(1-5ウ)　　　　　　　　　　　　　　　　　　이러로셔

(重)　<u>このはう</u>より御たのみ申ことわやまのことくて御さろうほとに(1-5)

　　　　　　　　　　　　　　　　　　　　　　　이러로셔

(原)　こちのこころもちてそゑるところわ(1-7ウ)　　　　　우리

(改)　<u>このはう</u>のこころおそゑるところわ(1-10ウ)　　　우리

(重)　<u>このはう</u>のこころおそゑるところわ(1-9ウ)　　　우리

(原)　ふさんかいよりこちにさうおおしらるほとに(1-9)　　　우리

(改)　ふさんより<u>このはう</u>にさうかまいりませうほとに(1-12ウ)　우리

(重)　ふさんより<u>このはう</u>にさうかまいりませうほとに(1-11ウ)　우리

(原)　なにとやらここわこしらいおゑいせいんてこうちやほとに(2-9)　예

(改)　<u>このはう</u>わこしらゑやうかそそにしてかやうに御さるるほとに(2-12ウ) 예

(重)　<u>このはう</u>わこしらゑやうかそそうにしてかやうに御されとも(2-17ウ) 예

(原)　こちもこのやうなことおなせにたしかにしりまるせうか(2-10)　우리

(改)　<u>このはう</u>もさやうなことおとうしていさいにしりませうか(2-14ウ) 우리

(重)　<u>このはう</u>もさやうなことおとうしていさいにしりませうか(2-19ウ) 우리

(原) こちもにつきおみて申まるするほとに(2-11)　　　　　　　우리

(改) <u>この</u>はうもひちやうおみて申ことて御さるほとに(2-15ウ)　　우리

(重) <u>この</u>は<u>う</u>もひちやうおみて申ことて御さるほとに(2-20ウ)　우리

(原) このあいたいちゑんこちゑわ御さらんほとに(2-12ウ)　　　　예

(改) このほとわいちゑん<u>このはう</u>ゑわ御さらぬゆゑ(2-18)　　예

(重) ……

(原) またこちのてまいもいそきのようにもあつて(4-19)　　　　우리

(改) また<u>このはう</u>もきうにいりようも御さつて(4-27)　　　우리

(重) ……

(原) なとしてこちの申ことわみなほうくにめされて(4-19ウ)　　우리

(改) なせに<u>このはう</u>の申ことわみなほくになされて(4-27ウ)　う리

(重) なせに<u>このはう</u>の申ことわみなほくにさつしやれて(4-25ウ)　우리

(原) こちもひとりふたりてなりまるせんほとに(4-26ウ)　　　　우리

(改) <u>このはう</u>もひとりふたりてわなりませぬほとに(4-38)　　우리

(重) ……

(原) こちもそのやうすわしらんてもなけれとも(4-29ウ)　　　우리

(改) <u>このはう</u>もそのやうすおしらぬても御さらぬとも(4-41)　우리

(重) ……

(原) とかくこちにまかせしやり(7-7ウ)　　　　　　나 ᄒᆞᆫ 대로

(改) とかく<u>このはう</u>よりいたすやうにさつしやれい(7-11)　이러로셔

(重) ……

(原) ここまてまいたわこちのことわおいて(8-14ウ)　　　　우리

(改) これまてとうちやくいたしまして<u>このはう</u>はさておき(8-21ウ) 우리

(重) これまてとうちやくいたしまして<u>このはう</u>わさておき(8-15ウ) 우리

(原)　こちからないない御れいお申そうと(8−14ウ)　　　　　　이러로셔

(改)　このはうより御れい御よろこひお申ませうと(8−21ウ)　　이러로셔

(重)　このはうより御れい御よろこひお申ませうと(8−16)　　　이러로셔

(原)　こちのこころさしかととといたやら(8−15)　　　　　　　우리

(改)　このはうのこころさしかととときまして御さるやら(8−22)　우리

(重)　このはうのこころさしかととときまして御さるやら(8−16)　우리

(原)　まゑより申やうにこちわとられんはつちやほとに(8−19)　우리

(改)　まゑより申まするやうにこのはうゑわ申うけませんつもりて(8−28)　우리

(重)　……

(原)　こちからさきに申とおもうて御されとも(9−1ウ)　　　　이러로셔

(改)　このはうよりさきに申そうとおもうていましたに(9−2)　이러로셔

(重)　このはうよりさきに申そうとそんしましたれとも(9−2)　이러로셔

중간본 중심

(原)　あすわてんきよそうなとここもとのものも申ほとに(6−13ウ)　여긔 사름

(改)　あすわてんきもよさそうなとここもとのものも申まするにより(6−19ウ)

　　　　　　　　　　　　　　　　　　　　　　　　　　　　여긔 사름

(重)　あすわてんきもよさそうなとこのはうのものも申まするにより(6−18)

　　　　　　　　　　　　　　　　　　　　　　　　　　　　우리게 사름

(原)　こう申ほかにさためてけにんちうひかしにしもしらんものともか

　　　(6−23ウ)　　　　　　　　　　　　　　　　　　　　　이리

(改)　かやう申てもさためてけにんちうにひかしにしもしらんものともか

　　　(6−34)　　　　　　　　　　　　　　　　　　　　　　우리

(重)　このはうのけにんちうにひかしにしもしらんものともか(6−30)　우리

(原) つしまのかみおもつて中ことわ(7-22)

(改) つしまのかみおもつて中あけらるるわ(7-33)

(重) 御しつせいよりこのはうゑおおせこされますするわさくしつわ(7-20) 우리

このふん

원간본 중심

(原) てんちのことくなかこのふんてわすむまいほとに(4-14ウ)

이리흘쌘으로

(改) てんちのことくなからこのふんてわすみますまいほとに(4-20ウ)

이리흘쌘으로

(重) てんちのことくなからこのふんてわすみますまいほとに(4-19ウ)

이리흘쌘으로

개수본 및 중간본 중심의 예 없음

このほと

원간본 중심

(原) とうせんしゆもこのほとわよう御さるか(3-4ウ)　　　　요ᄉᆞ이

(改) とうせんしゆもこのほと御ふしに御さるか(3-6)　　　　요ᄉᆞ이

(重) とうせんしゆもこのほと御ふしに御さるか(3-5ウ)　　　　요ᄉᆞ이

(原) かきりもとういほとにこのほととうりうめさるならは(3-20ウ) 요ㅅ이

(改) かきりもとおいほとにこのほととうりうなさるならは(3-27) 요ㅅ이

(重) かきりもとおいほとにこのほととうりうさつしやるならは(3-26) 요ㅅ이

개수본 중심

(原) このあいたいちゑんこちゑわ御さらんほとに(2-12)   요ㅅ이

(改) このほとわいちゑんこのはうゑわ御さらぬゆゑ(2-18)   요ㅅ이

(重) ……

(原) いまほとくにくによりさたのかきりもないとき(4-20)   이ㅅ이

(改) このほとかくくわんよりさたのあるとき(4-28ウ)   이ㅅ이

(重) ……

중간본 중심의 예 없음

このまゑ

원간본 중심

(原) このまゑも御めにかかりまるせうお(3-2)   이젼

(改) このまゑも御めにかかりませうに(3-2ウ)   이젼

(重) このまゑも御めにかかりませうに(3-2ウ)   이젼

개수본 중심

(原) このさきにもわれらここもとゑまいて(9-12)   이젼

(改) このまゑもわれらここもとゑまいつて(9-17ウ)　　　　이젼

(重) このまゑもわれらここもとゑまいつて(9-7ウ)　　　　이젼

중간본 중심의 예 없음

このやうな

원간본 중심

(原) このやうなたうりおとねきゑ申て(1-32)　　　　이런

(改) かやうのわけおとうらいに申あけて(1-49)　　　　이런

(重) ……

(原) こちもこのやうなことおなせにたしかにしりまるせうか(2-10)　이런

(改) このはうもさやうなことおとうしていさいにしりませうか(2-14ウ)　그런

(重) このはうもさやうなことおとうしていさいにしりませうか(2-19ウ)　그런

(原) このやうなこうもくわなんほういれても(4-10ウ)　　　　이런

(改) このやうなこうもくわいかほといれてつかされても(4-15ウ)　　이런

(重) このやうなこうもくわいかほといれてつかわされても(4-15)　　이런

(原) このやうなしやへつも申さんやうに申かめいわくちや(6-19)　이러툿ᄒᆞ

(改) このやうなしやへつも申さんやうに申ます␣るかめいわくちや(6-27ウ)
　　　　이러틀ᄒᆞ

(重) このやうなしやへつも申さんやうに申ます␣るかめいわくちや(6-24ウ)
　　　　이러틀ᄒᆞ

(原) <u>このやうな</u>せつたいにあうてかいしやうのうれいおものはし(8−28ウ)
　　　　　　　　　　　　　　　　　　　　　　　　　　　　　　이런
(改) <u>このやうな</u>御ちそうにあつかりましてかいしやうのうれいも(8−42)
　　　　　　　　　　　　　　　　　　　　　　　　　　　　　　이런
(重) <u>このやうな</u>御ちそうにあつかりましてかいしやうのうれいも(8−24ウ)
　　　　　　　　　　　　　　　　　　　　　　　　　　　　　　이런

개수본 및 중간본 중심의 예 없음

このやうに

원간본 중심

(原) けうわ<u>このやうに</u>あしらわしらるお(2−4ウ)　　　　　이러틋시
(改) こんにちわか<u>やうに</u>御ちそうの御さつたことお(2−6ウ)　　이러틋시
(重) こんにちわか<u>やうに</u>御ちそうの御さつたことお(2−12)　　이러틋시

(原) まゑにわけしきのものか<u>このやうに</u>御さなかたに(2−7ウ)　　이러티
(改) いせんわまかないのしなか<u>かやうに</u>わ御さらなんた(2−11)　이러치
(重) いせんわまかないのしなか<u>かやうに</u>わ御さらなんた(2−16)　이러치

(原) <u>このやうに</u>さけおのみすこいて(3−19)　　　　　　　　이러틋시
(改) <u>このやうに</u>さけおすこして(3−25)　　　　　　　　　　이러틋시
(重) <u>このやうに</u>さけおすこして(3−24)　　　　　　　　　　이러틋시

(原) <u>このやうに</u>かたしけなき御いちやほとに(3−21)　　　　이리
(改) <u>このやうに</u>かたしけない御いちやほとに(3−28)　　　　이리

(重) <u>このやうに</u>かたしけない御いちやほとに(3−27)　　　　　　이리

(原) このこうもくかなせに<u>このやうに</u>わる御さるか(4−10)　　이러틋시
(改) このこうもくかなせに<u>このやうに</u>わるう御さるか(4−14)　　이러틋시
(重) このこうもくかなせに<u>このやうに</u>わるう御さるか(4−13ウ)　이러틋시

(原) <u>このやうに</u>こころままにもするなととあらは(4−20ウ)　　이러틋시
(改) <u>このやうに</u>こころしたいにするなととあつてわ(4−29ウ)　　이러틋시
(重) <u>このやうに</u>こころしたいにするなととあつてわ(4−26ウ)　　이러틋시

(原) そさわかさなり<u>このやうに</u>なりにくいくてんめさるから(4−24)
　　　　　　　　　　　　　　　　　　　　　　　　　　　　　이러틋시
(改) そさわたんたんかさなり<u>このやうに</u>むつかしいやうにめさるから(4−34)
　　　　　　　　　　　　　　　　　　　　　　　　　　　　　이러틋시
(重) ……

(原) <u>このやうに</u>めてたいこといつかたもとうせんてこそ御され(6−2ウ)
　　　　　　　　　　　　　　　　　　　　　　　　　　　　　이러틋시
(改) かやうにめてたきこといつかたも御とうせんて御さりますれ(6−3ウ)
　　　　　　　　　　　　　　　　　　　　　　　　　　　　　이러틋시
(重) たいゑついつかたも御とうせんて御さりますれ(6−3)

개수본 및 중간본 중심의 예 없음

その

원간본 중심

(原) そのふねかうみののなかおこいておくれまるしたか(1−13)　　　그 비
(改) そのふねわのなかおすきておくれましたか(1−18ウ)　　　그 비
(重) そのふねわのなかおすきておくれましたか(1−17)　　　그 비

(原) そのときにみまるするまいか(2−5ウ)　　　그 저긔
(改) そのせつつ御めにかかりませう(2−7ウ)　　　그 저긔
(重) そのせつつ御めにかかりませう(2−13)　　　그 적

(原) そのくすりわおりふしみなつかいまるして(3−4)　　　그 약
(改) そのくすりわおりふしみなつかいまして(3−5ウ)　　　그 약
(重) そのくすりわおりふしみなつかいまして(3−5)　　　그 약

(原) そのしたらおいかうふしんにこそそんすれ(4−2ウ)　　　그 홀시
(改) そのしたらおいかうふしんにこそそんしまする(4−3ウ)　　　그 홀시
(重) そのしたらおいかうふしんにこそそんしまする(4−4ウ)　　　그 홀시

(原) こちのそうふんとそのちかいてんちのことくなか(4−14ウ)　그 어긔
(改) こちのそんふんとそのちかいてんちのことくなから(4−20ウ)그 어긔
(重) こちのそんふんとそのちかいてんちのことくなから(4−19)　그 어긔

(原) こちもそのやうすわしらんてもなけれとも(4−29ウ)　　　그런 줄
(改) このはうもそのやうすおしらぬても御さらぬとも(4−41)　　　그런 줄
(重) ……

(原) さうさうちうしんしてそのへんししたいに(5−3ウ)　　　그 返事
(改) さうさうちうしんしてそのへんししたいに(5−5)　　　그 返事

(重) さうさうちうしんしてその<u>へんししたいに(5−4ウ)</u>　　　　　　　　ユ 返事

(原) その<u>ちうしんの御へんしまいりまるした(5−9ウ)</u>　　　　　　　ユ 장
(改) その<u>ちうしんの御へんしかまいりました(5−14ウ)</u>　　　　　　ユ 장
(重) その<u>ちうしんの御へんしかまいりました(5−12)</u>　　　　　　　ユ 장

(原) <u>その</u>御へんしよおはやもたしられて御され(5−10ウ)　　　　ユ 返書
(改) <u>その</u>御へんしよおはやうもたせて御さりませい(5−15ウ)　　ユ 返書
(重) <u>その</u>御へんしよおはやうもたせて御さりませい(5−13)　　　ユ 返書

(原) さんにんつつ<u>その</u>のこりのふねにわ(5−15ウ)　　　　　　　　ユ 나믄
(改) さんにんつつ<u>その</u>のこりのふねにわ(5−22ウ)　　　　　　　　ユ 나믄
(重) ……

(原) <u>その</u>みたてわろう御さるほとに(5−23ウ)　　　　　　　　　　　ユ 볼껼
(改) <u>その</u>みかけかわるう御さるほとに(5−34ウ)　　　　　　　　　　ユ 볼껼
(重) ……

(原) <u>その</u>さはうわしらすわかくにのはすてわないか(5−27)　　　ユ 作法
(改) そうしたさはうとわしらいてわかくにのはちてわ御さらんか(5−39)
　　　　　　　　　　　　　　　　　　　　　　　　　　　　　그리 흔 作法
(重) ……

(原) <u>その</u>むりやうわあまりにあわんことちやほとに(5−29ウ)　　ユ 모단
(改) <u>その</u>むりやうわあまりにませんにより(5−42ウ)　　　　　　　ユ 모단
(重) ……

(原) <u>その</u>ひわてんきにもかまわすしゆつせんなされうほとに(6−12ウ) ユ 날
(改) <u>その</u>ひわてんきにもかもいなくしゆつせんなされませうから(6−18) ユ 날
(重) <u>その</u>ひわてんきにもかもいなく御しやうせんになりませうから
　　(6−16)　　　　　　　　　　　　　　　　　　　　　　　　　　ユ 날

(原) さてあうならはその̲しまいわいかか(7-10ウ)　　　　ユ 거조

(改) しからはあいましたらはその̲よういわいかかしませうか(7-15ウ)

　　　　　　　　　　　　　　　　　　　　　　　　　　ユ 거조

(重) しからはたいめんのせつにその̲よういわいかかいたしませうか(7-8)

　　　　　　　　　　　　　　　　　　　　　　　　　　ユ 거조

(原) さけたすやうすもかかりにその̲やうすおしられ(7-12ウ)　　ユ ᄾ정

(改) さけたすこともやくめのものゑその̲おもむきおおつしやれて(7-18ウ)

　　　　　　　　　　　　　　　　　　　　　　　　　??듬

(重) ……

(原) ほとなくまかりつきまるせうかその̲とき御れい申あけまるせう

　　(7-14ウ)　　　　　　　　　　　　　　　　　　　　ユ 저긔

(改) やかてまかりつきませうほとにその̲せつ御れい申あけまする(7-22)

　　　　　　　　　　　　　　　　　　　　　　　　　　ユ 저긔

(重) ……

(原) こなたその̲しおあいおためらうてかつてのゑいやうに(7-19ウ) ユ 똠

(改) そこもとよりその̲かけおかかゑてかつてのよろしきやうに(7-28ウ)

　　　　　　　　　　　　　　　　　　　　　　　　　　ユ 皆

(重) ……

(原) あまりめいわくさにその̲さうもつにこはんきんすひやくまいお(8-2)

　　　　　　　　　　　　　　　　　　　　　　　　　　ユ 雜物

(改) あまりめいわくさにその̲さうもつにこはんきんすひやくまいお(8-2ウ)

　　　　　　　　　　　　　　　　　　　　　　　　　　ユ 雜物

(重) あまりめいわくさにその̲さうもつにきんすひやくまいお(8-2ウ)

　　　　　　　　　　　　　　　　　　　　　　　　　　ユ 雜物

(原) その̲ひわおしらるにおよはすみなつれてこそさんしまるせう(8-25ウ)

　　　　　　　　　　　　　　　　　　　　　　　　　　ユ 날

(改)　そのひわおおせきけらるるおよはすみなつれてさんしまするて(8−38)

　　　　그 날

(重)　……

(原)　こんてうよりきあいあしく候ゆゑそのきなく候(10−7)　　　無其儀

(改)　こんてうよりきあいあしく候ゆゑそのきなく候(10^上−12ウ)

　　　　ᄌ셰히 젹지 못ᄒᄂ이다

(重)　こんてうよりきあいあしく候ゆゑそのきなく候(10^上−10)

　　　　ᄌ셰히 젹지 몯ᄒ읍ᄂ

(原)　いよいよそのひつかまつり候やうに(10−14)　　　　其日

(改)　いよいよそのひつかまつり候やうに(10^中8)　　　그 날

(重)　いよいよそのひあいととのゑ候やうに(10^中7)　　　그 날

(原)　そのきなくしよちうもつてかくのことくに候(10−16ウ)　　無其儀

(改)　そのきなくしよちうもつてかくのことくに候(10^中12ウ)

　　　　그리 몯 ᄒ읍고

(重)　そのきなくしよちうおもつてかくのことくに候(10^中11)

　　　　그리 몯 ᄒ읍고

(原)　そのおりきめんもつて申しやすへく候(10−17ウ)　　　其節

(改)　そのせつつきめんもつて申しやすへく候(10^中15)　　급 ᄣᅢ

(重)　そのせつつきめん申しやすへく候(10^中13)　　　그 ᄣᅢ

(原)　とのさま御からうしゆ御そくさいそのいけまちかたまて(10−22ウ)

　　　　其以下

(改)　とのさま御からうしゆ御そくさい そのいけまちかたまて(10^中25)

　　　　그 아래

(重)　……

(原)　御こころゑなさるへく候そのいていれ御さ候ときにおいて(10−25)

其出入
(改) 御こころゑなさるへく候その<u>いていれ御さ候ときにおいて</u>(10^ド-4ウ)
ユ 논란
(重) 御こころゑなさるへく候<u>いていり御さ候せつ</u>(10^ド-4)

(原) へしのくらにとりおき申候て<u>その</u>のこりころくしうまる(10-26ウ)
其残
(改) へしくらにとりおき申候て<u>その</u>のこりころくしうまる(10^ド-6ウ)
ユ 남은 五六十
(重) へちくらにとりおき申候て<u>その</u>のこりころくしうまる(10^ド-6)
ユ 나믄 五六十

(原) しやうたいなくまかりあり候ゆゑ<u>その</u>きなく候ところ(10-34) 無其儀
(改) しやうたいなくまかりあり候ゆゑ<u>その</u>きなく候ところ(10^ド-22)
그리 몯 ᄒ
(重) しやうたいなくまかりあり候ゆゑ<u>その</u>きなく候ところ(10^ド-17ウ)
그리 몯 ᄒ

개수본 중심

(原) いよいよそのふんて御さるか(6-11)　　　　　　그리
(改) いよいよ<u>その</u>たうりて御さりまするか(6-16)　　　그리
(重) いよいよ<u>その</u>たうりて御さりまするか(6-14ウ)　　그리

(原) しきにまいてさうお申いれとあるきてこそ御さる(7-18ウ)
(改) しきにまいて<u>その</u>わけお申あけいとのきて御さる(7-27)　 그 곡절
(重) さやうに御ききなされませい(7-16)　　　　　　그리

(原) そのふんはんしゆにも申てこそ御さる(7-20ウ)　　그리 흠
(改) <u>その</u>たうりおはんすしゆに申まして御さる(7-31)　　그런 줄

(重) ……

중간본 중심

(原) つきのきつかいわこうもくのよしあしについて(4-6)

(改) つきのきつかいわこうもくのよしあしについて(4-8ウ)

(重) <u>その</u>つきのきつかいわこうもくのよしあしについて(4-8ウ)　그 버거

そのうち

원간본 중심

(原) <u>そのうち</u>にもいつそくにとるこうもくかしつたんあまり(4-10ウ) 그 안

(改) <u>そのうち</u>にもいつそくにうけとるこうもくかしつたんあまり(4-15)

　　　　　　　　　　　　　　　　　　　　　　　　　　　　　　그 안

(重) <u>そのうち</u>にもいつそくにうけとるこうもくかしつたんあまり(4-14ウ)

　　　　　　　　　　　　　　　　　　　　　　　　　　　　　　그 안

(原) <u>そのうち</u>にわきちにち御さらんか(6-11)　　　　　　　그 안

(改) そのまゑにわきちにちわ御さりませんか(6-16)　　　　　그 안

(重) そのまゑにわきちにちわ御さりませぬか(6-14ウ)　　　　그 前

(原) <u>そのうち</u>にみちすから御くろうおも(7-16)　　　　　　그 안

(改) <u>そのうち</u>にとうちうの御つかれおも(7-24)　　　　　　그 안

(重) <u>そのうち</u>にとうちうのつかれおも(7-13ウ)　　　　　　그 안

(原) <u>そのうち</u>にも御うたうたわしらりたわかしゆたちの(9-5)　　　기들

(改) <u>そのうち</u>にうたうたわしやれたわかしゆたちの(9-7ウ)　　　　기듕

(重) ……

개수본 및 중간본 중심의 예 없음

そのうゑ

원간본 중심의 예 없음

개수본 중심

(原) またわしよしんなものちやほとに(1-3)

(改) <u>そのうゑ</u>ふこうなものて御さるほとに(1-4)　　　　그 외

(重) <u>そのうゑ</u>ふかうなものて御さるほとに(1-4)　　　　그 외

(原) ましてかやうのところいかにもうけられんやうすちやほとに(7-2)

　　　　　　　　　　　　　　　　　　　　　　　　흐믈며

(改) <u>そのうゑ</u>かやうになされてわとうもうけられますることかなり(7-3)

　　　　　　　　　　　　　　　　　　　　　　　그 우희

(重) <u>そのうゑ</u>かやうに御ていねいになされまして(7-2ウ)　　그 우희

(原) またわはるはる御ともして(8-21ウ)

(改) <u>そのうゑ</u>はるはる御ともない申て(8-32)　　　　그 우희

(重) ……

(原) またへんれいとなつけなにことおなされうとおもわしらるか (9-8)

(改) <u>そのうゑ</u>へんれいとなつけてなにことおなされうとおもわしやるか

(9-11ウ)   그 우히
(重) ……

중간본 중심

(原) つねつねつかわんからとしにましてこう御さるほとに(9-12ウ)
(改) つねつねつかわんからとしにつれてこう御さるにより(9-18)
(重) つねつねゆませす<u>そのうゑ</u>としにつれてこう御さるか(9-8) 그 우히

そのころ

원간본 중심

(原) <u>そのころ</u>わやまいかよかろうことも御さろうほとに(2-5ウ)   그 삑
(改) <u>そのころ</u>わひやうきかへいゆいたしましたらは(2-8)   그 쎅
(重) <u>そのころ</u>わひやうきかへいゆいたしましたらは(2-13ウ)   그 꺼

개수본 및 중간본 중심의 예 없음

そのはう

원간본 중심

(原) さやうに 御こころゑなされ候て<u>そのはう</u>のひからも御らんなされ

(10-13) 其方

(改) さやうに御こころゑなされ候てそのはうのひからも御らんなされ

(10^{中}-6ウ) 게셔

(重) さやうに御こころゑなされひからとも 御らんなされ候うゑ(10^{中}-6)

개수본 및 중간본 중심의 예 없음

そのふん

원간본 중심

(原) かたくおしられつけたほとにそのふんならは(5-8ウ) 그러ᄒᆞ면

(改) かたく申つけられましたほとにそのふんならは(5-13) 그러ᄒᆞ면

(重) かたく申つけられましたほとにさやう御さらは(5-11) 그러ᄒᆞ면

(原) きちにちちやと申かいやいやそのふんて御さるか(5-12ウ) 그러

(改) きちにちちやと申すかいよいよさやう御さるか(5-18ウ) 그러

(重) ……

(原) いよいよそのふんて御さるか(6-11) 그러

(改) いよいよそのたうりて御さりまするか(6-16) 그러

(重) いよいよそのたうりて御さりまするか(6-14ウ) 그러

(原) そのふんはんしゆにも申てこそ御さる(7-20ウ) 그리 흠

(改) そのたうりおはんすしゆに申まして御さる(7-31) 그런 줄

(重) ……

(原) <u>そのふん</u>こころゑさしられ(8-19ウ)　　　　　　　그리
(改) さやうにこころゑさつしやれませい(8-29)　　　　　　그리
(重) ……

개수본 및 중간본 중심의 예 없음

そのほか

원간본 중심

(原) はんふんほととらしられたははそのほかわねんおいれて(4-21ウ) 그 밧
(改) はんふんほととらしやれたらは<u>そのほか</u>わねんおいれて(4-30ウ) 그 밧
(重) はんふんほととらしやれたらは<u>そのほか</u>わねんおいれて(4-27ウ) 그 받

개수본 중심

(原) おうたけとうとこもころくまいほとさきいれてくたされ(1-24ウ)
(改) ふといたけと<u>そのほか</u>こさいもくおさきいれてくたされい(1-36ウ)
　　　　　　　　　　　　　　　　　　　　　　　　　　그 받긔
(重) ふといたけと<u>そのほか</u>こさいもくおさきいれてくたされい(1-29ウ)
　　　　　　　　　　　　　　　　　　　　　　　　　　그 받긔

중간본 중심

(原) くわつりとひものとくいものおみなくうやうに(2-8)
(改) くわしとしよくもつつおみなたひまするやうに(2-11ウ)
(重) くわしと<u>そのほか</u>のしよくもつおみなたへまするやうに(2-16ウ) 그 받긔

そのまゑ

원간본 중심의 예 없음

개수본 중심

   (原) そのうちにわきちにち御さらんか(6-11)　　　　　　　　그 안
   (改) そのまゑにわきちにちわ御さりませんか(6-16)　　　그 안
   (重) そのまゑにわきちにちわ御さりませぬか(6-14ウ)　　그 前

중간본 중심의 예 없음

あの

원간본 중심

   (原) またあのつかいかしんすおうやまてしやうそくお(7-11ウ)　뎌 使 |
   (改) またあのししやかしんしおうやまうてしやうそくお(7-17ウ)져 使者
   (重) またみきのししやかしやうそくお(7-9ウ)

   (原) われらちからてあのつかいおしゆうにさはかれんことちやほとに(8-7)
                                         뎌 使
   (改) わたくしのちからてあのつかいおしゆうにいたしかたう(8-10ウ)져 使
   (重) ……

   (原) あのめつらしはやしおもははちやものきかれてことことしゆ(8-27)
                                       뎌 귀ㅎ 풍뉴

(改) <u>あの</u>めつらしきかくおろうほかうけたまわつてはなはた(8-40)

져 귀흔 풍뉴

(重) ……

개수본 중심

(原) としもよてそうへつやまいあるひとて御さたにふねにゆられて(2-2ウ)

(改) <u>あの</u>ひとわらうしんと申ひやうしんなひとのふねにゆられて(2-3)

뎌 사름

(重) <u>あの</u>ひとわらうしんと申ひやうしんなひとのふねにゆられて(2-9)

뎌 사름

중간본 중심의 예 없음

あのはう

원간본 중심의 예 없음

개수본 중심

(原) けにんにやたものおあちからのうゆうても(8-8ウ)　　　져러로셔

(改) しもしもにくれましたものおあ<u>のはう</u>よりなにふんに申ても(8-12)

져러로셔

(重) しもしもにくれましたものおあ<u>のはう</u>よりなにふんに申ても(8-9ウ)

져러로셔

중간본 중심의 예 없음

かの

원간본 중심

(原)　こちもさけにまよいおほゑんか<u>か</u>のわかいしゆによもすから(9-9ウ)
　　　　　　　　　　　　　　　　　　　　　　　　　　　　　　　더　若衆

(改)　こちもさけにまよいおほゑませんか<u>か</u>のわかいしゆによもすから
　　　(9-14)　　　　　　　　　　　　　　　　　　　　　　　　져　若衆

(重)　……

개수본 중심

(原)　あれらかさうさおむになすもようしなり(6-19)　　　　　　　더　들

(改)　<u>かの</u>ひとなとのさうさおむになすもよしなく(6-27)　　　더　들

(重)　<u>かの</u>ひとなとのさうさおむになすもよしなく(6-24ウ)　더　사름들

중간본 중심의 예 없음

かのはう

원간본 중심의 예 없음

개수본 중심

(原)　ひとおやたれはよひあると中(1-23ウ)

(改)　ひとおつかわにましたれは<u>かのはう</u>よりも御よひなさるると中

(1-35ウ) 져리로셔

(重) ひとおつかわにましたれは<u>かのはう</u>よりもよはれと申(1-28ウ)

져리로셔

중간본 중심의 예 없음

どの

원간본 및 개수본 중심의 예 없음

중간본 중심

(原) なにふねかなんとしておくれまるしたか(1-11ウ) 므슴 빈

(改) なにふねかとうしておくれまして御さるか(1-16) 무슴 빈

(重) <u>との</u>ふねかとうしておくれまして御さるか(1-14ウ) 어닉 빈

参 考 文 献

1. 資料

- 京都大学文学部国語学国文学研究室編(1957)『捷解新語』京都大学国文学会
- 京都大学文学部国語学国文学研究室編(1960)『重刊改修捷解新語』京都大学国文学会
- 京都大学文学部国語学国文学研究室編(1972)『三本対照捷解新語 本文 篇』京都大学国文学会
- 京都大学文学部国語学国文学研究室編(1973)『三本対照捷解新語釈文・索引・解題 篇』京都大学国文学会
- 安田 章・鄭 光(1991)『改修捷解新語(解題・索引・本文)』太学社
- 鄭 光(1990)『覆刻 木板本 捷解新語』弘文閣

2. 論著類

- 京都大学文学部国語学国文学研究室編(1973)『三本対照捷解新語釈文・索引・解題篇』京都大学国文学会
- 高永根(1994)『国語文法의 研究』塔出版社
- 古田東朔(1992)『日本語研究資料集第1期第7巻 指示詞』ひつじ書房
- 古田和子(1985)「『捷解新語』原刊本における漢語の研究 ―日本語本文と韓国語対訳文との対照を通して―韓国外国語大学校大学院日本語科(碩)
- 古田和子(1993)「『捷解新語』의 語彙와 語法에 対하여」『日語日文学研究22』韓国日語日文学会
- 橋本四郎(1982)「指示語の史的展開」『講座日本語学2 文法史』明治書院
- 金田 弘・宮腰 賢(1988)『国語史 要説』大日本図書
- 金正市(1984)「捷解新語와 改修捷解新語의 比較研究」『嶺南語文学11』
- 大友信一(1957)「『捷解新語』の成立時期私見」『文芸研究26』
- 박영환(1991)『指示語의 意味機能』韓南大学校 出版部
- 朴才煥(1993)「捷解新語の副詞小考－原刊本・改修本・重刊本の三本を対照

して-」『韓日問題研究1』京畿大韓日問題研究所
- 朴才煥(1996)「かねてについて」『日語日文学研究29』韓国日語日文学会
- 朴才煥(1996)「捷解新語の副詞小考(2)」『韓日問題研究4』京畿大韓日問題研究所
- 朴才煥(1997)「捷解新語の副詞小考(3)」『京畿大人文論叢5』
- 朴才煥(1999)「捷解新語の副詞研究」東海大学(博)
- 朴才煥(2002)「近世日本語研究資料としての捷解新語」『京畿大学校論文集43』
- 浜田 敦(1963)『捷解新語文釈 解題, 影印本 捷解新語文釈』京都大学文学部国語国文学研究室
- 浜田 敦(1983)『朝鮮資料による日本語研究』岩波書店
- 寺島浩子(1981)「近世敬語と現代敬語」『講座日本語学9 敬語史』明治書院
- 三上 章(1955)『現代語法新説』刀江書院
- 森田 武(1953)「『捷解新語』の成立の時期について」『国語学10』
- 森田 武(1955)「捷解新語 成立の時期について」『国語国文(京都大)24-3』
- 森田 武(1957)『捷解新語 解題, 影印本 捷解新語』京都大学文学部 国語国文学研究室
- 森田 武(1985)『室町時代語論攷』三省堂
- 森田 武(1987)『捷解新語解題, 京都大学文学部国語学国文学研究室編 改修 捷解新語 本文, 国語索引・解題』
- 森田良行・他(1989)『日本語概説』桜楓社
- 西田直敏・他(1977)『岩波講座日本語7 文法Ⅱ』岩波書店
- 小林千草(1982)「近代語の文法-鎌倉室町時代語-」『国文法講座5』明治書院
- 小泉和生(1996)「『捷解新語』諸異対訳文의 比較研究 ―ㄷ구개음화를 중심으로―」高麗大学校大学院 国語国文学科(碩)
- 松村 明(1972)『国語史 概説』秀英出版
- 時枝誠記(1950)『日本文法 口語篇』岩波全書
- 辻星 児((1982)「改修捷解新語の朝鮮語について」『岡山大学文学部紀要3』
- 辻星 児(1975)「原刊『捷解新語』の朝鮮語について」『国語国文44-2』
- 辻星 児(1997)「捷解新語に見られる文法意識」『日本語と朝鮮語(下巻)』国立国語研究所
- 安秉禧(1981)「敬語の対照言語学的考察」『講座日本語学9 敬語史』明治書院

- 安昭貞(1998)「『捷解新語』의 表記와 漢字語 調査」『人文論叢』慶南大人文科学研究所
- 安昭貞(1999)『捷解新語』日本語의 文法的特性研究 — 指示語와 文末構造를 中心으로 — 漢陽大学校大学院 日語日文学科(博)
- 安田 章(1960)『重刊改修捷解新語解題, 影印本 重刊改修捷解新語』京都大学文学部国語学国文学研究室
- 安田 章(1977)「朝鮮資料における表記の問題 — 資料論から 表記論へ — 」『国語学108』
- 安田 章(1980)「捷解新語の改修重刊」『朝鮮資料と中世国語』笠間書院
- 安田 章(1980)「捷解新語の改訂覚書」『朝鮮資料と中世国語』笠間書院
- 安田 章(1985)「捷解新語の木板本」『国語国文(京都大) 54巻 12号』
- 安田 章(1987)『改修捷解新語解題, 影印本, 改修捷解新語』京都大学文学部国語国文学研究室
- 安田 章(1987)『重刊改修捷解新語解題, 京都大学文学部国語学国文学研究室編改修捷解新語本文, 国語索引・解題』
- 安熙貞(1995)「『捷解新語』의 研究 — 日韓対訳의 誤訳에 관한 考察 — 」中央大教育大学院 日語教育専攻(教碩)
- 桜井光昭(1971)『講座国語史5 敬語史』大修館書店
- 呉美寧(1996)「オ段の長音の開合に関する一考察」韓国外国語大学校大学院本語科(碩)
- 오정란(1993)『現代国語音韻論』형설출판사
- 奥津敬一郎・他(1986)『いわゆる日本語助詞の研究』凡人社
- 王汶鎔(1981)「捷解新語의 国語 資料에 대하여」『語文学報(江原大)5』
- 李康民(1996)「捷解新語와 日本語史」『漢陽日本学4』漢陽日本学会
- 이기문(1982)『国語音韻史研究』국어학회
- 이기문(1998)『国語史概説』太学社
- 이명규(1992)『口蓋音化에 対한 通時的 研究』숭실대학교대학원 국어국문과(박)
- 李太永(1990)「『捷解新語』改修1次本의国語学的考察」『語学17(全北大)』
- 李太永(1994)「『捷解新語』의 漢字語 研究」『国語国文学112』
- 李太永(1997)『訳註 捷解新語』太学社
- 이한섭(1998)『韓国日本語学関係研究文献一覧』고려대학교출판부

- 林昌奎(1998)「『捷解新語』의 자동사 'あう'와 共起하는 조사 'を'에 대하여 ─韓日対照言語의 観点으로─」『日語日文学研究32』 韓国日語日文学会
- 張奭鎮・他(1988)『韓日語対照分析』明志出版社
- 鄭 光(1971)「司訳院訳書의 表記法研究」『国語研究25』
- 鄭 光(1984)「捷解新語의 成立時期에 관한 몇 문제」『牧泉兪昌均博士還甲記念論文集』
- 鄭 光(1988)『司訳院 倭学 研究』太学社
- 鄭 光(1990)『捷解新語 解題』弘文閣
- 鄭 光(1994)「捷解新語의 成立과 改修및 重刊」『書誌学報12』 韓国書誌学会
- 鄭承惠(1991)「『捷解新語』의 対訳国文研究 ─表記法 및 音韻論을 中心으로─」徳成女大(碩)
- 鄭承惠(1992)「『捷解新語』의 表記法에 대한 一考察」『徳成語文学第7輯』
- 鄭承惠(2000)「捷解新語研究」高麗大学校大学院 国語国文学科国語学専攻(博)
- 鄭昌鎬(1990)「『捷解新語』原刊本・改修本에 있어서 'ほどに''により''ゆえ'의 交替現象について」『聖心外国語専門大論文集9』
- 趙南徳(1994)「捷解新語의 改修分析」書光学術資料社
- 佐久間鼎(1966)『現代日本語の表現と語法』恒星社厚生閣
- 佐藤喜代治(1981)『講座日本語の語彙 ─第4巻 中世の語彙』明治書院
- 池景来(1992)「捷解新語의 형식명사 もの・こと의 고찰」『日本語文学2』 韓国日本語文学会
- 池景来(1999)「『捷解新語』日本語 語彙의 計量的 考察」全州大学校大学院 国語国文学科(博)
- 池景来・森下喜一(1998)「日本語의 事物代名詞 研究 ─『捷解新語』를 中心으로─」『日本語文学4』 韓国日本語文学会
- 此島正年(1966)『国語助詞の研究』桜楓社
- 車幌京(1994)「『捷解新語』에 있어서 助詞의 研究 ─原刊本과 改修本의 用例를 中心으로─」中央大学校大学院 日語日文学科 日語学専攻(碩)
- 青木伶子(1956)「'へ'と'に'の 消長」『国語学24』
- 出雲朝子(1987)『国文法講座5 時代と文法 ─近代語』明治書院
- 冲森卓也(1989)『日本語史』桜楓社

- 湯沢幸吉郎(1943)『国語史 概説』八木書店
- 湯沢幸吉郎(1981)『室町時代 言語の研究』風間書房
- 土井洋一(1982)『講座国語史4 文法史』大修館書店
- 土井洋一(1982)『講座国語史4 文法史』大修館書店
- 土井忠生・他(1955)『国語史 要説』修文館
- 阪倉篤義(1974)『改稿日本文法の話 第二版』教育出版
- 片茂鎮(1985)「朝鮮資料における条件表現について―接続助詞'ば'を中心に―」『日本学報15』
- 片茂鎮(1987)「『捷解新語』の格助詞(Ⅰ)―ガとノ―」『日本学報18』韓国日本学会
- 片茂鎮(1987)「『捷解新語』の格助詞(Ⅱ)―へと二―」『日本学報19』韓国日本学会
- 片茂鎮(1996)「『捷解新語』의 主格表現에 대하여」『日本学報37』韓国日本学会
- 片茂鎮(1996)「朝鮮資料『捷解新語』의 格助詞'が・の'의 待遇表現価値에 대하여」『日本文化学報1』韓国日本文化学会
- 韓美卿(1985)「捷解新語의 敬語接頭辞'御'에 대하여」『日本文化研究1』韓国外大日本文化研究所
- 韓美卿(1987)「日本語의 敬語研究―『捷解新語』에 나타나는 ござる의 用法―」『日本文化研究3』韓国外大日本文化研究所
- 韓美卿(1988)「捷解新語における敬語用法の一考察―丁寧語への傾斜を中心に―」『韓国外国語大学校論文集21』韓国外国語大学校
- 韓美卿(1990)「『捷解新語』における尊敬表現―三本対照の観点から―」『日本文化研究5』韓国外大日本文化研究所
- 韓美卿(1992)「捷解新語における一・二人称代名詞」『日本語史の諸問題』明治書院
- 韓美卿(1995)『捷解新語における敬語研究Ⅰ』博而精
- 韓美卿(1995)『捷解新語における敬語形式用例集Ⅱ』博而精
- 洪紫永(1999)「捷解新語의 接続助詞에 관한 考察―原刊本・改修本・重刊本의 用例分析을 中心으로―」京畿大学校大学院 日語日文科(碩)
- 黄美玉(1989)「理由・原因表現のホドニについて―『捷解新語』を中心に―」『日本文化研究4』韓国外大日本文化研究所

3. 辭典類

- 金田一春彦・他(1988) 『日本語百科大事典』 大修館書店
- 大野 晋・他(1982) 『岩波 古語辞典』 岩波書店
- 北原保雄編(1987) 『全訳古語例解辞典』 小学館
- **유창돈(1964) 『李朝語辭典』 연세대학교출판부**
- 日本大辞典刊行会(1981) 『日本国語大辞典』
- 日本語教育編(1982) 『日本語教育事典』 大修館書店
- 諸橋轍次・他((1985) 『広漢和辞典 上巻 』 大修館書店
- 佐藤喜代治編(1977) 『国語学研究事典』 明治書院
- 土井忠生訳(1955) ロドリゲス 『日本大文典』 三省堂
- 土井忠生訳(1980) 『邦訳日葡辞書』 岩波書店
- **한글학회(1992) 『우리말 큰사전』 어문각**
- **홍윤표 외(1995) 『17세기 국어사전』 태학사**
- 大阪外国語大学朝鮮語研究室編(1985) 『朝鮮語大辞典 上巻』 角川書店
- 大阪外国語大学朝鮮語研究室編(1985) 『朝鮮語大辞典 下巻』 角川書店
- 室町時代語辞典編修委員会編(1985) 『時代別国語大辞典室町時代編一』 三省堂
- 室町時代語辞典編修委員会編(1989) 『時代別国語大辞典室町時代編二』 三省堂
- 室町時代語辞典編修委員会編(1994) 『時代別国語大辞典室町時代編三』 三省堂
- 室町時代語辞典編修委員会編(2000) 『時代別国語大辞典室町時代編四』 三省堂
- 室町時代語辞典編修委員会編(2001) 『時代別国語大辞典室町時代編五』 三省堂

日 文 抄 録

　『捷解新語』は壬辰倭乱の以後、朝鮮朝の司訳院で作られた日本語の教科書として時代の流がれとともに変化していく日本語を習得する為、時間的な間隔をおいて何度も改修された。『捷解新語』の原刊本は日本語の歴史において古代語から近代語への過渡期にあたる一代転換期とすべき中世末、室町末期の言語を反映している反面、改修本は江戸中期のわりあいに早い時期の言語を、重刊本はそれにひきつづく時期の言語を各々各反映している。あるいは、約百年間の時間的な差異をおいて同じ内容が存在するということは日本語の変遷の資料として重要な意味を持っているためで、資料的な価値の重要性はあらためて論ずる必要がないようである。であるから日本語史において　『捷解新語』は言語の史的な研究についてその価値が大きいということができるであろう。

　したがって、本書の第1章では　『捷解新語』に対する先行研究を現在まで行なわれてきた研究の問題を提起してみることにより今後の研究の方向について展望してみた。

　『捷解新語』が17C初から18C末まで約2世紀にわたって言語変化の様相を見せてくれる貴重な文献にもかかわらず表記法と音韻現象、そして文法現象に対する日本語の中心の研究がなされてきただけであり、韓国語と日本語との詳細な比較研究はわずか数編しかすぎない。このような点を考慮したとき、『捷解新語』の三本を韓国語との比較を通して新たな言語の変遷の様相が現わされることを信じてやまない。特に『訳註捷解新語(1997)』が出版されることにより韓国語に対する詳細

な分析がされることをきっかけにより活潑な研究が期待され、日本語との比較 検討を通してより細密な研究がなされることと思う。

第2章では、事物の指示代名詞 'これ''それ''あれ''どれ''かれこれ'を原刊本・改修本・重刊本の三つの版本においてまず語形の変化を探ってみると同時に、語形は同じであるが意味が異なるものを比較・検討した結果つぎのような結論が得られた。

'これ'及び 'それ'の場合、原刊本を中心に形態的にみると各々總61例、總18例が現われているが、意味的な関係は後に来る助詞とお互いに関連されていることがわかった。まず後に助詞   'お(を)、も、わ(は)'を随伴する場合は事物を表す指示詞の用法として使われ、'から、まで、で、にて、に、より、ゑ(へ)'などを随伴する時は場所乃至方向をを表す指示詞の用法として使われていることがわかった。一般的に、形態的には事物を表す指示詞の用法として使われているが、意味的には方向乃至場所を表すの用法として使われていることがわかった。原刊本では方向か(こち, そち) 場所(ここ, そこ)を表すものが改修本では 'これ'及び 'それ'に替えて使われていることをみる時 'これ' 'それ'の用法が多様に使われていることがわかった。または、'これ'の場合、改修本を中心にみる時、事物を表す指示詞 'これ'にあたる原刊本の場合 'こり'として使われる3例をみることができたが、これは岐阜、福島、壱岐、島原などの方言であると言える。

'あれ'の場合、原刊本を中心に形態的にみると總4例がみられるが、これを意味的に探ってみると人称を表す用法(2例)と方向をを表すの用法(1例)及び場所を表すの用法(1例)として使われていることがわかった。または、'あれ'の場合、'かれ'が 'あれ'に使いまちがえられたかもしれない可能性についても指摘したことがあるが、これについては向後より多くの検証を通して確認せねばならないことであると思われる。

　'どれ'の場合、原刊本を中心の例はなく、改修本及び重刊本で各々
1例が現われているが、これは形態的にみると事物を表す指示詞の用
法として使われているようであるが、意味的にみると場所を表す不定
称の用法として使われていることがわかった。

　'かれこれ'の場合、原刊本を中心にみると総3例がみられるが、これ
に対応する韓国語の対訳は‘더렁이렁’‘이걷뎌걷’‘져걷이걷’‘彼此’
になっている。‘더렁이렁’及び‘져걷이걷’に表記されている韓国語の
対訳は日韓対訳からみられる誤訳であると思われる。

　今度の研究では捷解新語において指示代名詞を辞典類などを通し
て語形の変化及び意味の変化を助詞と関連して考察してみたが、これ
からは同時代においてより多くの日本の文献との対照・検討を通して
より具体的で詳細に研究してみたい。

　以上、事物の指示代名詞‘これ’‘それ’‘あれ’‘どれ’‘かれこれ’の出
現分布をまとめると表2のようである。

表2

	原 刊 本	改 修 本	重 刊 本
これ	61	68(57, 11)	46(36, 6, 4)
それ	18	21(16, 5)	14(9, 5, 0)
あれ	4	3(2, 1)	1(1, 0, 0)
どれ	0	1	1(1, 0)
かれこれ	3	3(3, 0)	2(2, 0, 0)

　第3章では、場所の指示代名詞‘ここ’‘ここもと’‘そこ’‘そこもと’
‘そこもとさま’‘どこ’について韓国語対訳との対照を通して語形の変化
及び用法を考察してみた結果、次のような結論が得られた。

　'ここ'の場合、原刊本を中心にみると総8例、改修本及び重刊本で

各々1例が使われていて原刊本から改修本、重刊本へ移行するほどその例がずっと減少している傾向をみせているが、これはいずれも場所を表す用法として使われていることがわかった。

‘ここもと’の場合、原刊本を中心にみると総10例、改修本では総11例、重刊本では総10例が使われているが、これはいずれも場所を表す用法として使われていることがわかった。‘ここもと’の‘もと’は場所を指示することで意味的には‘ここ’よりも強いと言える。または、これにあたる漢字が改修本で‘爰爰’に使われた1例があるが、これは少なくとも‘爰元’乃至‘爰許’に交替されなければならないと思われる。

‘そこ’の場合、原刊本を中心にみると総2例が使われているが、1例は人称を表す用法として使われ、1例は場所を表す指示代名詞の用法として使われていることがわかった。反面 改修本及び重刊本を中心にした例は存在しない。

‘そこもと’の場合、原刊本を中心にみると総1例が使われているが、これは場所を表す指示代名詞の用法として使われていることがわかった。反面 改修本を中心にみると総14例、重刊本を中心にみると総11例が存在するが、原刊本から改修本へそのまま使われた1例を除外して残りはいずれも2人称の代名詞の用法として使われていることがわかった。

‘そこもとさま’の場合、原刊本の中心の例は存在しなく、改修本では総3例、重刊本では総1例が使われているが、これは‘そこもと’の場合と同じようにいずれも2人称の代名詞の用法として使われていることがわかった。

‘どこ’の場合、原刊本を中心にみると総2例、改修本及び重刊本で各々1例が使われているが、これはいずれも場所を表す不定称の用法として使われていることがわかった。

以上、場所の指示代名詞‘ここ’‘ここもと’‘そこ’‘そこもと’‘そこもとさま’‘どこ’の出現分布をまとめると表3のようである。

表3

	原 刊 本	改 修 本	重 刊 本
ここ	8	1(0, 1)	1(0, 1, 0)
ここもと	10	11(10, 1)	10(8, 0, 2)
そこ	2	0	0
そこもと	1	14(1, 13)	11(0, 3, 8)
そこもとさま	0	3	1(1, 0)
どこ	2	1(1, 0)	1(1, 0, 0)

　第4章では、方向の指示代名詞 ‘こち’ ‘そち’ ‘あち’ ‘あちこち’ ‘どち’を韓国語対訳との対照を通して原刊本・改修本・重刊本に表す意味用法を考察してみた結果、次のような結論が得られた。

　‘こち’の場合、原刊本から改修本・重刊本へ行けば行くほどその例がますます減少する傾向を見せていて方向乃至場所を表す用法よりは大部分自称を表す人称代名詞として使われていることがわかった。‘そち’の場合、原刊本・改修本・重刊本の総5例がいずれも対称を表す人称代名詞の用法として使われていた。‘あち’の場合、原刊本の総1例が改修本及び重刊本では ‘あのはう’にかわっていていずれも他称を表す人称代名詞の用法として使われていた。‘どち’の場合、原刊本の総1例が改修本及び重刊本でもそのまま使われている。または、‘どちら’の場合、改修本及び重刊本で1例が使われ、いずれも不定称の用法として使われていることがわかった。これに該当する原刊本の場合 ‘のち’になっているが、これは ‘dとn、rとn、sとt・ts’との混同による朝鮮人的誤謬の訂正によって改正されたと思われる。今回の調査にあたっては『捷解新語』三本に現われる方向の指示代名詞をまず『時代別国語大辞典』『朝鮮語大辞典』など現代の辞書類を中心に語義を調査したあと、必要に応じては他の辞書と比較して、用例分析には室町

末期の言語を反映している 『邦訳日葡辞書』『日本大文典』などの辞
書類を用い、国内辞書としては 『李朝語辞典』『17세기国語辞典』『
우리말 큰사전』などの意味を調べることに留まったが、今後は同時代
の多くの文献との比較分析を通してより細しく研究してみたい。

　以上、方向の指示代名詞 'こち' 'そち' 'あち' 'あちこち' 'どち'の
出現分布をまとめると表4のようである。

表4

	原 刊 本	改 修 本	重 刊 本
こち(ら)	43	9(1)	2
そち	2	2	1
あち	1	0	0
あちこち (あちらこちら)	1	0(1)	0(1)
どち(ら)	1	1(1)	1(1)

　第5章では、人称代名詞 'こなた' 'こなたしゅ' 'そなた' 'そなた
しゅ' 'どなた'を韓国語対訳との対照を通して語形の変化及び用法を
考察してみた結果、次のような結論が得られた。

　'こなた'の場合、原刊本を中心にみると総23例が使われていて、改
修本を中心にみると原刊本から改修本へそのまま使われた3例が存在
して重刊本を中心にした例は存在しない。

　'こなたしゅ'の場合、原刊本を中心にみると総7例が使われてい
て、改修本を中心にみると原刊本から改修本へそのまま使われた4例
と改修本の中心の2例とをあわせて総6例が使われている。反面重刊本
を中心にした例は存在しない。'しゅ'は複数を表わす接尾辞として
'たち'の次の程度の敬意が高いと言)える。

　'そなた'の場合、原刊本を中心にみると総13例が使われていて、改修

本を中心にみると原刊本から改修本へそのまま使われた2例と改修本の中心の7例とをあわせて総9例が使われている。反面　重刊本を中心にみると改修本から重刊本へそのまま使われた2例の以外には存在しない。

　'そなたしゅ'の場合、原刊本を中心にみると総8例が使われていて、改修本を中心にみると原刊本から改修本へそのまま使われた1例と改修本の中心の1例とをあわせて総2例が使われている。反面　重刊本を中心にみると原刊本から重刊本へそのまま使われた2例の以外には存在しない。

　'どなた'の場合、原刊本の中心の例は存在しなく、改修本を中心にみると総2例が使われている。反面　重刊本を中心にみると改修本から重刊本へそのまま使われた2例の以外には存在しない。

　以上、人称代名詞　'こなた'　'こなたしゅ'　'そなた'　'そなたしゅ'　'どなた'の　出現分布をまとめると表5のようである。

表5

	原 刊 本	改 修 本	重 刊 本
こなた	23	3(3, 0)	0
こなたしゅ	7	6(4, 2)	0
そなた	13	9(2, 7)	2(0, 2, 0)
そなたしゅ	8	2(1, 1)	2(2, 0, 0)
どなた	0	2	2(2, 0)

　第6章では、指示副詞　'こう'　'かやう'　'そう'　'さやう'　'どう'　'どうもこうも'について考察した結果、つぎのような結論が得られた。'こう'と　'かやう'とを三本を通してわかったことは、原刊本を中心にみると、'こう'が22例、'かやう'が9例が使われていて　'こう'が　'かやう'よりずっと多用されていることがわかった。改修本では　'こう'が6例が

使われている反面、'かやう'の場合は総35例が使われていて 'かやう'が
'こう'よりもずっと多く使われていることがわかった。または、重刊本
では 'こう'が2例が使われている反面、'かやう'の場合は23例が使われ
ている。したがって 'こう'と 'かやう'との関係をみると 'こう'の場合
は原刊本から改修本及び重刊本へ移行するほどその例がずっと減少し
ている傾向をみせている反面、'かやう'の場合は原刊本と比して改修
本及び重刊本ではずっと多く使われていることがわかった。

　'そう'と 'さやう'とを三本を通してわかったことは、原刊本で 'そ
う'が 77例が使われたのが改修本では41例、重刊本では23例が使われ
ていて原刊本から改修本及び重刊本へ移行しながらその例が著しく減
少している傾向をみせている。反面 'さやう'の場合、原刊本では7例
しかなかったのが改修本では43例、重刊本では36例が使われていて
'そう'の場合とは別の様相をみせていることがわかった。したがって
'そう'と 'さやう'との関係をみると 'そう'の場合は原刊本から改修本
及び重刊本へ移行するほどその例がずっと減少している傾向をみせて
いる反面、'さやう'の場合は原刊本と比して改修本及び重刊本でずっ
と多く使われていることがわかった。

　'そう'の場合、原刊本の 'そう'が改修本で 'かやう'に替えられてい
る1例が存在するが、これは 'さやう'をまちがえて 'かやう'にとりか
えたのではないかという根拠を提示したことがあるが、これについて
もより細密な検討がなされることと思われる。

　原刊本において 'こう' 'そう'はそれよりも成立が遅い改修本にお
いて 'かやう'、'さやう'という、より古めかしい語に置き換えられて
いることについては、両捷解新語は著しく異なる文体に属する言語を
反映しているかもしれないと思う。両捷解新語の文体が異なるという
ことは、必ずしも原刊本の成立の時期にすでに、一方において改修本
的文体のものも存在し、改修本の成立したその時期に成立したとみる

べきものであろう。とすれば、両者の間の差異は　文体的なものであると同時に、時代の反映でもなければならない。

　これについては捷解新語だけに表す言語の様相なのか、それともその時代の一般的な言語の様相なのかについては同時代のより多くの文献との対照・検討を通して具体的で詳細に研究してみたい。

　または‘どうもこうも’の場合、‘더러타이러타’と対訳されているものは日韓対訳からみられる誤訳であると思われる。

　以上、指示副詞‘こう’‘かやう’‘そう’‘さやう’‘どう’‘どうもこうも’の出現分布をまとめると表6のようである。

表6

	原刊本	改修本	重刊本
こう	22	6(6, 0)	2(2, 0, 0)
かやう	9	35(9, 26)	23(5, 15, 3)
そう	77	41(38, 3)	23(22, 0, 1)
さやう	7	43(7, 36)	36(6, 26, 4)
どう	1	6(1, 5)	4(1, 3, 0)
どうもこうも	2	0	0

　第7章では、連体詞‘この・その・あの(かの)・どの’など後に　名詞が来る形態と‘この・その・あの(かの)・どの＋名詞’が連語として構文上の副詞や接続詞、名詞として機能している‘このあいだ’‘このうゑ’‘このころ’‘このさき’‘このたび’‘このたん’‘このちう’‘こののち’‘このはう’‘このふん’‘このほと’‘このまゑ’‘このやうな’‘このやうに’‘そのうち’‘そのうゑ’‘そのころ’‘そのはう’‘そのふん’‘そのほか’‘そのまゑ’‘あのはう’‘かのはう’などに区分して韓国語対訳との対照を通して語形の変化及び用法を考察してみた結果、次のような結論が得られた。

‘この’の場合、原刊本を中心にみると総38例が使われていて、改修本では総34例が使われていて、重刊本では総26例は存在し、‘その’の場合、原刊本を中心にみると総28例が使われていて、改修本では総30例が使われていて、重刊本では総19例が使われていることがわかった。‘あの’の場合、原刊本では総3例が使われていて、改修本では総4例が使われていて、重刊本では総1例が存在し、‘かの’の場合、原刊本では総1例が使われていて、改修本では総2例が使われていて、重刊本では総1例が使われていることがわかった。反面‘どの’の場合は、原刊本及び改修本では存在しなく、重刊本だけで総1例が現われている。連体詞 ‘この・その・あの(かの)・どの’の場合は、捷解新語の三本を通してもわかるように、別の指示詞の体系のように多くの変化された様相が見られなく、意味的にも形態的に 大きく変化されなかったことがわかる。

‘こののち’の場合、原刊本を中心にみると総1例が使われていて、改修本及び重刊本では各々2例が現われている。これにあたる韓国語の対訳は‘이 후, 이 앎’になっているが、‘이 앎’はやはり‘이 후’に交替されなければなりないと思われる。

‘そのまゑ’の場合、原刊本の中心の例はなく、改修本及び重刊本では各々1例が現われている。これにあたる韓国語の対訳は‘ユ 안, ユ 전(前)’になっているが、‘ユ 안’は‘ユ 전(前)’に交替されなければなりないと思われる。

以上、捷解新語において連体詞 ‘この・その・あの(かの)・どの’と‘このあいた’‘このうゑ’‘このころ’‘このさき’‘このたび’‘このたん’‘このちう’‘こののち’‘このはう’‘このふん’‘このほと’‘このまゑ’‘このやうな’‘このやうに’‘そのうち’‘そのうゑ’‘そのころ’‘そのはう’‘そのふん’‘そのほか’‘そのまゑ’‘あのはう’‘かのはう’などの出現分布をまとめると表7のようである。

表7

	原 刊 本	改 修 本	重 刊 本
この	38	34(33, 1)	26(26, 0, 0)
このあいた	4	3(3, 0)	2(2, 0, 0)
このうゑ	4	5(4, 1)	1(1, 0, 0)
このころ	2	2(2, 0)	2(2, 0, 0)
このさま	4	2(2, 0)	2(2, 0, 0)
このたひ	0	2	3(2, 1)
このたん	1	2(1, 1)	4(1, 0, 3)
このちう	5	5(5, 0)	5(5, 0, 0)
ののち	1	2(1, 1)	2(1, 1, 0)
このはう	3	20(3, 17)	14(0, 11, 3)
このふん	1	1(1, 0)	1(1, 0, 0)
このほと	2	4(2, 2)	2(2, 0, 0)
このまゑ	1	2(1, 1)	2(1, 1, 0)
このやうな	5	3(3, 0)	3(3, 0, 0)
このやうに	8	5(5, 0)	4(4, 0, 0)
その	28	30(27, 3)	19(17, 1, 1)
そのうち	4	3(3, 0)	2(2, 0, 0)
そのうゑ	0	4	3(2, 1)
そのころ	1	1(1, 0)	1(1, 0, 0)
そのはう	1	1(1, 0)	0
そのふん	5	1(1, 0)	0
そのほか	1	2(1, 1)	3(1, 1, 1)
そのまゑ	0	1	1(1, 0)
あの	3	4(3, 1)	1(0, 1, 0)
あのはう	0	1	1(1, 0)
かの	1	2(1, 1)	1(0, 1, 0)
かのはう	0	1	1(1, 0)
どの	0	0	1

17 · 18세기 일본어 교과서에 대해서
─ 첩해신어의 연구사를 중심으로 ─

1. 서 론

일본어가 걸어온 변천의 역사를 일본어사라 말한다. 일본인이 사용한 언어는 일본의 정치 · 사회 · 문화 등과 밀접한 관련을 갖고 있다. 이것은 언어가 인간의 소산이며 정치 · 사회 · 문화를 움직이게 하는 것도 인간이기 때문에 그것은 당연할 일인지도 모른다. 또한 그것들과 서로 복잡하게 뒤엉키면서 생성되고, 계승되고, 변화되어 왔다.[1]

그런데, 여기에는 하나의 문제가 제기된다. 현재 일본어 교육에서 '밖에서 본 일본어' 즉 외국인이 본 일본문법이라는 견해가 그것이다. 그렇다면 일본어사에 있어서도 당연히 '밖에서 본 일본어사'라는 것이 있어야 한다. 그와 같은 입장에서 일본어사를 생각한다면, 극단적으로 말해 '외국인에 의한 일본어연구사' 같은 것이 될 것이다.

예를 들면, 고대중국에서는 魏志倭人伝으로부터 시작하여, 13세기

---

1) 小林千草(1982) 「近代語の文法 ─鎌倉室町時代語─」 『国文法講座5』 明治書院 p.8 参照

의 鶴林玉露, 14세기의 書史会要, 16세기의 日本館訳語 등이 있고, 한국에서는 15세기의 海東諸国紀, 17세기의 捷解新語 등을 들 수 있다.2)

『捷解新語(1676)』(이하, 原刊本이라 함) 는 17C 초기에 당시 조선왕조 사역원3)에서 작성한 일본어 교과서로서 저자 강우성(康遇聖)이 임진왜란 때 일본에서 10년간 지낸 후 귀국해서 만든 것으로『改修捷解新語(1748)』(이하, 改修本이라 함) 및 『重刊改修捷解新語(1781)』(이하, 重刊本이라 함) 의 세 가지 판본이 존재한다. 이들 삼본(三本) 모두는 주로 'ひらがな'로 표기한 일본어 문장 우측에 한글로 주음(注音)을 달고, 또 하행(下行)에 한글로 그 일본어 문장에 해당하는 한국어역(訳)을 기입하는 대역(対訳) 형식을 취하고 있기 때문에 한·일 양국어 대조 연구에 적합한 자료라고 할 수 있다.

『捷解新語』의 원간본은 일본어의 역사에 있어서 고대어에서 근대어로의 과도기에 해당하는 일대 전환기라고 해야 할 중세 말 무로마치(室町) 말기의 언어를 반영하고 있는 반면, 개수본은 에도(江戸) 중기의 비교적 빠른 시기의 언어를, 중간본은 그에 이어지는 시기의 언어를 각각 반영하고 있다.4)

또한, 약 100년간의 시간적 차이를 두고 같은 내용이 존재하는 것

---

2) 森田良行·他(1989)『日本語概説』桜楓社 p.281
3) 본래의 임무가 외국어 교육을 전담하는 기관으로 통신사(通信使)행을 수행하고 표류(漂流)·도래인(渡来人)과 국경(国境)의 한인(漢人)·야인(野人)·왜인(倭人) 들과의 접촉에서 역어(訳語)를 담당하는 역관(訳官)의 관리기관이기도 하였지만 그보다 더 중요한 임무는 역관(訳官)을 양성하고, 기성의 역관이라도 그들의 외국어 실력을 높여주는 외국어 교육기관이었다. 사역원에서는 외국어 교육을 위하여 훈도(訓導)를 임명하고 외국어 학습서를 마련하여 중국어·몽고어·일본어·만주어를 교육하였다.
   또한, 사역원에서 외국어를 교육하기 위하여 사용한 교재를 역학서(訳学書)라고 불렀다.
   정광(1988)『司訳院 倭学 研究』太学社 p.1参照
4) 韓美卿(1955)『捷解新語における敬語研究 I』博面精 p.370

은 일본어 변천자료로서 중요한 의미를 지니고 있기 때문에 자료적
가치의 중요성은 새삼 논할 필요가 없을 것 같다. 그러므로 일본어
사에 있어서 『捷解新語』는 언어의 사적 연구에 있어서 그 가치가
크다고 말할 수 있을 것이다.[5]

　浜田氏는 각 판본들이 반영하는 언어의 시대적 모습에 대해 다음
과 같이 말하고 있다.[6]

　　"原刊本は、日本語の、いまだ古代語的な形を多分に保存する、中世
　　末、安土、桃山時代頃の姿を反映しているのに対し、重刊改修本は、それ
　　よりも一世紀以上も降った、江戸時代中期頃の、近代語の成立した時期の
　　それを反映しているとするならば、その両者を比較することによって、古
　　代、近代両言語の時代的乃至文体的差異を把える。"

　그리고 改修本의 범례에 다음과 같은 기술(記述)이 있다.

　　彼語則古今廻異使彼人読之或有不知其為何語者
　　故就其中古今無別者略存之余悉改正所改者十之八九(序五)

　　일본어는 옛말과 지금의 말이 서로 달라서 그 사람들로 하여금 읽힌다면
　　혹 그것이 무슨 말인지 알지 못하는 것(자)이 있다.
　　그런고로 그중에서 옛것과 지금 것의 구별이 없는 것에 대해서는
　　대략 그대로 두고 나머지는 모두 개정하니, 고친 것이 십중팔구이다.
　　　　　　　　　　　　　　　　　　　　　　　　　　　　　(저자 訳)

---

5) 李康民(1996)은 원간본과 개수본 사이의 100년 동안에 진행된 일본어의 변화가
　　본 자료에 반영되어 있어, 일본어사 연구의 제(諸) 문제를 밝힐 수 있는 자료일
　　뿐 아니라 또한 근대어적인 어형(語形)들이 개수본에 반영되어 있다고 한다면
　　양자를 대조·검토하는 일은 현대어로 변해 가는 일본어의 모습을 파악할 수
　　있는 좋은 자료라고 언급한 바 있다.
　　李康民(1996)「『捷解新語』와 日本語史」『漢陽 日本学』漢陽日本学会 第4輯 p.24
6) 浜田 敦(1983)『朝鮮資料による日本語研究』岩波書店 p.47

즉, 原刊本에서 改修本, 重刊本으로의 개정(改正)은 일본어 변화에 의한 것이라고 여겨지는 대목이다.

김기민(1944)에 따르면 개수방향은 다음 세 가지로 요약된다.[7]

(1) 『捷解新語』 원간본・개수본・중간본을 비교했을 때 당시의 대우표현의 변화로 인한 어휘의 교체와 한자어휘가 증가하고 있다.
(2) 『捷解新語』 원간본과 개수본을 비교했을 때 편찬자에 의한 어휘의 교체와 의미의 변화로 인한 어휘의 교체가 눈에 띈다.
(3) 『捷解新語』 개수본과 중간본을 비교했을 때 용어의 변화와 원간본에서의 한국어적 표현을 정정(訂正)한 부분이 눈에 띈다.

즉 (1)의 변화는 당시의 대우표현의 변화와 그 경어적인 배려로 인한 어휘변화라고 할 수 있으며, (2) (3)의 변화는 중세에서 근세로 이르는 과정에서 어휘의 의미에 많은 변화가 일어난 결과 생긴 것이라고 할 수 있다.

浜田 敦(1981)은 『捷解新語』의 개수의 원칙과 그것이 어휘에 미치는 영향에 대해서 다음과 같은 세 가지의 원칙을 제시하고 있다.

첫째, (내용을)변화된 일본어에 적용시킨다는 것이다. 그러나 이것은 실제적으로 그리 많지는 않은 것으로 생각된다. 원래 일본어는 변화의 속도가 느리지만 16~17세기의 100년간은 특히 많은 변화가 일어났다고 생각되기 때문에 당연히 개수작업이 필요했을 것이다. 이른바 고어(古語), 고형(古形)이 된 부분을 새로운 것과 대체(代替)시키는 작업이다.

둘째, 보다 복고적인 표현으로 개수한다는 원칙이다. 이것은 첫 번째 원칙과는 위배되는 원칙이지만 일본어의 변화과정에서 신구(新旧)

---

7) 池灵来(1999) 「『捷解新語』 일본어 어휘의 계량적 고찰」 전주대학교 대학원 국어국문학과(博) p.18 재인용

표현이 병용(倂用)되고 있을 경우에는 원간본의 새로운 표현을 배제하고 보다 오래된 표현으로 대체(代替)된 부분이 있다. 이 원칙에 따라 개수된 부분은 첫 번째 원칙에 의한 개수보다 많은 것 같다.

셋째, 원간본의 일본어가 정확한 일본어와는 거리가 있거나 잘못된 부분을 고친다는 원칙이다. 원간본의 편자인 강우성은 10대 때부터 10년 동안 일본에 거주하면서 상당히 일본어를 능숙히 구사했던 것으로 생각되지만 역시 외국인의 한계를 극복할 수 없었다. 그러한 부분을 일본인도 참가한 개수작업을 통해 보다 정상적인 일본어로 개수한다는 작업이 이루어진 것이다. 오자(誤字) 탈자(脫字) 등 부주의로 인한 오류의 정정(訂正)도 이 세 번째 개수원칙에 포함시킨다.

본고는 『捷解新語』에 관한 선행연구를 개관하여 정리하는 데 목적이 있다.

2. 본 론

『捷解新語』는 임진왜란 이후 조선조 사역원에서 일본어를 학습하기 위한 교과서로서, 시대의 흐름에 따라 달라지는 일본어를 습득하기 위해 시간적 간격을 두고 여러 차례 개수되었다. 『捷解新語』의 異版本은 原刊活字本(1676년)[8], 原刊木板本(1700년)[9], 改修1次本(1748년)[10], 改修2次本(不傳), 改修重刊本(1781년)[11] 등이 있는데,

---

8) 원간 『捷解新語』의 초간본인 이 책은 서울대학교 규장각에 소장되어 있으며, 10권 12책으로 편성되어 있고, 1676년(肅宗 2년)에 校書館에서 활자로 간행한 책이다. 그러나 이 책의 原稿는 이미 1618년(光海君 10년)에 이루어진 것으로 알려져 있다. 이 책은 1991년 홍문각에서 영인하였다.
9) 이 책은 1700년(肅宗26년)에 제주에서 原刊活字本(규장각본)을 복각하여 간행한 목판본으로 1책(권1, 2, 3)이 현재 고려대학교 중앙박물관 만송문고에 소장되어 있다.

이미 국내에 소개·영인되어 연구되고 있는 것은 原刊活字本과 改修1次本과 改修重刊本이다. 原刊木板本은 原刊活字本을 복각(覆刻)한 것으로 몇 군데를 제외하고는 原刊活字本과 별 차이가 없다고 한다. 改修2次本은 현재 발견되고 있지 않으며 改修重刊本은 改修2次本을 저본(底本)으로 하여 수정한 것이라고 한다.

앞으로 연구자료의 대상이 되는 것은 原刊活字本(1676년 이하, 原刊本이라 함), 改修1次本(1748년 이하, 改修本이라 함), 改修重刊本(1781년 이하, 重刊本이라 함) 등의 3개의 판본이다. 따라서 같은 내용을 시차(時差)를 두고 편찬·간행(刊行)된 『捷解新語』 삼본(三本)을 비교, 연구하는 것은 당시 일본어의 제 모습과 변천과정을 연구하는 데 매우 중요한 작업임에 틀림없을 것이다.

본고에서는 세 가지 판본들 간에 국한되어 연구되어 온 것을 문헌학적 연구, 표기·음운 연구, 어휘·문법·경어 연구별로 개관 검토함으로써 앞으로의 세 異本을 비교, 연구하는 데 도움이 되고자 한다.

1) 문헌학적 연구

『捷解新語』 삼본(三本)의 제작 연대와 표기된 언어 자체의 언어 사실이 어느 때의 언어이냐 하는 문제이다. 새삼 이를 문제로 삼는 것은

---

10) 이 책은 1748년(英祖 24년)에 최학령 등이 수정하여 주자(鑄字)로 인행(引行)한 『捷解新語』를 말한다. 이 책은 프랑스 파리에 있는 동양어학교 도서관에 소장되어 있는 책으로, 1987년 日本의 京都大学에서 영인하여 간행한 책이다. 이 책의 특징은 原刊本에는 없는 '条日'이 설정되어 있고, 화자를 '主'와 '客'으로 명시하고 있는 점이 특색이다. 이 책의 개수는 여러 사람에 의해 이루어진 것으로 보인다. 이 책은 1991년 태학사에서 영인하였다.

11) 이 책은 1781년(正祖 5년)에 간행된 책으로 현재 서울대학교 규장각에 소장되어 있으며, 전하지 않는 『改修二次本』을 저본으로 하여 중간한 것으로 알려져 있다. 이 책은 1991년 홍문각에서 영인하였다.

이들의 제작 연대에 대해서 다소간 견해의 차이를 보이고 있기 때문
이며, 발간된 연대와 제작된 연대가 상당한 시간적 차이가 있음에도
불구하고 발간된 연대의 언어 사실로 간주하려는 문헌자료 해석 방법
에 대해서는 논의의 여지가 있는 것으로 생각되기 때문이다. 동질적인
異本들에 대한 비교연구는 史的 研究에 많은 기여를 하고 있음을 알
고 있기 때문에 이러한 논의의 중요성은 쉽게 인식되고 있다.

　『捷解新語』에 대해 처음으로 소개한 小倉進平(1914) 朝鮮に於け
る昔時の日本語学書「捷解新語」이래 지금까지 『捷解新語』의 資料
位置에 대해서 많은 연구가 나오고 있다.

　『捷解新語』의 발간 연대에 대한 첫 번째 견해는 1618년경 진주
사람 康遇聖이 이를 편성하고 이를 1676년 간행했으며 1748년에 改
修本이 간행되고 1781년에 重刊本이 발간되었다는 견해이다. 둘째는
1618년경 강우성이 짓고 1627년 최학령이 교정, 반포하고 1676년 중
간한 것으로 보는 견해이다. 셋째는 1676년 강우성이 지은 것을 1721
년에 중간본으로 내었다는 견해이다. 넷째는 『捷解新語』의 성립은
1618년이고 초간본은 1676년, 1次改修는 1748년에 이루어졌으며 2次
改修는 1765년부터 1770년 사이에 완성을 보았으며 1781년에 중간
본이 간행되었다는 견해이다.

　여기서 『捷解新語』의 1次改修本을 그 짧은 기간에 2次改修本으
로 다시 고친 것에 대해서는 많은 논의가 필요할 것으로 본다.

　위 사항에 관계되는 연구는 다음과 같다.

- 小倉進平(1914),　朝鮮に於ける昔時の日本語学書 「捷解新語」,
  芸文 5-4
- 岩淵悦太郎(1932),　康遇聖の捷解新語,　日本語 2-7・森田武
  (1952),「捷解新語」の国語について ― その資料性の考察 ― 国文学
  攻(復刊)1

- 森田武(1953),「捷解新語」の成立の時期について, 国語学 10
- 森田武(1955), 捷解新語 成立の時期について, 国語国文(京都大) 24-3
- 大友信一(1957),「捷解新語」の成立時期私見, 文芸研究 26
- 森田武(1957), 捷解新語 解題, 影印本 捷解新語, 京都大学文学部 国語国文学研究室
- 安田章(1960), 重刊改修捷解新語解題, 影印本 重刊改修捷解新語, 京都大学文学部 国語学国文学研究室
- 中村栄孝(1961), 捷解新語の成立・改修及び倭語類解 成立の時期について, 朝鮮学報 19
- 金根洙(1962), 捷解新語, 国語国文学古書雑録
- 浜田敦(1963), 捷解新語文釈 解題, 影印本 捷解新語文釈, 京都大学文学部国語国文学研究室
- 浜田敦(1963),「捷解新語」の原刊本と改修本, 国文学攷 30
- 安田章(1963), 朝鮮資料の流れ ―国語資料としての処理以前― 国語国文32-1
- 浜田敦(1963), 捷解新語とその改修本 ―'日本'と'看品'―, 国文学攷(日本)30
- 安田章(1965), 朝鮮資料覚書 ―『捷解新語』の改訂一, 論究日本文学 24
- 安田章(1969), 朝鮮資料論続貂. 国語学 76
- 岡上登喜男(1970), 捷解新語とその改修本, 群馬工業高等専門学校国語科研究室
- 京都大学文学部国語学国文学研究室編(1973), 三本対照 捷解新語 釈文・索引・解題篇, 京都大学国文学会
- 安田章(1981), 朝鮮資料の位置, 国語国文 50-12
- 王汶鎔(1981), 捷解新語의 国語 資料에 대하여, 語文学報(江原大) 5

- 鄭光(1984), 捷解新語의 成立時期에 관한 몇 문제, 牧泉兪昌均 博士還甲記念論文集
- 李元植(1984), 朝鮮通信使に随行した倭学訳官について ―捷解新語の成立時期に関する確証を中心に ― 朝鮮学報111, 朝鮮学会, 1984.4, 53-117
- 金正市(1984), 捷解新語와 改修捷解新語의 比較研究, 嶺南語文学11
- 安田章(1985), 捷解新語の木板本, 国語国文(京都大) 54巻 12号
- 安田章(1987), 改修捷解新語解題, 影印本, 改修捷解新語, 京都大学文学部国語学国文学研究室
- 安田章(1987), 捷解新語の改修本, 国語国文 56-3
- 森田武(1987), 捷解新語解題, 京都大学文学部国語学国文学研究室編 改修捷解新語本文, 国語索引・解題
- 安田章(1987), 重刊改修捷解新語解題, 京都大学文学部国語学国文学研究室編 改修捷解新語本文, 国語索引・解題
- 李徳培(1987), 「捷解新語」巻十の用語について ―原刊本と改修本との対照を通じて見た問題点を中心に ―, 日本学報 18, 韓国日本学会, 1987.5, 55-78
- 李明姫(1987), 原刊 「捷解新語」から 「重刊改修捷解新語」への改変, 国語学研究 27, 東北大文学部国語学研究刊行会, 1987.12, 87-95
- 鄭光(1988), 司訳院倭学研究, 太学社
- 安田章(1988), 捷解新語の木板本(続), 国語国文(京都大) 57巻 12号
- 鄭光(1990), 捷解新語 解題, 弘文閣
- 李太永(1990), 「捷解新語」改修1次本의 国語学的考察, 『語学』 17(全北大)
- 安田章・鄭光(1991), 改修捷解新語(解題-索引・本文), 太学社

- 李康民(1991), 捷解新語の成立と表現, 国語国文(京都大)第60券 12号
- 趙南德(1991), 重刊本 「捷解新語」の巻のグルーブ化, 語文研究 72, 九州大国語国文学会, 1991.12, 58－68
- 趙南德(1994), 捷解新語의 改修分析, 書光学術資料社
- 中忠均(1994), 「捷解新語」の改修, 原因・理由表現を中心に, 語文研究 78, 九州大国語国文学会, 1994.12
- 鄭光(1994), 捷解新語의 成立과 改修 및 重刊, 書誌学報 12, 韓国書誌学会, 1994, 27－59
- 李太永(1997), 訳註 捷解新語, 太学社
- 鄭丞惠(1997), 改修捷解新語 序文, 季刊文献과 解釈 創刊号, 太学社
- 鄭丞惠(1998b), 重刊捷解新語 序文, 文献과 解釈 봄号(통권2号), 太学社
- 鄭丞惠(2000), 捷解新語研究, 高麗大学校大学院, 国語国文学科 国語学専攻(博)
- 鄭丞惠(2000b), 17세기 조선통신사와 捷解新語, 文献과 解釈, 여름号(통권11号), 文献과解釈社

2) 표기·음운연구

역학서(訳学書)의 자료가 독특한 위치를 차지하고 있는 것 중에 하나는 외국어의 전사법(転写法)이라 할 수 있다. 즉 사역원(司訳院)은 자체의 독특한 외국어전사법을 갖고 있었다는 것이다. 한글에 의한 전사법의 전통은 훈민정음 창제 당시 역급할 수 있으며, 해당 외국어의 음가 및 음운 변화를 규명하는 데까지 이용되고 있다. 특히,『捷解新語』는 가나(仮名) 표기에 대한 발음을 한자가 아닌 언문(諺文)으로 적고 있어 실제의 생생한 발음표기가 가능해졌다고 하겠다.[12]

즉, 17C 및 18C의 언어현상을 『捷解新語』 삼본(三本)으로 표기 · 음운현상을 밝히고 있다.

이와 관련된 연구는 다음과 같은 것들이 있다.

- 大友信一(1956), 「捷解新語」に見られる濁音表記, 言語研究 30
- 大友信一(1957), 「捷解新語」による国語音の研究, 文化 21－4
- 金完鎮(1957), 捷解新語에서의 日本語 転写에 対하여, 特히 鼻母音을 中心으로, 文理大学報 5－2, 서울大文理科大学, 1957. 7, 37－46
- 亀井孝(1958), 「捷解新語」小考, 一橋論叢 39－1
- 大友信一(1966), 朝鮮資料による国語仮名表説とその 諺文音注表記対照表, 国語学研究 6
- 鄭光(1971), 司訳院訳書의 表記法研究, 国語研究 25
- 辻星児(1975), 原刊「捷解新語」の朝鮮語について, 国語国文 44－2
- 荒木雅実(1975), 「捷解新語」の並書法について, 国語研究 38
- 安田章(1977), 朝鮮資料における表記の問題 ― 資料論から 表記論へ ― 国語学 108
- 辻星児((1982), 「改修捷解新語」の朝鮮語について, 岡山大学文学部紀要 3
- 亀井孝(1984), 捷解新語の注音法, 亀井孝論文集 3, 吉川 弘文館
- 韓先熙(1987), 「捷解新語」の撥音について ― その表記を中心に ―, お茶の水女子大大学院, 文学研究科(碩)
- 李熙元(1988), 捷解新語 終声表記에 관한 研究, 韓国語文教育(高麗大) 3

---

12) 浜田敦(1983) 前揭書 p.36

- 辻星児(1989), 戊辰版『改修捷解新語』の朝鮮語について, 岡山大学文学部紀要 10
- 韓先熙(1989), 「捷解新語」原刊本の撥音について, その表記を中心に, ことば 10, 現代日本語研究会, 1989.12, 85−109
- 鄭丞惠(1991), 「捷解新語」의 対訳国文研究 ― 表記法 및 音韻論을 中心으로 ―, 徳成女大(碩)
- 辻星児(1991), 重刊改修捷解新語に見られる区切り小点について, 大友信一博士還暦記念論文集刊行会編 辞書資料による日本語研究, 和泉書院
- 宋永彬(1991), 捷解新語による'御'の読みについて, 日本語学 10−4, 明治書院, 1991.4, 80−93
- 鄭起永(1991), 「捷解新語」における諺文音法の清濁表記, 湘南文学 25, 東海大日本文学会, 1991.3, 144−152
- 鄭丞惠(1992), 「捷解新語」의 表記法에 대한 一考察, 徳成語文学第7輯
- 趙堈熙(1992), 「捷解新語」の音注の改修による日本語音の研究, 岡山大大学院, 文学研究科(碩)
- 裵錫柱(1993), 「捷解新語」の注音法再考, 四つ仮名のハングルによる転写表記を中心に, 慶州大論文集 5, 慶州大学, 1993.12, 161−184
- 趙堈熙(1994), 「捷解新語」のエ段音節母音部表記について: 呂信専門大論文集 3, 呂信専門大学, 1994.9, 39−57
- 趙堈熙(1995), 「捷解新語」の音注の改修について ― 原刊本・改修本・重刊本における改修の全体的な傾向性を中心に ―, 岡山大国文論稿 23, 岡山大国文学部国語国文学研究室, 1995.3, 58−68
- 小泉和生(1996), 「捷解新語」諸異対訳文의 比較研究 ― ㄷ구개음화를 중심으로 ―, 高麗大学校大学院 国語国文学科(碩)

- 車岷京(1997),「捷解新語」原刊本의 異表記에 대하여: 勝山鄭
  致薰教授停年記念論文集, 同刊行委員会, 1997.8, 241－255
- 安昭貞(1998),「捷解新語」의 表記와 漢字語 調査, 人文論叢, 慶
  南大人文科学研究所, 1998.2

3) 어휘·문법·경어 연구

『捷解新語』는 근대 후기로 이어지는『隣語大方』[13]과『倭語類解』[14]
등의 異本들과 많은 관련을 맺고 있어 구어체의 언어현상을 탐구하는
데 많은 자료를 제공해 주는 중요한 문헌이다.

또한『捷解新語』삼본(三本)을 비교함으로써 일본어 연구뿐만 아
니라 국어사 연구에서도 매우 흥미 있는 문법현상을 보여주고 있는
문헌으로 다루어져 왔다. 특히 문법 형태소 '－가'와 '－씌셔, 겨셔,
－씌로셔' 등의 출현과 경어법 체계에서 '－습－'과 '－이－'의 쓰임
등이 다양하게 일어나고 있음이 주목되었다.[15]

따라서 경어를 비롯한 문체 내용에 있어서 상호관련성을 갖게 되

---

13) 서울대학교 奎章閣 中央図書館에 所蔵되어 있으며 10卷 5册의 木版本으로
  1790년(正祖14년)에 간행되었다. 서문(序文) 발문(跋文)이 없고 편자(編者)는
  미상(未詳)이나 사역원(司訳院)에서 일본어학습서로 사용되었다. 체재는 권이
  다른 제목이며 일본어 원문과 우리말 언해문(諺解文) 모두 한자를 혼용하였다.
  일본어원문은 '가나'나 한자가 모두 초서(草書)로 되어 보기가 어려우니 초학
  부(初学部)의 입문교재는 아니다. 이 책은 1963년 京都大学文学部 国語学国
  文学研究室에서 영인본(影印本)으로 출판한 바 있다.
  일본어(日本語)와 국어(国語)의 역사적 연구의 자료로 이용되는 책이다.
  太学社影印(1986), 日本外務省蔵 浦瀬裕 校正増補版(1982)
14) 朝廷修讐厘本 木版本(1780年代初), 韓国国立中央図書館所蔵 2巻2册, 日本
  金澤大学 金澤文庫本所蔵本, 金澤文庫本은 京都大学 文学部 国語学国文学
  研究室影印(1958) 및 弘文閣影印이 있고, 国立図書館本은 鄭光(1988b)에서
  影印됨, 金澤圧三郎의 日語類解(1912), 京都大学図書館所蔵, 京都大学文学
  部 国語学国文学研究室 影印(1976)
15) 李太永訳註(1997)『訳註捷解新語』太学社 p.3

어 언어의 변화에 따라 끊임없이 변화되어 왔다.

이에 관련된 연구를 어휘·문법·경어별(別)로 살펴보면 다음과 같다.

(1) 어   휘

- 森田武(1973), 捷解新語の国訳について, 国語国文 42−7
- 黄希栄(1977), 「初刊捷解新語」의 우리말 造語考, 韓国学(中央大) 15.16
- 李根元(1989), 日韓両国語の漢語研究 ― 捷解新語を中心に ―, 九州大大学院, 文学研究科(碩)
- 鄭光(1985), 「捷解新語」의 伊呂波와 「和漢名数」, 徳成語文学2
- 古田和子(1985), 「捷解新語」原刊本における漢語の研究 ― 日本語本文と韓国語対訳文との対照を通して, 韓国外国語大学校大学院 日本語科(碩)
- 新裕美(1991), 「捷解新語」に於ける漢語 ― 改修態度を中心として ― 辞書, 外国語資料による日本語研究, 和泉書院
- 韓先熙(1991), 「捷解新語」の漢語, 原刊本と改修本との対照を通じて, 明治大大学院紀要28, 明治大学, 1991.2, 33−59
- 池景来(1992), 捷解新語의 형식명사 もの·こと의 고찰, 日本語文学 2, 韓国日本語文学会, 1992.12, 149−174
- 韓美卿(1992), 捷解新語における一·二人称代名詞, 日本語史の諸問題, 明治書院, 1992, 49−70
- 朴才煥(1993), 「すなわち」小考, 中世·近世を中心に, 湘南大学 27, 東海大日本文学会, 1993.3, 122−129
- 朴才煥(1993), 捷解新語の副詞小考 ― 原刊本·改修本·重刊本の三本を対照して ―, 韓日問題研究 1, 京畿大韓日問題研究所, 1993.3, 157−189
- 李太永(1994), 「捷解新語」의 漢字語 研究, 国語国文学 112

- 金基民(1994), 語彙の交替と変遷をめぐって, 『捷解新語』を例として, 文学研究科紀要 別冊21(文学・芸術学篇), 早稲田大大学院文学研究室, 1994, 6
- 朴才煥(1994), 「一定」小考, 湘南大学 28, 東海大日本文学会, 1994.3, 113-120
- 李徳培(1994), 成宗板伊路波와 捷解新語 巻10의 語彙比較, 日本学研究論叢(苞山郭永哲博士華甲記念論文集), 同刊行委員会, 1994.12, 26-46
- 朴才煥(1996), 'かねて'について, 日語日文学研究 29, 韓国日語日文学会, 1996.12, 127-144
- 朴才煥(1996), 捷解新語の副詞小考(2), 韓日問題研究 4, 京畿大韓日問題研究所, 1996.3, 131-166
- 朴才煥(1997), 捷解新語の副詞小考(3), 京畿大人文論叢5
- 朴才煥(1998), 'しずかに'と'ゆるりと'の意味用法について, 日本学報40.韓国日本学会, 1998.5, 45-56
- 池景来・森下喜一(1998), 日本語의 事物代名詞 研究,『捷解新語』를 중심으로, 日本語文学4, 韓国日本語文学会, 1998.3, 87-129
- 池景来(1999),『捷解新語』日本語 語彙의 計量的 考察, 全州大学校大学院国語国文学科(博)
- 鄭丞恵(1999c), 捷解新語에 나타나는 韓日両語의 相互語彙借用, 国語学33, 国語学会
- 朴才煥(1999), 捷解新語の副詞研究, 東海大学(博)
- 朴才煥(2002), 近世日本語研究資料としての捷解新語, 京畿大学校論文集第43輯1호

(2) 문 법

- 福島邦道(1952), 捷解新語の助詞 'を'について, 国語国文 21−4
- 浜田敦(1965), 'が'と'は'の一面—朝鮮資料を手がかりに—国語国文 34−4−5
- 浜田敦(1966), 指示詞 — 朝鮮資料を手がかりに — 国語国文 35−6
- 黄美玉(1985), 捷解新語におけるホド, —日韓両国語の対照研究—, 東京都立大大学院, 日本語学科(碩)
- 片茂鎮(1985), 「朝鮮資料」における条件表現について — 接続助詞 'ば'を中心に — 日本学報15
- 片茂鎮(1987), 「捷解新語」の格助詞(Ⅰ)−ガとノ−日本学報18, 韓国日本学会, 1987.5, 87−116
- 片茂鎮(1987), 「捷解新語」の格助詞(Ⅱ)—へと二 —日本学報19, 韓国日本学会, 1987.11, 139−164
- 鄭昌鎬(1987), 捷解新語における助詞 'へ'と'に'の使い分けの法則, 岡山大大学院, 文学研究科(碩)
- 鄭昌鎬(1987), 移動動作の表現における 'へ'と'に'の使い分けの法則, 朝鮮資料 「捷解新語」を中心に, 岡大国文論稿 15, 岡山大文学部国語国文学研究室, 1987.3, 30−40
- 黄美玉(1989), 理由・原因表現の『ホドニ』について, 「捷解新語」を中心に, 文化研究 4, 韓国外大日本文化研究会, 1989.3, 237−269
- 奥津敬一郎・中島悦子(1989), 「『捷解新語』の条件表現(一)'ならば—初刊本・改修本・重刊本を比較して—」, 国文目白, 第29号
- 李康民(1989), 朝鮮資料の国語史的考察 — 捷解新語改修考 —, 京都大大学院国文学研究室(碩)
- 鄭昌鎬(1990), 「捷解新語」原刊本・改修本における 'ほどに''により''ゆえ'の交替現象について, 聖心外国語専門大論文集 9,

聖心外国語専門大学, 1990.12, 115-128

- 奥津敬一郎・中島悦子(1991),「『捷解新語』の条件表現(二)非ならば―原刊本・改修・重刊本して―」, 国文目白, 第30号
- 奥津敬一郎・中島悦子(1991),「『捷解新語』の条件表現(三)'ならば―初刊本・改修本・重刊本を比較して―」, 日本女子大学文学部紀要40
- 金基民(1992), 捷解新語の日本語学的研究, 早稲田大大学院, 文学研究科(碩)
- 古田和子(1993),「捷解新語」의 語彙와 語法에 対하여, 日語日文学研究22, 韓国日語日文学会, 1993.6, 77-111
- 韓鐸哲・金永好(1994),「捷解新語」における'까지'と'まで'について, 東明専門大論文集 16-1, 東明専門大学, 1994.12
- 車峴京(1994), 捷解新語에 있어서 助詞의 研究―原刊本과 改修本의 用例를 中心으로―, 中央大学校大学院, 日語日文学科 日語学専攻(碩)
- 安熙貞(1995), 捷解新語의 研究―日韓対訳의 誤訳에 관한 考察―, 中央大教育大学院, 日語教育専攻(教碩)
- 李康民(1996),「捷解新語」の仮定条件表現, 原刊本と改修本を中心に, 国語国文 65-5, 京都大国語学国文学研究室, 1996.5, 542-558
- 李康民(1996), 捷解新語와 日本語史, 陽日本学 4, 漢陽日本学会, 1996.2, 13-28
- 片茂鎮(1996), 朝鮮資料「捷解新語」의 格助詞'が・の'의 待遇表現価値에 대하여, 日本文化学報 1, 韓国日本文化学会, 1996.5, 5-22
- 片茂鎮(1996),「捷解新語」의 主格表現에 대하여, 日本学報 37, 韓国日本学会, 1996.11, 421-434
- 辻星児(1997), 捷解新語に見られる文法意識, 日本語と朝鮮語下巻, 国立国語研究所

- 李太永(1997), 捷解新語의 飜訳様相과 口語的 特徴, 韓国語文学論叢, 太学社
- 林昌奎(1998), 「捷解新語」의 자동사 'あう'와 共起하는 조사 'を'에 대하여, 韓日対照言語의 観点으로, 日語日文学研究所 32, 韓国日語日文学会, 1998.6, 37－66
- 松浦陽子(1998), 「捷解新語」における飲食を表す動詞の変遷, '食う'と'たぶ'を中心に, 日本学誌18, 啓明大日本研究室, 1998.2, 81－106
- 李康民(1998), 捷解新語의 推量表現, 漢陽日本学 6, 漢陽日本学会, 1998.2
- 洪紫永(1999), 捷解新語의 接続助詞에 관한 考察―原刊本・改修本・重刊本의 用例分析을 中心으로―, 京畿大学校大学院 日語日文科(碩)
- 安昭貞(1999), 『捷解新語』의 指示語考Ⅱ―現代語와 比較를 中心으로, 教育理論과 実践, 慶南大教育問題研究所
- 安昭貞(1999), 『捷解新語』日本語의 文法的特性研究―指示語와 文末構造를 中心으로―漢陽大学校大学院 日語日文学科(博)

(3) 경   어
- 青山秀夫(1959), 捷解新語に見える敬語法の特色, 天理大学報 28
- 伊奈恒一(1965), 捷解新語に現れた敬語について, 語文 21(日本大学 国文学会)
- 辻村敏樹・韓美卿(1980), 捷解新語の '言う'の敬語形, 日本語の敬語と韓国語の敬語, 国語学研究と資料5, 早稲田大国語学研究と資料の会, 1980.3, 1－36
- 韓美卿(1985), 捷解新語의 敬語接頭辞 '御'에 대하여, 日本文化研究 1, 韓国外大日本文化研究会, 1985.4, 73－100
- 尹鐘和(1986), 捷解新語の敬語, 岡山大大学院, 文学研究科(碩)

- 韓美卿(1986), 捷解新語の敬語研究, アジア・アフリカ言語文化研究, アジア・アフリカ言語文化研究所, 1986.8
- 韓美卿(1987), 日本語의 敬語研究 ―「捷解新語」에 나타나는 ござる의 用法 ― 日本文化研究 3, 韓国外大日本文化研究会, 1987.11, 67-90
- 韓美卿(1988), 捷解新語における敬語用法の一考察 ―丁寧語への傾斜を中心に ― 韓国外国語大学校論文集21, 韓国外国語大学校, 1988.6, 363-380
- 尹鐘和(1989),「捷解新語」に見える待遇表現の移動, 韓国語との比較を中心に, 紀全女子専門大論文集 9, 紀全女子専門大学, 1989.9, 113-128
- 李德培(1989),「捷解新語」의 'ござる'語学教育 19, 全南大語学研究所, 1989.12, 49-74
- 韓美卿(1990), 捷解新語における尊敬表現 ―三本対照の観点から ― 日本文化研究 5, 韓国外大日本文化研究会, 1990. 4, 91-134
- 李德培(1990), 捷解新語의 改修에 대한 考察, 原刊本・改修本・重刊改修本의 'ござる'를 中心으로, 竜鳳論叢 19, 全南大人文科学研究所, 1990.12, 93-118
- 朴喜南(1991), 捷解新語による敬語の構文論的研究, 岡大国文論稿 19, 岡山大文学部国文学研究室, 1991.3, 1-14
- 尹鐘和(1992),「捷解新語」의 改修 意図에 관하여, 対者敬語를 中心으로, 紀全女子専門大論文集 12, 紀全女子専門大学, 1992.9, 173-186
- 韓美卿(1992), 捷解新語における謙譲表現, 国文学研究 106, 早稲田大国文学会, 1992.4, 31-41
- 全花子(1994), 原刊本「捷解新語」의 敬語接頭辞 '御'에 대하여, 日本学年報 6, 日本文化研究会, 1994.12, 197-216

- 韓美卿(1995), 捷解新語における 敬語研究Ⅰ, 博而精
- 韓美卿(1995), 捷解新語における 敬語形式用例集Ⅱ, 博而精
- 鄭承惠(1999b), 捷解新語에 나타나는 近代国語의 敬語法에 대하여(Ⅰ), 第42会 全国国語国文学 学術大会 論文 発表要旨
- 鄭承惠(1999d), 捷解新語에 나타나는 近代国語의 敬語法에 대하여(Ⅱ), 第19会 韓国語学会 全国学術大会 論文 発表要旨
- 박진완(2000), 敬語法의 対照言語学的 考察 ― 原刊本을 中心으로 ―, 第133次 韓国語学会研究発表会
- 金殷姃(2001), 「捷解新語」에 나타나는 2인칭대명사에 대하여, 日語日文学研究38, 韓国日語日文学会, 2001.6, 63-79

4) 문제제기

『捷解新語』에 대한 연구는 小倉進平(1914)가 「朝鮮に於ける 昔時の日本語学書 '捷解新語'」를 발표하면서 시작되었다. 첩해신어는 일본어사뿐만 아니라 한국어사를 연구함에 있어 귀중한 자료임에도 불구하고 1950년대 이전까지만 하더라도 모든 분야에 있어 연구는 거의 이루어지지 않았다.

이에 대해 김완진(1957)은 일찍이 「捷解新語에 있어서 일본어의 転写에 대하여」에서

捷解新語는 李朝中葉 言語資料의 한 白眉로서 일찍이 豪華版으로 景印에 붙여지기까지 하였으면서 그 내용에 대한 천착(穿鑿: 학문을 깊이 연구함)은 意外로 皮相的인 데 그쳐 왔다. ……
怠慢은 日本側 学者에게서 더욱 심했다. 国語史 및 日本語史에 중요한 資料가 되는 것이라고 말한 学者가 없는 것도 아니나, 成果는 期待 이하였다. 한 時代의 言語状態를 아는 데 他言語로 注音 対訳된 資料가 가지는 価値는 再言할 것도 없거니와, 저들이 이런 것을 알고 있었음에도

불구하고 日本語史에서는 오로지 '吉利支丹'宣教師들의 業績만을 重視하
고 捷解新語에 대하여 一言의 言及도 없는 것은 과연 怠慢인가 아니면
資料에 대한 偏見인가? ……

이와 같이 첩해신어에 대한 연구의 소홀함을 지적한 바 있다. 이
發言에 대해서 安田章은 「国語史研究の ために — 捷解新語と康遇
聖 —」에서16) "日本의 国語史 研究者는 과연 항변할 수 있을까?"라
고 의문을 제기한 바 있다. 일본에서 첩해신어에 대한 연구는 1960
년대 이전에도 부분적인 연구는 있었으나 본격적인 연구가 이루어지
기 시작한 것은 1960년대 이후 大友信一, 森田武, 安田章, 浜田敦에
의해 다방면에 걸친 연구가 진행되었다고 말할 수 있겠다.

日本京都大学文学部 国語学国文学研究室에서 影印하여 解題와
日本語索引을 붙여 간행함을 계기로 京都大学을 중심으로 연구가
활발히 진행되었으며 이어 1990년대를 전후해서는 辻星児가 재직하
던 岡山大学에서도 연구가 진행되었으며, 현재는 麗沢大学에서도
많은 연구가 이루어지고 있다. 이는 아마 한국어에 많은 관심과 조
예(造詣)가 깊은 梅田博之가 재직(在職)하면서 첩해신어에 대한 연
구의 계기가 되었을 것이라 여겨진다.

일본어 쪽에서의 연구는 서지적(書誌的)인 측면에서의 연구가 먼
저 이루어졌으며, 어학적(語学的)인 부분에서는 일본인 연구자나 한
국인 연구자를 중심으로 경어 전반에 관한 연구가 활발하게 이루어
졌다.

국내에서 일본어의 경어 및 인칭대명사, 접두어 및 접미어 등의
어휘에 대해 처음으로 체계적으로 연구한 대표적인 학자로는 한미경
(1980)을 들 수 있다. 이를 기점으로 첩해신어에 대한 연구의 발판
을 마련했다고 하더라도 결코 과언이 아닐 것이다.

---

16) 大阪外国語大学朝鮮語研究室編(1986) 『朝鮮語大辞典上巻』角川書店 p.30

그 이후 첩해신어 삼본(三本)의 체재(体裁)와 간행경위에 대해서 원간본과 개수본 사이에 나타나는 일본어의 차이는 100년이라는 기간에 진행된 일본어의 변화가 반영된 것으로 일본어사의 여러 문제를 밝힐 수 있는 성질의 것이라고 기술한 이강민과 부사를 중심으로 한 어휘에 대한 고찰로서 박재환, 첩해신어의 개수과정 속에서 문법형식의 변화양상을 체언(体言)과 용언(用言)으로 분류하여 체언의 대표로서 지시어와 구조기능의 측면에서 본 문말어(文末語)에 주목하여 양적(量的) 구조의 조사에 의해서 일본어의 문법적 특성을 지시어와 문말(文末) 형식을 중심으로 살펴본 안희정을 들 수 있다. 반면 국내의 국문학자는 첩해신어가 특히 국어음운사(国語音韻史) 연구에 귀중한 가치를 지닌 책이므로 음운을 중심으로 한 연구가 1956년 김완진에 의해 처음으로 발표되었으나, 왕문용(1981)의 「捷解新語의 国語資料에 대해서」가 발표되기까지 연구는 불행히도 거의 이루어지지 않았다고 할 수 있다. 정광은 첩해신어의 성립 시기나 구성 및 제(諸) 문제에 대해서 본격적인 연구를 거듭한 결과 『司訳院倭学 研究(1984)』라는 결실을 갖게 된다. 이는 국내에서 첩해신어뿐만 아니라 왜학서 전반에 걸친 본격적인 연구의 출발점이라고도 할 수 있겠다. 이어 김정시(1984), 이희원(1988), 이태영(1990), 정승혜(1991), 지경래(1992) 등에 의해서 첩해신어에 대한 연구가 이루어지고 있다.

특히, 정승혜(1991)는 『捷解新語의 対訳国文研究』를 시작으로 『捷解新語 研究, 高麗大学校 大学院 国語国文学科(博)』에 이르기까지 8편 이상의 논문을 발표하는 등 첩해신어에 대해서 가장 많은 논문을 발표하기도 했다.

이태영(1990)은 「『捷解新語』改修1次本의 国語学的 考察」을 발표하기 시작하여, 「『첩해신어』의 한자어연구(1994)」 및 「『첩해신어』의 번역양상과 구어적 특징(1997a)」을 거쳐 『訳註捷解新語(1997b)』에 이르게 된다.

지경래(1992) 역시 「捷解新語의 형식명사 もの・こと의 고찰」을 시작으로 「『捷解新語』 일본어 어휘의 계량적 고찰(1966)」을 발표하기까지 꾸준한 연구를 계속하고 있다. 국내에서는 고려대학교를 비롯해서 전북대나 전주대에서 연구가 진행되고 있다.

그렇지만 일본어를 연구하는 사람들은 일본어 쪽을 중심으로, 한국어를 연구하는 사람들은 한국어 쪽만을 연구해 왔던 것 또한 사실이다. 이것은 당연한 일인지도 모른다. 이는 일본어와 동시에 한국어를 해야 한다는 부담감이 있었기 때문에 기인하는 현상일 것이다.

3. 결 론

이상 『捷解新語』에 대한 선행연구를 문헌학적 연구, 표기·음운 연구, 어휘·문법·경어 연구별로 분류해서 살펴봄으로써 『捷解新語』에 대한 연구 어디까지 왔나? 하는 것을 검토해 보고, 이제까지 행해졌던 연구의 문제를 제기함으로써 앞으로의 연구방향에 대해 전망해 보기로 한다.

『捷解新語』가 17C 초에서 18C 말까지 약 2세기에 걸친 언어변화의 양상을 보여주는 귀중한 문헌임에도 불구하고 표기법과 음운현상, 그리고 문법현상에 대한 일본어 중심의 연구가 이루어졌을 뿐, 한국어와 일본어와의 상세한 비교연구는 불과 몇 편에 불과하다. 이러한 점을 고려할 때 『捷解新語』의 삼본(三本)을 한국어와의 비교를 통해 새로운 언어의 변천양상이 드러날 것으로 믿는다. 특히, 『訳註捷解新語(1997)』가 출판됨으로써 한국어에 대한 상세한 분석이 이루어진 것을 계기로 보다 활발한 연구가 기대되며, 일본어와의 비교 검토를 통해 보다 세밀한 연구가 이루어질 것으로 생각한다.

참고문헌

1) 小林千草(1982)「近代語の文法 ― 鎌倉室町時代語 ―」『国文法講座5』明治書院
2) 森田良行・他(1989)『日本語概説』桜楓社
3) 정 광(1988)『司訳院 倭学 研究』太学社
4) 韓美卿(1955)『捷解新語における敬語研究Ⅰ』博而精
5) 李康民(1996)「『捷解新語』와 日本語史」『漢陽 日本学』漢陽日本学会 第4輯
6) 浜田 敦(1983)『朝鮮資料による日本語研究』岩波書店
7) 池景来(1999)「『捷解新語』 일본어 어휘의 계량적 고찰」전주대학교 대학원
    국어국문학과(博)
8) 李太永訳註(1997)『訳註捷解新語』太学社
9) 大阪外国語大学朝鮮語研究室編(1986)『朝鮮語大辞典上巻』角川書店
10) 이한섭(1998)『韓国日本語学関係研究文献一覧』고려대학교출판부

要　旨

　『捷解新語』は壬辰倭乱の以後、朝鮮朝の司訳院で作られた日本語の教科書として時代の流がれとともに変化していく日本語を習得する為、時間的な間隔をおいて何度も改修された。『捷解新語』の原刊本は日本語の歴史において古代語から近代語への過渡期にあたる一代転換期とすべき中世末、室町末期の言語を反映している反面、改修本は江戸中期のわりあいに早い時期の言語を、重刊本はそれにひきつづく時期の言語を各各反映している。あるいは、約百年間の時間的な差異をおいて同じ内容が存在するということは日本語の変遷の資料として重要な意味を

持っているためで、資料的な価値の重要性はあらためて論ずる必要がないようである。であるから日本語史において 『捷解新語』は言語の史的な研究についてその価値が大きいということができるであろう。したがって、本稿では 『捷解新語』に対する先行研究を文献学的な研究、表記・音韻研究、語彙・文法・敬語研究別に分類して 『捷解新語』についての研究、どこまでされてきたのか、ということを検討し、現在まで行なわれてきた研究の問題を提起してみることにより今後の研究の方向について展望してみたい。

『捷解新語』が17C初から18C末まで約2世紀にわたって言語変化の様相を見せてくれる貴重な文献にもかかわらず表記法と音韻現象、そして文法現象に対する日本語の中心の研究がなされてきただけであり、韓国語と日本語との詳細な比較研究はわずか数編しかすぎない。このような点を考慮したとき、『捷解新語』の三本を韓国語との比較を通して新たな言語の変遷の様相が現わされることを信じてやまない。特に『訳註捷解新語(1997)』が出版されることにより韓国語に対する詳細な分析がされることをきっかけにより活溌な研究が期待され、日本語との比較 検討を通してより細密な研究がなされることと思う。

〈부록 2〉

『捷解新語』에 있어서 오류(誤謬)의 가능성에 대해서
—'コ' 'ソ' 'ア(カ)' 'ド'를 중심으로—

1. 서론(序論)

종래의 문법연구에서는 'これ' 'それ' 'あれ' 등을 끄집어내어 하나의 문법범주로서 취급하는 경우는 드물었다. 田中義廉, 大槻文彦, 松下大三郎, 橋本進吉 등은 'これ' 'それ' 'あれ'를 명사의 일종으로 취급하고, 또 山田孝雄, 佐久間鼎, 安田喜代門 등은 대명사로서 취급했다. 時枝誠記은 'これ・それ・あれ'(사물), 'ここ・そこ・あそこ'(장소), 'こちら・そちら・あちら'(방향) 등을 지시대명사라고 명명했다.[1]

지시대명사(이하, 지시사라 칭함)를 포괄적으로 취급하려면 당연히 'コ・ソ・ア・ド'[2])의 체계성에 주목해서 그것을 어떻게 취급할 것인

---

1) 時枝誠記(1950) 『日本文法 口語篇』 岩波全書 p.63 参照
2) 'コ・ソ・ア・ド'라는 用語는, 「此 'こ' 'そ' 'あ' 'ど'わ、一音で、指示代名詞である。」(大槻文彦 『口語法別記』), 「此の如く縦横に織られた体系を持ってゐる。元は凡べて

지가 중요하지만 본고에서는 『捷解新語』에 있어서 사물을 나타내는 지시사 'これ' 'それ' 'あれ' 'どれ' 'かれこれ', 지시부사 'こう' 'そう' 'どう' 'どうもこうも', 방향을 나타내는 지시사 'こち' 'そち' 'あちこち' 'どち', 장소를 나타내는 지시사 'ここ' 'ここもと' 'そこ' 'そこもと' 'どこ', 연체사 'この' 'その' 'あの(かの)' 'どの'에 대해서 어형(語形)변화 및 의미변화를 원간본을 중심으로 개수본, 중간본의 세 가지 판본을 한국어와의 대역을 통해 비교・대조해 본 결과 오류(誤謬)일 가능성에 대해서 음운・어휘・문법별로 분류하여 다시 한번 검토해 보는 것도 나름대로 의의가 있다고 생각한다.

조사방법으로서는 '安田 章'의 분류원칙3)을 참고하여 먼저 『時代別国語大辞典』 『朝鮮語大辞典』 등 현대의 사전류를 중심으로 어의 (語義)를 조사한 후 필요에 따라서는 다른 사전과 비교하면서 의미를 조사해 보기로 한다.

용례분석에는 『捷解新語』와 마찬가지로 무로마치(室町) 말기의 언어를 반영하고 있는 『邦訳日葡辞書』 『日本大文典』 등의 사전류를 이용하고, 국내사전으로는 『李朝語辞典』 『17세기 国語辞典』 『우리말 큰사전』을 참고로 하였으며 다음과 같은 약호(略号)를 사용하기로 한다.

『日葡』　　　土井忠生訳(1980) 『邦訳日葡辞書』 岩波書店
『日本大文典』土井忠生訳(1955) ロドリゲス 『日本大文典』 三省堂
『時代別』　　室町時代語辞典編修委員会編　『時代別国語大辞典』
　　　　　　三省堂

'こ' 'そ' 'あ' 'ど' である。」(松下大三郎 『標準日本口語法』)という用例も見いだされる。しかし、体系的な一群の語を呼ぶことばとして用いられるのは、佐久間に始まると言うべきであろう。
3) 安田 章(1980) 「捷解新語の改訂覚書」 『朝鮮資料と中世国語』 笠間書院 p.168 参照

『朝鮮語』　　大阪外国語大学朝鮮語研究室編(1986)『朝鮮語大辞典』角川書店

『李朝語』　　유창돈(1964)『李朝語辞典』연세대학교출판부

『17세기』　　홍윤표 외(1995)『17세기 国語辞典』태학사

『우리말』　　한글학회(1992)『우리말 큰사전』어문각

2. 본론(本論)

1) 음운의 오류 가능성

(1) 'その'

먼저 사전적인 어의(語義)를 살펴보면 『日葡』에는 'Sono.ソノ(その) その' 『時代別』에 의하면 "①それまでに述べられた話線において、話し手にも聞き手にも既知の事物を取上げて示す。'Sonogotocu(ソノゴトク)。副詞。そのように' 'Sonoyǒni.(ソノヤウニ)副詞。そのように' ②話し手にも聞き手にもすでに諒解されている事として、具体的に述べる代りに用いる。"로 되어 있다.

원간본에서는 총 28例가 쓰이고 있는데, 이 중 27例는 다음의 예 1)과 같이 개수본에서 그대로 쓰이고 있음을 알 수 있다. 이에 해당하는 한국어 대역은 삼본(三本) 모두 '그'로 되어 있다. 이를 『李朝語』에는 판'그' 명'그것' 『17세기』에는 판'그(其). 자기로부터 조금 떨어져 있는 사물'로 되어 있다.

예1) (原) <u>その</u>くすりわおりふしみなつかいまるして(3-4)　　그 약

　　　(改) <u>その</u>くすりわおりふしみなつかいまして(3-5ウ)　　그 약

　　　(重) <u>その</u>くすりわおりふしみなつかいまして(3-5)　　그 약

예2) (原) そのさはうわしらすわかくにのはすてわ(5-27)　　　　　그

　　　(改) そうしたさはうとわしらいてわかくにのはちてわ(5-39)　　그리

　　　(重) ……4)

　위의 예2)의 경우는 형태적으로는 다르나 의미적으로 같은 표현으로 바뀌어 쓰이고 있음을 알 수 있다.

　그런데 여기에서 주목해야 할―잘못 쓰인 것이라고 여겨지는 다음의 예를 살펴보자.

예3) (原) そのときにみまるするまいか(2-5ウ)　　　　　　그 저긔

　　　(改) その せつつ御めにかかりませう(2-7ウ)　　　　　그 저긔

　　　(重) そのせつつ御めにかかりませう(2-13)　　　　　　　그 적

예4) (原) そのとき御れい申あけまるせう(7-14ウ)　　　　　　그 저긔

　　　(改) そのせつ御れい申あけまする(7-22)　　　　　　　　그 저긔

　　　(重) ……

예5) (原) そのおりきめんもつて申しやすへく候(10-17ウ)　　　其節

　　　(改) そのせつつきめんもつて申しやすへく候(10^{中}-15)　　급 때

　　　(重) そのせつつきめん申しやすへく候(10^{中}-13)　　　　그 때

　위의 예3)의 경우에는 원간본의 'そのとき'가 개수본 및 중간본에서는 'そのせつつ', 예4)의 경우에는 개수본에서는 'そのせつ'로 바뀌어 있으며 중간본에서는 삭제되고 있다. 예5)의 경우에는 원간본의 'そのおり'가 개수본 및 중간본에서 'そのせつつ'로 바뀌어 있다. 적어도 'その'뒤에 명사가 오는 것은 틀림없지만 예3), 예5)의 'せつつ'의 경우는 예4)와 같이 'せつ'로 바뀌어야 한다고 생각된다. 그 이유

---

4) 원간본에 있는 부분이 개수본 혹은 중간본에서 삭제되어 있는 경우 혹은 그 반대인 경우 ……으로 표시했다

는 『日葡』에서[5] 'Sono toqi. ソノトキ(そのとき) 副詞。その時'
'Sono Xet.[6](そのせつ) すなわち. Sono toqi.(その時) その時期に、そ
の場合に、その時刻に'など。'Vori.[7] ヲリ(折) その際、その折に、な
ど' 등으로 어디를 찾아봐도 '세쓰つ'의 형태를 찾아볼 수 없기 때문
이다. 이는 조선인의 발음경향에 의거한 잘못이라고 해석할 수 있을
지도 모른다. 즉 cɯ 앞의 'つ'(t)는 舌內入声韻尾가 본래 갖고 있던
声門閉鎖的要素가 독립한 형태라고 말할 수 있고, ccɯ와 기능적으
로 등가치(等価値)일 것이라고 생각할 수 있을 것이다.[8]

(2) 'どう'
원간본에서는 형태적으로 보면 예6)과 같이 총 1例가 나오는데 개
수본 및 중간본에서 그대로 쓰이고 있다. 이에 해당하는 한국어 대
역은 '아못됴로나'로 『李朝語』에 의하면, 맵'아무쪼로나', 『17세기』
에 의하면 맵'아무쪼록'으로 되어 있다.

예6) (原) とうなりともよかるやうにしまるせうほと(4-27)   아못됴로나
    (改) とうなりともよろしいやうにいたしませうほと(4-38) 아몯됴로나
    (重) とうなりともよろしいやうにいたしませうほと(4-32) 아몯됴로나

'なりと(も)'도 'でも'와 마찬가지로 사용되었다. 이것도 지정(指定)
의 'なり'에 조사 'と', 또는 'とも'가 붙어 연어(連語)처럼 사용하게
되었던 것이다.[9]
'아못됴로나·아몯됴로나'는 '아무쪼록'의 뜻으로 『朝鮮語』에 의하

5) 土井忠生訳(1980)『邦訳日葡辞書』三省堂 p.573
6) 土井忠生訳(1980) 前掲書 p.756
7) 土井忠生訳(1980) 前掲書 p.717
8) 安田 章(1980)『朝鮮資料と中世国語』笠間書院 p.116, 393 参照
9) 松村 明(1972)『国語史 概説』修英出版 p.231

면 🈁‘必ずや、きっと(꼭)、できるだけ、何とぞ、どうか(모쪼록)、く
れぐれも’ 반면 개수본에서는 형태적으로는 총 6例가 나오는데 이
중 5例는 예7~10)과 같이 ‘とうして’의 형태로 한국어역 ‘어이ᄒᆞ여,
어이, 얻디ᄒᆞ여, 아모리ᄒᆞ여도’의 뜻으로 쓰이고 있다.

　이는 원간본에서는 ‘なんとして(1例)’ ‘なせに(1例)’ ‘そむやそむ(1
例)’ ‘いかに(1例)’ ‘のうして(1例)’가 개수본에서 ‘とうして’로 바뀌
어 ‘어이ᄒᆞ여, 어이, 얻디ᄒᆞ여, 아모리ᄒᆞ여도’의 뜻으로 사용되고 있
다. ‘어이-, 어이, 얻디-’를 『李朝語』 및 『17세기』에 의하면, 🈁
‘어이-, 어찌-’의 뜻으로, 『우리말』에 ‘어이’는 ‘어찌’의 예스러운
말로, ‘어찌’를 찾아보면 ‘①어떠한 방법으로 ②어찌하여 ③어떻게
그렇게 ④어떻게’의 의미로 되어 있다. 『朝鮮語』에 의하면 ‘어이’🈁
‘どうして、なぜ’로 ‘어찌’는 🈁 ①どう、どのように、いかに(어떻게)
②なぜ(왜)、どうして(어째서)　③(−ㄴ지・−ㄹ지・−던지とともに用
いて)あまりにも(어찌나)、なんと……か ④ ‘(反語的に)どうして……(だ
ろうか)、いかに’로 되어 있다.

예7)　(原)　なにふねかなんとしておくれまるしたか(1−11ウ)　　어이ᄒᆞ여
　　　　(改)　なにふねか<u>とう</u>しておくれまして御さるか(1−16)　　어이ᄒᆞ여
　　　　(重)　とのふねか<u>とう</u>しておくれまして御さるか(1−14ウ)　　어이ᄒᆞ여

예8)　(原)　このやうなことおなせにたしかにしりまるせうか(2−1ウ)　　어이
　　　　(改)　さやうなことお<u>とう</u>していさいにしりませうか(2−14ウ)　　어이
　　　　(重)　さやうなことお<u>とう</u>していさいにしりませうか(2−19ウ)어이ᄒᆞ여

예9)　(原)　そむやそもこしつそくいれたこうもくお(4−16)　　　　어듸셔
　　　　(改)　<u>とう</u>してこしつそくいれたこうもくお(4−22ウ)　　얻디ᄒᆞ여
　　　　(重)　<u>とう</u>してこしつそくいれたこうもくお(4−21)　　얻디ᄒᆞ여

예10) (原) のうしてもとてもとることわ御さるまい(8-6)　　아므리ᄒ여도
　　　(改) とうしてもとつてかゑりかたう御さる(8-8)　　　아모리ᄒ여도
　　　(重) なにふんに御さつてもとりかゑりかたう御さる(8-7ウ) 아모리ᄒ도

　위의 예10)의 경우 개수본의 'とうして'에 대응하는 원간본의 경우 'のうして'로 되어 있는데 이는 방언적 요소라기보다는 'd와 n, r과 n, s와 t·ts'와의 혼동(混同)에 의한 조선인적 오류의 정정(訂正)에 의해서 개정(改正)되었던 것은 아닌가 여겨진다.10) 즉 조선인의 해석에 의해 개변(改変)되어 있는 것으로 일본어의 [d]가 [n]으로 받아들여진 예라고 말할 수 있다.11)

　'のう'의 경우 원간본에서는 위의 예10) 이외에도 2例(총 3例)가 나오는데, 1例는6-24ウ에서 'のうても'가 개수본 및 중간본에서 'いかやうとも'로 바뀐 것과 나머지 1例는 8-8ウ에서 'のう'가 개수본 및 중간본에서 'なにふんに'로 바뀐 것이다.

　(3) 'どち'
　먼저 사전적 어의(語義)를 살펴보면, 『日葡』에는 'Dochi(ドチ)。副詞。どこ、または、どこへ', 『時代別』에 의하면 대'不定称。どの方面であるか不定・不明である意を表わす。多く相対立する二つの方面(のもの)について、そのいずれであるかを問題としていうのに用いる。', 『古語辞典』에 의하면 대'どの方。どっち。'로 되어 있다.
　원간본에서는 총 1例가 존재하는데 이는 개수본 및 중간본에서 그대로 쓰이고 있으며 이에 해당하는 한국어 대역(対訳)은 모두 '아므, 아모'로 되어 있다. 이를 『李朝語』에서 찾아보면 명대'아무', 『17세기」

10)　安田　章(1980)「改修重刊 捷解新語解題」『朝鮮資料と中世国語』笠間書院 p.335 参照
11)　安田　章(1980)「改修捷解新語の解釈」『朝鮮資料と中世国語』笠間書 p.392 参照

에는 団판 '아무', 『우리말』에는 団 '누구라고 지정하지 아니하고 막
연히 가리키는 사람의 뜻'으로 『朝鮮語』에서 찾아보면 団 '①(不特称
な人を指して)誰(누구)、何人②(姓の下に付いて)某、なにがし、誰そ
れ。'로 되어 있다. '아무'는 '누구'에 비해서 추상적인 어감(語感)을
갖는다.

예11) (原) いちしもちかゑはとちのためにもようも御さらんほとに(1-17ウ)
　　　　　　　　　　　　　　　　　　　　　　　　　　　　아므
　　　(改) いちしのちかいかあつてもとちのためにもよう御さりませぬ
　　　　(1-25ウ)　　　　　　　　　　　　　　　　　　아모
　　　(重) いちしのちかいかあつてもとちのためにもよう御さりませぬ
　　　　(1-23ウ)　　　　　　　　　　　　　　　　　　아모

위의 예11)의 경우는 다음의 예가 불확실한 장소 내지는 방향을 가
리키는 것에 비해 불특정한 사람을 지칭하는 용법이라고 말할 수 있다.

　○ "兩方ニ離レテ、ドチヘモ付カヌ牢人ニナッタ"(伊曾保) 『日葡』
　○ "どちへござるぞ"(虎明本狂言・腹立てず) 『古語辞典』

개수본에서는 원간본에서 개수본으로 그대로 쓰인 1例가 존재하
며 예12)와 같이 개수본 중심의 'どちら'가 1例 존재하여 총 2例가
쓰이고 있는데 이에 해당하는 한국어 대역은 모두 '아므, 아모'로 되
어 있다. 이는 예11)의 경우와 마찬가지로 불특정한 사람을 지칭하
는 용법이라고 말할 수 있다. 접미사 'ら'는 주로 사람을 나타내는
말에 붙어 복수를 나타내며, 지시대명사 또는 그 어근(語根)에 붙어
사물의 개략적인 것을 나타낸다.[12) 무로마치(室町) 시대에 'ら'는 단

---

12) 日本語教育編(1982) 『日本語教育事典』 大修館書店 p.419

수로 사용하고 품위 있는 말이라고 여겨진다.[13]

    예12) (原) こういわわしるるほとにのちのくわほうても(8-15)　　　아므
        (改) かやうにおおせきけられますること**ちら**のくわほうて御さつても
            (8-22ウ)　　　　　　　　　　　　　　　　　　　　　　아모
        (重) かやうにおおせきけられますること**ちら**のくわほうて御さつても
            (8-16ウ)　　　　　　　　　　　　　　　　　　　　　　아모

    위의 예12)의 경우 개수본의 'どちら'가 중간본에서도 그대로 쓰이고 있으며 이에 해당하는 원간본의 경우 'のち'로 되어 있는데 이는 이미 기술한 바와 같이 방언적 요소라기보다는 'd와 n, r과 n, s와 t·ts'와의 혼동(混同)에 의한 조선인적 오류의 정정(訂正)에 의해서 개정(改正)되었던 것은 아닌가 여겨진다.

2) 어휘의 오류 가능성

(1) 'ここもと'
    먼저 사전적 어의(語義)를 살펴보면, 『日葡』에는 'Cocomoto.ココモト(爰元)。こちら、または、ここ'로, 『時代別』에 의하면 団 '①話し手が、自分を中心として自分の居る所をふくむ領域を指していう。②話し手が、自分を中心として自国をさしていう。' 등으로 되어 있다.
    원간본에서는 총 10例가 나타나는데 이는 개수본에서 그대로 쓰이고 있음을 알 수 있다.

    예13) (原) <u>ここもと</u>のしゆつせんこのつきしうこにちと(6-11)　　爰元
        (改) <u>ここもと</u>のしゆつせんこんけつしうこにちちやと(6-15ウ)　爰爰

13) 土井忠生・他(1955) 『国語史 要説』 修文館 p.105

(重) <u>ここもと</u>のしゆつせんこんけつしうこにちちやと(6-14)　　여긔

위의 예13)의 경우는 원간본의 'ここもと'가 개수본 및 중간본에
서도 그대로 쓰이고 있는데 이는 장소를 나타내는 용법이라 말할 수
있다. 이에 해당하는 한국어 대역은 원간본의 경우는 '爰元', 개수본
의 경우는 '爰爰', 중간본에는 '여긔'로 되어 있다. 그런데 개수본의
한자 '爰爰'는 재고해 봐야 할 것으로 여겨진다. 그 이유는 '爰元ま
たは、爰許'(永禄二節用), '爰元・爰許'(饅頭節用), '爰元'(天正・易
林節用)로 되어 있고, 어디를 찾아봐도 '爰爰'으로 되어 있는 경우는
없기 때문에 적어도 '爰元' 내지는 '爰許'로 바뀌어야 한다고 생각
한다.

(2) 'こののち'
원간본에서는 총 1例가 나오는데 이는 예14)와 같이 개수본 및 중
간본에서 그대로 쓰이고 있으며, 개수본에서는 원간본에서 개수본으
로 그대로 쓰인 1例와 예15)와 같이 개수본 중심의 1例를 합쳐 총
2例가 나타나고 있다. 반면 중간본에서는 원간본에서 개수본을 거쳐
중간본에 쓰인 1例와 개수본에서 중간본으로 쓰인 1例를 합쳐 총 2
例가 쓰이고 있으며 중간본 중심의 예는 보이지 않는다. 'のち'는 시
간적으로 어떤 일이라든가, 시점으로 계속 이어질 때 또 그 시점을
문제로 해서 말할 때 사용되고 있다. 『日葡』에는14) 'Nochi.ノチ(後)
後' 例) '戦ノノチ(戦争の後)' '参ツテノチ(来た後とか、来るならば
とか)'로 되어 있다. 이에 해당하는 한국어 대역은 '이 후, 이 앏'으
로 되어 있다.

예14) (原) <u>こののち</u>わこうないやうにおしられ(2-11)　　이 후

─────────────
14) 土井忠生訳(1980) 前揭書 p.469

(改) こののちわかやうにないやうにおおせられません(2-16)　　　이 후
(重) こののちわかやうにないやうにおおせられません(2-20ウ)　이 후
예15) (原) このさきわしきりに申さは(6-21ウ)　　　　　　　　　　이 알프
(改) こののちわしきりに申あけますするならは(6-31)　　　　　의 앒푸
(重) こののちわしきりに申あけますするならは(6-27ウ)　　　이 후

　위의 예15)의 경우 개수본에 쓰인 'こののち'의 경우 이에 해당하는 한국어 대역은 '이 앒'으로 되어 있는데 이 역시 '이 후'로 되어야 한다고 생각한다. 그 이유는 『李朝語』『17세기』에 '앒'은 图'앞(前)'으로 되어 있으며 『朝鮮語』에는 앞(前)의 고어(古語)이며, 또한 『朝鮮語』에서 '앞'을 찾아보면 图'①(空間的に)前, 前方, (裏に対して)表 ②(時間的に)先, 将来, 未来, 前途 ③以前, 先に' 등으로 되어 있다. '후'를 『朝鮮語』에서 찾아보면 图'①後, あと(뒤), のち, つぎ, 以後 ②後日' 등으로 되어 있기 때문이다.

(3) 'そのまゑ'
　원간본에서는 존재하지 않으며 개수본에서는 다음의 예16)과 같이 1例가 존재하는데 이는 중간본에서 그대로 쓰이고 있다. 또한 중간본을 중심으로 한 예는 존재하지 않는다. 이에 대응하는 한국어 대역은 '그 안, 그 前'으로 되어 있는데 개수본의 '그 안'이 '그 前'으로 바뀌어야 한다고 생각한다.

예16) (原) そのうちにわきちにち御さらんか(6-11)　　　　　그 안
(改) そのまゑにわきちにちわ御さりませんか(6-16)　　그 안
(重) そのまゑにわきちにちわ御さりませぬか(6-14ウ)　　그 前

(4) 'かれこれ'
　먼저 사전적 어의(語義)를 살펴보면 『日葡』에는 'Carecore. カレコ

レ(彼此)一つの事と他の事、これとあれ、などの意’、 『時代別』에는
‘曰대 ①全体としてまとめられる事を分けて、それぞれを取上げてい
う語 ②一、一の事柄に言及することなく、共通性によって類化した
いくつかの事柄をまとめて指していう語。三꾸 ①事態が一局面に限
定されずに、さまざまな方面にわたるさま ②ある事態に対して多面
的に検討がなされたあげく、一つの方向が打ちだされたことを表す’라
고 되어 있다.

원간본에서는 총 3例가 나오는데 이에 해당하는 한국어 대역은
예17)과 같이 ‘뎌령이령’, 예18)과 같이 ‘이걷뎌걷’ ‘져걷이걷’, 예19)
와 같이 ‘彼此’로 되어 있다.

예17) (原) たまたまゆるりとしまるして<u>かれこれ</u>申まるして(3-26) 뎌령이령
　　　(改) おりふしゆるりといたしまして<u>かれこれ</u>と申まして(3-35) 뎌령이령
　　　(重) ……

여기에서 한번 재고해야 할 부분이 ‘かれこれ’에 대한 한국어 대
역(対訳) ‘뎌령이령’이다. 『李朝語』 및 『17세기』에 의하면 ‘뎌령이
령’ ‘이령뎌령’에 대한 설명이 다음과 같이 나와 있다.

　‘뎌령이령’꾸이리저리 (예)마츰 죵용ᄒᆞ여 뎌령이령 숣ᄉᆞ오니
　　　　　　　　　　　　　　　　　　　　　　　　　<捷解新語 三26>
　‘이령뎌령’꾸이럭저럭 (예)듯린 사름을 이령뎌령 폐롤 싱각하면
　　　　　　　　　　　　　　　　　　　　　　　　<捷解新語八11ウ>

‘뎌령이령’ ‘이령뎌령’에 대한 예문을 공교롭게도 『捷解新語』에서
만 그 예를 들고 있다. ‘이령뎌령’의 유사어(類似語)인 ‘이령져령’의
경우는 다음의 예에서 볼 수 있지만,

毎日에 흔盞 두盞 ᄒ여 이렁 져렁 ᄒ리라 <青丘永言 p.75>

'뎌렁이렁'에 대한 예는 『捷解新語』에서만 그 예를 들고 있다.

『李朝語』 및 『17세기』에는 '뎌렁이렁' '이렁뎌렁'은 부사로서 각각 '이리저리, 이럭저럭'의 뜻으로 쓰이고 있다.

'뎌렁이렁'에 대한 예는 'かれこれ' 이외에도 다음과 같이 'なにか に'에서도 찾아볼 수 있다. 이에 해당하는 한국어 대역이 '이렁뎌렁, 져렁이렁'으로 되어 있다. 'なにか(何彼)'의 사전적 어의(語義)를 살펴보면, 『日葡』에는 보이지 않고, 『時代別』에는 'あれこれ事態・事物を、それと明示せず包括的に指示する語。何の彼の・何も彼も・何や彼や'로 되어 있다. 'なにかに'와 같은 의미인 '何の彼の'는 『日葡』에 의하면 " 'Nanino cano(ナニノカノ)'すなわち、Nanito xite cato xite(何として彼として)　免れるためなどに、いろいろな事を言い、弁解するさま。"로 되어 있다.

　　(原) とものものとものなにかにさうさおおもゑは(8−11ウ)　　　이렁뎌렁
　　(改) とものものとものなにかにつけて御さうさになりますることお
　　　　(8−17ウ)　　　　　　　　　　　　　　　　　　　　　져렁이렁
　　(重) ……

'뎌렁이렁'이 구개음화에 의해서 적어도 '져렁이렁'으로 바뀌었다고 할 때, 『李朝語』 및 『17세기』『우리말』에서도 찾아볼 수가 없다. '져렁이렁' '저것이것'을 『朝鮮語』에서 찾아보면 보이지 않고, '이렁 저렁' 및 '이것저것'에 다음과 같이 쓰여 있다.

'이렁저렁'囝　①どうにかこうにか、どうやらこうやら②あれやこれやのうちに、あれこれしているうちに。

'이렁저렁'의 유사어인 '이럭저럭'을 찾아보면 囝 ①(一定の方法な

しに)あれやこれやと(이렁저렁)、あれこれと②(自然の成り行きのまま
に)なるがままに(되어가는 대로)、なんとはなしに、そうこうするうち
に(이러구러)로 쓰여 있으며, '이것저것'은 ﹅ ①これとあれ②あれや
これや、あれこれ。

　'이리저리'를 찾아보면 ﹅ ①(方法が一定でないさま)あちこち、あ
ちらこちらと②あれこれと(이러저러하게) "日本語と異なり近称이(こ
れ)が前にくることに注意. '저렁이렁, 저것이것'とは言わない"로 되
어 있다.

예18) (原) <u>かれこれ</u>御いんきんななされやう(7-3ウ)　　　　이걷뎌걷
　　　　(改) <u>かれこれ</u>御いんきんななされやう(7-4ウ)　　　　이걷뎌걷
　　　　(重) <u>かれこれ</u>御いんきんななされやう(7-3ウ)　　　　져걷이걷

　　위의 예18)의 경우는 다음의 예와 마찬가지로, 사태(事態)가 한 국
면(局面)에 한정되지 않고 여러 방면에 걸친 모양을 나타내는 용법
으로 한국어 '이걷뎌걷, 져걷이걷'으로 되어 있다.『李朝語』및『17
세기』에는 '이걷뎌걷' '져걷이걷'에 대한 설명이 보이지 않고,『朝鮮
語』의 '이것저것, 저것이것'을 찾아보면 '저것이것'에 해당하는 것은
보이지 않고, '이것저것'은 ﹅ '①これとあれ ②あれやこれや、あれこ
れ。'로 되어 있다.

　○ "カウヤル程ニ、此紙帳ハカレコレ便ナルゾ"(四河入海十三ノ一)

　○ "人々仰天シテ彼是(カレコレ)トスルホドニ夜モ漸明ニケリ"(地蔵菩薩霊験記三)

예19) (原) 御さいはんおもつて<u>かれこれ</u>しひゑいしまうて(8-3)　　　　彼此
　　　　(改) 御さいはんおもつて<u>かれこれ</u>しゆひよくあいすめて(8-47ウ) 彼此
　　　　(重) 御しうせんおもつて<u>かれこれ</u>しゆひよくあいすめまして(8-2)彼此

이상으로 미루어 볼 때 예17)의 '뎌렁이렁' 및 예18)의 '져걷이걷'으로 표기되어 있는 한국어 대역(対訳)은 일한(日韓) 대역에서 오는 오역(誤訳)이라 여겨진다.

한국어와 일본어의 차이점 중의 또 하나는 첩어(畳語)를 만들 때 예를 들면 한국어는 '이럭저럭, 이러나저러나, 이랬다저랬다, 이모저모, 이쪽저쪽, 이나저나, 이리저리, 이러쿵저러쿵, 이만저만, 이렇든 저렇든, 이러니저러니, 이래라저래라'와 같이 '이＋저', '그럭저럭, 그랬다저랬다, 그러니저러니, 그러나저러나, 그리저리, 그나저나'와 같이 '그＋저'로 이루어져 그 결합은 '이'나 '그' 뒤에 '저'가 뒤따라야 한다.15) 이와 같이 '저'가 다른 유사한 지시어들을 포함하여 일부 다른 어사들과 결합할 때, '저'가 가장 뒤에 오는 것은 그만큼 '저'가 지시 의미 면에서 상대적으로 열세에 놓여 있다는 것을 암시하는 것이다.16)

이와 달리 일본어의 경우는 'あれこれ、あちこち、あちらこちら、あなたこなた'와 같이 모두 'ア'계(系)가 선행형이 된다. 'コ'의 영역에 관해서 원심(遠心)적 시각에서 구심(求心)적 시각으로 바뀌기 때문이다.17) 일본어의 경우 'ア＋コ'와 같이 된다. 배열순서가 한국어와 다르다. 다시 말해 한국어의 경우는 우선 가깝게 느껴지는 것부터 멀게 느껴지는 쪽으로의 표현이 이루어지고 있는 반면, 일본어의 지시사 'コ・ソ・ア'는 의식이 자신과는 관계가 있지만, 먼 데서 출발하여 가까운 데로 들어오는 방향으로 표현이 이루어지고 있음을 볼 수 있다. 이 현상은 아마 각 나라의 언어습관에 기인하리라 생각된다.

---

15) 박영환(1991)『指示語의 意味機能』韓南大学校 出版部 p.110
16) 박영환(1991) 前掲書 p.101
17) 橋本四郎(1982)「指示語の史的展開」『講座日本語学』明治書院 p.238

(5) 'どうもこうも'

원간본에서는 예20), 예21)과 같이 총 2例가 나오는데, 이 중 1例
는 예20)과 같이 개수본 및 중간본에서 'ともかくも'로 바꿔어 쓰이
고 있으며, 나머지 1例는 예21)과 같이 개수본 및 중간본에서 삭제
되어 있다. 이에 해당하는 한국어 대역은 예20)의 경우는 '이러나뎌
러나, 이러나져러나', 예21)의 경우는 '뎌러타이러타'로 되어 있다.
예20)의 경우는 '이러나뎌러나'는 구개음화에 의하여 '이러나져러나'
로 변했다고 할 수 있다. 이를 『李朝語』에서 찾아보면 나오지 않고,
『17세기』에는 '이러나뎌러나'囷 '이러나저러나'의 뜻으로, 『우리말』에
는 '이러나저러나'는 '①이러하거나 저러하거나 어쨌든 ②이렇게 하
거나 저렇게 하거나 어쨌든'의 뜻으로 되어 있다. '이러나져러나'는
『朝鮮語』에 의하면 ①'(이러하나저러하나の縮約)ああであれこうであ
れ、どうであれ、なんにせよ、どっちみち、とにもかくにも' ②'(이리
하나저리하나の縮約)どんなにしても、どうでも、どうにでも'로 되어
있다.

예21)의 경우는 '뎌러타이러타'는 『李朝語』『17세기』『우리말』의
어디에도 나오지 않으며 '이러타저러타'를 『朝鮮語』에서 찾아보면
'이렇다-저렇다'①囷 'ああだこうだと、とやかく、どうのこうのと、
なんのかのと、いろいろ(言う・聞く)'로 쓰여 있다.

예20) (原) とうもこうもおしらるままにして(4-5ウ)　　　　이러나뎌러나
　　　 (改) ともかくもおつしやるたうりにして(4-8)　　　　이러나져러나
　　　 (重) ともかくもおつしやるたうりにして(4-8)　　　　이러나져러나

예21) (原) とうもこうも申されんか(4-12ウ)　　　　　　　 뎌러타이러타
　　　 (改) ……
　　　 (重) ……

‘とうもこうも’와 같은 의미로 쓰인 ‘ともかくも’의 경우, 원간본에서는 총 3例가 나오는데 이에 해당하는 한국어 대역은 ‘이러나더러나, 이러나져러나’로 대역되어 있다. 또한 1例는 ‘とうもこうも’의 경우, 예21)과 같이 ‘더러타이러타’로 대역되어 쓰이고 있는데 이는 어디까지나 일본어로 쓰인 문장을 우리말로 대역해 놓은 것이기 때문에, 뜻에는 아무런 하자가 없으나 어딘가 부자연스러운 표현이 나올 수밖에 없는 일한(日韓) 대역에서 오는 오역(誤訳)이라고 여겨진다.

3) 문법의 오류 가능성

(1) ‘あれ’

먼저 사전적 어의(語義)를 살펴보면 『日葡』에는 ‘Are, アレ(あれ) あのもの, あるいは, あのこと. Coreua areno de gozaru (これはあれのでござる)’로, 『時代別』에는 “団一遠称。事物を指す。①話し手と聞き手の両者から離れたところにある事物を、直接に指していう語 ②‘これ’‘それ’などと対応させて用い、話し手・聞き手の間で共通に理解されている複数の事柄の一方を取上げていう。二遠称。場所や方向を指す。①話し手と聞き手の両者から離れている場所や方向を、直接に指していう語 ②話し手と聞き手の両者から離れており、共通に理解されている、ある場所や方向を、直接に指していう語 三三人称①話し手が自分および聞き手以外の、その場に居合せる第三者を直接に指していう語 ②話し手と聞き手の両方から共通に理解されている第三者を指していう語。”로 되어 있다.

원간본에서는 형태적으로 보면 총 4例가 있는데 이를 의미적으로 살펴보면 인칭을 나타내는 용법(2例)과 방향을 나타내는 용법(1例) 및 장소를 나타내는 용법(1例)으로 쓰이고 있음을 알 수 있다.

예22) (原) あからしるるか御たいきに御さるとも<u>あれ</u>らかさうさおむ(6-19)

　　　　　　　　　　　　　　　　　　　　　　　　　　　　　　뎌들
(改) 御あかりなされかとう御さるともかのひとなとのさうさおむ
　　(6-27ウ)　　　　　　　　　　　　　　　　　　　　　　뎌들
(重) 御あかりなされかたう御さるともかのひとなとのさうさおむ
　　(6-24ウ)　　　　　　　　　　　　　　　　　　뎌사롬들

　위의 예22)의 경우는 원간본의 'あれら'가 개수본 및 중간본에서
는 'かのひとなと'로 바뀌어 있는데 이것은 'かれら'의 뜻으로 다음
의 예와 마찬가지로 3인칭 복수를 나타내는 용법이라 할 수 있다.
이에 해당하는 한국어 대역은 원간본에서는 '뎌들', 개수본에서는
'뎌들' 중간본에서는 '뎌사롬들'로 되어 있다. '뎌'는『李朝語』에서는
图'저', 관'저(彼)'『17세기』에서는 图'저것, 저 사람', 관'저(彼)'의
뜻으로 쓰여 있어 인칭을 나타내는 용법으로 쓰이고 있다. 원간본의
'あれら'가 개수본 및 중간본에서 'かのひと'로 바뀌어 있는 것은 어
(語) 그 자체의 품위와 관계가 있었을 것이라 여겨진다.18)

　『日本大文典』에는 実名詞에 접속해서 복수를 나타내기 위해 사용
하는 특정한 조사(助辞)에는 Tachi(達), Xu(衆), Domo(共), Ra(等)가
있다. Tachi(達)는 경의(敬意)가 가장 높고, Xu(衆)는 그 다음이며,
Ra(等)가 경의가 가장 낮다. 'あれら'와 같이 Ra(等)를 붙여 그 사람
을 비하(卑下)하거나 경멸(軽蔑)하거나 모욕(侮辱)하기도 하는 뜻을
첨가하는 것이다.

　　○ "老父相二呂后一。曰、夫人天下貴人也。令レ相二両子一。アレラヲモ
　　　　御相シサフトテゾ"(史記抄六)

　이와 같이 타칭(他称)에는 사물을 나타내는 지시사 'これ' 'それ'

───────────────
18) 安田 章(1980) 前掲書 pp.129～130

‘かれ’ ‘あれ’를 전용(転用)하는 것이 보통이었지만, 무로마치(室町) 시대에 들어서는 ‘この’ ‘その’ ‘あの’에 ‘人’ ‘者’를 더한 말씨가 행해졌다.

예22)의 경우 원간본의 ‘あれら’가 ‘あの 人達’의 의미로 한다면면 타칭(他称) 지시라고 말할 수 있다.

개수본에서 교체된 하나의 의도는 일본어 표현에는 모두 사물지시의 ‘あれ’로도 막연하다고 표현할 수 있는 것을, 오히려 한국어 표현에 가깝고, 사람은 사람, 방향은 방향으로 보다 분석적으로 표현하는 것에 있었던 것은 아닌가 생각된다. 물론 일본어로서도 그쪽이 확실히 이해하기 쉽다. 개수본 및 중간본에서 ‘かのひと’로 바뀐 것은 지시받는 것의 실질을 나타내야 할 준체언(準体言) 수반한 ‘かー’의 파생어로 되어 있다. 원간본의 ‘あれ’ 한 예만 중간본에서도 그대로 ‘あれ’로 남아 있는 것은, 오히려 『文釈』 ‘彼(これ에 대해서는 ‘是’)’로 생각한다면, 역시 ‘かれ’로 바뀌어야 할 것이 잘못해서 그대로 되어 있었던 것인지, 그렇지 않으면 1인칭의 ‘わたしく’와 함께 생각하면 오히려 ‘これ’는 ‘このもの’, ‘あれ’는 ‘あ(か)のもの’ 등으로 바뀌어야 하는 것은 아닌가 생각된다.

개수본에 있어서 원간본의 ‘あれ’가 ‘かのひと’ 등으로 바뀌게 된 하나의 이유는 ‘あ’에 대한 ‘か’에 있다고 말해도 좋다. 똑같은 원칭의 지시사이지만, ‘か’가 발생적으로 ‘あ’보다 오래됐다고 한다면, 그 관계는 ‘こう’ ‘そう’에 대한 ‘かやう’ ‘さやう’와 마찬가지로 원칭 ‘か’는 역시 하나의 요소로 볼 수 있을 것이다. ‘あ’의 발생과 동시에 없어져 버릴 만한 운명에 있었던 ‘か’도 아직 17, 18세기경까지는 그와 같은 문체의 요소로서는 계속 존재하고 있었던 것이다.[19]

그런데 이와 같이 일본어에서 원칭의 지시사 ‘か’와 ‘あ’가 병존한

19) 浜田 敦(1970) 『朝鮮資料による日本語研究』 岩波書店 p.195

다고 하면, 역시 일종의 이중구조는, 한국어에서는 보이지 않고, 이에 해당하는 한국어 대역도 'か' 'あ' 양자에 대해, 모두 '저, 뎌'에 해당하고 그 외의 것은 존재하지 않는다.

(2) 'この'

먼저 사전적인 어의(語義)를 살펴보면 『日葡』에는 'Cono.コノ(この) 代名詞 この' 『時代別』에 의하면 '(連体)話し手からも聞き手からも近い位置関係にあるものを指す ①話し手からも聞き手からも直接確認できる近い位置にある特定の物や人を、はっきりと指示する ②前に述べた叙述を受けて、その中の問題となる事物を具体的に指示する。'로 되어 있다.

원간본에서는 총 38例가 나오는데, 이 중 33例가 다음의 예23)과 같이 개수본에서 그대로 쓰이고 있으며, 나머지 5例는 형태적으로는 다르나 의미적으로 같은 표현으로 바뀐 4例와 삭제된 1例가 있다. 이에 해당하는 대역은 삼본(三本) 모두 '이'로 되어 있다. 이를 『李朝語』에는 명 '이(是)', 『17세기』에는 관대 '이'로 되어 있다.

예23) (原) <u>この</u>さんお御そんしられあまりりよくわいにそんして(2-7) <u>이</u> 盞

(改) <u>この</u>さんお御らんなされませいあまりりよくわいにそんして
(2-10)   <u>이</u> 盞

(重) <u>この</u>さんお御らんなされませいあまりかたしけなうそんして
(2-15)   <u>이</u> 盞

예24) (原) <u>この</u>おしらるやうすちやほとにりやうけんもなさわないか(5-30)
이리

(改) さやうにおおせらるからしやうもなさわないか(5-43)   그리

(重) ……

위의 예24)의 경우는 원간본에서 この 뒤에 'やうに'가 빠진 듯하

다. 그 이유는 첫째, 연체사의 구문상의 기능이 단독으로 문의 성분이 될 수 있는 것으로, 용언을 수식할 수 없고 오직 연체수식어로서 사용되며, 주어·술어·피수식어 또는 독립어가 될 수 없는 어(語)이기 때문이다. 둘째는『捷解新語』에 있어서 한국어역(訳) '이리·이러티·이러틋－·이런·이러틋시'에 해당하는 것은 다음의 예25) 예26)에서 보듯이 'このように·このやうな'로 되어 있기 때문이다.

예25) (原) このやうにかたしけなき御いちやほとに(3-21)　　　　　이리

　　　 (改) このやうにかたしけない御いちやほとに(3-28)　　　　　이리

　　　 (重) このやうにかたしけない御いちやほとに(3-27)　　　　　이리

예26) (原) このやうなしやへつも申さんやうに申かめいわくちや(6-19)

　　　　　　　　　　　　　　　　　　　　　　　　　　　　이러틋훈

　　　 (改) このやうなしやへつも申さんやうに申まするかめいわくちや

　　　　　(6-27ウ)　　　　　　　　　　　　　　　　　　　이러틀훈

　　　 (重) このやうなしやへつも申さんやうに申まするかめいわくち

　　　　　(6-24ウ)　　　　　　　　　　　　　　　　　　　이러틀훈

(3) 'そう'

　먼저 사전적인 어의(語義)를 살펴보면『日葡』에는 'Sǒ.サウ(さう) そのようである[そうだ]'로,『時代別』에 'そう'는 'こう'와 마찬가지로 보이지 않고, "'さう(然)'圖副詞 'さ'の長音形. 'さ'に 同に。"로 되어 있다.

　원간본에서는 총 77例가 존재하는데 이는 예27)과 같이 개수본에서 그대로 쓰인 38例와 예28)과 같이 'さやう'로 바뀐 27例, 예29)와 같이 'かやう'로 바뀐 1例, 'それ'로 바뀐 1例, 그리고 'しかー'로 바뀐 7例가 존재하고 있음을 알 수 있다. 이에 해당하는 한국어 대역은 모두 '그리, 그러ー'로 되어 있는데, 이를『李朝語』및『17세기』

에서 찾아보면 諺 '그리, 그렇게', 『우리말』에는 '그곳으로, 그쪽으로'
의 의미로 쓰이고 있다. 또한 『朝鮮語』에서 찾아보면 諺 '①そのよう
に(그리하여)、そう(그렇게) ②(그다지의 省略形)そんなに、それほど、
あまり。'로 되어 있다.

예27) (原) そうさしられ御くろうて御さる(1-21)   그리
　　　(改) そうさつしやれませい御くろうて御さる(1-31)   그리
　　　(重) そうさつしやれませい御くろうて御さる(1-25)   그리

예28) (原) そうあるかとおもいまるする(3-17ウ)   그러
　　　(改) さやうに御さろうとそんしまする(3-23)   그러
　　　(重) さやうに御さろうとそんしまする(3-22)   그러

예29) (原) そうおしらるかわるわなけれとも(4-26ウ)   그리
　　　(改) かやうにおおんせらるるかわるうわ御さらぬとも(4-37ウ) 그리
　　　(重) さやうにおおせらるるもすしめの御さることゆゑ(4-32)   그리

　위의 예29)의 경우는 원간본의 'そう'가 개수본에서는 'かやう'로,
중간본에서는 'さやう'로 되어 있는데 이에 해당하는 한국어 대역은
모두 '그리'로 되어 있다. 여기에서 개수본의 'かやう'가 잘못 쓰였
다고 여겨지는 부분으로 개수본에서 역시 'さやう'로 바뀌었어야 할
것이라고 본다.

　그 이유는 첫째 원간본에서 'こう'는 개수본에서 그대로 쓰이거나,
그 이전에 발생했다고 하는 'かやう'로 바뀌어 있으며, 'そう' 역시
개수본에서 그대로 쓰이거나(38例), 'さやう'로 바뀌어 있는데(27例),
1例만 'かやう'로 바뀌어 있기 때문이다.

　둘째, 원간본・개수본・중간본을 통해 'さやう'가 총 86例가 존재
하는데 이에 해당하는 한국어 대역은 모두 '그리, 그러-'로 대응하

고 있기 때문에 'さやう'가 'かやう'로 잘못 쓰였다고 생각한다.

3. 결론(結論)

이상, 『捷解新語』에 있어서 'コ''ソ''ア(カ)''ド'에 대해서 어형 (語形)변화 및 의미변화를 원간본을 중심으로 개수본, 중간본의 세 가지 판본을 한국어와의 대역을 통해 비교·대조해 본 결과 오류(誤 謬)일 가능성에 대해서 음운·어휘·문법별로 분류하여 검토해 본 결과 다음과 같은 결론을 얻을 수 있었다.

1) 원간본의 'そのとき'에 해당하는 개수본 및 중간본에 쓰인 2例 'そ のせつつ'는 'せつ'로 바뀌어야 한다고 생각된다.

2) 개수본의 'どちら'는 중간본에서도 그대로 쓰이고 있으며 이에 해당하는 원간본의 경우 'のち'로 되어 있으며, 또한 개수본의 'と うして'에 대응하는 원간본에서는 'のうして'로 되어 있는데 이 는 방언적 요소라기보다는 'd와 n, r과 n, s와 t·ts'와의 혼동 (混同)에 의한 조선인적 오류의 정정(訂正)에 의해서 개정(改 正)되었던 것은 아닌가 여겨진다.

3) 원간본의 경우 'ここもと'는 개수본 및 중간본에서도 그대로 쓰 이고 있는데 이에 해당하는 개수본의 한국어 대역은 '爰爰'으 로 되어 있는데 이는 적어도 '爰元' 내지는 '爰許'로 바뀌어야 한다고 생각한다.

4) 개수본의 'こののち'의 경우 이에 해당하는 한국어 대역은 '이 앏' 으로 되어 있는데 이 역시 '이 후'로 되어야 한다고 생각한다.

5) 'そのまゑ'의 경우 개수본에서 1例가 존재하는데 이에 해당하는

한국어 대역은 '그 안, 그 前'으로 되어 있는데 '그 안'이 '그 前'으로 바뀌어야 한다고 생각한다.

6) 'かれこれ'의 경우 이에 해당하는 한국어 대역은 '뎌렁이렁' 및 '져걷이걷'으로 표기되어 있으며 또한 'どうもこうも'의 경우 '뎌러타이러타'로 표기되어 있는 경우가 있는데 이는 어디까지나 일본어로 쓰인 문장을 우리말로 대역해 놓은 것이기 때문에, 뜻에는 아무런 하자가 없으나 어딘가 부자연스러운 표현이 나올 수밖에 없는 일한(日韓) 대역에서 오는 오역(誤訳)이라고 여겨진다.

7) 'あれ'의 경우 역시 'かれ'로 바뀌어야 할 것이 잘못해서 그대로 되어 있었던 것인지, 그렇지 않으면 1인칭의 'わたしく'와 함께 생각하면 오히려 'これ'는 'このもの', 'あれ'는 'あ(か)のもの' 등으로 바뀌었어야 하는 것은 아닌가 생각된다.

8) 원간본의 'そう'가 개수본에서는 'かやう'로, 중간본에서는 'さやう'로 되어 있는 경우가 있는데 이에 해당하는 한국어 대역은 모두 '그리'로 되어 있다. 여기에서 개수본의 'かやう'가 잘못 쓰였다고 여겨지는 부분으로 개수본에서 역시 'さやう'로 바뀌었어야 할 것이라고 본다.

이상, 『捷解新語』에 있어서 한국어와의 대역을 통해 오류(誤謬)일 가능성에 대해서 조사해 보았지만 이에 대해서는 동시대의 보다 많은 문헌과의 대조·검토를 통해 구체적이고 상세하게 연구하고 싶다.

참고문헌

박영환(1991)『指示語의 意味機能』韓南大学校 出版部 p.110

土井忠生・他(1955)『国語史 要説』修文館 p.105

土井忠生訳(1980)『邦訳日葡辞書』三省堂 p.573 p.469

時枝誠記(1950)『日本文法 口語篇』岩波全書 p.63

橋本四郎(1982)「指示語の史的展開」『講座日本語学』明治書院 p.238

松村 明(1972)『国語史 概説』秀英出版 p.231

安田 章(1973)「改修重刊 捷解新語解題」『三本対照捷解新語釈文・索引・解
　　　題篇』京都大学国文学会 p.335 参照

安田 章(1980)「捷解新語の改訂覚書」『朝鮮資料と中世国語』笠間書院 p.168

安田 章(1980)『朝鮮資料と中世国語』笠間書院 p.116, 393

安田 章(1980)「改修重刊 捷解新語解題」『朝鮮資料と中世国語』笠間書院 p.335 安
　　　田 章(1980)「改修捷解新語の解釈」『朝鮮資料と中世国語』笠間書院 p.392

日本語教育編(1982)『日本語教育事典』大修館書店 p.419

室町時代語辞典編修委員会編(2000) 『時代別国語大辞典室町時代編四』三省
　　　堂 p.564

大阪外国語大学朝鮮語研究室編(1985)『朝鮮語大辞典 下巻』角川書店 p.1595

〈要旨〉『捷解新語』において誤謬の可能性について

　『捷解新語』が17C初から18C末まで約2世紀にわたって言語変化の様相を見せてくれる貴重な文献にもかかわらず表記法と音韻現象、そして文法現象に対する日本語の中心の研究がなされてきただけであり、韓国語と日本語との詳細な比較研究はわずか数編しかすぎない。このような点を考慮して、ここでは 『捷解新語』を原刊本・改修本・重刊本の三つの版本においてまず語形の変化を探ってみると同時に、語形は同じであるが意味が異なるものを韓国語との対訳を通して比較・対照する過程で誤謬の可能性について音韻・語彙・文法別に検討した結果、つぎのような結論が得られた。

　‘どちら’の場合、改修本及び重刊本で1例が使われ、いずれも不定称の用法として使われ、これに該当する原刊本の場合 ‘のち’になっているが、これは ‘dとn、rとn、sとt・ts’との混同による朝鮮人的誤謬の訂正によって改正されたと思われる。

　‘ここもと’にあたる漢字が改修本で 　‘爰爰’に使われた1例があるが、これは少なくとも ‘爰元’乃至 ‘爰許’に交替されなければならないと思われる。

　‘かれこれ’の場合、これに対応する韓国語の対訳が ‘뎌렁이렁’及び ‘져걷이걷’に表記されているし、‘どうもこうも’の場合、‘뎌러타이러타’と対訳されているものは日韓対訳からみられる誤訳であると思われる。

　‘こののち’の場合、これにあたる韓国語の対訳は ‘이 후, 이 앏’になっているが、‘이 앏’は ‘이 후’に、‘そのまゑ’の場合、韓国語の対訳は ‘그 안, 그 젼(前)’になっているが、‘그 안’はやはり‘그 젼(前)’に交替されなければなりないと思われる。

　'あれ'の場合、'かれ'が'あれ'に使いまちがえられたかもしれない可能性についても指摘したことがあるが、これについては向後より多くの検証を通して確認せねばならないことであると思われる。

　'そう'の場合、原刊本の'そう'が改修本で'かやう'に替えられている1例が存在するが、これは'さやう'をまちがえて'かやう'にとりかえたのではないかという根拠を提示したことがあるが、これについてもより細密な検討がなされることと思われる。

　今回の調査にあたっては『捷解新語』三本に現われる誤謬の可能性について考察してみたが、これからは同時代においてより多くの日本の文献との対照・検討を通してより具体的で詳細に研究してみたい。

〈부록 3〉

『捷解新語』에 있어서 지시체계에 대해서
― 'ド'系列을 중심으로 ―

本考では、『捷解新語』において指示體系の中、'どれ''どう''どうもこう
も''どち''どなた''どの'を取り上げ、原刊本・改修本・重刊本の三つの版
本においてまず語形の変化を探ってみると同時に、語形は同じであるが意
味が異なるものを比較・檢討した結果つぎのような結論が得られた。
　'どれ'の場合、原刊本では例が存在しなく、改修本及び重刊本で各々1例
が現われているが、これは形態的にみると事物を表す指示詞の用法として
使われているようであるが、意味的にみると場所を表す不定称の用法とし
て使われていることがわかった。
　'どう'の場合、原刊本の總1例が改修本及び重刊本でもそのまま使われて
いる。
　'どうもこうも'の場合、'더러타이러타'と對譯されている1例があるが、
これは日韓對譯からみられる誤譯であると思われる。
　'どち'の場合、原刊本の總1例が改修本及び重刊本でもそのまま使われて
いる。または、'どちら'の場合、改修本及び重刊本で1例が使われ、いずれ
も不定称の用法として使われていることがわかった。これに該当する原刊
本の場合 'のち'になっているが、これは 'dとn、rとn、sとt・ts'との混同に
よる朝鮮人的誤謬の訂正によって改正されたと思われる。
　'どこ'の場合、原刊本では總2例、改修本及び重刊本で各々1例が使われ
ているが、これはいずれも場所を表す不定称の用法として使われているこ
とがわかった。
　'どなた'の場合、原刊本では例が存在しなく、改修本では總2例が使われ
ている。反面　重刊本では改修本から重刊本へそのまま使われた2例の以外
には存在しない。

　　反面 'どの'の場合は、原刊本及び改修本では例が存在しなく、重刊本だけで總1例が現われているが、別の指示詞の体系のように多くの変化された様相が見られなく、意味的にも形態的に 大きく変化されなかったことがわかる。
　　今回の研究では『捷解新語』において指示體系の中、'ど'系列をまず辭典類などを通して語形の変化及び意味の変化を考察してみたが、これからは同時代においてより多くの日本の文獻との對照・檢討を通してより具体的で詳細に研究してみたい。

【捷解新語(Chophae shino), 指示詞(Demonstrative), 不定(Indefiniteness)】

1. 서론(序論)

일본어사에 있어서 고대에서 근대로 변화하는 과정[1]에서 편찬·

---

1) 일본어사에 있어서 시대구분은 무엇을 기준으로 하느냐에 따라 다소 다를 수도 있겠지만 크게 고대 및 근대로 나뉘며, 이를 다시 세분하면 다음과 같이 구분할 수 있다.

  A. 古代
    1. 上代(奈良時代およびそれ以前)
    2. 中古(平安時代)
    3. 中世(院政鎌倉室町時代)
  B. 近代
    4. 近世(江戸時代)
    5. 現代(明治以後)

이 시대구분은 정치사적 구분과도 거의 일치한다. 이것은 언어가 사회적인 것이므로 정치상의 큰 변혁에 영향을 받고, 그것에 수반하는 사회정세의 현저한 변화는 언어의 변화를 수반하고 있기 때문이다. 무로마치(室町) 시대와 에도(江戸) 시대의 양 시대에는 음운, 어법(語法), 어휘 등 각 방면에서 변천의 흔적이 현저하기 때문에 그 현저한 상위(相違)를 비교해 고대 및 근대의 경계를 둘 수 있는 것이다.
본고에서도 편의상 이 시대구분에 따르기로 한다.

간행된 『捷解新語』는 원간본(1676년)에서 개수본(1748년), 중간개수
본(1781년. 이하, 중간본이라 함)을 거쳐 다양한 측면에서 개수(改修)
가 이루어져 왔다. 이 개수는 단순히 언어 면뿐만 아니라 대역의 위
치나 배치라고 하는 형식 면²)에서도 이루어졌다. 이것은 일본어와
한국어의 통어구조의 유사성에 기초한 것이라고 말할 필요도 없지만
같은 통어구조를 가진 만주어, 몽골어의 동시대의 텍스트가 이와 같
은 상대(相対)의 형식을 취하고 있지 않는 점에서 『捷解新語』의 방
식은 특이하다고 말할 수 있다. 지시대명사(이하, 지시사라 칭함)를
포괄적으로 취급하려면 당연히 'ㅋ・ソ・ア・ド'의 체계성에 주목해
서 그것을 어떻게 취급할 것인지가 중요하지만, 본고에서는 『捷解新
語』에 있어서 'どれ' 'どう' 'どうもこうも' 'どち' 'どなた' 'どこ'
'どの'를 원간본을 중심으로 개수본, 중간본의 세 가지 판본에 있어
서 어형(語形) 및 의미변화를 한국어와 비교・검토하여 그 특징을
고찰하려는 것이 본고의 목적이라 말할 수 있다. 이는 지시사라고
할 때 'ド'계열은 부정칭 혹은 미지칭이라 명명하여 보통 논외(論外)
로 취급해왔기 때문에 'ド'계열만을 조사해 보는 것도 나름대로 의
의가 있다고 여기기 때문이다.

土井忠生・森田 武(1955)『国語史 要説』修文館 pp.5~6
松村 明(1972)『国語史 概説』秀英出版 pp.13~14 参照
2) 원간본에서는 일본어의 한 문절(一句)마다 할주(割註 : 본문사이에 두 줄로 잘
게 단 주석)로 대응하는 한국어를 붙인 것에 대해, 개수본 및 중간본에서는 일
본어 문장 좌측에 해당하는 한국어를 쓰고, 더욱이 단어나 문절마다 대응하는
한국어를 바로 옆에 대응시키고 있다.

2. 본론(本論)

조사방법으로서는 ‘安田 章’의 분류원칙3)을 참고하여 먼저 『時代別国語大辞典』『朝鮮語大辞典』 등 현대의 사전류를 중심으로 어의(語義)를 조사한 후 필요에 따라서는 다른 사전과 비교하면서 의미를 조사해보기로 한다.

1) ‘どれ’

먼저 사전적 어의(語義)를 살펴보면 『日葡』에는 ‘Dore. ドレ(どれ)また、どこ、または、どこから’로 되어 있으며, 『時代別』에는 代‘不定称。関係するいくつかのもののなかで、対象を特定の一つに限定しないで指していう語。’ 등으로 사물이나 장소, 사람을 가리키는 용법으로 다양하게 사용되고 있음을 알 수 있다.

원간본에서는 존재하지 않으며 개수본 및 중간본에서 각각 1例가 존재하고 있음을 알 수 있다.

예1) (原) しやうくわんわとこに御さるか(1−15b)   어듸

　　 (改) しやうくわんしわ<u>とれ</u>に御さりまするか(1−22b)   어듸

---

3) 원간본을 중심으로 보면
　A. 改修本에서 原刊本에 해당하는 예가 없고 그 모습을 감춘 것
　B. 改修本에 그대로 나타나는 것
　C. 改修本에서 다른 단어로 바뀐 것
　반대로, 改修本에 초점을 맞추면
　A′ 原刊本에 대응하는 단어가 없고 改修本에 나타난 것
　B′ 原刊本대로 나타나는 것
　C′ 原刊本의 다른 단어에서 바뀐 것

　또한, 原刊本, 改修本에는 없고 重刊本에만 나타나는 것 등으로 분류해 보기로 한다.

(重) しやうくわんしわとれに御さりまするか(1-20b)　　　　어듸

위의 예1)의 경우는 원간본에서 장소를 나타내는 부정칭(不定称) 'どこ'가 개수본 및 중간본에서 'どれ'로 바뀌어 쓰이고 있다. 장소를 나타내는 부정칭(不定称)의 'いづこ'가 'いどこ'를 거쳐 'どこ'가 된 것과 'いづれ'에서 'どれ'가 생긴 것은 일찍이 원정기(院政期)에 있었던 것이다. 이에 대한 한국어 대역(対訳)은 '어듸, 어듸'로 되어 있다. 『李朝語』에서 '어듸'는 冏'어디', '어듸'는 冏'何処'로 되어 있으며, 『17세기』에서는 '어듸'는 때'어디', '어듸'는 때'어디'로 되어 있어 장소를 나타내는 지시사의 용법으로 쓰이고 있음을 알 수 있다. 그러면 어째서 원간본의 'どこ'를 개수본과 중간본에서 와서는 다시 'どれ'로 대체하여 쓰고, 한국어 대역에서는 장소를 나타내는 '어듸, 어듸'로 표기하게 되었을까? 지금까지의 지시사에 대한 용례를 통해서 얻은 결론은 구어에서는 특별한 경우가 아니고는 대개가 한정된 범위 내에서 쓰지만, 고대어에서는 '칭'에 따라 '사물' '장소' '방향' '사람' 등과 같은 한도 내에서는 비교적 자유롭게 넘나들며 쓰이고 있다는 사실을 알게 되었다. 따라서 이것을 구어 개념의 기준에서 생각할 성질의 것이 아님도 동시에 알아둘 필요가 있다.4)

2) 'どう'

먼저 사전적 어의(語義)를 살펴보면 『日葡』에는 'Do. ドウ(どう)'로 되어 있으며, 『時代別』에는 'ど'とも、⇒ダウ(如何)やり方などについて、選択を特定しないさまを表す。 등으로 되어 있다.

원간본에서는 예2)와 같이 총 1例 나오는데 개수본 및 중간본에서

---

4) 지경래・森下喜一(1998) 「일본어의 사물대명사연구―捷解新語를중심으로―」『日本語文学』 한국일본어문학회 p.124

도 그대로 쓰이고 있다. 이에 해당하는 한국어 대역은 '아못됴로나'
으로 『李朝語』에 의하면, 图'아무쪼로나', 『17세기』에 의하면 图'아
무쪼록'으로 되어 있다.

　　예2) (原) とうなりともよかるやうにしまるせうほとに(4-27)　아못됴로나
　　　　(改) とうなりともよろしいやうにいたしませうほとに(4-38)

　　　　　　　　　　　　　　　　　　　　　　　　　　　　아몬됴로나

　　　　(重) とうなりともよろしいやうにいたしませうほとに(4-32)

　　　　　　　　　　　　　　　　　　　　　　　　　　　　아몬됴로나

　　'なりと(も)'도 'でも'와 마찬가지로 사용되었다. 이것도 지정(指定)
의 'なり'에 조사 'と', 또는 'とも'가 붙어 연어(連語)처럼 사용하게
되었던 것이다.5)

　　'아못됴로나·아몬됴로나'는 '아무쪼록'의 뜻으로 『朝鮮語』에 의하
면 图'必ずや、きっと(꼭)、できるだけ、何とぞ、どうか(모쪼록)、く
れぐれも'로 되어 있다. 반면 개수본에서는 총 6例가 나오는데 이
중 5例는 예3~6)와 같이 'どうして'의 형태로 한국어역 '어이ᄒᆞ여,
어이, 얻디ᄒᆞ여, 아모리ᄒᆞ여도'의 뜻으로 쓰이고 있다. 이는 원간본
에서 'なんとして(1例)' 'なせに(1例)' 'そむやそむ(1例)' 'いかに(1
例)' 'のうして(1例)'가 개수본에서 'どうして'로 바뀌어 '어이ᄒᆞ여,
어이, 얻디ᄒᆞ여, 아모리ᄒᆞ여도'의 뜻으로 사용되고 있다. '어이-, 어
이, 얻디-'를 『李朝語』 및 『17세기』에 의하면, 图'어이-, 어찌-'
의 뜻으로, 『우리말』에 '어이'는 '어찌'의 예스러운 말로, '어찌'를
찾아보면 ①어떠한 방법으로 ②어찌하여 ③어떻게 그렇게 ④어떻
게'의 의미로 되어 있다. 『朝鮮語』에 의하면 '어이'图'どうして、な
ぜ'로 '어찌'는 图 ①どう、どのように、いかに(어떻게) ②なぜ(왜)、
どうして(어째서)　③(-ㄴ지·-ㄹ지·-던지とともに用いて)あまり

――――――――――――――
5) 松村 明(1972) 前掲書 p.231

にも(어찌나), なんと……か ④ '(反語的に)どうして……(だろうか), い
かに'로 되어 있다.

예3) (原) なにふねかなんとしておくれまるしたか(1−11b)　　어이ᄒ여
　　　(改) なにふねかとうしておくれまして御さるか(1−16)　　어이ᄒ여
　　　(重) とのふねかとうしておくれまして御さるか(1−14b)　　어이ᄒ여

예4) (原) こちもこのやうなことおなせにたしかに(2−10b)　　어이
　　　(改) このはうもさやうなことおとうしていさいに(2−14b)　　어이
　　　(重) このはうもさやうなことおとうしていさいに(2−19b)　　어이ᄒ여

예5) (原) そむやそもこしつそくいれたこうもくお(4−16)　　어딘셔
　　　(改) とうしてこしつそくいれたこうもくお(4−22b)　　얻디ᄒ여
　　　(重) とうしてこしつそくいれたこうもくお(4−21)　　얻디ᄒ여

예6) (原) のうしてもとてもとることわ御さるまい(8−6)　　아ᄆ리ᄒ여도
　　　(改) とうしてもとつてかゐりかたう御さる(8−8)　　아모리ᄒ여도
　　　(重) なにふんに御さつてもとりかゐりかたう御さる(8−7b)　아모리ᄒ여도

위의 예6)의 경우 개수본의 'どうして'가 원간본에서는 'のうして'
로 되어 있는데 이는 방언적 요소라기보다는 'd와 n, r과 n, s와 t・
ts'와의 혼동(混同)에 의한 조선인적 오류의 정정(訂正)에 의해서 개
정(改正)되었던 것은 아닌가 여겨진다. 즉 조선인의 해석에 의해 개
변(改変)되어 있는 것으로 일본어의 [d]가 [n]으로 받아들여진 예라
고 말할 수 있다.
　'のう'의 경우 원간본에서는 위의 예를 제외하고 2例(총 3例)가
나오는데, 1例는 6−24ウ에서 'のうしても'가 개수본 및 중간본에서
'いかやうとも'로 바뀐 것과 나머지 1例는 8−8ウ에서 'のう'가 개수
본 및 중간본에서 'なにふんに'바뀐 것이다.

중간본에서는 개수본에서의 'どうして' 4例 중 3例는 그대로 쓰이고 1例만 'なにふん'으로 바뀌어 쓰이고 있으며 1例의 'どう'는 개수본에서는 쓰이지 않고 있다.

(1) 'どうもこうも'

원간본에서는 예7) 예8)과 같이 총 2例가 나오는데, 이 중 1例는 예7)의 경우와 같이 개수본 및 중간본에서 'ともかくも'로 바뀌어 쓰이고 있으며, 1例는 예8)과 같이 개수본 및 중간본에서 삭제되어 있다. 이에 해당하는 한국어 대역을 보면 예7)의 경우는 '이러나뎌러나, 이러나져러나', 예8)의 경우는 '뎌러타이러타'로 되어 있다. 예7)의 경우는 '이러나뎌러나'는 구개음화에 의하여 '이러나져러나'로 변했다고 할 수 있다. 이는 『李朝語』에는 나오지 않고, 『17세기』에는 '이러나뎌러나' 图 '이러나저러나'의 뜻으로, 『우리말』에는 '이러나저러나'는 '①이러하거나 저러하거나 어쨌든 ②이렇게 하거나 저렇게 하거나 어쨌든'의 뜻으로 되어 있다. '이러나져러나'는 『朝鮮語』에 의하면 ①'(이러하나저러하나の縮約)ああであれこうであれ、どうであれ、なんにせよ、どっちみち、とにもかくにも' ②'(이리하나저리하나の縮約)どんなにしても、どうでも、どうにでも'로 되어 있다.

예8)의 경우는 '뎌러타이러타'는 『李朝語』 『17세기』 『우리말』의 어디에도 나오지 않으며 '이러타저러타'를 『朝鮮語』에서 찾아보면 '이렇다-저렇다' ① 图 'ああだこうだと、とやかく、どうのこうのと、なんのかのと、いろいろ(言う・聞く)'로 쓰여 있다.

예7) (原) とうもこうもおしらるままにして(4-5b)　　　　이러나뎌러나
　　 (改) ともかくもおつしやるたうりにして(4-8)　　　　이러나져러나
　　 (重) ともかくもおつしやるたうりにして(4-8)　　　　이러나져러나

위의 예7)의 경우 원간본의 'どうもこうも'가 개수본 및 중간본에

서 'ともかくも'로 되어 있음을 알 수 있다.

예8) (原) <u>とうもこうも</u>申されんか(4-12b)　　　　　　　더러타이러타
　　　(改) ……
　　　(重) ……

'どうもこうも'와 같은 의미로 쓰인 'ともかくも'의 경우, 원간본에
서는 예9) 예10) 예11)과 같이 총 3例가 나오는데 이에 해당하는 한
국어역은 '이러나더러나, 이러나져러나'로 대역되어 있다. 'どうもこ
うも'의 경우, 예8)와 같이 '더러타이러타'로 대역되어 쓰이고 있는데
이는 저자 강우성이 일본에 포로로 잡혀가 10년간 일본에서 생활하
면서 습득한 것이기 때문에 일본어 간섭에 의해 표현되었는지, 아니
면 일본어로 쓰인 문장을 우리말로 대역해 놓은 것이기 때문에 뜻에
는 아무런 하자가 없으나 어딘가 부자연스러운 표현이 나올 수밖에
없는 일한(日韓) 대역에서 오는 오역(誤訳)인지에 대해서는 의문점이
있으며 이는 다른 문헌과의 비교·검증이 필요하리라고 본다.6)

예9) (原) <u>ともかくも</u>そなたゑまかせまるするほとに(6-20b)　이러나더러나
　　　(改) <u>ともかくも</u>御しふんゑまかしまするほとに(6-30)　　이러나더러나
　　　(重) <u>ともかくも</u>御しふんゑまかしまするほとに(6-26b)　이러나져러나

---

6) 한국어와 일본어의 차이점 중의 또 하나는 첩어(疊語)를 만들 때 예를 들면 한
　국어는 '이럭저럭, 이러나저러나, 이랬다저랬다, 이모저모, 이쪽저쪽, 이나저나, 이
　리저리, 이러쿵저러쿵, 이만저만, 이렇든 저렇든, 이러니저러니'와 같이 '이+저',
　'그럭저럭, 그랬다저랬다, 그러니저러니, 그러나저러나, 그리저리, 그나저나'와 같
　이 '그+저'로 이루어져 그 결합은 '이'나 '그' 뒤에 '저'가 뒤따라야 한다. 이와
　같이 '저'가 다른 유사한 지시어들을 포함하여 일부 다른 어사들과 결합할 때,
　'저'가 가장 뒤에 오는 것은 그만큼 '저'가 지시 의미 면에서 상대적으로 열세에
　놓여 있다는 것을 암시하는 것이다.

예10) (原) <u>ともかくも</u>御かつてんしたいにこそしまるせうすれ(8-25)
　　　　　　　　　　　　　　　　　　　　　이러나더러나
　　　(改) <u>ともかくも</u>おおせにしたかいまするて御さりませう(8-37)
　　　　　　　　　　　　　　　　　　　　　이러나더러나
　　　(重) <u>ともかくも</u>おおせにしたかいまするて御さりませう(8-22)
　　　　　　　　　　　　　　　　　　　　　이러나져러나

예11) (原) そうあらは<u>ともかくも</u>おしらるしたいにしまるせう(7-21)
　　　　　　　　　　　　　　　　　　　　　이러나더러나
　　　(改) そう御さらは<u>ともかくも</u>おおせのことくにいたしませう(7-31)
　　　　　　　　　　　　　　　　　　　　　이러나져러나
　　　(重) ……

　‘ともかくも’의 경우『日本国語大辞典』에는 ‘ともかくも’副 ①どの
ようにでも、なんとでも、また、なんとも②一応別として、なにはとも
あれ. ‘とうもこうも’는『日葡』에는 보이지 않고,『日本国語大辞典』에
는(打消を伴って) 全然, まったく. 또한,『時代別』에 ‘とうもこうも’는
없고, ‘ともかくも’副・左右(天正節用・運歩) ・左之右之(易林節用) ①
或る事態に対して、あれこれと試みるさま②想定しうるいずれの場合
をも包括して選択をゆだねるさま③相手のいずれのやり方に対しても
いっさい異存をさしはさまず、すべてをゆだねるさまを表わす.『日葡』
에는 ‘Tomocaumo.トモカクモ(ともかくも)どのようであろうと、あるい
は、どのようにしてでも.’와 같이 의미상 다소 차이가 있음을 알 수
있다. 또 ‘どうもこうも’의 경우『日本国語大辞典』에 의하면 부정을
수반하여 ‘全然, まったく’의 의미이지만, ‘ともかくも’의 경우에는 뒤
에 부정을 수반하는 경우가 없어 용법상에도 다소 차이가 있음을 알
수 있다.

3) 'どち'

먼저 사전적 어의(語義)를 살펴보면, 『日葡』에는 'Dochi(ドチ)。副詞。どこ、または、どこへ' 『時代別』에 의하면 団 不定称。どの方面であるか不定・不明である意を表わす。多く相対立する二つの方面(のもの)について、そのいずれであるかを問題としていうのに用いる。『古語辞典』에 의하면 団 'どの方。どっち。'로 되어 있다.

원간본에서는 예12)와 같이 총 1例가 존재하는데 이는 개수본 및 중간본에서 그대로 쓰이고 있으며 이에 해당하는 한국어 대역(対訳)은 모두 '아므, 아모'로 되어 있다. 이를 『李朝語』에서 찾아보면 명관 '아무' 『17세기』에는 대관 '아무' 『우리말』에는 団 '누구라고 지정하지 아니하고 막연히 가리키는 사람'의 뜻으로 불특정한 사람을 지칭하는 용법으로서 『朝鮮語』에서 찾아보면 団 '①(不特称な人を指して)誰(누구)、何人 ②(姓の下に付いて)某、なにがし、誰それ。'로 되어 있다. '아무'는 '누구'에 비해서 추상적인 어감(語感)을 갖는다.

예12) (原) ちかゑはとちのためにもようも御さらんほとに(1-17)   아므
　　　 (改) ちかいかあつてもとちのためにもよう御さりませぬ(1-25b) 아모
　　　 (重) ちかいかあつてもとちのためにもよう御さりませぬ(1-23b) 아모

위의 예12)의 경우는 다음의 예가 불확실한 장소 내지는 방향을 가리키는 것에 비해 불특정한 사람을 지칭하는 용법이라고 말할 수 있다.

○ "兩方ニ離レテ、ドチヘモ付カヌ牢人ニナッタ"(伊曾保) 『日葡』
○ "どちへござるぞ"(虎明本狂言・腹立てず) 『古語辞典』

또한 개수본에서는 1例도 존재하지 않으며 예13)과 같이 ‘どちら’
가 1例 존재하는데 이는 중간본에서 그대로 쓰이고 있으며 이에 해
당하는 한국어 대역은 예12)와 같이 모두 ‘아므, 아모’로 되어 있다.
이는 예12)의 경우와 마찬가지로 불특정한 사람을 지칭하는 용법이
라고 말할 수 있다. 접미사 ‘ら’는 주로 사람을 나타내는 말에 붙어
복수를 나타내며, 지시대명사 또는 그 어근(語根)에 붙어 사물의 개
략적인 것을 나타낸다.7) 무로마치(室町) 시대에 ‘ら’는 단수로 사용
하고 품위 있는 말이라고 여겨진다.8)

예13) (原) いわわしらるほとにのちのくわほうても(8-15)　　　아므
　　　(改) おおせきけられまするとちらのくわほうて御さつて(8-22b) 아모
　　　(重) おおせきけられまするとちらのくわほうて御さつても(8-16b) 아모

위의 예13)의 경우 개수본의 ‘どちら’가 중간본에서도 그대로 쓰
이고 있으며 이에 해당하는 원간본의 경우 ‘のち’로 되어 있는데 이
는 방언적 요소라기보다는 ‘d와 n, r과 n, s와 t·ts’와의 혼동(混同)
에 의한 조선인적 오류의 정정(訂正)에 의해서 개정(改正)되었던 것
은 아닌가 여겨진다.9)

또한 ‘どち’의 경우 예12) 예13)에서 알 수 있듯이 삼본(三本)을
통해 총 5例가 나타나는데 예13)의 개수본을 제외하고는 모두 촉음
이 없는 ‘-ci / -지’의 형태로 나타난다. 시대적(時代的)으로 말하면
촉음형(促音形)도 있기 때문에 ‘-cci / -ci’로 구분해서 쓰는 의식이
있었던 것인지도 모른다.10)

7) 日本語教育編(1982)『日本語教育事典』大修館書店 p.419
8) 土井忠生·他(1955) 前掲書 p.105
9) 安田 章(1973)「改修重刊 捷解新語解題」『三本対照捷解新語釈文·索引·解
　題篇』京都大学国文学会 p.335 参照
10) 湯沢幸吉郎(1981)『室町時代 言語の研究』風間書房 p.50

4) 'どなた'

먼저 사전적인 어의(語義)를 살펴보면 『日葡』에는 'Donata. ドナタ (どなた) どこへ、または、どこから'로, 『時代別』에는 "団不定称 ① 指示代名詞。どの方。どちら。②人代名詞。'たれ'の尊敬語。"로 되어 있다.

원간본에서는 존재하지 않으며, 개수본에서는 예14) 예15)와 같이 총 2例가 나타나는데 이는 중간본에서도 그대로 사용되고 있으며 원간본에서는 모두 'たれ'로 쓰이고 있다. 이에 해당하는 한국어 대역은 삼본(三本) 모두 '뉘'로 되어 있음을 알 수 있다. 'たれ'의 경우, 원간본에서는 예14) 예15) 이외에 예17)을 포함 총 3例가 나타나고 있으며 개수본에서는 2例만(예16, 예17)이 존재하며 중간본에서는 삭제되어 한 예도 존재하지 않음을 알 수 있다.

『捷解新語』에 있어서 사람을 가리키는 부정칭으로서는 'た' 'たれ'가 있었다. 인칭을 나타내는 'た'는 전권을 통해 예16)의 한 예만 존재하는데 이는 중세 이후에 쇠퇴하고 'たれ'는 근세에 들어서 'だれ'로 바뀐다. 『日葡』에는 'Tare.タレ(誰) 誰'로 되어 있다. 원간본에 쓰인 3例 모두 한글주음(注音)을 살펴보면 모두 '다'로 표기되어 있어 탁음인 'だれ'의 형태로 쓰이고 있음을 알 수 있다. " 'たれ'를 'だれ'という ことは室町末期に現れかけてゐたかと思はれる"라고 쓰여 있다.[11]

예14) (原) しやうくわんわたれて御さるか(1−15)　　　　　　뉘
　　　(改) しやうくわんしわとなたにて御さりますか(1−21b)　뉘
　　　(重) しやうくわんしわとなたにて御さりますか(1−19b)　뉘

예15) (原) そうなれはししやわたれか御わたりて御さるか(5−1b)　뉘

---

11) 土井忠生訳(1934)「近古の国語」『国語科学講座』明治書院 p.48

   (改) しからは御ししやわ<u>と</u>なたて御さりまするか(5-1b)   뉘

   (重) しからは御ししやわ<u>と</u>なたにて御さりまするか(5-1b)   뉘

예16) (原) したいに御ろんしられは<u>た</u>かさうこん申まるせうか(2-14)   뉘

   (改) しゆんしゆんに御あいなされましたらは<u>たれ</u>かなにと申ませうか

     (2-20b)   뉘

   (重) ……

예17) (原) めいわくさお<u>たれ</u>に申まるせうか(4-29b)   뉘

   (改) めいわくさお<u>たれ</u>に申ませうか(4-41b)   뉘

   (重) ……

5) 'どこ'

사전적 어의(語義)를 살펴보면, 『日葡』에는 'Doco.ドコ(どこ)、どこから、または、どこ'로 되어 있으며, 『時代別』에는 団'不定称。場所に関して、不定・不明である意を表わす。' 등으로 되어 있다.

원간본에서는 다음의 예18), 19)와 같이 총 2例가 나타나고 있음을 알 수 있는데 이에 해당하는 한국어 대역(対訳)은 '어딗, 어듸'로 되어 있다.

예18) (原) きつかいおもいまるしたか<u>とこ</u>おいたましらるたか(3-2ウ) 어딗

   (改) きつかいましたに<u>とこ</u>おいたましやたか(3-3b)   어듸

   (重) きつかいましたに<u>とこ</u>おいたましやれたか(3-3)   어듸

위의 예18)의 경우는 원간본의 'どこ'가 개수본 및 중간본에서도 그대로 쓰이고 있으며 장소를 나타내는 부정칭의 용법으로 한국어 대역(対訳)은 '어딗, 어듸'로 되어 있다.

예19) (原) しやうくわんわとこに御さるか(1-15b)　　　　　어딕

　　　(改) しやうくわんしわとれに御さりまするか(1-22b)　　　어듸

　　　(重) しやうくわんしわとれに御さりまするか(1-20b)　　　어듸

위의 예19)의 경우는 원간본 'どこ'가 개수본 및 중간본에서 'どれ'로 바뀌어 쓰이고 있는데, 이는 2.1에서 살펴본 바와 같이 부정칭(不定称)으로 사물을 지시할 뿐 아니라, 장소 및 인칭을 나타내는 용법으로 사용되고 있음을 기술한 바 있다.

6) 'どの'

사전적인 어의(語義)를 살펴보면 『日葡』에는 'Dono. ドノ(どの) どの、または、どのような[……であろうとも]' 『時代別』에 의하면 '(連体)取上げる対象が、その一類の中において不定である意、一つに限定できない意を表す'로 되어 있다. 이는 원간본 및 개수본의 'なに'가 중간본에서 'どの'로 바뀐 예로 『日葡』에는 'Nani. ナニ(何) ①何か、目下の者と話す場合に用いる ②¶また、誰か¶ある事、何かの事' 『時代別』에 의하면 [1][대] '名、または実体の明らかでない物事を指すのに用いる、不定称の事物代名詞 ①どういうもの。どういうこと。②名が不明であったり、明示する必要がなかったりする場合に、漠然というのに用いる。'로 되어 있다.

원간본 및 개수본에서는 존재하지 않으며, 중간본에서는 다음의 예20)과 같이 1例만이 존재한다. 이에 해당하는 한국어 대역은 원간본에는 '므슴', 개수본에는 '무슴', 중간본에는 '어닉'로 되어 있다. 이를 『李朝語』에서 찾아보면 '므슴' '무슴'[관] '무슨', '어닉'[관] '어느' 『17세기』에서는 '무슴'은 나와 있지 않으며 '므슴'은 [명] '무슨', '어닉'는 [관] '어느'로 되어 있다. 『朝鮮語』에서 '무슨'을 찾아보면 [관] '①

(物事を問うときに用いられて)どんな、なんの、どういう、なに ②(不確定の物事を指して)なにか ③(物事の程度の強調を表して)なんと(いう)、どうしたことか(어떻게 된)'로 되어 있으며, '어느'는 판'①どの、どんな ②(具体的にはっきり挙げずに物事を指示する語)ある……'로 되어 있다. 원간본 및 개수본의 'なに'가 중간본에서 'どの'로 바뀐 것은 'なに'가 불분명한 것을 막연하게 가리키고 있는 반면, 'どの'의 경우는 그 대상을 좀더 구체적으로 가리키고 있다고 여겨진다.

예20) (原) なにふねかなんとしておくれまるしたか(1-11b)   므슴 비
      (改) なにふねかとうしておくれまして御さるか(1-16)   무슴 비
      (重) とのふねかとうしておくれまして御さるか(1-14b)   어늬 비

3. 결론(結論)

이상과 같이 『捷解新語』에 있어서 'どれ' 'どう' 'どうもこうも' 'どち' 'どなた' 'どこ' 'どの'를 원간본을 중심으로 개수본, 중간본의 세 가지 판본에 있어서 어형(語形) 및 의미변화를 한국어와 비교·검토한 결과 다음과 같은 결론을 얻을 수 있었다.

'どれ'의 경우 원간본에서는 존재하지 않으며 개수본 및 중간본에서 각각 1例가 존재하고 있음을 알 수 있는데 이는 장소를 나타내는 지시사의 용법으로 쓰이고 있음을 알 수 있다.

'どう'의 경우 원간본에서는 총 1例가 나오는데 개수본 및 중간본에서 그대로 쓰이고 있다.

'どうもこうも'의 경우 원간본에서는 총 2例가 나오는데, 이 중 1例는 개수본 및 중간본에서 'ともかくも'로 바뀌어 쓰이고 있으며, 나머지 1例는 개수본 및 중간본에서 삭제되어 있다. 이에 해당하는

한국어 대역을 보면 '이러나뎌러나, 이러나져러나', '뎌러타이러타'로
되어 있다. '뎌러타이러타'는 저자 강우성이 일본에 포로로 잡혀가
10년간 일본에서 생활하면서 습득한 것이기 때문에 일본어 간섭에
의해 표현되었는지, 아니면 일본어로 쓰인 문장을 우리말로 대역해
놓은 것이기 때문에 뜻에는 아무런 하자가 없으나 어딘가 부자연스
러운 표현이 나올 수밖에 없는 일한(日韓) 대역에서 오는 오역(誤訳)
인지에 대해서는 의문점이 있으며 이는 다른 문헌과의 비교·검증이
필요하리라고 본다.

　'どち'의 경우 원간본에서는 1例가 존재하는데 이는 개수본 및 중
간본에서 그대로 쓰이고 있으며 이에 해당하는 한국어 대역(対訳)은
모두 '아므, 아모'로 되어 있는데 이는 막연히 가리키는 사람의 뜻으
로 불특정한 사람을 지칭하는 용법이라고 말할 수 있다.

　'どなた'의 경우 원간본에서는 나타나지 않으며, 개수본에서는 총
2例가 나타나는데 이는 중간본에서도 그대로 사용되고 있으며 원간
본에서는 모두 'たれ'로 쓰이고 있다.

　'どこ'의 경우 원간본에서는 총 2例가 나타나고 있음을 알 수 있
는데 이에 해당하는 한국어 대역(対訳)은 '어듸, 어듸'로 되어 있는
데 이는 장소를 나타내는 부정칭의 용법으로 쓰이고 있다.

　'どの'의 경우 원간본 및 개수본에서는 한 예도 존재하지 않으며
중간본에서만 1例 존재한다. 이에 해당하는 한국어 대역은 원간본에
는 '므슴', 개수본에는 '무슴', 중간본에는 '어늬'로 되어 있음을 알
수 있다.

　본고에서는 『捷解新語』에 있어서 지시체계에 대해서 'ド'계열을
중심으로 한국어와의 대역을 통해 고찰해 보았지만 앞으로는 동시대
(同時代)에 있어서 보다 많은 일본문헌과의 대조·검토를 통해 보다
구체적이고 상세하게 연구할 필요가 있다고 생각한다.

參考文獻

박영환(1991) 『指示語의 意味機能』 韓南大学校 出版部 p.110

지경래·森下喜一(1998) 「일본어의 사물대명사 연구―捷解新語를 중심으로―」 『日本語文学』 한국일본어문학회 p.124

土井忠生·森田 武(1955) 『国語史 要説』 修文館 pp.5~6

土井忠生訳(1934) 「近古の国語」 『国語科学講座』 明治書院 p.48

日本語教育編(1982) 『日本語教育事典』 大修館書店 p.419

松村 明(1972) 『国語史 概説』 秀英出版 pp.13~14

安田章(1973) 「改修重刊捷解新語解題」 『三本対照捷解新語釈文·索引·解題 篇』 京都大学国文学会 p.335

湯沢幸吉郎(1981) 『室町時代 言語の研究』 風間書房 p.50

【용례분석자료】

『日葡』　　　　土井忠生訳(1980) 『邦訳日葡辞書』 岩波書店

『日本大文典』　土井忠生訳(1955) ロドリゲス 『日本大文典』 三省堂

『時代別』　　　室町時代語辞典編修委員会編　 『時代別国語大辞典』 三省堂

『朝鮮語』　　　大阪外国語大学朝鮮語研究室編(1986) 『朝鮮語大辞典』 角川書店

『李朝語』　　　유창돈(1964) 『李朝語辞典』 연세대학교출판부

『17세기』　　　홍윤표 외(1995) 『17세기 国語辞典』 태학사

『우리말』　　　한글학회(1992) 『우리말 큰사전』 어문각

· 저자 ·

권 동 현   · 약 력 ·
(權董顯)   한국외국어대학교 대학원
          일어일문학과 박사과정 수료. 문학박사
          (현)백석문화대학 일본어학부 조교수

          · 주요논저 ·
          日本語の指示詞 'コ・ソ・ア'についての一考察
          (한국외국어대학교 대학원 석사학위논문, 1993)
          『捷解新語』의 指示體系에 관한 연구
          (한국외국어대학교 대학원 박사학위논문, 2004)
          첩해신어에 있어서 오류의 가능성에 대해서(한국일어일문학회, 2005)
          행동전개표현에 있어서의 지시·명령표현에 대해서(한국외국어대학교 일
          본연구소, 2006)
          첩해신어에 있어서 형용사에 대한 고찰(한국일어일문학회, 2007)
          첩해신어에 나타난 조건표현에 대한 일고찰(한국외국어대학교 일본연구
          소, 2008)
          첩해신어의 형용사 및 형용동사에 대한 고찰(한국일본어문학회, 2008)
          한국어와 일본어의 지시·명령표현의 양상(共著 제이 앤 씨, 2008)

첩해신어의 コ・ソ・ア(カ)・ド에 관한 연구

· 초판 인쇄 | 2008년 11월 5일
· 초판 발행 | 2008년 11월 5일

· 지 은 이 | 권동현
· 펴 낸 이 | 채종준
· 펴 낸 곳 | 한국학술정보㈜
            경기도 파주시 교하읍 문발리 513-5
            파주출판문화정보산업단지
            전화 031) 908-3181(대표) · 팩스 031) 908-3189
            홈페이지 http://www.kstudy.com
            e-mail(출판사업부) publish@kstudy.com
· 등   록 | 제일산-115호(2000. 6. 19)
· 가   격 | 27,000원

ISBN   978-89-534-0205-8 93730(Paper Book)
       978-89-534-0206-5 98730(e-Book)